“十二五”中期的北京社会建设

北京市社会建设工作领导小组办公室　编

中国人民大学出版社
·北京·

编委会

序

2013年是“十二五”时期发展规划实施期中之年。按照市委市政府要求，北京市委社会工委、市社会办牵头组织开展《北京市“十二五”时期社会建设规划纲要》（简称《规划》）中期评估工作。

为确保评估有序开展，专门制发评估工作方案，明确评估工作的目的、要求、范围、内容、方法、进度，并将《规划》各项任务分解到北京市委市政府43个相关部门和单位，由这些相关部门和单位对自己承担的任务开展自我评估。2013年5月17日，召开参与《规划》起草主要部门参加的中期评估座谈会。在综合各部门和单位自我评估的基础上，于2013年7月形成了《北京市“十二五”时期社会建设规划纲要中期评估报告》（简称《评估报告》）（征求意见稿）。在征求27家主要参与中期评估的部门意见后，进一步修改形成《评估报告》（评审稿）。同时，委托北京市经济与社会发展研究所开展第三方独立评估，并形成《规划》实施情况第三方评估报告。2013年8月，召开专家评审会，邀请7位专家对《评估报告》（评审稿）进行评审。结合专家意见和建议，对《评估报告》（评审稿）作最终修改并形成正式《评估报告》（中期评估的时点和采用的数据截至2013年6月30日，没有到期数据的，采用数据截至2012年12月底）。

通过这次评估，总的看，《规划》确定的发展目标和各项重点任务实施进展顺利，北京市社会服务管理扎实推进，社会建设体系不断完善，社会领域改革创新走在全国前列，为推动首都科学发展、促进社会和谐作出了应有贡献。从指标完成情况看，《规划》确定五大类28项主要指标除“和谐企业创建率”指标无统计数据外，其余27项指标中有14项提前完成，占52%；10项达到预期进度要求，占37%。预计到“十二五”期末，可基本实现《规划》各项发展目标和主要指标。从重点任务进展情况看，《规划》提出的社会服务、社会管理、社会参与、社会环境、社会关系方面各项重点任务扎实推进，实现时间过半、任务过半，有的重点任务已经或即将完成，预计到“十二五”期末均能圆满完成。

与此同时，对照《规划》确定的发展目标和重点任务，当前北京市社会建设还存在一定差距，主要表现在：一是基本公共服务体系有待进一步完善，人群不均等、城乡未一体、区域不均衡等问题亟待解决。二是社会管理创新有待进一步加快，实有人口服务管理和虚拟社会服务管理还有许多难题需要破解。三是社会动员机制还不够健全，社会组织自主发展机制、社区民主自治机制和经常性、应急性志愿服务机制还不够完善。四是社会文明环境有待加强，社会诚信、社会责任体系需要健全。五是社会和谐关系需要加快构建，群众利益协调机制、诉求表达机制和社会矛盾调处机制、稳定风险评估机制还有待进一步完善。

下一步，北京市将按照改革创新、重点突破、整体推进、巩固提升的要求，以深化社会体制改革和推动社会服务管理精细化为重要突破口，充分考虑人口带来的重大影响，注重基础理论与现实问题研究，加强统筹协调和力量整合；出台深化社会体制改革文件，加快深化社会体制改革；围绕"五个更加、一个全覆盖"目标，完善社会建设工作体系；以保障和改善民生为重点，加快完善社会服务体系；推进网格化体系建设全覆盖，着力提升社会服务管理精细化；完善社区治理结构，不断提高社区民主自治水平；加强"枢纽型"社会组织规范化建设，加快构建现代社会组织体制；健全社会工作者培养、使用、管理机制，加快社会工作人才队伍建设；健全社会动员机制，加快志愿者队伍建设，特别是抓紧推进完成较为困难的目标任务，全面抓好《规划》的实施工作，确保"十二五"时期社会建设目标任务如期圆满完成。

为全面反映"十二五"时期以来北京市社会建设成果和经验，让各级各界更好地了解"十二五"社会建设规划中期评估情况，我们将这次评估报告、第三方评估报告、专家评审意见和相关部委办局中期评估材料等编辑成书，以便广泛参阅。

本书编辑和出版过程中，得到了北京市有关领导、各相关部委办局和单位以及中国人民大学出版社的大力支持，因一些单位提供的中期评估材料涉密未收录编辑，在此说明，并一并对所有关心参与此项工作的单位领导和同志表示感谢！书中存在疏漏和不妥之处，敬请读者批评指正。

编　者

2013年9月

目　录

综合评估报告

专项评估报告

附 录

综合评估报告

北京市"十二五"时期社会建设规划纲要中期评估报告

北京市社会建设工作领导小组办公室

进入"十二五"时期以来，在市委、市政府领导下，全市上下认真实施《北京市"十二五"时期社会建设规划纲要》。总的看，《规划》确定的发展目标和各项重点任务实施进展顺利，社会服务管理扎实推进，社会建设体系不断完善，社会领域改革创新走在全国前列，为推动首都科学发展、促进社会和谐作出应有贡献。

一、发展目标实现情况

截至2013年6月，《规划》确定的"社会服务更加完善、社会管理更加科学、社会动员更加广泛、社会环境更加文明、社会关系更加和谐"的主要指标实施进展顺利；五大类28项主要指标中，除"和谐企业创建率"指标无统计数据外，其余27项指标中有14项提前完成，占52%；10项达到预期进度要求，占37%（见图1）。预计到"十二五"期末，可基本实现《规划》各项发展目标和主要指标（详见附表1）。

——社会服务方面。2011年和2012年，本市城镇居民人均可支配收入实际增长分别为7.2%和7.3%，年均增长7.25%；农村居民人均纯收入实际增长分别为7.6%和8.2%，年均增长7.9%。截至2013年6月，城镇登记失业率为1.44%。2012年底，城乡居民养老保障和医疗保障参保

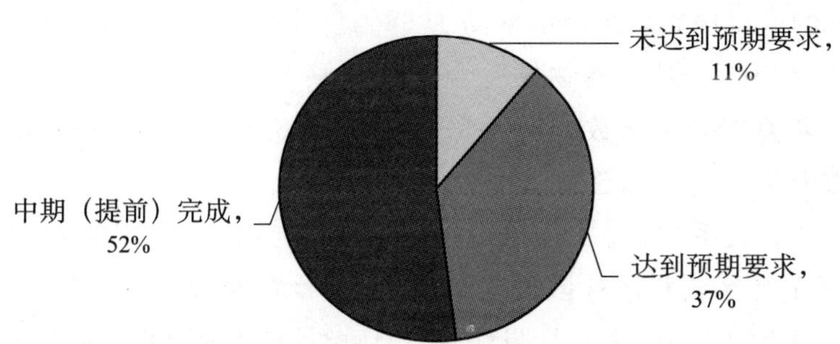

图 1　北京市社会建设“十二五”中期主要指标实现情况

人数分别达 1 438.82 万人和 1 431.6 万人，城镇职工“五险”参保人数比 2010 年底平均增长 33%。截至 2013 年 5 月，城镇职工养老保险参保率 97.46%，城镇职工医疗保险参保率 97.11%，失业保险参保率 97.11%，工伤保险参保率 95.31%，生育保险参保率 96.03%。2011 年至 2013 年 6 月底，全市新建、收购各类政策性保障住房 46.7 万套，竣工 22.5 万套，公开配租配售 9.2 万套保障住房。截至 2012 年底，全市户籍人口平均期望寿命 81.35 岁。每千名常住人口执业（助理）医师 4.0 人，已达到《规划》目标。全市养老床位 86 575 张，人均体育场地面积 2.0 平方米，全市四级公共文化设施覆盖率 98%，已超过《规划》目标。

——社会管理方面。截至 2013 年 6 月，全市 2 700 多个城市社区实现了规范化达标建设；全市实行网格化管理的社区（村）2 853 个，占全市社区（村）总数的 42.49%。截至 2012 年底，全市社区网站服务体系建设实现全覆盖。

——社会参与方面。截至 2013 年 6 月，全市登记、备案的社会组织 19 524 个，按 2012 年底全市户籍人口计算，每万人拥有社会组织 15 个。全市社会工作从业人员 30 余万人，获全国社会工作者职业水平证书者累计 11 723 人。全市注册志愿者 203 万人，提前完成《规划》目标。第八届社区居委会选举直接选举居民参与率 92.8%，户代表选举居民参与率 91.8%，居民代表选举居民参与率 85.3%。第九届村民委员会选举村民参与率达到 95%以上，已超过《规划》目标。

——社会环境方面。截至 2012 年底，市民公共行为文明指数 83.26，已实现《规划》目标。亿元国内生产总值生产安全事故死亡率由“十一五”时期的 0.14 下降到 0.063，下降了 55%，超过《规划》目标。2012 年，北京市共抽检 65 大类食品样本 12.2 万个，其中列入国民经济和社会发展指标的重点食品监测合格率高于98%。药品抽验合格率已连续10年保持在98%以上，基本药物抽验合格率连续3年保持100%。2011年和2012年，群众安全感指数分别为92.3%、91.8%，2013年一季度群众安全感指数为92.7%，均超过《规划》目标。

——社会关系方面。2012年，全市共评选出64个市级示范街道和1 145个示范社区，和谐社区创建率40.66%。截至2012年底，全市共建立人民调解组织7 700个，共调解各类矛盾纠纷14.9万件，调解成功率为96.9%，超过《规划》目标。信访事项按期办结率达到98%，超过《规划》目标。

二、重点任务进展情况

截至2013年6月，《规划》提出的社会服务、社会管理、社会参与、社会环境、社会关系方面各项重点任务扎实推进，实现时间过半、任务过半，有的重点任务已经或即将完成，预计到“十二五”期末均能圆满完成。

（一）完善社会服务进展情况

1. 基本公共服务水平进一步提高

一是基本公共服务覆盖各类人群。进一步完善城乡一体化的基本公共服务制度，进一步健全覆盖各类人群的基本公共服务体系，提高政府公共服务保障能力，解决城乡居民劳动就业、收入分配、社会保障、医疗卫生、住房保障等重大民生问题。优化资源配置，将资源重点投向基础薄弱地区，缩小城乡和区域间差距，推进老旧小区、新建小区、城乡结合部和农村公共服务体系建设，扩大新型农村试点范围。

二是居民在社区生活更便捷。依托96156社区服务热线和社区服务信息平台，开展家政服务、综合维修等6大类200多项服务，培育签约服务商900余家，基本实现居民不出家门便可享受到社区服务。落实社区基本公共服务指导目录，全市已实现2 492个社区基本公共服务全覆盖，占全市社区总数的90%。截至2013年6月，全市共建成520个“六型社区”和733个“一刻钟社区服务圈”示范点。截至2012年底，中心城公交出行比例由2010年的39.7%提高到44%。

三是政府主导、企事业单位和社会组织广泛参与的公共服务提供机制逐步完善。形成政府购买社会组织服务制度体系，投入社会建设专项资金

15 923.2 万元购买社会组织服务，撬动配套资金 4 750.72 万元。2012 年接受政府购买服务的社会组织达 16 127 家，比 2010 年增长 28.58%。社会资本参与社会服务的积极性和程度明显提升。驻社区单位积极开放内部设施，目前全市共有 8 000 多个单位开放内部设施，1 549 个单位与社区居委会签订协议，可开放单位内部设施开放率达到 70%以上，设施总面积达到 289 万平方米。

四是社会服务业稳步发展。推进非基本公共服务市场化改革，建立政府投资、财政补贴、价格收费相互协同机制。教育、科技、文化、卫生、体育等服务设施明显增加，新兴服务业产值年均增长 14.61%。截至 2012 年底，全市社会资本举办医疗机构 3 477 家，占全市医疗机构的 50.9%；文化创意产业收入突破万亿元大关，增加值同比增长 10%；科技服务业总收入 5 655 亿元，保持年均 10%以上的发展速度；民办教育覆盖学前教育、基础教育、职业教育、高等教育和培训教育，区（县）注册民办教育机构 1 829所，年培训 200 万人次。

2. 社会保障体系进一步完善

一是社会保障水平不断提高。在全国率先实现社会保障制度城乡全覆盖，并逐步推进人群全覆盖。实现公费医疗与职工基本医疗、农民工社会保险与职工社会保险制度的并轨；将本市机关和参公管理的事业单位职工纳入工伤保险覆盖范围；本市机关事业单位的非本市户籍职工纳入生育保险覆盖范围。2012 年底，城乡养老保障和医疗保障参保人数分别达1 438.82万人和 1 431.6 万人，城镇职工五项保险参保人数比 2010 年底平均增长 33%。建立和完善社会保障相关待遇标准与收入、物价水平挂钩的联动机制，两年来，北京市基本养老金、失业保险金、工伤职工伤残津贴、城乡居民基础养老金和福利养老金标准平均提高 26.5%以上，居于全国前列。

二是就业形势保持稳定。完善以就业为导向的职业培训体系，实现市级人力资源市场整合。实施就业援助，健全长效帮扶机制，共帮助 40.2 万城乡就业困难人员就业，实现城乡“零就业家庭”和“纯农就业家庭”至少一名劳动力就业和转移就业。大力发展生活服务业，社区岗位安置就业困难人员 22.99 万人。完善高校毕业生就业政策和服务体系，北京生源高校毕业生就业率保持在 95%以上。完善落实鼓励创业优惠政策，实现创业带动就业倍增效应，帮扶 3.2 万人创业，带动 8.2 万人就业。两年来，全市累计实现城镇新增就业 128.2 万人，帮扶 49.6 万登记失业人员就业和

17.5万农村劳动力转移就业；城镇登记失业率1.44%。

三是城乡居民收入逐步增加。2011—2013年，北京市三次调整最低工资标准，由每月960元提高到1 400元，年均增长13.4%，高于同期职工平均工资增速。推动企业广泛开展工资集体协商，覆盖职工近265万人。科学制定并发布企业工资指导线、劳动力市场工资指导价位及行业人工成本，引导企业逐步建立工资正常增长机制。进一步规范公务员津贴补贴，推进事业单位收入分配制度改革。

四是保障住房建设力度加大。2011年至2013年6月底，全市新建、收购各类保障住房46.7万套，竣工22.5万套。公开配租配售9.2万套保障住房，其中廉租房申请家庭实现应保尽保。创新"三多一统筹"模式，大力推进公共租赁住房建设。加大公共租赁住房货币补贴力度，按照家庭收入及困难程度给予10%～95%的租金补贴，推动住房保障向"租售并举、以租为主"转变。进一步健全保障住房建设、审核、分配和后期管理机制，全面实施保障住房"阳光工程"。

3. 社会事业进一步发展

一是教育事业稳步发展。2011—2012年，全市新建、改扩建450余所公办幼儿园，建设105所村办园，改造近500所幼儿园，覆盖10万余名儿童；实施了中小学建设三年行动计划，城乡新区中小学一体化建设、中小学数字化教育资源共享等七项工程进展顺利、效果显著；促进基础教育优质均衡发展；支持职业教育创新发展；加大人才培养、引进和职业培训力度；加强德育教育和社会实践，着力提升学生综合素质。

二是公共文化服务体系不断完善。整合央属、市属、民营、国际文化资源，不断完善公共文化服务体系。目前，全市16个区（县）44个文化馆、图书馆、国有美术馆和319家街道（乡镇）文化站实现免费开放。推出"首图展览"、"西城讲坛"等一系列品牌服务项目。实施文化惠民工程，全市共有群众业余文艺团队9 204个、28万人，年活动48.7万次；400多家专业和业余文艺团体参加"万场演出下基层"活动，年均演出11 000多场，1 800万人次群众受益。加强社区公共文化设施建设，全市四级公共文化设施平均覆盖率98%，文化共享工程服务点4 295个，年服务16万人次。朝阳区创建了首批国家公共文化服务体系示范区。

三是卫生事业快速发展。大力宣传《北京人健康指引》，疾病预防控制服务能力不断增强，重大传染病防控成效显著，实施了心脑血管、肿瘤等疾病防治行动。扩大医疗资源增量，注重存量资源优化，推进优质医疗资源向郊区（县）、新城和资源薄弱地区转移和发展，初步规划 28 个中心城区优质医疗资源向外疏解项目，其中 14 个项目已完工或在建。完善基层卫生服务体系，推进家庭医生式服务。实行双休日及节假日门诊，方便市民就医。开展精神疾病社区康复和心理健康咨询服务。

四是全民健身公共服务体系不断完善。全民健身活动蓬勃开展，打造十余项市级品牌活动、十余项国际性品牌活动以及 16 项“一区一品”群众体育品牌活动，2012 年全市组织举办各级各类健身活动近 20 000 项次，参与 1 100 万人次，经常参加体育锻炼的人数比例达 49%。13 个区（县）建有多功能全民健身体育中心，全市全民健身工程 7 989 套、全民健身专项活动场地 1 304 处、社区体育健身俱乐部 117 个，具备开放条件的学校体育场地设施向社会开放率达 61.7%，全民健身设施覆盖所有街道（乡镇）、村以及有条件的社区、公园。大力发展社区体育，加快体育生活化进程，1 453 个社区达到体育生活化社区标准，占全市社区总数的 52.4%。

4. 社会福利体系进一步健全

一是适度普惠社会福利制度初步建立。以养老、助残、救孤为重点，整合社会福利资源，完善社会福利制度，健全服务网络和发展机制，促进适度普惠社会福利制度发展。建立涵盖孤儿基本生活、医疗、教育、就业、住房等一揽子制度性安排，将孤儿保障范围扩展到事实无人抚养的困境儿童，分别给予机构内孤儿和社会散居孤儿基本生活费每人每月 1 400 元、1 600 元（均为全国最高标准），实现孤残儿童福利服务的全领域、广覆盖、高水平的适度普惠。

二是老年人福祉水平明显提升。2010—2012 年，全市累计向 55.7 万名老年人和残疾人发放养老（助残）券 14.9 亿元。为老年人家庭实施无障碍设施改造。发展养老服务单位 1.4 万家，为老年人、残疾人提供生活照料、康复护理等六大类 110 项服务。2011 年向 2.6 万 90 岁以上老年人发放高龄津贴，将百岁老年人医疗补贴范围扩大至 95 周岁。目前区（县）、街道（乡镇）、社区（村）三级已试点建设养老管理服务中心 196 个。在全国率先出台低保家庭失能老年人入住养老机构试行补助办法。截至 2012 年底，全市共有养老服务机构 400 所，养老床位 86 575 张，护理型床位35 160张。

三是残疾人保障力度持续加大。残疾人社会保险参保率由“十一五”末的 86.1%提高到 95.4%。完善残疾人托养服务保障政策，对生活困难残疾人给予入住机构补贴，对残疾人服务机构给予补贴，全市 1 000 余名生活困难的残疾人享受到政策实惠。为 6.8 万户残疾人家庭实施免费无障碍改造。进一步健全就业政策法规体系，多渠道、多形式促进残疾人就业，实现新安置残疾人就业人数 1.1 万人。

四是社会救助制度不断健全。2011—2013 年，4 次调整城乡低保标准，城市低保标准从家庭月人均 520 元调整为 580 元，农村低保标准从家庭月人均 380 元调整为 460 元。朝阳、海淀等 6 区实现城乡低保标准并轨。农村五保供养标准稳步提升，年人均供养标准 11 078 元。将重大疾病救助比例由 60%提高到 70%，年累计救助总额由 3 万元提高到 8 万元。对社会救助家庭适龄儿童进行学前教育资助。为农村住房困难家庭翻建维修危旧房屋。2011 年至 2012 年底，累计 75 万多人次享受临时救助，救助资金 2.3 亿多元。

五是慈善事业快速发展。慈善公益项目涉及助医、助老、助残、助学、助困、救灾、法律援助等 20 多个慈善公益领域，募捐形式扩增至义诊、义赛、义演、义拍、讲座等十多种。打造“善行天下”首都慈善品牌。放低慈善公益组织准入门槛，开展相关业务培训和交流活动，提升慈善组织专业水平。扶持公益慈善社会组织积极参与公益项目。2012 年，投入市级福彩公益金近 2 000 万元用于政府购买社会组织公益服务。

（二）创新社会管理进展情况

1. 社会服务管理覆盖逐步扩大

一是科学合理调控人口规模。从推进产业结构调整、科学规划城市空间布局入手，建立完善人口规模调控机制，大力发展高端、高效、高辐射产业，改造提升传统服务业和生活服务业，通过调结构控制人口无序增长。坚持政策先导、规划先行，集中力量打造“业城均衡”的综合新城，引导人口按城市功能区域合理分布。健全区域人口承载预警、重大决策人口评估、流动人口动态监测、人口有序管理责任制等工作机制，从源头上、基础上加强人口调控工作。

二是创新流动人口管理和服务。完善流动人口服务管理法规，实施新修订的房屋租赁管理规定。开展居住证制度立法调研。建设流动人口和出租房屋综合管理信息平台，建立市、区（县）、街道（乡镇）、社区（村）四级流管应用平台，实现近 4 000 个社区（村）流动人口信息直采直录，确保流动人口状况的动态掌握、实时监控。实施两批 67 项“部门区（县）为流动人口拟办服务项目工程”，明确将农民工纳入城镇职工医保范围，推动廉租房向流动人口开放，开展“接送流浪孩子回家”专项行动，推进青年流动人口就业促进、创业帮扶等十大项目，促进在京流动人口和谐融入社会。

三是完善特定人群管理和服务。制定社区矫正和刑释解教人员就业和社会保障等30多个配套文件，建立完整系统的两类人员社会保障和公共服务体系。依托社区推行专群结合、专兼结合的“3＋N”帮教工作模式。各区（县）均建成“阳光中途之家”，实现临时救助、居住安置、技能培训等一体化。制定办理未成年人刑事案件配套工作等“1＋4”文件体系，推广形成“五个一”未成年人帮教工作模式和彩虹之家帮扶项目体系。加强预防青少年违法犯罪“4＋N”工作队伍体系。出台重性精神障碍患者送诊、安置等政策措施，加快过渡性安置基地、精神病医院等基础设施建设。

2. 基层社会管理基础进一步夯实

一是完善社区服务管理格局。创新社区服务管理体制，健全“三位一体”工作格局，基本形成以社区党组织为核心、以社区居委会为主体、以社区服务站为平台、社区社会组织和驻区单位共同参与的新型社区治理模式。目前，已实现党建工作在社区的全覆盖和社区服务站全覆盖。

二是全面推进城市社区规范化建设。深入推进社区规范化建设工作，从社区工作职能、社区运行机制等7个方面、27项主要指标、近100项具体指标进行全面规范，全市城市社区建设基本实现规范化。启动社区规范化示范点建设，目前，全市共建成368个社区规范化示范点。

三是社区基础设施建设取得突破性进展。目前，全市共建成覆盖市、区、街三级的社区服务中心194个，城乡社区服务站5 751个，基本实现城乡社区全覆盖。推进两批共956个社区基础设施建设项目，总投资40.7亿元，其中市政府固定资产投资15.47亿元。预计到2013年底，全市将有81％的城市社区用房面积达到350平方米。

四是加快推进农村社区建设和村庄社区化管理。2011年底，实现全市城乡结合部地区668个村庄社区化管理。2012年起，全市农村地区分类、分阶段推进村庄社区化建设，在先期完成的127个社区化示范村基础上，按照郊区城中村、中心村、平原村、山区林地村、专业村五类不同形态，因地制宜、分类推广社区化服务管理模式。

3. 公共安全管理进一步加强

一是健全食品药品监管机制。构建市、区（县）、街道（乡镇）三级食品安全组织网络体系，落实食品安全管理责任制。启动首都食品安全追溯体系建设。健全食品安全管理综合协调机制，强化对食用农产品生产、食品生产加工、食品流通、餐饮服务等重点环节的监控。建立并完善食品安全风险评估和应急处置机制，重点食品检测抽查合格率98%以上。创新药品抽验方式，实施动态抽样监测，定期发布抽验监测情况公告，引导公众安全用药。药品抽验合格率连续10年保持在98%以上，基本药物抽验合格率连续3年保持100%。

二是健全安全生产监管机制。加强安全生产法制体制机制、安全保障能力和安全监管监察队伍建设，突出预防为主，着力做好事故防范；突出加强监管，严厉打击非法违法生产经营建设行为；突出落实责任，严格安全问责制度；加强组织协作，推进安全生产综合治理，各类事故由2010年1 062起下降到2012年982起，下降7.5%；事故死亡人数由2010年1 176人下降到2012年1 073人，下降8.7%。

三是完善社会治安防控体系。进一步健全立体化社会治安防控体系，全市新增监控探头10 000余个，并全部联网到属地派出所三级图像信息平台。建立和完善7 162个楼房小区、125.7万个平房院落、4 528个自然村物技防工作台账。目前，社会面防控网络更加完善，防控手段更为有效，刑事发案基本平稳，群众安全感始终保持在90%以上，2013年第一季度群众安全感为92.7%。我市社会治安综合治理考核成绩位居全国前列。

四是完善应急防灾管理机制。应急管理体制进一步健全，应急联动机制持续优化，风险管理和监测体系建设稳步推进，突发事件预警体系不断完善，应急管理领域物联网应用发挥实效。加大应急宣教力度，组织专场活动380多场次，覆盖超过600万人次。应急志愿服务不断加强，全市实名注册应急志愿者8.3万人，建立16支民间专业救援队、16个委办局专项指挥部所属应急志愿队和16区（县）应急志愿者队伍。全市应急系统共组织应急演练16 937场次。切实加强各级领导干部处置突发事件和应急救灾培训。

4. 互联网新媒体管理进一步加强

一是促进互联网新媒体发展。整合网上服务，共整合市级办事服务事项2 300余项，整合16个区（县）、近200个街道的网上办事服务。通过首都之窗“办事服务”频道，整合提供网上购电、燃气缴费、缴纳水费、预约社区服务等7项便民服务和社区名录、社区服务中心、居家养老服务商等6项社区信息查询服务。推动基层服务网站建设，目前全市305个街道已有62.9%提供网上办事服务。

二是完善网上公共文化服务。注重传统品牌活动推陈出新。举办“首届互联网文化季活动”，网聚正能量。成功举办第三届网络文学艺术大赛暨网络原创歌曲大赛。开展建党90周年网络作品大赛，民众参与广泛。引导网民发现、挖掘、传递正能量。培育健康向上的网络文化和网络环境，促进互联网健康发展、服务社会、弘扬主旋律。

三是依法加强互联网新媒体管理。推动互联网管理立法，落实监管责任制。推进网络实名制工作，制定《北京市微博客发展管理若干规定》，确认3.6亿微博客用户身份信息，基本掌握4 000多万活跃用户信息，论坛版主实名认证4 000多人。加强网络社会化管理，强化互联网行业自律和社会监督。加强举报热线、“妈妈评审团”和网站自律专员等机制建设，推进文明办网、文明上网。规范网络信息传播秩序，依法治理网络乱象，打击网络违法犯罪活动。

5. 网格化体系建设扎实推进

一是加快推进社会服务管理综合试点工作。在东城、朝阳和顺义三个区试点工作基础上，召开全市网格化工作推进大会并出台文件，全面推进网格化体系建设。目前，全市169个街镇开展网格化试点，占全市的51.84%；实行网格化管理的社区（村）2 853个，占全市的42.49%。全市网格内配备各类工作力量137 932人次，民政、公安、工商、人力社保、人口计生等近30个政府部门工作不同程度纳入网格化体系。

二是全面提升社会服务管理信息化水平。构建标准统一、联通共享的综合信息系统，促进城市管理和社会服务管理“两网融合”。推进“四网六库”建设，加快构建社会建设信息化体系。确定512个社区开展智慧社区建设试点。建立网络舆情监测分析预警系统和社会建设手机报发布系统。以社会建设网建设、升级改造和运维项目为依托，建立全面覆盖、互联互通、资源共享、功能齐全的北京社会建设网站群。

（三）动员社会参与进展情况

1. 公众参与更加广泛

一是全面推进居民自治。第八届社区居委会选举直接选举和户代表选举比例达29.4%，比上届提高18.4%；6万多名流动人口主动到社区进行选民登记，2 805名流动人口被选为居民代表。采用“五委”联席会议、议事协商会、民主听证会、胡同议事会等形式，协商解决居民关注的热点、难点问题。通过制定居民自治章程、流动人口公约、文明养犬公约，实行社区事务自我管理。推广东城社区居民会议常务会等经验，加强老旧小区服务管理，进一步深化社区民主自治。推进业主大会建设，逐步理顺社区自治组织、物业服务企业、业主委员会等组织的关系。

二是不断推进村民自治。2012 年村党组织换届选举全面推行“公推直选”。第九届村委会换届选举村民参与率达 95%以上。普遍建立村民代表会议制度和“民主日”制度，形成以“四议一审两公开”为核心的村级民主决策机制，推行村级重大事项票决制。统筹推进党务、政务、村务、财务等全方位公开，全市 1 712 个村实行村务“点题公开”制度。普遍修订村民自治章程、村规民约，入户普及率达 100%。全面推行村务监督委员会制度，全市 3 862 个村成立村务监督委员会，普遍达到“六有”[①] 标准。

三是积极推动协同参与。推动辖区单位向社区开放食堂、活动中心、阅览室、停车场、体育场馆等，有效解决部分社区老年人就餐难、居民活动难、停车难等问题。支持社区社会组织有序参与社区服务管理，举办“社区邻里节”、“社区公益文化节”等一系列活动，形成“和谐杯”乒乓球比赛、“魅力社区”评选等一批居民参与度高的特色品牌。深入开展“在职党员进社区”等活动，发挥离退休党员干部的作用。选取 57 个街道社区开展首批社会动员工作试点。

四是切实加强社会监督。深入推进政务公开，充分利用门户网站、政务网站、政务微博等多种形式，及时、准确、全面公开“三公经费”、重大建设项目、公共资源配置等政府信息，在全国率先公开市级部门年度财政预决算和“三公”经费情况。编制政务公开和政务服务目录。聘请 62 名市政府特约监察员、人大代表、政协委员组成政风行风民主评议组，对民主评议基层站所、市“政风行风热线”开展民主评议督导和督查工作。探索社区民主监督小组、居务监督委员会组织居民对社区居委会、街道办事处、政府部门派出站所及工作人员进行监督评议。

2. 社会组织活力进一步激发

一是积极推进社会组织管理改革。推进社会组织登记体制改革，在 2011 年工商经济类、公益慈善类、社会福利类、社会服务类社会组织直接

---

① 六有，即有领导责任制、有职能部门、有工作制度、有党组织和党的工作广泛覆盖、有管理和服务体系广泛覆盖、有业务和活动品牌项目。

登记的基础上，2013 年 4 月 1 日起，行业协会商会类、科技类、公益慈善类、城乡社区服务类社会组织实行民政部门直接登记，实行民政部门登记和街道备案登记相结合的管理制度。截至 2013 年 6 月，全市登记、备案的社会组织 19 524 个，其中市级登记 1 914 个、区（县）登记 6 272 个，备案的社区社会组织 11 338 个。推进中关村社会组织管理体制改革，54 家社会组织直接登记，67 家产业联盟办理登记或备案手续。建立境外非政府组织在京活动报告制度，形成境外非政府组织合作项目备案管理机制。加强社会组织综合监管，建立重大事项报告制度。开展社会组织评估，形成政府指导、社会参与、独立运作的评估评价机制。启动社会组织退出机制，促进社会组织规范发展。

二是基本形成社会组织“枢纽型”工作体系。认定 27 家市级“枢纽型”社会组织，各区（县）认定区、街两级“枢纽型”社会组织 276 家，市、区、街三级“枢纽型”社会组织工作体系基本形成。按照“六有”要求，健全“枢纽型”社会组织工作运行机制，市级“枢纽型”社会组织工作覆盖面进一步扩大。积极推进市级“枢纽型”社会组织规范化建设，出台市级“枢纽型”社会组织规范化建设的意见及指标体系，为“枢纽型”社会组织规范化建设提供政策依据。

三是加快推进社会组织健康有序发展。加大公共财政对社会组织支持力度，2010 年至 2012 年，全市共向社会组织购买 1 031 个服务项目。16 家市级“枢纽型”社会组织所属社会组织中开展购买管理岗位试点，购买 200 个管理岗位，初步形成“养事不养人”的新机制。落实税收优惠政策，授予 113 家社会组织公益性捐赠税前扣除资格，比“十一五”时期增长 100%，每年为社会组织捐赠人减少税收 1.5 亿元以上。市社会组织孵化中心累计培训 4 800 余人次，为 53 家机构提供培育服务。“一中心、多基地”的社会组织服务体系逐步形成。连续 3 年举办北京社会组织公益系列活动，推出 3 700 余场次，近 1.2 万家各级各类社会组织参与，累计服务超过百万人次。推行社会组织专职工作人员劳动合同制。

四是充分发挥社会组织作用。市级“枢纽型”社会组织出台一系列促进本领域社会组织发展的政策文件，采取多种方式对本领域社会组织进行联系、服务和管理。团市委发挥“社区青年汇”、“乡村青年社”优势，引领基层青年组织共同发展。市红十字会组建救援队奔赴芦山灾区，累计巡诊 6 000 多人次、治疗灾民 1 000 多人次，发放 500 余万元救灾物资。市妇联开展妇女工作领域社会组织公益文化季和2013北京妇女儿童公益服务博览会等大型综合性公益服务展示活动。市社科联开展学术活动“进社区、进基层、进学校、进工地”活动。市民交协举办在京国际组织联谊活动。市民族联谊会举办首届“民族团结日”活动。市贸促会举办“澳门服务贸易合作推介暨洽谈会”。北京工经联通过加强党建和构建“二级枢纽”进一步增强凝聚作用。市侨联通过华商会等侨界组织进一步“凝聚侨心、汇集侨智、发挥侨力”。

3. 企业社会责任更好履行

一是推动企业履行社会责任。出台首都企业社会责任行动指南。搭建与企业和社会良性互动沟通平台，开展以弘扬诚信兴商、诚信经营、守法经营为重点的宣传教育活动，提高企业自律意识。引导行业组织、大型企业推动行业企业履行社会责任，市工经联发布工业企业社会责任评价指标体系；电子商务协会开展“电商好客服”评选活动，与37家大型电商企业签订诚信经营自律公约；北京能源投资、三元集团等15家企业发出履行社会责任倡议。

二是营造企业发展社会环境。2011年在符合条件的1 243家“五类”企业建立工资集体协商机制，2012年重点推动百人以上企业独立开展协商，加大工资协商力度。截至2012年底，全市已签订综合性集体合同14 182份，覆盖建会企业69 226家，建制率82.7%；已签订工资专项集体合同12 872份，覆盖企业67 342家，建制率80.5%。推动非公有制经济组织党建和群团工作，全市共选派非公企业党建工作指导员10 107名，联系指导69 640家非公企业。推进和谐劳动关系企业创建，依法维护职工合法权益。

三是实现商务楼宇服务管理全覆盖。推动商务楼宇“五站合一”建设。全市1 244个商务楼宇完成“五站合一”全覆盖，覆盖1 297座商务楼宇、92万余名就业人员、4.9万余家经济组织和社会组织。商务楼宇工作站以党建为龙头，协调指导工会、共青团和妇联等群团组织，统筹承担服务楼宇各种组织和员工的任务。近两年，商务楼宇新建党组织958个，接纳1.25万名流动党员组织关系，发展党员379名。

4. 社会协同进一步推进

一是基本实现社会工作者队伍专业化职业化。制定《首都中长期社会工作专业人才发展规划纲要（2011—2020年）》。通过民主选举、公开招聘吸引高素质人才加入社区工作队伍，目前全市社区工作者3万余人，平均年龄41岁，大专以上学历占近80%。实施“万名社区工作者培训计划”和“社区工作者硕士研究生培养计划”。组织社会工作者职业水平考试，首都地区获得全国社会工作者职业水平证书累计11 723人，其中社会工作师2 366人，助理社会工作师9 357人。培育扶持专业社工机构52家，开展为老、助残、心理疏导、社区矫正等专业社会工作服务，涵盖20余个社会服务领域。开展购买专业社工岗位工作，实现“一街一社工、一所一督导”。连续三次提高社区工作者工资待遇水平，并建立同步同幅增长机制。大力表彰优秀社会工作者，开展“寻找最美社工”评选活动。

二是进一步完善志愿服务长效机制。制定志愿者管理办法。11个区（县）成立志愿者联合会，大部分街道（乡镇）建立志愿者组织和队伍。完善“志愿北京”综合信息平台建设。推进志愿者实名制注册，全市注册志愿者组织7 000多个，实名注册志愿者超过203万人，建立22支专业志愿者队伍。举办“让志愿服务走进生活”——北京志愿服务推动日活动，756家志愿组织现场参加展示，发布推介110个创新性、示范性服务项目，首次实现全市志愿服务供需对接。启动全市志愿服务计时，完善志愿者激励机制。初步形成重大活动志愿服务、应急志愿服务和经常性志愿服务三大服务项目体系。组织应急志愿者队伍参与北京“7.21”特大暴雨救灾、四川芦山抗震救灾。建立市民劝导队2 000多支、队员约6万人，在重大活动、重要节日期间发挥积极作用。

三是完善社会工作运行机制。培育和发展专业社会工作机构，大力推动社工义工联动。各行各业积极发挥社会工作者的专业化职业化优势，组建一系列志愿服务团队，推动社工义工联动。依托社区、社会组织、社工事务所、医院、学校、企业等领域社会工作者带动近100万名志愿者参与各类志愿服务。北京大学人民医院成立医务社会工作暨志愿服务工作部，选聘优秀专业社会工作者培训志愿者，带动1 000多名志愿者为患者提供志愿服务。

（四）创建社会文明进展情况

1. 做文明有礼的北京人活动深入持久

一是道德模范评选表彰力度不断加大。2011年，开展第三届首都道德模范评选活动，产生10名候选人，3人获得全国道德模范称号，8人获得全国道德模范提名奖。2013年，开展第四届首都道德模范评选活动，产生30名正式候选人，10人获得道德模范称号，20人获得提名奖，推荐10人为全国道德模范候选人，产生较为广泛的反响。

二是道德模范学习宣传活动有序开展。2011 年，召开北京市公民道德建设座谈会，开展“首都道德模范故事汇”基层巡演 40 场，直接受众 2 万人。2012 年，开展“全国道德模范首都高校巡讲”31 场，受众 2 万人。2012 年，开通“北京道德模范微博群”，已有 105 名道德模范加入。2013 年，开展“我的梦·中国梦”北京市道德模范基层巡讲 10 场，印发宣传材料十余万份。

三是社会诚信体系建设稳步推进。信用政策法规体系和统筹协调机制不断完善。按照“一网两平台三系统”总体框架，逐步完成全市信用信息系统基础设施建设，企业信用信息系统已归集 2 378 万条企业信用信息；个人信用信息系统归集 1.3 亿条数据信息；人民银行企业和个人征信系统归集 13 万余户企事业单位和 1 045 万自然人信用信息。开展行业和领域信用体系建设，建立守信激励和失信惩戒机制。广泛利用各类媒体、论坛等平台，开展诚信宣传教育活动。

2. 学法、尊法、守法、用法的社会氛围更加浓厚

一是“六五”法治教育深入开展。以“践行北京精神、弘扬法治文化、提高市民法律素质”为宗旨，开展“践行北京精神，做讲法制守纪律的北京人”、“做讲法制守秩序的好市民”等专项宣传活动。以提升市民法律素质为目标，推进领导干部及公务员、青少年、流动人口等重点普法对象法制教育。以“北京精神”为引领，加强法治文化研究、产品创作、文化载体和阵地建设。

二是依法行政全面推进。每年组织开展依法行政考核，领导体制和工作机制不断健全。2012 年对 109 项市政府重大决策、130 件市政府文件进行合法性审查，2011 年至 2013 年 6 月审议通过地方性法规草案 12 项，制定、修订市政府规章 14 项。深入推行行政执法责任制，行政处罚案卷优秀率达 99%。加强行政复议工作，充分发挥化解行政争议主渠道作用。强化对行政行为重点领域、行政效能、审计专项监督，建立完善全方位监督机制。

三是法治实践活动不断深化。探索多层次、多领域的法治实践活动，着力推进法治政府建设。继续开展法治区（县）创建，延庆、昌平、门头沟先后启动法治区（县）创建工作。加强基层民主法制建设，加大社区“两委”培训力度，推进民主法治示范村创建工作，评选第四批市级民主法治示范村 118 个，8 个行政村被命名为“全国民主法治示范村”。

3. 工作生活方式方法更加科学

一是大力推进学习型城市建设。动员各方面力量，整合各类学习资源，加快学习型城市建设步伐。以学习型城市网为依托，搭建“首都市民终身学习平台”，开展首都市民学习成果累积、转换等试点工作，激发市民学习兴趣。2012年7月，北京开放大学成立，成为首都终身教育体系建设重要推动力量。

二是科学普及活动深入开展。进一步深化科学技术普及活动，大力推进基层科普能力建设，提高制度化、阵地化、网络化水平，继续推进科普示范基地建设，形成16区（县）各具特色的“三个一”① 科普工作格局。截至2012年，全市科普基地数量达243家，市级创新型科普社区达141家，18家创新型科普社区入选“北京市优秀创新型科普社区”。

4. 社会心态更加健康向上

一是社会心理关怀不断加强。开展居民心理健康调查、居民心态调查，发布2012—2013年社会心态蓝皮书。启动“心桥”社区居民健康心理疏导公益行动。实施“润心工程”，举办公益讲座200多场。开展基层社区心理培训，仅今年以来就培训社工1 500人次、社会专业心理咨询师650人次、志愿者500人次。启动6个社区心理服务试点。

二是心理援助服务持续完善。成立北京市社会心理工作联合会。开通北京社会心理服务网。2011年以来，通过政府购买社会服务资助项目20余项、资金达300多万元。建立重大灾害及突发事件后心理干预机制，及时开展北京“7.21”特大暴雨灾害、四川芦山“4.20”地震灾害心理援助。制作心理健康宣传动画片。

三是精神卫生服务不断提升。进一步完善精神疾病医疗救治体系，增加床位2 368张、医技护人员511名。出台精神卫生服务体系建设指导意见，落实16区（县）17家精神疾病机构财政补助4 100万元。全市重性精神疾病管理治疗工作覆盖率达100%，2012年度重性精神疾病患者规范管理率达92.1%。

（五）构建社会和谐进展情况

1. 群众利益协调机制进一步健全

一是注重倾听群众呼声。大力推进凝民心、聚民力、解民忧工程，推

① 建设完善一个科普场馆，创办一个特色科普活动，构建一个区（县）、街（乡、镇）、社区（村）三级科普工作网络。

广社区社情恳谈会、入户民情图、新居民服务站等“六新”模式。开展与信访群众交友活动，全市2.6万名基层党员干部与群众结对子，为群众排忧解难。完善领导干部联系基层制度，实现领导干部接访常态化、规范化。完善非紧急救助服务管理体系，实现诉求交办率达100%、回复率达100%、合理诉求解决率达90%、群众满意率达75%以上。

二是完善平等协商机制。发布深入开展工资集体协商三年行动计划（2011—2013年）。加大区域、行业工资协商力度，推广劳动争议调解“六方联动”机制，推动工资集体协商立法，加强工资集体协商指导员队伍建设。

三是切实保障合法权益。建立党和政府主导的维护群众权益机制，切实维护流动人口和特殊人群的合法权益，依法维护广大群众利益。推进厂务公开民主管理，建立市、区（县）、街道（乡镇）的三级法律服务体系，依法维护职工合法权益。发挥工青妇及残联等群众组织的作用，积极维护青少年、妇女儿童及残疾人合法权益。

2. 群众诉求表达机制进一步健全

一是畅通诉求表达渠道。实施党政领导干部、党代表、人大代表、政协委员联系信访群众、反映群众诉求制度，拓宽社情民意表达渠道。完善人民建议征集工作制度和网络，采取定向征集和专项征集等形式，引导群众表达合理诉求。发展网上信访，推进网上受理、网上办理、网上答复一体化并向基层延伸拓展。群众有效来信办理率、群众有效上访接待率、群众诉求转办交办率均达到100%。

二是加强改进信访工作。完善信访工作长效机制，发挥联席会议统筹协调作用，推广“一轴两翼”接访工作机制，推动信访复查复核工作标准化、规范化。加强矛盾纠纷化解专项保障，健全以项目管理责任制为核心的督查落实机制。创新信访工作方式方法，把信访工作融入网格化社会管理服务体系，实施“信访代理”等经验做法，总结推广信访工作网格化管理模式等一批先进经验。

三是引导理性表达诉求。开展信访条例宣传活动，营造依法信访的社会环境。开设“需求与反馈”、“我们日夜在聆听”和城市管理广播等栏目，引导群众理性表达诉求，推动信访问题解决。

3. 社会矛盾调处机制进一步健全

一是健全社会矛盾多元调解体系。制定加强和规范治安民间纠纷联合调解室工作的若干意见。市、区（县）层面成立综治委社会矛盾多元调解专项组，完善“三调”对接联动机制，在医疗、建设、物业、劳动等矛盾多发领域建立联合调解工作机制。大力发展行业性、专业性调解组织，形成全覆盖的调解组织网络。截至2012年底，全市共建立人民调解组织7 700个，共调解各类矛盾纠纷14.9万件，调解成功率为96.9%。

二是源头预防和化解社会矛盾纠纷。全市16个区（县）和322个街道（乡镇）成立信访办和社会矛盾调处中心。推动科学民主依法决策，推行重大决策信访评估制度。健全社会矛盾纠纷监测预警机制，发挥信访信息员队伍作用，完善多层次、全方位信访信息报送网络。加强街道（乡镇）综治维稳中心建设，深入基层排查化解矛盾纠纷，排查发现问题7.5万余件，化解6.9万余件，化解成功率为92%。

三是依靠社会力量化解矛盾纠纷。完善“六方联动”机制。构建矛盾纠纷大调解工作格局，建立社区（村）、“枢纽型”社会组织、非公经济组织、商务楼宇矛盾纠纷排查化解体系。加强人民调解、司法调解、行政调解联动和律师、心理咨询师、专业人员参与接访，共同化解矛盾纠纷。完善未成年人司法保护制度，开展残疾未成年人关爱和儿童福利工作。推进“姐妹驿站”全覆盖，扶持培育基层妇女维权组织。建立残疾人维权示范岗200个，法律援助率达100%。

4. 社会稳定风险评估机制进一步健全

一是深入开展社情民意调研。健全社会矛盾监测预警机制，完善信访信息报送网络，充分发挥信访信息员队伍作用，汇集社情民意，维护群众合法权益。加强信访矛盾分析研究中心建设，建立容量达13亿余条的数据库。

二是加强社会稳定风险评估。制定重大决策社会稳定风险评估实施细则，强化社会稳定风险评估意识，坚持做到重大决策“不评估、不决策，不评估、不实施”。社会稳定风险评估网络体系不断完善，实现市、区（县）、街道（乡镇）三级覆盖。近年来，完成近300项重大项目和重大政策的评估工作，有效从源头上减少社会矛盾。

5. 和谐社会创建机制更加健全

一是深入开展和谐家庭创建活动。实施三个“百、千、万、百万”工程。发布和谐家庭行动计划，大力开展“低碳生活”、“家有书香”、“维权服务”、“以文化人”、“心手相牵”、“立足社区”等一系列和谐家庭建设活动。

二是深入开展和谐社区（村镇）创建活动。开展评选建设和谐社区示范单位活动，共评选出6个全国和谐社区示范区（县）、7个全国和谐社区示范街道、16个全国和谐社区示范社区和64个市级和谐社区示范街道、1 145个市级和谐社区示范社区，和谐社区创建率达到40.66%。农村社区建设成效显著，全市农村社区服务站实现全覆盖。

三是深入开展和谐企业创建活动。印发推进我市劳动争议调解联动机制建设的意见，积极构建和谐劳动关系，开展建会企业参与劳动关系和谐企业创建活动，评比表彰200家先进单位和100名先进个人。加强和完善工会法律服务，及时反映职工群众呼声，依法维护职工合法权益。

四是深入开展民族团结宗教和睦创建活动。推广牛街民族特色服务体系建设经验。加强和创新少数民族流动人口服务管理，深化民族团结教育，并融入全市中小学校教育体系。加大少数民族乡村经济发展扶持力度，2011、2012年市财政专项资金实际投入9 000万元，民族乡村基础设施、环境整治、生态创建和新型农村社区建设得到全面加强。深入开展和谐寺观教堂创建活动。

三、存在的问题及其原因

"十二五"时期以来，《规划》实施总体顺利，重点任务扎实推进，全市社会建设开创崭新局面。但必须看到，当前全市社会建设对照《规划》的预期目标和重点任务，还存在一定差距，主要表现在：

一是基本公共服务体系有待完善，人群不均等、城乡未一体、区域不均衡等问题亟待解决。例如，城镇居民人均可支配收入年均增长7.25%，与8%的增长目标差距较大。目前"十二五"时间已过半，全市提供的各类政策性保障住房仅40万套，离100万套的目标还相去甚远。二是社会管理创新有待加快，实有人口服务管理和虚拟社会服务管理还没从根本上破题。例如，网格化体系建设方面，虽然街镇网格化试点已覆盖51.84%，但实行网格化管理的社区（村）仅占42.49%。三是社会动员机制还不健全，社会组织自主发展机制、社区民主自治机制和经常性、应急性志愿服务机制还不够完善。四是社会文明环境有待加强，社会诚信、社会责任体系需要健全甚至重构。五是社会和谐关系需要加快构建，群众利益协调机制、诉求表达机制和社会矛盾调处机制、稳定风险评估机制需要进一步完善。例如，和谐社区（村镇）创建率仅达40.66%，与90%的目标差距较大；和谐企业创建工作还有待深入；应对突发事件的体制机制、方式方法、理念能力需要加快创新。

上述问题，究其原因，主要有以下几点：一是社会体制改革需要进一步深化。社会建设顶层设计和制度安排有待进一步完善，条块分割、部门利益、政策碎片、合力不够等制约瓶颈有待进一步破解，亟须加快深化改革社会体制、不断创新工作机制，更好地发挥社会建设工作领导小组及其办公室统筹协调、综合督导的作用，进一步加快基本公共服务体系、社会管理体制、现代社会组织体制、社会服务管理政策法规体系建设。二是社会服务管理有待进一步提升。当前，首都社会发生深刻变化，流动人口、各类人群、“两新”组织、互联网新媒体等对社会服务管理提出新的挑战。特别是人口过快增长加剧公共服务的压力，人口资源环境之间矛盾日益凸显，人们的生活方式、价值观念、利益诉求、服务需求等日益多元，使社会服务管理任务日益繁重而艰巨。这些都要求我们必须在改善民生和创新管理中加强社会建设，进一步提高社会服务管理科学化、精细化水平。三是一些具体问题有其特殊的原因。例如，保障住房方面，由于住房建设需要一定周期，虽然全市提供的各类政策性保障住房仅 40 万套，但按照目前土地供应规模、投融资支持力度，以及配套实施住宅产业化标准和创新房源筹集方式等综合举措，整个“十二五”时期实现建设、收购 100 万套保障住房的目标是可以实现的。比如，居民收入年初增长 8%的目标，受当前经济增长放缓的影响和制约较大，完成起来难度很大。又如，网格化体系建设方面，由于先期政策制定、工作部署所需时间较长及统计时间节点制约，目前实行网格化管理的社区（村）占全市社区（村）总数的 42.49%，但预计到 2015 年底，将基本完成区（县）、街道（乡镇）、社区及村庄社区化试点村三级信息平台建设任务，实现网格化社会服务管理体系城乡全覆盖。再如，食品安全方面，85%以上的食品靠外省市甚至国外供应，“输入型”风险影响将长期存在，等等。

四、政策建议

围绕当前社会建设面临的重点难点问题，为实现《规划》目标任务，按照改革创新、重点突破、整体推进、巩固提升的要求，以深化社会体制改革和推动社会服务管理精细化为重要突破口和抓手，加强统筹协调和力量整合，注重基础性研究，充分考虑人口带来的重大影响，抓紧推进完成较为困难的目标任务，全面抓好《规划》实施，确保“十二五”时期社会建设目标任务圆满完成，主要建议如下：

（一）加快深化社会体制改革

出台深化社会体制改革文件。健全社会建设领导小组及其办公室统筹协调机制，完善纵向到底、横向到边的工作网络。着力推进社会服务创新，完善购买社会服务机制，进一步完善基本公共服务体系。着力深化街道体制改革，加快形成条块结合、以块为主的社会服务管理体制。着力健全市、区、街三级社会组织“枢纽型”工作网络，推进行业协会改革，加快形成现代社会组织体制。实行居住证制度，完善实有人口服务管理，加快形成源头治理、动态管理、应急处置相结合的社会管理机制。

（二）加快完善社会服务体系

以保障和改善民生为重点，在努力办好人民满意的教育、推动实现更高质量的就业、千方百计增加居民收入、统筹城乡社会保障体系建设、提高人民健康水平等方面有新的更多更大作为。着力办好惠民实事，努力满足人民群众过上更好生活的新期待。深入推进基本公共服务、社会公益服务、社区便民服务全覆盖，不断提高社会服务水平。加快完善社区服务体系，推进“一刻钟社区服务圈”建设，实现城市社区基本公共服务全覆盖。

（三）加快推进社会服务管理精细化

全面加强网格化体系建设，基本形成街道（乡镇）网格化体系全覆盖。认真解决民生保障、实有人口服务管理、环境整治、突发事件应对处置、社会矛盾化解、社会动员参与等突出问题，努力实现社会服务管理精细化。组织开展首届北京城市管理奖评选工作，提升城市管理科学化水平。加强社会建设法治保障，在完善“1＋4＋X”政策体系基础上，加快推进社会领域立法。

（四）加快推进社区规范化建设

完善社区治理结构，健全社区民主自治机制。推广朝阳区准物业管理经验，使老旧小区停车、治安等取得突破。进一步发挥物业管理行业协会的自律作用，加强对业主组织的指导和监督。开展驻区单位履行社会责任试点，完善社区共建共享机制。提升社区规范化建设，推进社区规范化示范点和“六型社区”创建。推进农村社区规范化建设，继续开展农村社会服务管理创新试点，加快城乡结合部重点村回迁和社区建设。

（五）加快推进社会组织规范化建设

改革社会组织登记管理制度。加强“枢纽型”社会组织规范化建设。

编制政府向社会组织转移职能目录和具备承接政府转移职能资质的社会组织目录，推进政府购买社会组织服务。完善“一中心、多基地”培育服务体系，大力扶持和培育急需社会组织。深入开展社会组织公益行活动，注重发挥社区社会组织作用，加强与全国性社会组织、在京国际社会组织和外地驻京社会组织及草根社会组织的联系、服务和合作。

（六）加快推进社会工作队伍建设

健全社会工作者培养、使用、管理机制，进一步加强社会工作者队伍专业化职业化建设。健全社会工作人才工作联席会议制度，加强市、区（县）社会工作者联合会建设。建立科学的用人机制，健全社会工作者职业体系和薪酬保障制度。实施“万名社区工作者培训计划”和“社工高层次人才培养计划”。实施“社工事务所标准化建设工程”，制订专业社工岗位购买指导目录。

（七）加快推进志愿者队伍建设

发挥志愿者工作联席会议、志愿者联合会作用，完善“志愿北京”平台建设，加强区（县）、街道（乡镇）、社区（村）志愿者组织建设。推进志愿者实名制注册，开展志愿服务计时和志愿者星级评定。开发经常性志愿服务项目，探索志愿服务供需对接机制。加强专业志愿者队伍和应急志愿者队伍建设，提升志愿服务专业化水平。健全社会动员体制机制，深入推动街道社区社会动员试点。深化市民劝导队工作，健全长效工作机制。

（八）加快推进社会领域党的建设

完善街道（乡镇）社会工作党委运行机制，实施社区党建“三级联创”，健全社区党建科学考评体系。完善市级“枢纽型”社会组织党建“3＋1”工作机制，加强区（县）、街道“枢纽型”社会组织党建工作。推进非公有制企业党建工程，提升规模以下非公有制企业党组织组建率，实现非公有制企业党组织和党的工作全覆盖。加强商务楼宇工作站示范点建设，提升服务管理能力。探索党员信息卡制度，实施流动党员动态管理。

五、规划调整建议

鉴于规划中没有原社会关系预期性指标“和谐企业创建率”的统计数据，经与市人力社保局、市总工会沟通协调和研究，建议将该指标调整为“建立工会企业集体合同签订率”，目标值为“＞80％”，仍为预期性指标。

表 1　　北京市社会建设"十二五"中期主要指标实现情况

类别	序号	指标	目标	指标	现状	数据时点	完成情况	评价	属性
社会服务	1	城镇居民人均可支配收入年均增长(%)	8	城镇居民人均可支配收入年均增长(%)	7.25	2012.12	完成 90.60%	继续推进	预期性
	2	农村居民人均纯收入年均增长(%)	8	农村居民人均纯收入年均增长(%)	7.9	2012.12	完成 98.75%	继续推进	预期性
	3	城镇登记失业率(%)	≤3.5	城镇登记失业率(%)	1.44	2012.12	完成	中期完成	预期性
	4	城镇职工五项保险参保率(%)	98	城镇职工养老保险参保率	97.46	2013.5	完成 99.45%	继续推进	约束性
				城镇职工医疗保险参保率	97.11	2013.5	完成 99.09%	继续推进	
				失业保险参保率	97.11	2013.5	完成 99.09%	继续推进	
				工伤保险参保率	95.31	2013.5	完成 97.26%	继续推进	
				生育保险参保率	96.03	2013.5	完成 97.99%	继续推进	
	5	城乡居民养老、医疗保险参保率(%)	95	城乡居民养老保险参保率(%)	94	2012.12	完成 98.95%	继续推进	约束性
				城镇居民医疗保险参保率(%)	92	2012.12	完成 96.84%	继续推进	
				新型农村合作医疗参合率(%)	>98	2013.6	完成	中期完成	
	6	提供各类政策性保障住房(万套)	100	提供各类政策性保障住房(万套)	46.7	2013.6	完成 40.00%	继续推进	约束性
	7	全市从业人员平均受教育年限(年)	12	全市常住人口平均受教育年限(年)	11.5	2011.12	完成 95.83%	继续推进	预期性
	8	城乡居民平均期望寿命增加(岁)	1	城乡居民平均期望寿命增加(岁)	0.55	2012.12	完成 55.00%	继续推进	预期性
	9	全市养老床位达到(万张)	12	全市养老床位达到(万张)	8.66	2012.12	完成 72.20%	继续推进	预期性
	10	每千名常住人口执业(助理)医师(人)	4	每千名常住人口执业(助理)医师(人)	4.0	2012.12	完成	提前完成	预期性
	11	人均体育场地面积(平方米)	2.1	人均体育场地面积(平方米)	2.0	2012.12	完成 95.24%	继续推进	预期性
	12	基层公共文化设施建设覆盖率(%)	≥97	基层公共文化设施建设覆盖率(%)	98	2012.12	完成	提前完成	预期性
社会管理	13	城市社区规范化建设达标率(%)	100	城市社区规范化建设达标率(%)	100	2013.6	完成	提前完成	约束性
	14	城市网格化社会服务管理覆盖率(%)	>90	城市网格化社会服务管理覆盖率(%)	42.49	2013.6	完成 47.20%	继续推进	约束性
	15	社区服务管理信息化网络覆盖率(%)	>90	社区服务管理信息化网络覆盖率(%)	100	2013.6	完成	提前完成	约束性

续前表

类别	序号	指标	目标	指标	现状	数据时点	完成情况	评价	属性
社会参与	16	每万人拥有社会组织(个)	20	每万人拥有社会组织(个)	15	2012.12	完成 75.00%	继续推进	预期性
	17	社会工作从业人员/专业人才(万人)	36/2	社会工作从业人员/专业人才(万人)	30/1.2	2013.6	完成 83.30%/60.00%	继续推进	预期性
	18	注册志愿者(万人)	200	注册志愿者(万人)	203	2012.12	完成	超额完成	预期性
	19	基层自治组织选举居(村)民参与率(%)	90	第八届社区居委会选举直接选举居民参与率(%)	92.8	2012.12	完成	中期完成	预期性
				第九届村委会选举村民参与率	>95	2012.12	完成	中期完成	
社会环境	20	市民公共行为文明指数	≥83	市民公共行为文明指数	83.26	2012.12	完成	中期完成	预期性
	21	亿元地区生产总值生产安全事故死亡率降低(%)	>38	亿元地区生产总值生产安全事故死亡率降低(%)	55	2012.12	完成	中期完成	约束性
	22	重点食品安全检测抽查合格率(%)	>98	重点食品安全检测抽查合格率(%)	>98	2012.12	完成	中期完成	约束性
	23	药品抽验合格率(%)	≥98	药品抽验合格率(%)	>98	2012.12	完成	中期完成	约束性
	24	群众安全感指数(%)	≥90	群众安全感指数(%)	92.7	2013.3	完成	中期完成	预期性
社会关系	25	和谐社区(村镇)创建率(%)	90	和谐社区(村镇)创建率(%)	40.66	2012.12	完成 45.20%	继续推进	预期性
	26	和谐企业创建率(%)	>80	建立工会企业集体合同签订率(%)	>80	2013.6	完成	完成	预期性
	27	基层社会矛盾纠纷调处率(%)	≥95	人民调解组织调解各类矛盾纠纷成功率(%)	96.9	2012.12	完成	中期完成	预期性
	28	信访事项按期办结率(%)	≥95	信访事项按期办结率(%)	98	2012.12	完成	中期完成	预期性

注：* 城镇居民人均可支配收入、农村居民人均纯收入的年均增速，均为扣除价格因素后的实际增长速度。

** 原和谐企业创建率指标没有统计数据，经与市人力社保局、市总工会沟通协调研究，建议将该指标调整为“建立工会企业集体合同签订率”，目标为“>80%”，仍为预期性指标。

北京市“十二五”时期社会建设规划纲要第三方中期评估报告

北京市经济与社会发展研究所

《北京市“十二五”时期社会建设规划纲要》是“十二五”时期全市加强和创新社会管理、全面推进社会建设的行动指南。对《规划》开展中期评估，是检查规划目标进度的重要方式，旨在及时发现《规划》实施中的问题，提出应对措施，保证《规划》任务和目标按期完成，并为编制“十三五”时期北京市社会建设规划纲要提供建议和依据。

一、评估背景和结论

（一）目的和意义

以社会研究机构为主体的第三方评估可以避免自评结果失真和流于形式等问题，突破政府自评的局限性，评估立场更加公正客观，评价结果更具可信度。

（二）对象和内容

重点对《规划》确定的主要目标和重点任务实施进展情况，从工作进展、实施效果等方面进行分析评价，对《规划》实施中进展相对缓慢的领域和突出的问题进行分析，在此基础上研究提出推进《规划》实施的措施与建议。

（三）方法和过程

主要运用对比分析、专家论证等方法，对两年来《规划》主要目标和任务的实施进展情况进行分析和评价；经过前期准备、集中起草、征求意见、专家论证等环节，最后完成评估报告。

（四）评估结论

总体上看，两年多来，北京市在《规划》确定的完善社会服务、创新社会管理、动员社会参与、创建社会文明、构建社会和谐五个方面采取了有力措施，社会公共服务体系进一步完善，水平不断提升；社会管理体制改革进展明显，初步形成比较完善的工作网络和政策体系框架；社会参与程度提高，社会组织进一步发展壮大；和谐社会建设取得明显成效，群众权益保障力度增强。《规划》确定的大部分主要目标和任务顺利推进，在加强和创新社会管理、全面推进社会建设中取得了明显进展。

与此同时，人口快速增长、社会发展不确定性因素增多、社会管理难度加大等问题依然值得关注。建议进一步加强社会建设基础性研究，建立完善重大项目社会风险评估机制，强化职能部门统筹协调能力，加强和创新社会管理，推进社会建设。

二、规划指标完成情况评估

“十二五”时期以来，北京市围绕落实《规划》主要目标，明确了全市社会建设的主要任务和工作重点，把《规划》与年度计划任务紧密衔接，将《规划》提出的28项量化指标分解落实到各年度、各区（县）、各委办局的具体工作任务中，取得了较好的效果。截至2013年上半年（部分数据截至2012年底），共有14项指标（5项约束性指标、9项预期性指标）达到目标要求；8项指标（2项约束性指标、6项预期性指标）预计能够顺利完成；5项指标（2项约束性指标、3项预期性指标）完成有一定压力；1项指标未统计。

（一）约束性指标完成情况

1. 5项约束性指标达到目标要求

目前，“城市社区规范化建设达标率”、“社区服务管理信息化网络覆盖率”、“亿元地区生产总值生产安全事故死亡率降低”、“重点食品安全检测抽查合格率”、“药品抽验合格率”完成情况良好，已达到《规划》目标要求。

2. 2项约束性指标进展顺利

“城镇职工五项保险参保率”规划目标为98%，包括城镇职工养老保险参保率、城镇职工医疗保险参保率、失业保险参保率、工伤保险参保率、生育保险参保率5个方面。截至2013年5月，上述5个方面参保率分别达到97.46%、97.11%、97.11%、95.31%、96.03%，预计到“十二五”期末可以完成目标要求。

“城乡居民养老、医疗保险参保率”规划目标为95%，包括城乡居民养老保险参保率、城镇居民医疗保险参保率、新型农村合作医疗参合率3个方面。截至2012年底，参保率分别达到94% 、92%和98%，随着北京市社会保障制度的不断完善，预计到“十二五”期末可以完成目标要求。

3. 2项约束性指标低于目标要求

“提供各类政策性保障住房”规划目标要求达到100万套。截至2013年6月，完成46.7万套，进度尚未过半。未来需在土地供应规模、投融资支持、住宅产业化标准和创新房源筹集方式等方面加大力度，确保目标完成。

“城市网格化社会服务管理覆盖率”规划目标要求大于90%，截至目前为42.49%。需要进一步加大网格化社会服务管理建设力度，努力完成全市区（县）、街道（乡镇）、社区及村庄社区化试点村三级信息平台建设任务。

（二）预期性指标完成情况

1. 9项预期性指标实现目标要求

目前，“城镇登记失业率”、“每千名常住人口执业（助理）医师”、“基层公共文化设施建设覆盖率”、“注册志愿者”、“基层自治组织选举居（村）民参与率”、“市民公共行为文明指数”、“群众安全感指数”、“基层社会矛盾纠纷调处率”和“信访事项按期办结率”9项指标情况良好，实现预期目标。

2. 6项预期性指标接近目标要求

“全市从业人员平均受教育年限”规划预期12年，截至2012年12月，达到11.5年。

“人均体育场地面积”规划预期2.1平方米，截至2012年12月，达到2平方米。

“全市养老床位”规划预期12万张，截至2012年12月，已建成8.66

万张。

“每万人拥有社会组织”规划预期20个，截至2012年底，全市每万人拥有社会组织15个。

“社会工作从业人员/专业人才数量”规划预期分别为36万人和2万人，目前分别达到30万人和1.2万人。

“城乡居民平均期望寿命增加”规划预期为1岁，2010—2012年，增加了0.55岁。

上述6项指标与规划预期目标相差不大，通过相关政策保障以及加大工作力度等举措，有望在“十二五”期末达到预期目标。

3. 3项预期性指标实现难度较大

“城镇居民人均可支配收入年均增长”与“农村居民人均纯收入年均增长”规划预期均为8%，2010—2012年，上述两项指标年均分别增长7.25%和7.9%，考虑到当前经济增长放缓的形势等因素，实现难度较大。

“和谐社区（村镇）创建率”规划预期为90%，截至2012年12月仅有40.66%，与预期目标差距较大。未来应加快推进和谐社区（村镇）建设，以实现预期目标。

4. 1项预期性指标未统计

“和谐企业创建率”指标未进行统计。

三、重点任务进展情况评估

进入“十二五”时期以来，北京市社会建设按照《规划》提出的总体要求和年度进度安排，在加强和创新社会管理、全面推进社会建设上进行创新发展，大胆尝试，社会建设水平稳步提升。

（一）社会服务继续完善，民生保障持续增强

两年来，我市基本公共服务的硬件设施水平和保障能力进一步提高。基本公共服务体系进一步完善，基本公共服务均等化取得新进展，基本公共服务水平居全国前列并达到中等发达国家水平。

1. 基本公共服务能力持续提升

优化资源布局，基本公共服务覆盖水平进一步提升。疏解中心城优质医疗资源，积水潭医院回龙观院区主体完工，推进清华大学天通苑医院和北大国际医院加快建设。推进重点功能区公共服务设施配套建设，支持亦庄职教园区等重点职业教育项目建设，为产业功能区提供实用技能型人才支撑。支持潞河医院、通州三中等项目建设，提升国际新城公共服务能力。改善西部地区中小学办学条件，支持丰台镇教育资源整合十二中科丰校区、石景山区北京市第九中学新建宿舍楼及体育活动室、门头沟区军庄小学新建及三家店铁路中学改扩建等项目建设。

强化基层社区，居民生活更加便利。社区基础设施建设取得突破性进展，全市已推进两批共956个社区基础设施建设项目，总投资40.7个亿，完成后全市将有81%的城市社区用房面积达到350平方米。制定《北京市社区基本公共服务指导目录（试行）》，到2013年5月底，全市已经实现基本公共服务全覆盖的社区2 492个，占全市社区总数的90%。“一刻钟社区服务圈”及社区规范化试点有序推进，截至2013年6月，全市共建成520个“六型社区”和733个“一刻钟社区服务圈”示范点。初步建立了以“新居民互助服务站”为主要载体的社区流动人口服务管理新模式，到2012年底，全市共建立新居民互助服务站621个。累计推进完成了203个村庄作为农村社会服务管理创新试点项目。

加大创新力度，公共服务提供机制继续完善。形成了政府购买社会组织服务制度体系，规范了社会建设专项资金的使用和投入方向，发挥了专项资金的引领作用。充分发挥“枢纽型”社会组织作用，鼓励支持更多的社会组织通过主责单位申报项目。不断加大政府扶持力度，重点扶持社会投资骨干企业，引导社会资本参与公共领域投资建设。社会资本举办医疗机构的卫生人员占全市的18.3%，实有床位占全市的16.2%，社会办医提供的服务量逐年增加。

营造发展环境，社会服务业发展不断壮大。不断优化社会服务业发展政策环境，推动社会资本举办教育、科技、文化、卫生、体育、养老等服务业快速发展。2012年颁布鼓励社会办医“京十八条”，为社会办医增强了信心，2012年新增社会办医机构226家。2012年颁布实施《北京市人民政府关于加快发展体育产业的实施意见》，指导和促进北京体育产业发展。2007—2012年，全市投入28亿元，扶持193个体育产业项目，带动社会资本近39亿元，极大地促进了体育市场和体育产品的快速发展。截至2012年底，全市四级公共文化设施平均覆盖率达到98%，市、区（县）两级公共文化设施覆盖率达100%，公共文化设施不断健全。实施幼儿园奖励补贴政策，鼓励普惠性民办园发展，2012年增设入园名额2.4万个，新增小学在校生 3.8 万人，有效缓解入园、入学难问题。2011 年建立市级养老服务事业发展专项资金，给予社会办养老机构建设资金支持和运营补贴资助，养老服务设施数量明显增长。

2. 社会保障水平不断提高

社会保障体系进一步完善，水平不断提高。实现了公费医疗与职工基本医疗、农民工社会保险与职工社会保险制度的并轨。将本市机关和参公管理的事业单位职工纳入工伤保险覆盖范围。将本市机关事业单位的非本市户籍职工纳入生育保险覆盖范围。建立完善社会保障相关待遇标准与收入、物价水平挂钩的联动机制，基本养老金、失业保险金、工伤职工伤残津贴、城乡居民基础养老金和福利养老金标准分别达到 2 811 元、946 元、3 076 元、390 元和 310 元，两年平均提高 26.5%以上，居于全国前列。将心脏移植术后抗排异治疗纳入医疗保险报销范围。社保卡工程稳步推进，全市累计发放社保卡 1 314.7 万张，全部定点医疗机构均实现了持卡就医实时结算。

多种措施促进就业。实施《北京市就业援助规定》，健全困难群体长效帮扶机制，扩大困难群体帮扶范围，通过鼓励用人单位优先招用、公益岗位托底安置、开展精细化就业援助等一系列措施，累计帮助 40.2 万城乡就业困难人员就业，实现了城乡无“零就业家庭”及“纯农就业家庭”至少一名劳动力转移就业的目标。完善高校毕业生就业政策和服务体系，拓展基层就业服务领域，北京生源高校毕业生就业率一直保持在 95%以上。

收入分配制度逐步完善。进入“十二五”时期以来，最低工资标准由 960 元/月提高到 1 400 元/月，年均增长 13.4%，高于同期职工平均工资增速。推动全市 4.2 万户企业签订了集体合同，覆盖职工近 265 万人。科学制定并发布企业工资指导线、劳动力市场工资指导价位及行业人工成本，引导企业逐步建立工资正常增长机制。进一步规范公务员津贴补贴，调整机关离退休人员离退休补贴。推进事业单位收入分配制度改革，稳步提高事业单位各类人员的收入水平。

保障性安居工程建设力度不断加大。坚持土地、规划、资金、手续办理“四个优先”，确保保障性安居工程和中小套型普通商品住宅用地供应量不低于住宅用地供应总量的 70%，投资 100 亿元成立北京市保障性住房建设投资中心，累计注入资本金 152.7 亿元。积极引导社会资金投入保障住房建设，在京银行机构累计发放贷款 451 亿元，试点公积金贷款投入

239亿元支持30个保障住房项目建设，创新通过私募债募集284亿元资金支持8.8万套保障住房建设，鼓励符合条件的企业发行企业债募集资金，积极推动试点房地产投资信托基金，为保障住房建设提供长期、稳定、低成本的建设资金支持。

3. 社会事业发展取得突破

优质教育资源不断增加。学前教育、中小学建设和市属高校三年行动计划深入推进，实施新建改扩建幼儿园补助工程、办园标准达标补助工程、生均定额补助工程和对提供普惠性服务且考核合格的民办园补助工程。城乡新区中小学一体化建设工程、中小学数字化教育资源共享工程等超额完成中期任务，高中创新教育支撑条件建设工程、特殊教育、民族教育学校建设工程等实现了"时间过半、任务过半"的工作目标。支持5所教育部在京高校新校区建设，良乡高教园区入驻院校6所，2.6万名师生进驻。沙河高教园区入住学生1.6万名。亦庄职教园区建设项目建成24万平方米建筑。推动职业院校与行业、企业深度合作，组建北京现代制造、北京电子信息、北京商贸三个职教集团。

公共文化服务满足群众需求。以示范区为引领，推动公共文化服务体系建设。继朝阳示范区之后，海淀区与东城区全面启动第二批国家公共文化服务体系示范区创建工作。实施文化惠民工程，演出规模数量继续扩大，"万场演出下基层"活动年均演出11 000多场，1 800万人次群众受益。加强社区文化设施建设，提升基层公共文化设施建设水平。全市四级公共文化设施平均覆盖率达到98%，整合利用公共服务资源，全市共有44个文化馆图书馆、1家美术馆和319家街道（乡镇）文化站，全部实现了免费开放。

医疗服务水平进一步提升。出台《北京市结核病防治"十二五"规划》、《北京市遏制与防治艾滋病"十二五"行动计划》和《北京市地方病防治"十二五"规划》，明确了重点传染病和地方病防治的方向和目标。制定《北京市医疗机构设置规划（2012—2015)》，推进优质医疗资源向郊区（县)、新城和资源薄弱地区转移。出台《关于进一步鼓励和引导社会资本举办医疗机构若干政策》，引导和鼓励社会资本办医医疗机构。启动"十、百、千社区卫生人才"培养。在医院实行双休日及节假日门诊，开展优质护理服务，截至2013年5月底，全市51所三级医院1 183个病区、101所二级医院568个病区开展了优质护理服务。完善精神健康促进和精神疾病预防、诊治、康复机制，积极开展精神疾病社区康复和心理健康咨询服务。

市民生活更加健康。实施“阳光长城计划”，专门针对心、脑、肿瘤及口腔疾病的防治开展一系列工作。编写《北京人健康指引》指导手册，累计下发 19.3 万本。建立北京市民健康教育信息系统，为市民提供集卫生资讯、保健常识、用药指导、市内医疗资源查询等服务于一体的多媒体触摸屏计算机系统。社区卫生服务机构全面开展高血压、糖尿病的规范化管理工作。截至 2012 年底，高血压规范化管理率已达到 78.01%，糖尿病规范化管理率 76.53%。实施《北京市全民健身实施计划（2011—2015 年）》，100%的区（县）拥有多功能全民健身体育中心，100%的街道（乡镇），有条件的社区和 100%的村建有全民健身工程。

4. 社会福利体系进一步完善

老年人福祉明显提升。构建“9064”养老服务发展格局和“以居家为基础，社区为依托，机构为支撑”的养老服务体系，2010—2012 年累计向 55.7 万名老年人和残疾人发放养老（助残）券 14.9 亿元。发展养老服务单位 1.4 万家，为老年人、残疾人提供生活照料、家政服务、康复护理、精神慰藉、老年教育和其他共 6 大类 110 项服务。

残疾人保障力度持续加大。落实残疾人托养服务保障政策，2011 年起在部分养老机构开展重度残疾人托养服务试点，给予机构运营补贴，政策惠及 1 000 余名生活困难的残疾人。2012 年开始对年满 16 周岁未满 60 周岁、失业且无稳定性收入的本市残疾人给予入住机构补贴，对开展残疾人服务的养老机构给予运营补贴和康复器材一次性购置补贴。

适度普惠儿童福利制度初步构建。明确了建立涵盖孤儿基本生活、医疗康复、教育、就业、住房等一揽子制度性安排，并将孤儿保障范围扩展到事实无人抚养的困境儿童，实现了儿童福利保障政策的整体突破。制定城乡统一的孤儿基本生活费标准，建立自然增长机制，分别给予机构内孤儿和社会散居孤儿基本生活费每人每月 1 400 元、1 600 元，均为全国最高标准。

社会救助制度不断健全。2011—2013 年，4 次调整城乡低保标准，城乡低保标准分别从家庭月人均 520 元和 380 元调整为 580 元和 460 元。按照城乡一体化的要求，朝阳区、海淀区、丰台区、大兴区、通州区、顺义区已实施城乡低保标准并轨。农村五保供养标准稳步提升，全市 13 个郊区区（县）农村五保供养标准最高年人均 16 888 元，最低年人均

8 135元，全市农村五保平均供养标准为年人均 11 078 元。全面完成农村优抚对象住房集中翻建工程，将住房翻建补助标准由每户 3 万元提高到 5.4 万元。义务兵优待金标准由每人每年 1.5 万元提高到每人每年 2.2 万元。

慈善事业快速发展。慈善公益事业在弘扬慈善理念、打造慈善品牌、规范慈善运作、培育组织发展等多个方面都取得了明显进步。慈善公益项目领域已涉及助医、助老、助残、助学、助困、救灾、法律援助等 20 多个慈善公益领域，募捐形式从单纯的募集善款到现在的义诊、义赛、义演、义拍、义展、论坛、讲座等 10 多种形式。打造"善行天下"首都慈善品牌，为社会各界参与慈善公益活动搭建了良好平台。放低慈善公益组织准入门槛，开展相关业务培训和交流活动，有效提升了慈善组织专业水平。

【评估分析】

进入"十二五"时期以来，北京市基本公共服务体系得到完善，服务能力进一步提升，资源布局进一步优化，均等化建设取得新进展。社会保障制度不断完善，在全国率先实现了社会保障制度城乡全覆盖，并逐步推进人群全覆盖。适度普惠型民生福利保障体系进一步健全，有力保障了老年人、儿童等特殊群体的生活。

与此同时，社会公共服务供给层次还比较单一。政府在社会公共服务的供给格局中占据主导地位，大包大揽现象仍然存在；社会资源数量众多，但总体规模依然较小，参与供给的作用有限。在这样的供给格局下，社会服务供给效率不高，难以满足居民不断增长的、多元化、多层次的社会服务需求。

（二）社会管理加大创新，服务能力明显提升

1. 人口服务管理得到加强

人口规模调控成效显现。人口总和生育率保持在 1.0 左右的水平，常住人口计划生育率持续稳定在 95%以上的较高水平，人口自然增长率低于全国平均水平。将人口服务管理作为专项工作纳入市政府对区（县）政府绩效管理考核评价体系。自 2012 年起，全市生育管理标准实现城乡统一，流动人口计划生育经费逐步实现与户籍人口统筹。推动建立重大政策、重大规划和重大项目的人口评估机制。

实有人口动态管理不断加强。在实有人口专项组框架下，与公安部门

建立人口信息共享和人口统计信息协商制度，实施全员人口数据库与公安基础人口数据库的全库比对，推动部门、区（县）人口数据共享整合。以市育龄妇女信息库为基础，整合市公安局户籍人口信息、市流管办流动人口信息，重点打造“北京市全员人口管理信息系统”工程（北京金人工程），为开展人口信息综合、决策支持及提供强力支撑。

流动人口服务管理更加完善。更加注重均等化服务，全市各区（县）人口计生部门相继成立了流动人口服务管理机构，街道（乡镇）充实了专兼职人员，基层社区流动人口协管员队伍逐步加强。强化系统内部协调和外部协作，流动人口和人户分离人员计划生育工作“一盘棋”机制建设初见成效。探索建立了环渤海区域“七省一区两市”流动人口服务管理区域协作机制。

特定人群管理服务不断完善。建立以《北京市社区矫正实施细则》为主干，以机构建设、队伍管理、矫正流程、矫正执行、工作衔接等方面为分支的80余项制度。丰富“两类”人员教育管理办法。建立可评估的社区矫正质量标准。扎实推进“阳光中途之家”建设，16个区（县）的“阳光中途之家”全部建成运行，共为“两类”人员开展教育服务活动53 676人次。

2. 基层社会管理取得进展

社区服务管理格局不断完善。基层区域化党建格局基本形成，全市141个街道全部成立了社会工作党委，建立了街道党工委领导、社会工作党委具体组织、社区党组织落实、驻区单位党组织共同参与的联建共建协调机制，基本实现了党建工作在社区的全覆盖。

社区规范化建设进一步加强。出台了社区规范化建设试点系列文件，重点在社区服务站建设、社区工作职能等7个方面、27项主要指标、近100项具体指标进行全面规范。启动社区规范化示范点建设，目前，全市共建成368个社区规范化示范点。

社区服务管理平台建设取得突破。新型社区服务站普遍设立，社区公共服务平台建设进一步规范，实行综合管理、一站多能服务，统一形象标识、统一项目设置、统一运行流程、统一服务规范、统一资源调配，建立新型社区服务站5 751个，基本实现了城乡全覆盖。社区组织职责更加明确，对社区党组织、居委会和服务站承担的职责任务进行了合理划分和归纳调整，进一步细化和明确了各自承担的30项、80项和100项具体工作职责，社区运行机制进一步理顺。

农村社区建设和村庄社区化管理继续推进。初步建立了以“城乡一体化”为基本目标的农村社区建设新模式。出台《关于开展新型农村社区建设试点工作的意见》，首批确定12个市级新型农村社区试点建设。目前，密云县古北口镇司马台新型农村社区、延庆八达岭新型农村社区等6个市级试点已经启动建设，共完成15.1万平方米的住房建设，4个社区1 242户已入住新型农村社区。初步建立了以“新居民互助服务站”为主要载体的社区流动人口服务管理新模式。

3. 公共安全管理扎实推进

食品药品监管机制进一步健全。启动首都食品安全追溯体系建设，完善食品安全监管体系，广泛推行餐饮业卫生监督量化分级管理制度，在供应全市中小学生营养餐的企业中全面建立了HACCP（危害分析与关键点控制）预防食物中毒保障系统。将食品安全管理纳入区（县）政府绩效考核。完善药品安全标准，完成药品、医疗器械、药品包装材料等国家标准制修订2万余个。稳步推进医疗器械GMP贯彻实施，截至2013年5月底，共70家企业通过检查。实施基本药物电子监管，北京试点企业第一批赋码基本药物尼莫地平正式下线，提前11个月在全国率先实现基本药物全品种电子监管。

安全生产监管机制更加完善。全市16个区（县）和北京经济技术开发区均设置了安全监管部门。矿山井下安全避险“六大系统”全部应用，危险化学品和烟花爆竹行政许可信息系统已正式上线运行。“京安”工程建设已投入使用。重点行业领域安全生产状况持续改善，至2011年底，全市危险化学品生产经营企业全部达到3级以上标准，基本取缔了小型矿山。建立了“动态分类排查、动态评审挂账、动态整改销账”的隐患排查治理长效机制，并将重大事故隐患治理，纳入市政府督查考核体系。

社会治安防控体系逐步完善。创新民事调解机制，投入专项资金1 300余万元，在全市户籍派出所均设立了联合调解室。加强社区物技防建设，建立完善了全市7 162个楼房小区、125.7万个平房院落、4 528个自然村物技防建设工作台账，全市派出所三级平台建设率达到92%。创建社区治安网格化服务管理模式，强化社区民警驻区制。推动群防群治工作，推进管理精细化。

应急防灾管理机制持续加强。印发《北京市“十二五”时期应急体系发展规划》、《关于进一步加强本市应急能力的意见》，统筹指导本市应急管理体系建设与应急体制机制建设。社会防灾减灾能力建设不断深化，开展防灾减灾科普宣传、风险隐患排查治理和应急演练等活动，累计组织专场活动380多场次，覆盖超过600万人次。不断强化应急管理工作社会参与机制，出台《北京市应急志愿者管理暂行办法》，推进应急志愿者指挥调度平台建设，加强对应急志愿者的注册、管理和服务。

4. 互联网等新媒体管理不断规范

网络文化健康发展。立足首都、服务全国，培育健康向上的网络文化和网络环境，促进互联网健康发展、服务社会、弘扬主旋律。注重传统品牌活动推陈出新，使影响力持续。2011年、2012年新年期间，联合属地网站成功举办第七届、第八届新春祝福短信大赛等活动。举办“首届互联网文化季活动”，网聚正能量。先后组织新浪、搜狐等微博平台开展“爱北京、照北京”摄影作品网络征集评选活动。

互联网新媒体管理不断加强。建立互联网管理联合办公机制，在依法管网、综合管网、科技创安上取得了突破。出台《北京市微博客发展管理若干规定》，全面推进真实身份信息注册，新老用户一并规范。目前，属地微博客网站已确认了3.6亿微博客用户的身份信息，基本掌握了4 000多万活跃用户的信息，论坛版主已实名认证4 000多人。强化互联网行业自律和社会监督，截至目前，举报中心共受理违法和不良信息举报26万余条，平均每日受理举报信息300条。

5. 网格化社会服务管理进展顺利

网格化社会服务管理试点工作顺利推进。到2013年6月，全市169个街道（乡镇）启动网格化社会服务管理试点，占全市街乡总数的51.84%。实行网格化管理的社区（村）已经达到2 853个，占全市社区（村）总数的42.49%。试点经验各具特色，例如，通州区新华街道组建了“3＋X”工作团队，制定了“机关干部进网格”工作制度。朝阳区自上而下构建“全模式”网格化体系；西城区从街道办事处层面重点突破，上下延伸构建“全响应”网格化体系等。

社会服务管理信息化水平不断提升。“四网六库”建设成效明显，实现了全市社区、商务楼宇工作站、街道、专业社会工作机构、社会工作者联合会（协会）以及市区（县）两级社会工委、社会办数据信息采集工作全覆盖和各类多媒体资料的共享使用、集中管理。出台《关于在全市推进智慧社区建设的实施意见》和《北京市智慧社区指导标准（试行）》，全面推进智慧社区建设，2013年上半年确定试点512个。拓展网络舆情监测范围，已覆盖门户站点1 172个、博客类站点140个、论坛80个、主流微博4个。做大做强社会建设网站群，逐步实现了各级各类社会服务管理网络互联互通、资源共享。

【评估分析】

进入"十二五"时期以来，北京市在加强和创新社会管理方面取得了实效，市级统筹、部门分管、属地负责的人口服务管理机制逐步形成，城乡社区的基础性平台作用得到巩固，公共安全管理不断强化，互联网等新媒体管理更加规范，网格化社会服务管理体系建设全面推进，有效提高了社会服务管理科学化、精细化水平。

与此同时，与经济社会发展阶段相比，社会管理体制还存在滞后现象，社会管理方式、水平与城市居民的生活方式、价值观念、利益诉求、服务需求等存在差距；社会管理依然主要依靠政府管理，社会公众参与度不高。

（三）社会参与有效动员，社会活力充分激发

1. 公众参与效果明显

建立了新型社区治理模式。基本形成了社区党组织为领导核心，以社区居委会为主体，以社区服务站为工作平台，社区社会组织和驻区单位共同参与的新型社区治理模式。目前，全市所有社区都建立了社区党组织，其中社区党委1 241个，社区党总支361个，社区党组织1 115个。通过民主方式实现社区共同治理，制定了《居民自治章程》、《流动人口公约》等文件，实行社区事务自我管理。社区居委会健全了岗位责任、分片包户等工作制度，进一步规范了社区公益事业经费的使用管理，社区民主管理水平不断提高。

村民自治取得新进展。规范民主选举，在2012年全市村党组织换届选举中全面推行"公推直选"。全市所有行政村普遍建立了村民代表会议（村民会议）制度和"民主日"制度，制定了村级议事规则和决策程序，形成了以"四议一审两公开"为核心的村级民主决策机制。全市1 712个村实行了村务"点题公开"制度，占到43.5%。全市各村普遍修订了村民自治章程、村规民约，入户普及率达到100%。推广"村账托管"、"公章托管"、农村合同审核管理等制度，提高了村务管理的规范化和科学化水平。全面推行村务监督委员会制度，除部分拆迁转居村外，全市 3 862 个村成立了村务监督委员会，推选产生村务监督委员会成员 14 817 人。

公众参与机制逐步健全。基层民主稳步扩大，依法组织了全市第八届村委会选举和第八届社区居委会选举，修订完善了选举工作指导规程，选举工作程序更加规范。协商民主取得重要突破，完善居民会议制度，全市共有居民代表 133 281 名，每季度召开一次居民会议。积极探索民主议事新形式，广泛采用“五委”联席会议、议事协商会等形式，协商解决重点、热点问题。

社会监督进一步加强。加大政府信息公开力度，充分利用“首都之窗”门户网站、政务网站、政务微博、新闻发布会、政府公报、公开栏和各级政务服务大厅等多种形式和载体，公开涉及群众切身利益、群众普遍关心的重大政府信息。全面梳理，规范政务公开和政务服务事项。贯彻落实《中共北京市委关于贯彻落实党的十七届四中全会精神完善党同民主党派合作共事机制的意见》精神，构建了北京市特约人员工作新机制，拓宽了特约人员参政议政渠道。

2. 社会组织健康有序发展

社会组织管理体制改革有序推进。在 2011 年对工商经济类、公益慈善类、社会福利类、社会服务类社会组织先行探索直接登记的基础上，2013 年 4 月 1 日起，对行业协会商会类、科技类、公益慈善类、城乡社区服务类社会组织实行民政部门直接登记。截至 2013 年 6 月，全市登记、备案的社会组织 19 524 个，其中市级登记 1 914 个、区（县）登记 6 272 个，备案的社区社会组织 11 338 个。推进中关村社会组织管理体制改革，出台《中关村国家自主创新示范区条例》、《关于促进产业技术创新战略联盟加快发展的意见》等文件，已有 54 家中关村社会组织进行了直接登记，67 家产业联盟办理了登记或备案手续。

“枢纽型”社会组织工作体系逐步建立。按照“六有”要求，以人民团体为骨干，努力构建“枢纽型”社会组织服务管理网络。全市已认定 27 家市级“枢纽型”社会组织，服务管理可以覆盖全市 85%以上的社会组织。在全市 24 家“枢纽型”社会组织启动了社会组织党建工作委员会、社会组织联合党组织、社会工作部“3＋1”模式建设。

推动社会组织健康有序发展。加大政府购买社会组织公共服务的力度，2011 年首次使用 390 万元福彩公益金购买 104 个社会组织公益服务项目，2012 年利用福彩资金 348 万元重点购买扶老助老、扶残助残等五大领域的 28 个优秀公益服务项目，并以中央财政首次出资 2 亿元专项资金购买社会组织服务为契机，组织社会组织申报项目 27 个。2012 年出台关于加强心理咨询参与信访工作的意见，首次将社会组织参与信访纳入政府购买服务范畴。落实税收优惠政策，"十二五"以来共授予 113 家社会组织公益性捐赠税前扣除资格，比"十一五"时期增长 100%，每年为社会组织捐赠人减少税收 1.5 亿元以上。加强社会组织人才队伍建设，推行社会组织专职工作人员劳动合同制，推进社会组织专业化职业化。目前，全市社会组织从业人员 13.3 万人，其中专职人员达 8.4 万，占比 63.4%。

社会组织的作用进一步发挥。围绕公共服务、公益服务、便民服务、管理决策等热点，给予社会组织资金、场地和人力支持。目前，全市已将 8 000 家社团和 6 590 家公益类组织纳入工作范围。开展社会组织优秀公益品牌评选、"社会组织公益服务十大品牌"评选表彰等活动，举办公益咨询活动 921 场次，吸引群众超过 40 余万人次，社会组织参与社会、服务社会的能力不断增强。

3. 企业履行社会责任作用突出

推动企业履行社会责任。开展"工商进社区"等系列活动，搭建与企业及社会良性互动沟通平台，推动企业积极履责。出台《首都企业社会责任行动指南》，明确了首都企业的主要社会责任。引导行业组织推动行业企业履行社会责任，电子商务协会与 37 家大型电商企业签订了诚信经营自律公约。建立并完善了自行和解、联动调解、人民调解、行政调解、司法诉前调解"五位一体"的消费纠纷解决机制，积极维护消费者权益，强化经营者主体责任，全市 9 个区（县）建立了小额消费纠纷快速解决机制。出台了《关于进一步加强企业信用监管推进企业信用体系建设的意见》，推动企业信用体系构建。

实现商务楼宇服务管理全覆盖。将街道（乡镇）工会服务站进一步向其所辖区域的企业和职工较为集中的商务楼宇延伸。推进商务楼宇工作站"五站合一"全覆盖，全市已有 1 244 个商务楼宇完成"五站合一"。商务楼宇服务站既接受地区街道党工委、办事处领导，又接受各级党、政、群、团等各个部门的指导，共同构成了为楼宇企业和员工服务的综合服务平台。

4. 社会协同持续推进

社会工作者队伍专业化职业化程度提升。印发了《关于"首善之区社会工作人才发展工程”的实施意见》等一系列政策文件，加强了社区工作者队伍建设和管理。实施“北京市万名社区工作者培训计划”，分三年每年培训1万人。组织社会工作者职业水平考试，首都地区获得全国社会工作者职业水平证书人数累计达到11 723人。鼓励支持符合条件的组织、企业和个人兴办公益性社会工作机构，全市社会工作事务所累计达到52家，16区（县）均建立了社会工作事务所，共有全职专业社工近400人、兼职专业社工300余人。健全社会工作者薪酬保障制度，建立了与事业单位待遇水平同步增长机制，实施绩效工资制度。

志愿服务长效机制不断完善。出台了《北京市志愿者管理办法（试行）》、《北京市应急志愿者管理暂行办法》等政策。启动志愿者实名制注册，推动志愿服务计时和志愿者激励机制建设，全市注册志愿者总数近203万人，提前完成“十二五”规划设定的实名注册200万的目标任务。以重要活动、重大事件、社会需求为重点，着力创新活动载体和实践项目，已基本形成了重大活动志愿服务、应急志愿服务和经常性志愿服务三大服务项目体系。

“两工联动”运行机制成效明显。扩展志愿服务领域，完善社会工作运行机制，稳步推进“两工联动”取得新成效。培育和发展专业社会工作机构等工作平台，各行各业积极发挥社会工作者的专业化职业化优势，组建了一系列志愿服务团队，大力推动了“两工联动”模式的形成与发展。目前，依托社区、社会组织、社工事务所、医院、学校、企业等领域，社会工作者带动近100万名志愿者参与各类志愿服务。

【评估分析】

进入“十二五”时期以来，北京市积极创新基层民主自治形式，有效实现了社区居民的自我管理、自我服务，较好地促进了政府行政管理和居民自我管理的有效衔接与良性互动。以深化登记管理体制改革为突破口，加大社会组织培育力度，促进了社会组织的发展。积极引导企业履行社会责任，鼓励行业协会、社会组织、媒体和公众参与推动，市场主体自律意识进一步提升。专业社会工作机构规模逐步扩大，社会工作者队伍专业化职业化水平不断提高。

但同时，基层力量仍需进一步加强，社会组织发育依然不足，劳动关系基层基础薄弱、争议处理能力不足等问题仍然比较突出，社会工作人才管理体制仍不完善，行政分割特点比较明显，社会工作人才队伍建设管理体制尚未完全落实到位，制约了社会工作人才队伍的快速发展。

（四）社会风尚更加文明，社会环境不断优化

1. 社会风尚得到改善

公民道德建设进一步加强。落实《首都道德模范评选表彰办法》，每两年评选表彰一届首都道德模范。加强学习道德模范宣传。召开了北京市公民道德建设座谈会，在北京电视台成功举办了“因为有你——第三届首都道德模范颁奖典礼”。组织开展“首都道德模范故事汇”基层巡演活动，在全市16区（县）共演出40场，直接受益群众达2万人次。

社会诚信体系和行为规范不断完善。印发《“十二五”时期北京市社会信用体系建设重点任务》、《关于进一步加强企业信用监管　推进企业信用体系建设的意见》等政策文件。按照“一网两平台三系统”的信用信息基础设施建设总体构架，积极推进信用信息基础设施建设。重点行业和领域信用体系建设取得成效，推进建立了食品安全长效可追溯机制、企业安全生产领域“黑名单”公示制度和纳税信用等级评定等制度。利用各类媒体、大型活动、学术研讨会、论坛等平台，开展诚信宣传教育活动，打造了“信用北京”品牌。

2. 学法、尊法、守法、用法的社会氛围得到加强

法制宣传教育深入开展，群众法律意识不断增强。围绕道路交通、食品安全、征地拆迁、医疗卫生、环境保护等城市发展、社会管理中的重点问题，开展“服务首都科学发展”专项法制宣传活动。结合首都精神文明建设工作部署，开展“践行北京精神，做讲法制守纪律的北京人”宣传教育活动。以“北京精神”为引领，加强了法治文化建设。以提升市民法律素质为目标，扎实推进重点普法对象的法制教育。在全市启动青少年法制宣传教育活动。开展了“春风送暖　与法同行”流动人口专项法制宣传，编发《流动人口安居首都法律指南》。

依法行政全面推进。建立健全依法行政工作组织领导体制和工作机制。加强制度建设，制定并修改《北京市政府规章立项论证办法》、《北京市制定政府规章立项论证办法》等11项立法工作相关制度。深入推行行政执法责任制，行政处罚案卷质量逐年提高，被抽查案卷优秀率提高到99%。深化行政复议审理方式创新，设立行政复议委员会。强化对行政行为的专项监督，围绕土地管理、城乡规划、扩内需、保增长等重点领域加大监督力度，积极开展对支付征地补偿费、城镇拆迁、企业重组改制、解

决拖欠、《中华人民共和国行政许可法》执行情况等方面的专项检查。

3. 市民科学文化素质进一步提升

学习型城市建设全面推进。发布了《北京市学习型城市建设工作“十二五”规划》，提出“动员全市各方面力量，整合各类学习资源，加快学习型城市建设步伐”的战略部署。以北京学习型城市网为依托，建设“首都市民终身学习平台”开展首都市民学习成果累积、转换等试点，对提升市民综合素质发挥了重要作用。

科学普及活动持续开展。新建和改扩建一批科普场馆，支持一批高等院校、科研院所、企业利用现有设施和资源建设专业或产业科技类、体验型科普场馆。以科普培训基地为依托，强化专业科普人才建设，加大科普培训力度。鼓励创新人员深入基层服务公众，组织科普专家进学校、进社区、进企业、进机关开展科普讲座。加强基层科普能力建设。各区（县）形成了具有区域特色的“三个一”科普工作格局。

4. 社会心态有效改善

加强社会心理关怀。建立了社会心态监测、预警、疏导机制。开展“心桥”社区居民健康心理疏导公益行动，共在16个区（县）举办了50场普及性讲座和宣传活动，覆盖了全市80%以上的街道。开展“润心工程”，举办公益讲座200多场。重视基层社区心理培训，仅今年以来就培训社工1 500人次、社会专业心理咨询师650人次、志愿者500人次，间接受益人群达到1万多人。

完善心理援助服务。建立北京社会心理服务网，为本市居民及心理服务组织搭建网上心理服务及交流平台。建立重大灾害及突发事件后的心理危机干预机制，及时开展心理援助。制作心理健康宣传动画片，推广“倡导心理健康，创造幸福生活”理念，对北京市民进行心理健康知识科普、教育，并对由社会热点问题和社会矛盾引发的心理问题进行引导、调适。

【评估分析】

“十二五”时期，北京市积极培育文明有礼、守法诚信、崇尚科学、积极向上的社会风尚，营造服务优质、秩序优良、环境优美的社会氛围，创建生产安全、生活安宁、社会安定的社会环境，加强社会主义道德建设，积极倡导“做文明有礼的北京人”，取得了明显实效。在“2011、2012中国城市商业信用环境指数（CEI）”评比中名列第一。

但同时，还存在一些问题和薄弱环节，比如：社会道德整体提升仍需时日；社会监督渠道不畅，在制度和程序上缺乏有效保障，监督力度不足；尚未建立起有效的失信联动惩戒机制，社会诚信体系建设任重而道远；社会心理关怀援助仍多为发放物品的浅层次物质化阶段而缺少精神关怀的深层次内容，心理关怀手段单一，无法满足居民心理服务需求。

（五）社会关系保持良好，社会和谐有力构建

1. 群众利益协调机制不断健全

把开展工资集体协商工作作为工会协调劳动关系机制建设的核心内容。在符合条件的1 243家“五类”企业全部建立了工资集体协商机制，截至2012年底，全市已签订综合性集体合同14 182份，覆盖建会企业69 226家，建制率82.7%；已签订工资专项集体合同12 872份，覆盖企业67 342家，建制率80.5%。大力开展厂务公开、职工代表大会建制专项行动，截至2012年底，全市已建工会的公有制企业职代会、厂务公开建制率为95%、96%；已建工会非公企业职代会、厂务公开建制率为88%、90%，覆盖企业67 835、69 466家。充分发挥法律援助在党和政府主导维护群众权益机制中的重要作用，市和区（县）两级共建立17个法律援助中心。

2. 信访渠道有效畅通

全面推行重大决策信访评估制度。进一步畅通信访渠道。推行党政领导干部、党代表、人大代表、政协委员联系信访群众、反映群众诉求制度，拓宽社情民意表达渠道。进一步健全完善信访工作长效机制。搭建了党委政府领导、职能部门负责、社会力量协同、人民群众参与的大排查大化解工作体系。完善非紧急救助服务管理体系。建立了以市非紧急救助服务中心为龙头，区（县）政府、市政府部门、公共服务企业分中心为主体，基层单位为支撑，外包服务企业参与、相关市级平台联动的运行管理体系。加强了基层非紧急救助服务网络建设，进一步推进非紧急救助服务全部门、全社会覆盖。完成建设市非紧急救助服务“12345”电话和互联网应用综合受理调度平台，实现了“电网合一”。

3. 矛盾调解体系全面构建

全面落实《关于构建社会矛盾多元调解体系的意见》，成立首都综治委社会矛盾多元调解专项组，建立工作会议、议事规则、信息报送、专项调研督办、督导检查等8项基本制度。建立了北京电视台第三调解室人民调解委员会，形成了专兼职相结合、节目受众广泛参与的纠纷化解模式。先后在流动人口集中的区域、建筑工地、旅游景区、集贸市场、大型商场等矛盾纠纷多发地点建立了人民调解组织，有针对性地缓解了行业性、专业性纠纷增长压力。围绕党的十八大安保工作开展了“和风”专项行动，发挥多元调解体制机制优势化解社会矛盾。

4. 社会稳定风险评估机制初步建立

制定了《北京市重大决策社会稳定风险评估实施细则（试行）》，在市、区两级成立重大决策社会稳定风险评估专项工作领导小组。全市近20个市级部门和16个区（县）、324个街道全部出台了实施意见。社会稳定风险评估机制实现了市、区（县）、街道（乡镇）三级全面覆盖。组织完成了近300项重大项目和重大政策的评估工作，有效从源头上减少了社会矛盾。

5. 和谐社会建设取得新进展

创建和谐社区示范单位。出台《关于开展评选北京市建设和谐社区示范单位活动的工作意见》，充分调动社区居民积极参与，广泛开展和谐社区示范单位创建活动。自2012年起，将和谐社区建设任务细化量化为“六型社区”指标细则，提出了打造干净、规范、服务、安全、健康、文化“六型社区”的总体思路和具体举措，并在2012年建成了520个“六型社区”。

和谐企业创建活动深入开展。在全市开展了构建和谐劳动关系先进单位和先进个人表彰工作，从各区（县）近三年以来命名的和谐劳动关系单位、各街道（乡镇）命名的“双百双规范”单位和达到北京市和谐劳动关系单位和工业园区创建标准的其他单位中，评选出200家先进单位和100名先进个人。

民族团结宗教和睦创建活动深入开展。出色圆满地完成第四届全国少数民族文艺会演。牛街民族特色服务体系建设经验进一步深入推广。少数民族乡村城乡一体化进程不断加快，不断加大少数民族乡村经济发展扶持力度，2011年、2012年市财政专项资金的实际投入共计9 000万元。将市级17个民族工作重点社区、区级34个民族工作重点社区纳入市、区社区基本公共服务全覆盖“一刻钟社区服务圈”，完善了少数民族特需服务体系。通过多种办学形式，满足少数民族幼儿园需求，扩建西城区南片回民幼儿园。和谐寺观教堂创建活动深入开展，宗教界积极作用得到进一步发挥。

【评估分析】

进入“十二五”时期以来，全市信访形势保持总体平稳可控、持续向好，信访总量、联名信、集体访持续“三下降”。建立起重大决策社会稳定风险评估机制，从源头上预防化解了因决策引发的社会矛盾。通过开展社区和谐、企业和谐、民族关系和谐创建活动推动和谐社会建设。民族团结稳定大局巩固发展，少数民族乡村城乡一体化进程不断加快，少数民族乡村经济发展迈上新台阶。

与此同时，信访化解历史积案工作的难度进一步加大，信访工作法治化水平有待进一步提高；社会稳定风险评估机制总体上还处在逐步探索和完善阶段，在许多方面还存在着薄弱环节。

四、需要关注的主要问题

总体来讲，“十二五”以来，北京市《规划》实施比较顺利，在加强和创新社会管理、推进社会建设方面取得了比较明显的成效。与此同时，也有一些值得关注的问题和形势，需要在未来一段时期重点把握。

（一）人口持续增长，对社会管理和公共服务的压力不减

自 2005 年以来，全市常住人口增长速度明显加快，2011 年全市常住人口达到 2 018.6 万人，比 2005 年增加 480.6 万人，年均增速达到 4.6%。人口的过快增长加剧了公共服务的压力，使得养老、医疗、就业等公共服务需求不断扩张，城市基础设施超负荷运转，政府在人力、财力、物力等方面支出不断加大，增加了政府在社会管理与社会服务上的运行成本。由于政府的公共财政支出无法满足全部常住人口在义务教育、医疗卫生、社会保障、就业服务等方面的需求，对常住外来人口的社会管理和公共服务明显滞后，不仅加剧了社会公共服务的不均衡，也降低了常住外来人口的生活质量。

（二）民生问题凸显，处理不好将成为潜在社会风险

在社会风险中，有一类可以称之为“影响社会和谐的社会风险”。这类社会风险潜伏期长，不易察觉，但一旦暴发出来，就可能形成大规模的群体性事件和个体性极端事件，影响深远。由于这类社会风险与社会政策的制定落实，以及社会阶层的发展变化等都有很大的关联，不可能完全杜绝，但可以通过各种渠道，将其暴发的可能性减到最低。随着居民维权意识的增强，类似的危机事件在近几年呈现出多发态势，对经济发展、社会稳定和人民群众正常生活秩序构成了严重威胁，已经成为政府必须要面对的问题。

当前，存在潜在社会风险的方面主要有：由于物价上涨过快，对低收入群体生活影响较大，而贫富差距的日益悬殊，也加剧了“相对剥夺感”带来的对立情绪积聚；商品房价格不断攀升，超过工薪阶层甚至中产阶级的购买能力，而保障住房供应严重滞后于需求且监管力度不足，政策落实难以到位；就业压力不断加大，结构性、局部性失业问题凸显，青年就业危机出现，就业援助难度加大；随着社会流动的不断加快、市场经济的不断完善、信息传递的不断畅通，人民群众对平等权利的诉求越来越强烈，包括放开异地高考、取消养老金双轨制、实现同工同酬等。这些问题如果处理不好，极易引发大规模群体性事件，影响社会稳定。

（三）社会管理体制机制仍不健全，管理效率不高

虽然北京市在推进社会管理创新方面取得了一定的成效，但仍要看到，在经济社会发展步入新的阶段时，社会管理体制机制仍不适应市场经济的要求，社会管理效率偏低，也不能充分履行社会管理的职能。主要表现为：全能型政府特征明显，缺位与越位并存；行政管理体制改革滞后，政府依然大包大揽，履行着全能型政府的角色；社会管理手段粗放、单一，精细化程度不足；社会管理绩效水平较低，只看投入不看产出，缺少评估评价和全程跟踪监测；社会组织发育仍然很不健全，并过分依赖于政府，社会组织力量发挥不足，公众参与程度依然较低；社会管理信息化建设缺乏共享整合，“信息孤岛”现象仍然存在；等等。这些问题，需要我们在未来一段时期重点加以关注和解决。

五、推进规划实施的措施建议

（一）加强对社会建设的基础性研究

继续加强对社会建设的基础性研究，明确社会建设的概念、内涵、外延和范围，明确加强社会管理，推进社会建设的重点抓手和主要内容。对社会建设领域的重大问题进行深入、系统调查研究，真正摸清情况、理清思路、提出对策。在全面、深入研究的基础上，制定科学、完善、可操作的社会建设评价指标体系，统筹推进社会建设。

（二）充分考虑人口对社会建设的重大影响

要真正考虑人的因素在推进社会建设中的重大影响作用，以人为本，推进社会资源配置，创新社会管理，提高社会公共服务水平。

建议尽快建立重大规划、重大政策、重大项目的人口评估机制，即政府部门在出台关系经济社会发展、涉及公共服务资源配置的重大规划、重大政策、重大项目时，要充分考虑对区域人口迁移流动、空间布局和服务管理等可能产生的重要影响，并进行针对性评估，提出科学合理的预防或者减轻对经济、社会、资源和环境产生不良影响的对策和措施，以及进行跟踪监管的方法与制度。

人口评估是以前置评估为主的全过程评估，它贯穿规划、政策执行和项目建设的始终，作为监测、监督、反馈的重要依据。开展人口评估，能够为政府在进行重大决策时提供前瞻、综合和全方位的判断依据，为相关职能部门提供政策咨询，通过“政府部门＋社会专业机构”的综合评估，统筹经济社会、资源环境和城市运行管理的需要，最终实现科学发展。

（三）加强职能协调，统筹推进社会建设

社会建设涉及领域众多，部门也比较分散，单个推进效率不高且易重复建设。建议下一步由社工委牵头，加强各职能部门的统筹协调，互为补充，形成合力，共同推进社会建设。特别是在重大社会建设项目、城乡社区建设、信息化建设、和谐社会构建等方面，协同推进。

（四）抓紧推进完成有困难的目标任务

针对目标中完成进度较慢的指标，加大推进力度，力促在规划期内完成目标任务。具体来讲，下一步，一是要在土地供应规模、投融资支持、住宅产业化标准和创新房源筹集方式等方面加大力度，推进政策性保障住房建设；二是继续推进城市网格化社会服务管理覆盖；三是推进收入分配制度改革，通过多种措施提高居民收入；四是加快和谐村镇建设。争取在“十二五”期末完成全部目标任务。

（五）提前谋划“十三五”社会建设规划

提前着手推动社会建设“十三五”规划筹备工作，从宏观和整体发展的角度梳理社会建设领域包括的内容、职能和定位要求，统筹社会公共服务、社会管理、社会建设的政策、规划和项目，明确规划任务落地抓手，使社会建设规划成为统领全市社会领域建设、发展与改革的重要纲领性文件。

（执笔人：北京市经济与社会发展研究所社会发展研究部　李军考斯、陈洪磊）

表 2　北京市“十二五”时期社会建设主要指标完成情况

类别	序号	指标	目标	现状	完成情况	数据时点	属性
社会服务	1	城镇居民人均可支配收入年均增长(%)	8	7.25	较难实现	2012.12	预期性
	2	农村居民人均纯收入年均增长(%)	8	7.9	较难实现	2012.12	预期性
	3	城镇登记失业率(%)	≤3.5	1.44	已经实现	2012.12	预期性
	4	城镇职工五项保险参保率(%)	98		可以完成	2013.5	约束性
		城镇职工养老保险参保率(%)	98	97.46		2013.5	
		城镇职工医疗保险参保率(%)	98	97.11		2013.5	
		失业保险参保率(%)	98	97.11		2013.5	
		工伤保险参保率(%)	98	95.31		2013.5	
		生育保险参保率(%)	98	96.03		2013.5	
	5	城乡居民养老、医疗保险参保率(%)	95		可以完成	2013.6	约束性
		城乡居民养老保险参保率(%)	95	94		2012.12	
		城镇居民医疗保险参保率(%)	95	92		2012.12	
		新型农村合作医疗参合率(%)	95	98		2013.6	
	6	提供各类政策性保障住房(万套)	100	46.7	较难完成	2013.6	约束性
	7	全市从业人员平均受教育年限(年)	12	11.5	可以实现	2012.12	预期性
	8	城乡居民平均期望寿命增加(岁)	1	0.55	可以实现	2012.12	预期性
	9	全市养老床位达到(万张)	12	8.66	可以实现	2012.12	预期性
	10	每千名常住人口执业(助理)医师(人)	4	4	已经实现	2012.12	预期性
	11	人均体育场地面积(平方米)	2.1	2	可以实现	2012.12	预期性
	12	基层公共文化设施建设覆盖率(%)	≥97	98	已经实现	2012.12	预期性
社会管理	13	城市社区规范化建设达标率(%)	100	100	已经完成	2013.6	约束性
	14	城市网格化社会服务管理覆盖率(%)	>90	42.49	较难完成	2013.6	约束性
	15	社区服务管理信息化网络覆盖率(%)	>90	100	已经完成	2013.6	约束性

续前表

类别	序号	指标	目标	现状	完成情况	数据时点	属性
社会参与	16	每万人拥有社会组织(个)	20	15	可以实现	2012.12	预期性
	17	社会工作从业人员/专业人才(万人)	36/2	30/1.2	可以实现	2013.6	预期性
	18	注册志愿者(万人)	200	203	已经实现	2012.12	预期性
	19	基层自治组织选举居(村)民参与率(%)	90		已经实现		预期性
		第八届社区居委会选举直接选举居民参与率(%)	90	92.8		2012.12	
		第九届村委会选举村民参与率	90	>95		2012.12	
社会环境	20	市民公共行为文明指数	≥83	83.26	已经实现	2012.12	预期性
	21	亿元地区生产总值生产安全事故死亡率降低(%)	>38	55	已经完成	2012.12	约束性
	22	重点食品安全检测抽查合格率(%)	>98	98.23	已经完成	2012.12	约束性
	23	药品抽验合格率(%)	≥98	>98	已经完成	2012.12	约束性
	24	群众安全感指数(%)	≥90	92.7	已经实现	2013.3	预期性
社会关系	25	和谐社区(村镇)创建率(%)	90	40.66	较难实现	2012.12	预期性
	26	建立工会企业集体合同签订率(%)	>80	>80	已经完成	2013.6	预期性
	27	基层社会矛盾纠纷调处率(%)	≥95		已经实现		预期性
		各类社会矛盾多元调解委员会及调解组织调解各类矛盾纠纷成功率(%)	≥95	96.9		2012.12	
	28	信访事项按期办结率(%)	≥95	98	已经实现	2012.12	预期性
备注	约束性指标用“已经完成、可以完成和较难完成”来评价；预期性指标用“已经实现、可以实现和较难实现”来评价。 城镇居民人均可支配收入、农村居民人均纯收入的年均增速，均为扣除价格因素后的实际增长速度。						

北京市“十二五”时期社会建设规划纲要中期评估专家评审意见

该评估报告从社会服务、社会管理、社会动员、社会环境、社会关系五个维度，以国家政策、发展环境、首都实际、百姓需求为标准，对《北京市“十二五”时期社会建设规划纲要》内容完成情况进行了分析评估，评估结果客观、准确。

该评估报告对北京市“十二五”时期社会建设主要指标完成情况进行了全面、具体的评估，大部分指标顺利推进，对完成较为困难的指标作了详细分析；对北京市“十二五”时期社会建设主要任务完成情况进行了翔实、客观的评估，多项任务按时推进，针对主要任务在完成过程中出现的问题，进行归纳、总结。该评估报告从北京市社会建设的大局出发，针对社会建设中的具体问题，提出了北京市继续推进社会建设的思路与建议，建议内容符合“十二五”时期社会建设的要求，具有前瞻性和科学性，符合首都实际。北京市社会建设涉及面广、完成要求高，对于该评估报告提出的建议，在“十二五”后期需抓紧落实。

综上，该评估报告具备系统性、客观性要求，有观点、有论证，结合北京市社会建设总体情况，作出了务实、准确的评估分析，达到了评估目的，同意通过。

北京市“十二五”时期社会建设规划纲要中期评估专家组名单

严书翰（中央党校科学社会主义教研部原主任，教授）
龚维斌（国家行政学院社会和文化教研部主任，教授）
丁元竹（国家行政学院决策咨询部副主任，教授）
沈　原（清华大学社会学系主任，教授）
翟振武（中国人民大学社会与人口学院院长，教授）
赵孟营（北京师范大学哲学社会科学学院社会学系主任，教授）
宋晓梅（北京市统计局社会科技统计处处长）

专项评估报告

北京市"十二五"时期网格化社会服务管理体系建设中期评估报告

北京市委社会工委　市社会办

"十二五"前半期，网格化社会服务管理体系建设在全市全面铺开，初步搭建起了网格化体系运行的框架，提高了社会服务管理科学化、精细化水平。

一、总体推进情况和目标实现情况

2012年5月，市委、市政府在总结试点工作基础上，制定了《关于推进网格化社会服务管理体系建设的意见》，召开了全市网格化工作推进大会，这项工作在全市全面展开。

（一）发展目标实现情况

截至2013年6月底，全市16个区（县）都制定了推进这项工作的方案和实施意见，除三个试点区（县）外，有12个区（县）召开全区大会进行安排部署。预计到2013年底，基本完成各街道及城市社区信息平台建设；到2014年底，基本完成六城区各区级平台和各乡镇及农村社区信息平台建设；到2015年底，基本完成全市区（县）、街道（乡镇）、社区及村庄社区化试点村三级信息平台建设任务，实现网格化社会服务管理体系在城乡地区全覆盖。

（二）重点任务推进情况

目前，全市网格化工作重点任务推进顺利，主要呈现出以下几个特点：

1.16个区（县）全面铺开，街道（乡镇）试点深入推进

到目前为止，有169个街道（乡镇）开展这项工作的试点，占全市街乡总数的51.84%。实行网格化管理的社区（村）已经达到2 853个，占全市社区（村）总数的42.49%。全市网格内配备各类工作力量137 932人次，民政、公安、工商、人力社保、人口计生等近30个政府部门的工作不同程度纳入网格化体系。

2. 创新实践，形成符合全市实际的网格化模式

一是形成了工作体系。如：东城区从社区网格抓起，构建网格化体系；朝阳区从区级层面抓顶层设计，构建“全模式”网格化体系；西城区从街道办事处层面重点突破，上下延伸构建“全响应”网格化体系。二是形成了工作标准。东城区、顺义区制订了网格化指标体系，平谷区明确了“十个一”的工作标准。三是搭建了平台。各区（县）普遍按照区（县）、街道（乡镇）、社区（村）、网格三级平台，四级管理的格局进行设计，把责任落实到网格。四是加强了资源整合。如：石景山区推动应急指挥网格、城管网格、城管通系统平台“三网融合”；密云县推动网格化指挥中心与应急、非紧急救助、综治维稳中心“四网融合”，西城区、密云县还整合了协管员队伍。

3. 解决了一系列突出的社会问题

党的十八大期间，安保人员化解各类社会矛盾14万余件；2013年春节、“两会”期间，全市169个试点街乡动员网格管理人员264万人次，比较好地完成了工作任务。密云县自实施网格化社会服务管理以来，全县信访人次同比下降55%，刑事发案率下降20%，在群众安全感满意度测评中连续3年处于全市前列。

二、存在的主要问题

网格化体系建设虽然取得了一定的成绩，但主要还是处在打基础、搭框架的阶段，还存在一些问题：

（一）工作进展不平衡

主要表现为区（县）之间快慢不一、“条块”之间冷热不均，区（县）的工作热情和主动性普遍高于部门；部门间工作热情和主动性也不尽相

同。有的把网格化建设看成是推进本职工作的重要机遇，工作积极主动；有的则见识迟缓，行动迟缓。

（二）一些突出问题没有得到有效治理

在人员密集的商业区、城乡结合部、旅游景点、车站等地区，小广告、违章建筑、露天烧烤、无照经营、占道办市场、乱停车等问题依然突出，条块分割、责权分离的问题依然存在，管理责任还未落实到位，监督考核体系还没有真正发挥作用。

（三）公众参与不充分

大部分社区居民，不知道、不了解网格化这件事，有了问题不知道如何反映。一些区（县）和部门谈起网格化时，讲管理的多，说服务的少；讲政府的多，说群众参与的少，给人一种党委和政府在唱“独角戏”的感觉。

（四）资源整合利用不到位

在基础数据库建设方面，一些部门的数据还不能实现共享，存在重复收集、口径不一的问题。在信息系统建设上，存在重复投入、重复建设的问题，相互利用和借鉴不够。在工作力量整合上，一些区（县）还没有很好地利用人数众多的协管员队伍，管理资源分散。

三、“十二五”后半期推进网格化社会服务管理体系建设的措施

（一）进一步明确网格化体系内职责关系，推动基层问题解决

一是按照市委、市政府《关于推进网格化社会服务管理体系建设的意见》，进一步明确“格”的主要职责是发现、报告问题和监督问题的解决，解决问题的主要责任在各职能部门。二是切实发挥网格化体系解决问题的效能和作用，坚持以问题为导向，建立问题发现、上报、处置、解决、反馈的机制。三是要切实落实部门工作人员实名制进网格的规定，履行本部门工作网格首问职责，并接受社区、网格的协调。

（二）把技术革命与体制革命结合起来，推进街道管理体制改革

一是转变政府职能，推动政府工作由任务导向向问题导向转变，把满足群众需求、解决基层实际存在的问题作为政府工作的主要任务。二是推动职能部门重心下移，下放审批权限，把工作触角延伸到社区、村庄，把

更多的行政资源、工作力量放到基层，做老百姓看得见摸得着、反映强烈的事。三是推动街道管理体制改革，使街道更好地履行“统筹辖区发展、监督专业管理、组织公共服务、指导社区建设”的职能。

（三）强化平台意识，推动网格化体系发挥统筹协调作用

一是在网格化平台上搭载更多职能部门的管理服务功能，为各部门履行职责提供平台和基础。二是建立健全网格化平台协调解决综合性问题、难点问题的机制，通过协调会、联合执法等方式，推动问题的解决。三是丰富完善网格化平台对职能部门履行职责的约束和激励手段，对实名制工作人员进行考核，赋予平台在网格化工作上的人事建议权和物质奖励权。

（四）整合部门资源，推动建立网格化督查机制

一是要健全完善网格化运行分析报告制度，对容易引发突发情况的事件进行预警。二是将网格化运行结果作为社会服务管理精细化指标体系测评的重要依据，形成研究解决实际问题的指挥棒。三是发挥各级人大代表、政协委员对网格化体系的监督作用，与新闻媒体合作，定期通报网格化体系运行情况，形成舆论监督。四是协调相关部门，把网格化系统自动评价监督、组织监督和社会监督的结果，纳入对各级政府、各职能部门和各类工作人员考核的内容，强化网格化监督机制的实际效能。

（执笔人：北京市委社会工委、市社会办综合处　宗君）

北京市“十二五”时期完善公共服务提供机制、发展社会服务业中期评估报告

北京市委社会工委　市社会办

“十二五”前半期，政府购买公共服务政策进一步完善，项目化运行管理机制进一步健全，社会力量和民间资本参与公共服务的程度不断加深，社会化、多元化的公共服务机制逐步形成。

一、总体推进情况和目标实现情况

在推进非基本公共服务市场化改革方面，“十二五”前半期，北京地区教育、科技、文化、卫生、体育、养老等公共服务设施数量明显增加，新兴服务业产值年均增长高达14.61%，并呈现加快增长态势。截至2012年底，全市社会资本举办医疗机构共3 477家，占全市医疗机构的50.9%；全市文化创意产业收入突破万亿元大关，增加值同比增长10%；科技服务业总收入达到5 655亿元，持续保持了年均10%以上的发展速度；民办教育已覆盖学前教育、基础教育、职业教育、高等教育和培训教育，在区（县）注册的民办教育机构1 829所，年培训200万人次。

在完善社会建设专项资金制度方面，2011年首次将购买公共服务的类别细化，涵盖社会基本公共服务等5大方面、40个类别、共300个项目。2012年启动购买社会组织服务项目网络申报，完善了项目的申报、初审、评审、公示等流程，同时制订并印发了《北京市市级社会建设专项资金管

理办法（试行）》和《政府购买社会组织服务项目实施指引》、《使用北京市社会建设专项资金购买“枢纽型”社会组织管理岗位暂行办法（试行）》等专项资金具体项目使用细则，使得社会建设专项资金管理更加科学规范。

（一）发展目标实现情况

总的来看，完善公共服务提供机制进展顺利，社会力量和民间资本参与社会服务的支持力度不断加强，政府主导、企事业单位和社会组织广泛参与的公共服务提供机制初具雏形并逐步完善。

一是不断优化社会服务业发展政策环境，推动社会资本举办公共服务业快速发展。2012年颁布鼓励社会办医“京十八条”，为社会办医增强了信心，2012年新增社会办医机构226家。2012年颁布实施《北京市人民政府关于加快发展体育产业的实施意见》，指导和促进北京体育产业发展。2007—2012年，全市投入28亿元，扶持193个体育产业项目，带动社会资本近39亿元，极大地促进了体育市场和体育产业的快速发展。截至2012年底，全市四级公共文化设施平均覆盖率达到98%，市、区（县）两级公共文化设施覆盖率达100%，公共文化设施不断健全。实施幼儿园奖励补贴政策，鼓励普惠性民办园发展，2012年增设入园名额2.4万个，新增小学在校生3.8万人，有效缓解入园、入学难问题。2011年建立市级养老服务事业发展专项资金，给予社会办养老机构建设资金支持和运营补贴资助，养老服务设施数量明显增长。

二是使用社会建设专项资金购买社会组织服务力度逐年增加。2010年共投入2 020万元用于购买社会组织服务，共撬动配套资金2 753万元，参与社会组织1 207个，覆盖参与人群129万人次，开展活动9 845场次，累计提供专业服务小时数为121万小时，印发宣传材料120万份。2011年投入7 879.6万元购买社会组织服务，共撬动配套资金1 911.72万元，参与社会组织12 542家，覆盖参与人群436.41万人次，开展活动15 370场次，累计提供专业服务小时数为122万小时，印发宣传材料141万份。2012年投入8 043.6万元购买社会组织服务，撬动配套资金2 839万元，参与社会组织16 127家，覆盖参与人群223.8万人次，开展活动53 702场次，累计提供专业服务小时数为148万小时，印发宣传材料257.6万份。

（二）重点任务推进情况

目前，全市完善公共服务提供机制、大力发展社会服务业工作重点任务推进顺利，主要呈现出以下几个特点：

一是形成了政府购买社会组织服务制度体系。规范了社会建设专项资金的使用和投入方向，建立了以项目主责单位参与监督和指导，各项目承接单位具体落实的工作模式。截至目前，除昌平区和平谷区外，其他区（县）都设立了专项资金，用于购买社会组织服务项目，形成了多元投入的良性机制。市级“枢纽型”社会组织中团市委、市妇联、市工商联、市建筑业联合会、市体育总会也都结合本领域制定了购买服务管理办法。

二是完善了社会组织服务管理广泛覆盖的工作网络。鼓励支持更多的社会组织通过主责单位申报项目，完善了“枢纽型”社会组织服务工作网络和平台。2011 年通过项目实施联合的社会组织数为 12 542 家，比 2010 年增加了 1 万多家，与 2011 年相比，2012 年社会组织数达到了 16 127 家，增长了 28.58%。

三是社会资本参与社会服务的积极性和程度明显提升。近两年我市体育服务业增加值占体育产业增加值的 49%，高于全国 18%的平均水平。社会资本举办医疗机构的卫生人员占全市的 18.3%，实有床位占全市的 16.2%，社会办医提供的服务量逐年增加。通过不断完善政府购买社会组织服务体制机制和政策，社会组织参与的数量和规模逐年递增。在 2012 年“7.21”特大暴雨灾害中和区（县）重大任务中，社会组织也主动作为、积极参与，产生了良好的社会反响。

二、存在的主要问题

“十二五”前半期，我市在完善公共服务提供机制、发展社会服务业方面取得了一定的成绩，但还存在一些问题，主要是：

（一）公共服务多元化格局有待完善

总的来看，“十二五”前期，草根社会组织发展迅速，但大都还处于多、小、散的状态，社会影响力和号召力有限；社会资源数量多，但总体规模依然较小，市场所占份额有限，提供的服务量份额比较小，事业单位垄断的公共服务格局还未完全打破。

（二）社会建设资金的可持续能力有待提高

目前社会建设资金仍然处于市区两级财政投入保障为主的格局，由于资金数量有限，资金支持的领域也存在点多、面广、支持力度偏弱的问题，很多的项目只能用“以奖代补”的形式给予一定的引导，集成性的成果、显性的成果不突出，不利于调动政府购买服务项目实施单位的积极性。

（三）社会服务业统筹力度有待加强

目前，教育、科技、文化、卫生、体育、养老等公共服务的资源配置决策权分散在各个部门，财政、发改、人社、规划、土地等部门掌握资金、项目、价格、人事、用地等决策权，社会资金和民间资本准入门槛高、申报难度大。

三、“十二五”后半期推进工作的措施

一是进一步完善政府购买服务政策。制定政府向社会组织转移职能的目录和社会组织承接政府职能的目录，协调各行业主管部门，将可以交由社会承担的政府职能，以购买服务的方式交由相关社会组织完成。不断完善监督考评机制，支持“枢纽型”社会组织在教育、科技、文化、卫生、体育、养老等公共服务领域制定行业标准，鼓励其在资质认定、专业评审、行业统计等方面发挥作用。

二是进一步优化社会建设专项资金管理。探索充分调动社会资金、社会资源投入社会建设的方式、方法，发挥财政资金的放大效应。加强对资金的监管和评估，保障引导资金的效能和安全。切实发挥社会建设专项资金的引领和带动作用，通过政府购买社会组织服务项目资金向重点领域倾斜，支持和引导社会组织参与公共服务，撬动民间资本和社会力量积极参与基本公共服务设施建设和运营管理。

三是进一步孵化、培育公共服务领域社会组织。发挥“一中心、多基地”的社会组织服务网络，特别是市社会组织孵化中心的专业优势，对公共服务领域的社会组织开展孵化、咨询、培育工作，为相关社会组织发展提供能力建设支持和资源项目对接服务，扩大社会组织的规模和社会影响力。

四是加强发展社会服务业的顶层设计。将发展社会服务业纳入经济和社会发展总体规划，加大各部门之间的统筹协调力度，制定鼓励引导的综合政策，扶持社会力量投资兴建公共服务设施，促进社会服务业合理布局，带动各类社会资源形成投资合力，共同促进社会服务业持续健康发展，推动公共服务社会化、市场化。

（执笔人：北京市委社会工委、市社会办综合处　欧阳胜男）

北京市"十二五"时期社会领域党建工作中期评估报告

北京市委社会工委　市社会办

《北京市"十二五"时期社会建设规划纲要》实施以来，市委社会工委始终坚持以社会领域党建工作创新推动社会服务管理创新，以社会领域党组织和党的工作全覆盖引领和推动社会服务管理全覆盖，紧紧围绕完善机制、创新方式、夯实基础等方面工作，取得了新成效。

一、工作进展情况

（一）完善社区服务管理格局

一是坚持把创新工作体制作为完善社区服务管理格局的重要环节，社区党组织领导核心作用发挥更加明显。创新了社区管理体制，按照"一分、三定、两目标"的总体思路，探索建立了"三位一体"的工作体制。通过建立健全联席会机制和例会制度，初步建立了在社区党组织领导下，居委会和服务站紧密对接、协调联动的工作机制。二是坚持把服务居民群众、创新活动方式作为完善社区服务管理格局的重要目标，社区党组织为民服务、凝聚人心的能力显著提高。以创先争优活动为契机，积极推进服务型党组织建设。以需求为导向，着力保障和改善民生：通过标准化建设，推动基本公共服务全覆盖；通过创新载体，完善便民利民服务；通过创新方式，志愿服务长效机制逐步建立。三是坚持把整合辖区资源、实现共驻共建作为完善社区服务管理格局的重要举措，区域化党建格局初步形成。坚持注重创新组织设置、健全工作机制、有效整合资源，在构建区域化党建工作格局方面成效显著。截至目前，全市所有街道（乡镇）建立了社会工作党委，实现了社会工作党委全覆盖。有序实施社区“大党委”制。

（二）全面推进居民自治

一是积极探索居民自治的新途径。朝阳区在老旧小区推广“准物业管理”模式，力争通过三年的时间（到2015年底）实现自管小区“准物业管理”全覆盖；海淀区大力推广“四方联动”机制；怀柔区开展的业主大会及业主委员会法人制度试点建设；密云县开展党代表、人大代表和居民代表“三代表进社区”活动。二是大力推进精细化管理的新模式。东城区从社区网格抓起，在全市率先推广了社区网格党组织设置模式；朝阳区从区级层面抓顶层设计，构建“全模式”网格化体系；西城区从街道层面重点突破，上下延伸构建“全响应”网格化体系。

（三）积极推动公众参与

一是志愿服务长效机制初步建立。各区（县）转化奥运志愿者工作成果，初步构建了社区层面的志愿服务长效机制。朝阳区推进公益储蓄中心建设，在全市率先开放建设基于“社交网络”模式的线上志愿服务平台；丰台区推广“市民劝导队”、石景山区推广“公益反哺家园”，激发志愿服务动力。二是逐步扩大基层自治组织换届直接选举比例，引导驻区单位支持和参与社区建设，充分发挥离退休党员干部在社区建设和服务管理中的作用，形成有序参与、共建共享的良好局面。2012年，全市社区“两委”换届中，“直选”比例达到了95.4%，比上次换届提高78.7个百分点。深入开展“在职党员进社区”等活动。大兴区将“在职党员进社区活动”常态化，建立“登记卡”、“联系卡”、“反馈卡”制度，实施制度化的管理。怀柔区逐步完善“5+2”模式，制定出台在职党员进社区行为规范。2012年底，全市共聘请了1 200名离退休党员干部担任非公党建工作指导员，指导辖区非公有制经济组织开展党建工作，充分发挥社会力量参与社会建设。

（四）营造企业发展社会环境

一是推动非公有制经济组织建立健全党组织和群团组织。结合企业实际，按区域分片、行业归口、产业集聚、品牌整合等要求，采取单独组建、区域统建、楼宇联建、行业领建等方式推进企业组建党组织建设。2012年，推进商业网站、出租汽车行业党建工作。目前，全市单独建立党组织 5 348 个；建立联合党组织 3 020 个，覆盖非公企业 65 096 家；2012 年底，党组织覆盖率由 2011 年底的 42.8%提升至 64.7%。二是始终注重发挥党组织在职工群众中的政治核心作用和对企业发展的政治引领作用。运用互联网技术，拓展党建工作空间和阵地；建立和完善创先争优长效机制，广泛开展“五个好”党组织示范点创建活动和党员示范岗、党员公开承诺等活动；打造非公企业党建工作精品项目。目前，1 344 个非公企业党组织被市、区（县）评为“五个好”示范点，100 余个党建项目活动品牌受到表彰。三是积极搭建服务非公企业平台。建立非公企业党建联席会机制；收集 60 家非公企业网址，与社会建设网链接，搭建服务非公企业的信息平台；为 85 家非公企业增发《社会建设》、《社会服务管理创新》专报，并协调开通社会建设短信平台；与市委组织部协商，为 80 家非公企业信息直报点征订了《组工通讯》。

（五）实现商务楼宇服务管理全覆盖

一是服务为先，将党建工作切入商务楼宇。商务楼宇工作站抓住产权单位、物业公司、法人代表等关键点，宣传政策、了解需求，企业得实惠，党建工作成效也很明显。近两年，在商务楼宇新建党组织 958 个，接纳 1.25 万名流动党员组织关系，发展党员 379 名，有 3 800 多人递交了入党申请书，培养入党积极分子 1 250 多人，有效地实现了党组织和党的工作对商务楼宇的全覆盖。二是形成工作合力，提供政策支持，顶层设计实现新突破。加强与市总工会、团市委和市妇联的沟通与联系，共同推动商务楼宇“五站合一”建设。召开商务楼宇“五站合一”建设专题会议，印发了《北京市商务楼宇工作站服务管理办法（试行）》、《关于在商务楼宇中开展“姐妹驿站”建设的工作意见》、《北京市写字楼内部治安保卫工作规定》等文件，规范“五站合一”建设。三是加强阵地建设，夯实了商务楼宇社会服务管理基础。通过公开招录、社会招聘、选派大学生社工，专职与兼职相结合的方式，配备了 3 600 多名商务楼宇工作站工作人员。通过租赁、购买、物业公司提供等方式，解决办公和活动场所面积逾 4 万平方米。2011 年以来，市级财政还拿出逾 500 万元用于支持商务楼宇工作站“五站合一”建设。四是实现了“五站合一”全覆盖，打造“竖起来的社区”。北京市 1 244 个商务楼宇工作站基本完成了“五站合一”全覆盖，覆盖了 1 297 座商务楼宇、92 万余名就业人员、4.9 余家经济组织和社会组织、1 800 余个党组织、3.8 万余名党员。

二、存在问题及下一步打算

（一）进一步完善社区服务管理格局

区域之间在完善社区服务管理工作上的不均衡问题依然存在。需要全盘考虑和统一谋划，进一步加大监督指导力度，在工作落实上下功夫。驻区单位参与社区服务管理的积极性不高，社区党组织与驻区单位之间的联系共建机制有待进一步健全；街道（乡镇）社会工作党委在区域化党建中的统筹协调作用还有待提高。

（二）进一步推进居民自治

舆论宣传、引导力量较为薄弱，社区自我管理、自我服务、自我教育缺乏群众基础，社区参与意识和归属感淡薄。社区居委会负担较重，自治功能不强。下一步，要继续扩大社区民主自治范围，逐步扩大公推直选范围，扩大党内民主。加强舆论引导宣传，营造居民自治良好氛围。严格按照“一分、三定、两目标”要求，完善“三位一体”工作体制。

（三）进一步推动公众参与

公众参与意识较为薄弱，典型经验“点多面少”，保障机制不健全。下一步，要加大对公众参与社会服务管理创新工作的宣传引导；要注重面上经验的总结和推广；要进一步加大对社会领域党建工作的投入，建立人、财、物长效保障机制。

（四）进一步加大为非公有制经济组织服务力度

非公党建存在掌握底数难、党员和党组织发挥作用难、基础保障难等问题。下一步，要统筹调动多方力量，联动工商、地税、统计等多个部门，开展非公党建专项普查，建立台账，并动态更新；加强对非公党组织负责人培训力度；完善非公有制经济组织党建工作联席会议机制，加强部门沟通协调。

（五）加大扶持商务楼宇工作站建设力度

商务楼宇工作站工作基础仍然较为薄弱，经费、人员和场地建设等困难较多。工作站服务内容、项目有待规范。今后，要继续注重顶层设计，适时出台工作站服务目录及指导意见，加大财政支持工作站建设力度。

（执笔人：北京市委社会工委、市社会办党建工作处　王峰）

北京市“十二五”时期社会工作者队伍专业化职业化中期评估报告

北京市委社会工委　市社会办

《北京市“十二五”时期社会建设规划纲要》实施以来，全市社会工作人才总量不断增长，专业社会工作机构规模逐步扩大，社会工作者队伍专业化职业化水平不断提高。

一、《规划》发展目标实现情况和重点任务推进情况

（一）《规划》发展目标实现情况

目前，首都地区共有社会工作相关从业人员30余万人，首都地区获得全国社会工作者职业水平证书人数累计达到11 723人。全市社区工作者总数3万余人，平均年龄41岁，大专以上学历占近80%。全市已成立社会工作事务所59家，在社区服务、为老助残、儿童教育、青年服务、心理疏导等方面发挥着越来越重要的作用。

未来两年半，我市社会服务需求不断增加，社会福利、社会救助、社区建设、司法矫正、流动人口服务等社会服务领域对社会工作人才需求不断增加，社会工作人才发展仍有很大空间。《规划》实施以来，我市获得全国社会工作职业水平证书人员从2010年底的5 612人，增加至11 723人，增幅达108.9%，预计今后将会继续增长，基本能够达到社会工作从业人员36万人、专业社会工作人才2万人的目标。

（二）重点任务推进情况

1. 制定社会工作者系列政策

进入“十二五”时期以来，北京市先后印发了《关于“首善之区社会工作人才发展工程”的实施意见》、《首都中长期社会工作专业人才发展规划纲要（2011—2020 年）》，明确了首都社会工作专业人才发展的总体要求、主要目标和发展方向。先后出台《北京市社区工作者招聘办法》、《北京市社区工作者考核评议办法》，《北京市社区工作者培训办法》，对社区工作者的招录、考核、培训作了明确规定。通过民主选举、公开招聘，不断吸引高素质人才加入社区工作队伍。

2. 加强社会工作者教育培训

一是实施“北京市万名社区工作者培训计划”。计划分 3 年实施，每年培训 1 万人，对全市社区工作者轮训一遍。截至 2013 年 6 月底，全市 16 个区（县）共举办培训 34 期、班次 36 个，培训 8 937 人。二是实施“社区工作者硕士研究生培养计划”。2012 年起面向全市在职社区工作者招收社会工作专业硕士研究生。举办“北京市社区工作者业务能力提升培训班”。经过面试、政审等环节，2013 级社区工作者硕士研究生共招收 35 人。三是分层次有重点地开展各项培训。先后举办全市社区党组织书记示范培训班、全市街道办事处主任轮训班、高级社会管理服务培训班等，有效提高了专业水平和职业技能。

3. 组织社会工作者职业水平考试

2011—2013 年，全市共有 41 964 人报名；2011 年 1 893 人通过考试，2012 年 4 218 人通过考试。截至 2013 年 6 月，首都地区获得全国社会工作者职业水平证书人数累计达到 11 723 人，其中社会工作师 2 366 人，助理社会工作师 9 357 人。

4. 培育扶持专业社工机构

《规划》实施以来，我市不断加大社会工作事务所培育扶持力度，全市社会工作事务所从无到有，不断发展壮大，目前累计达到 59 家，共有全职专业社工近 500 人、兼职专业社工 300 余人，涵盖 20 余个社会服务领域，取得了良好的社会效益。

5. 开展购买专业社工岗位工作

按照“一街一社工、一所一督导”原则，为每个街道购买 1 个专业社会工作岗位，为每个社会工作事务所购买 1 个督导岗位。2011 年至今，累计购买 715 个，为社会工作人才提供了更加广阔的发展平台。

6. 健全社会工作者薪酬保障制度

提高规范社区工作者待遇，使其原则上不低于所在区（县）执行事业单位工资制度的全额拨款事业单位（不含教师）按照国家和本市有关规定执行的待遇水平。从而建立了与事业单位待遇水平同步增长机制，从长远上解决了工资待遇增长问题。2012 年，按照人均800 元/月的标准进一步调整规范社区工作者待遇，目前实际收入达到月均3 000元左右。

7. 大力表彰优秀社会工作者

每年召开全市社区建设大会，对优秀社区工作者进行表彰。利用国际社工日等重要节点，开展宣传交流活动。2012 年举办了“践行北京精神·寻找最美社工”评选活动，评选出 10 名首都最美社工和 40 名首都优秀社工。该活动被评为“2012 年度全国社会工作十大事件”，社会反响强烈。第二届评选已于 2013 年 8 月启动。

二、《规划》实施中存在的主要问题

首都社会工作人才队伍建设虽然近年来取得了不少进展，但从总体上看，仍处于起步阶段，还不能满足建设和谐社会首善之区对专业社工人才的需要。

（一）对社会工作人才认识尚不到位

人们对社会工作的基本理念、基础知识、主要方法还不太熟悉，对社会工作认识不到位、把握不准确、重视程度不够。

（二）社会工作人才管理体制仍需完善

党委统一领导、组织部门牵头抓总、社会建设部门具体负责、有关部门各司其职、社会力量积极协同、公众力量广泛参与的社会工作人才队伍建设管理体制尚未完全落实到位，组织健全、分级负责的管理体系尚未建立；市级行业协会管理能力较弱，作用发挥不充分，基层和各系统行业协会组织还没有建立起来，制约了社会工作人才队伍的快速发展。

（三）社会工作人才的发展空间不够

目前社会服务类事业单位的改革还不到位，民间社会服务组织还不够发达，扶持发展社会组织的政策还不完善，社会福利服务和社会事务管理社会化程度还不高，致使社会工作人才缺乏社会组织依托，缺乏事业发展的平台。

三、进一步推动《规划》实施的对策措施

（一）抓培训培养，提高社会工作队伍能力水平

1. 进一步做好两大培训计划

全面开展“万名社区工作者培训计划”，实现社区工作者素质的普遍提升。继续实施“社区工作者硕士研究生培养计划”，着力培育社会工作骨干人才。

2. 推动实施“社会工作高层次人才培养计划”

继续举办高级社会管理服务人才培训班，在相关部门和社区、社会工作事务所中选拔一批社会工作管理和服务人才，进行专业实务培训，提升骨干人才的专业化水平。

（二）抓重点突破，拓展社会工作人才发展空间

1. 健全社会工作专业人才工作联席会议制度

在市人才工作领导小组统一领导下，建立社会工作专业人才工作联席会议制度，召集相关单位，定期召开联席会议、制定任务分解方案等形式，明确职责分工，进一步发挥综合协调职能。

2. 研究建立社会工作职级体系

研究制定社会工作者职称职级评定及社工岗位设置管理办法，明确社会工作定位和岗位分布范围及相关配套政策，形成初步完备的职称职级体系，促进社会工作职业化发展。

（三）抓试点建设，夯实社会工作人才发展载体

1. 实施“社会工作事务所标准化建设工程”

制定“社会工作事务所建设指导意见”，打造一批社工事务所作为标准化建设示范点。通过购买服务等方式委托社工事务所开展服务，全力打造一批专业服务品牌项目。

2. 制定“专业社工岗位购买工作指导目录”

引导专业社工岗位向“百姓急需、社工能为”的领域倾斜，增强专业社工岗位购买工作的针对性和实效性。

（四）抓典型引领，扩大社会工作的社会影响力

1. 充分发挥先进典型的示范引领作用

继续开展优秀社会工作者的评选活动，对事迹突出、影响力大的社会工作者予以表彰，并通过多种方式进行宣传报道，增强社会各界对社会工作者的理解和认同，提升社会工作者的职业荣誉感。

2. 进一步做好宣传工作

在国际社工日前后，策划举办一系列内容丰富、形式多样的活动，吸引全市广大社会工作者积极参与，激发他们投身社会建设事业的热情，增强社会工作队伍的凝聚力和社会工作者的归属感。

（执笔人：北京市委社会工委、市社会办社会工作队伍建设处　张婷）

北京市“十二五”时期社区建设中期评估报告

北京市委社会工委　市社会办

2011年以来，按照《北京市国民经济和社会发展第十二个五年规划纲要》、《北京市“十二五”时期社会建设规划纲要》相关要求，全市将城乡社区作为加强和创新社会管理的基础平台，通过大力开展社区规范化建设、完善社区服务体系、健全居民自治机制，不断推进基层社会服务管理创新，取得显著成效。

一、《规划》目标实现情况和重点任务推进情况

（一）完善社区服务管理新体系，居民生活更加便利

一是有序推进社区基本公共服务全覆盖。连续3年推进社区基本公共服务全覆盖，印发了《北京市社区基本公共服务指导目录（试行）》，形成了领导小组办公室牵头抓总、部门共同参与的社区基本公共服务推进机制。2012年实现了社区基本公共服务在1 322个社区的覆盖；2013年继续在800个社区推进工作，到年底实现基本公共服务在全市城市社区的全覆盖。

二是大力推进“一刻钟社区服务圈”建设。连续3年将建设“一刻钟社区服务圈”示范点列入市政府折子工程和为民办实事项目。研究制定《关于推进“一刻钟社区服务圈”建设工作的意见》，通过整合现有服务设

施、资源，鼓励社会力量参与，增强社区服务能力。2012 年底，全市累计建成 622 个"一刻钟社区服务圈"示范点，覆盖到 1 116 个社区，覆盖率达 40%，惠及 790 万社区居民。2013 年，全市再建成 200 个"一刻钟社区服务圈"示范点。

（二）完善治理结构，形成"三位一体"的社区规范化建设模式

一是实现全市 2 700 多个城市社区规范化建设达标。先后出台《关于推进社区规范化建设试点工作的实施方案》等文件，按照"一分、三定、两目标"的总体思路，全面推进社区规范化建设，建立新型社区服务站，推动社区居委会与服务站的职能分开，实现了社区"有人办事、有钱办事、有地方办事"的目标，形成了社区党建、社区自治、社区服务"三位一体"的工作新格局。到 2011 年底，全市 2 700 多个城市社区基本达到了规范化建设要求。

二是推进社区规范化示范点建设工作。巩固社区规范化建设成果，2012 年，印发了《关于开展"社区规范化建设示范点创建活动实施方案"》，提出在全市努力打造一批管理规范、服务完善、设施一流、成效显著、特色突出、群众公认的社区规范化示范点。2012 年，全市建成了 211 个示范社区，2013 年，全市再建设 100 个示范点。

（三）强化基层基础，初步形成社区工作保障新格局

一是社区建设政策框架初步确立。在前期制定《北京市社区管理办法（试行）》和《北京市社区工作者管理办法（试行）》的基础上，认真总结我市社区建设实践经验，先后出台了《关于推进"一刻钟社区服务圈"建设工作的意见》、《关于加强城乡结合部社区建设工作的意见》等文件，明确了社区建设重点工作推进任务目标、思路方法，初步形成了社区建设的政策体系。

二是社区工作者队伍职业化专业化水平逐步提升。深入推进了"大学生社工计划"，自 2009 年以来，通过面向社会公开招录方式，市级层面共选聘 5 434 名首都高校应届毕业生。目前，全市社会工作从业人员总量已超过 30 万人，社区专职工作者 3 万余人。五年内连续三次提高社区工作者工资待遇水平，与所在区（县）的全额拨款事业单位（不含教师）平均水平持平，并建立同步同幅增长机制。

三是社区基础设施建设取得突破性进展。利用市政府固定投资资金支持社区基础设施建设，通过新建、改扩建、购买和锅炉房改造、利用人防设施、资源整合等多种方式，加快推进社区用房达标建设。目前，全市已推进了两批共956个建设项目，总投资40.7亿元，其中市政府固定资产投资支持资金15.47亿元，全市81%的城市社区用房面积达到350平方米。预计到“十二五”期末，将全面实现全市社区办公和服务用房面积达标。

四是社区经费投入不断加大。将社区的办公经费、工资、福利待遇、社区信息网络建设及运营等经费全部纳入区（县）政府年度财政预算。利用市社会建设专项资金，采取“以奖代补”的方式，对规范化建设达标社区、“一刻钟社区服务圈”示范点等重点项目进行支持奖励。“十二五”以来，已拨付奖励经费1.34亿元。

（四）推动共建共享，初步构建社区参与新机制

一是进一步完善社区民主自治机制。认真贯彻市委、市政府全面加强城乡社区居民委员会建设工作的精神，积极创新基层民主自治机制。组织召开全市推进社区民主自治座谈会，总结推广了东城区社区居民会议常务会，西城区“民情日记”，丰台区“市民劝导队”，朝阳区准物业管理、“走动式工作法”，通州区楼门文化等基层经验做法。制定实施《北京市住宅区业主大会和业主委员会指导规则》等文件，在怀柔区开展业主大会及业主委员会法人制度试点建设。

二是进一步完善社区共建共享机制。充分发挥辖区单位、社区社会组织在社区建设的积极作用，推动8 000多个辖区单位向社区开放食堂、活动中心、展览室、停车场、体育场馆等场所。

三是进一步完善社区动员机制。以社区系列活动为重要载体，发动居民参与。举办6届“和谐杯”乒乓球比赛，全市2 774个社区、3 219个行政村参与，活动人数突破900万人；开展了北京周末社区大讲堂活动，举办了各类讲座近万场，直接受众百万余万人；举办了6届“魅力社区”评选活动，累计评选出魅力社区60个，参与居民达千万人次；开展年度“十大感动社区人物评选”，宣传报道了一大批首都社区建设典型人物。

（五）扩大覆盖范围，大力推进城乡建设一体化

一是推动城市社区服务管理向城乡结合部和农村地区延伸。研究制定了《关于加强城乡结合部社会建设工作的意见》，大力推进城乡结合部50个重点村建设工作。利用社会建设专项资金，累计推进完成了203个村庄创建农村社会服务管理创新试点；总结、宣传推广怀柔区“一心六站一点”（即一个村级社会管理服务中心和下设六个工作站，自然村设立便民服务代办点）农村社会管理服务新模式，为村民提供高效便捷的服务。

二是初步建立了以“新居民互助服务站”为主要载体的社区流动人口服务管理新模式。在朝阳、海淀、丰台等区流动人口集中的社区，推广石景山区“新居民互助服务站”做法，推动流动人口实现自我管理、自我服务，让他们更好地融入城市、融入社区。到2012年底，全市共建立新居民互助服务站621个。

二、《规划》实施中存在的主要问题

我市社区建设工作取得了一定成效，但与首都加快推进社会服务管理创新、构建和谐社会首善之区的要求还有一定差距。一是社区管理服务对象拓展为社区全体居民，流动人口、社会组织、非公有制经济组织等群体的大量增加，使社区服务管理任务日益繁重；二是社区居民的个性化、多样化服务需求不断增长，与当前社区服务整体供给水平之间仍存在较大差距；三是城乡一体化建设进程进一步加快，城市功能拓展区、发展新区和农村地区的社区服务资源相对不足，城乡社区服务管理水平差异较大。

三、进一步推动规划实施的对策措施

（一）进一步提高社区治理水平，推动社区治理多元化

完善“三位一体”社区管理格局。继续推进社区规范化示范点建设，不断提高社区管理综合效能。加快培育社区服务性、公益性、互助性社会组织，推动社区、社团、社工“三社”联动。探索业主委员会、物业服务企业发挥作用的新途径，建立驻区单位社会责任评价体系，推动共驻共建、资源共享。有序推进老旧小区自我服务管理试点建设，破解老旧小区停车难、环境脏、治安差、管理乱等难题。

（二）进一步提升社区服务能力，推动社区服务标准化

参与修订《北京市居住公共服务设施规划设计指标》，优化社区公共服务设施配置，加强社区服务设施整合。修订《北京市社区基本公共服务指导目录》。提升我市“十二五”社区基本公共服务标准。逐步扩大“一刻钟社区服务圈”建设覆盖面，提高居民生活便利程度，实现“十二五”时期城市社区覆盖率达到60%以上的目标。

（三）完善基层民主自治制度，推动社区自治法制化

健全社区居委会组织体系，稳步提高社区居委会直接选举比例。探索社区流动人口在居住地参加社区居委会选举。进一步完善社区居民会议和居民协商议事会议制度。建立党代表、人大代表、政协委员联系社区制度。进一步完善社区党务、居务、财务、服务等信息公开制度。有序开展社区居民对基层政府及其派出机构工作情况的评议监督。探索社区公共服务事务准入机制，凡是委托给社区组织办理的有关服务事项，应当实行“权随责走、费随事转”。

（四）进一步加快推进城乡一体化建设

加强对社区实有人口的服务管理，推进社区基本公共服务由户籍人口向常住人口全覆盖。推动城市社区服务管理向城乡结合部和农村地区延伸。总结、宣传农村社会管理服务新模式，进一步推广农村社会服务管理中心建设经验，不断提高农村社会服务管理水平。

（执笔人：北京市委社会工委、市社会办社区建设处　王胜健）

北京市"十二五"时期社会组织建设中期评估报告

北京市委社会工委　市社会办

"十二五"前半期，以完善社会组织"枢纽型"工作体系为核心、以发挥"枢纽型"社会组织作用为重点、以培育扶持社会组织发展为目标，全市社会组织服务管理工作稳步推进。

一、社会组织建设目标实现情况和重点任务推进情况

（一）积极推动公众参与

大力支持社区社会组织有序参与社区管理。密云县鼓楼街道商管协会、朝阳区双井街道的"星光大道社区门店自律"协会、丰台区新村街道的物业联合会、西城区德胜街道的"绿色生活馆"等，都以新的工作理念和模式，在各自领域内成为社区管理的重要载体。广泛动员社区社会组织在居民家门口举办"社区邻里节"、"社区公益文化节"以及"温暖夕阳情"、"公益大篷车"、"社区养生堂"等一系列活动，为群众提供更加贴心、便利和专业的服务。团市委、市妇联、市残联、市红十字会、市法学会、市民交协和西城区、顺义区、大兴区，以及日坛街道、安贞街道等分别举办了专场活动，带动基层社会组织和社区居民广泛参与。

（二）基本形成社会组织"枢纽型"工作体系

着力完善"枢纽型"社会组织工作体系，在认定两批共22家市级"枢

纽型”社会组织的基础上，认定了第三批5家市级“枢纽型”社会组织，指导各区（县）认定了区、街两级“枢纽型”社会组织190余家，市、区、街三级“枢纽型”社会组织工作体系基本形成。共同促进“枢纽型”社会组织积极发挥作用，各市级“枢纽型”社会组织采取多种方式对本领域社会组织进行联系、服务和管理，工作覆盖面进一步扩大。积极推进市级“枢纽型”社会组织规范化建设，召开市级“枢纽型”社会组织工作例会，研究制订《关于推进市级“枢纽型”社会组织规范化建设的意见》及其配套指标体系，为指导并考核“枢纽型”社会组织工作提供了政策依据。

（三）加快推进社会组织健康有序发展

积极培育扶持社会组织发展，依托市社会组织孵化中心举办了37期社会组织能力建设培训、58场咨询服务会、35场专题沙龙活动，累计培训服务4 800余人次，为53家机构提供培育服务。坚持打造社会组织品牌活动，举办“北京公益行——北京社会组织公益系列活动”，27家市级“枢纽型”社会组织、16个区（县）推出了3 700余场次社会公益活动，有近1.2万家各级各类社会组织参与，累计服务城乡居民超过百万人次。开展购买市级“枢纽型”社会组织管理岗位工作，购买了包括社会组织专职秘书长、党组织负责人在内的200个管理岗位，举办购买管理岗位人员培训班，制订了购买管理岗位工作办法，初步形成“买岗位、不买人员”、“养事、不养人”的新机制。

（四）充分发挥社会组织作用

健全社会组织工作协调推进机制，多次召开“枢纽型”社会组织工作座谈会、加强党的建设推动社会组织服务管理创新工作会、“枢纽型”社会组织工作交流会、区（县）社会组织工作现场推进会以及相关部门工作联席会议等。推动市级“枢纽型”社会组织加强自身建设：团市委发挥“社区青年汇”、“乡村青年社”的优势，进一步引领基层青年组织共同发展；市残联下发了《关于进一步指导区县残联发挥“枢纽型”社会组织职能作用的意见》和《区县残联发挥“枢纽型”社会组织作用指标体系》；市社科联开展了学术活动“进社区、进基层、进学校、进工地”；市民交协成功举办第三届在京国际组织联谊活动；市民族联谊会举办了首届“民族团结日”活动；市贸促会举办了“澳门服务贸易合作推介暨洽谈会”。

（五）营造企业发展社会环境

支持市工经联召开“北京工业企业社会责任评价指标体系”发布会。评价指标体系从转变企业传统生产经营模式和管理模式的实际需求出发，明确了工业企业履行社会责任的范围和基本原则，制定了企业社会责任价值观与战略、社会责任管理、经济影响、社会影响、环境影响5个一级指标及22个二级指标、98个三级指标。北京能源投资（集团）有限公司、三元集团等15家企业，向我市工业企业发出倡议：自觉遵守国家法律法规，维护社会道德秩序；支持公益事业，积极回报社会；共同推进生态文明建设；努力构建和谐社会。

（六）完善社会工作运行机制

合理整合志愿者资源。朝阳区的社会志愿者公益储蓄中心在全区各社区建立分支机构，受理志愿者的注册申请，为志愿服务的需求与供给双方搭建对接平台，并以积分的形式将志愿者的服务时间“储蓄”起来，当积分累积到一定程度后其拥有者可优先享受相应志愿服务或得到政府表彰、奖励；从2009年开始，全市16个区（县）相继建立了23个社会工作事务所，以“社工＋义工”模式为社区居民提供专业化服务。

二、进一步推动《规划》实施的对策措施

（一）积极推动公众参与

进一步明确对社区社会组织的扶持政策和工作机制：一是积极争取通过地方立法或采取相应形式，明确社区社会组织的身份、地位、主体资格以及管理机关的权责、义务、委托关系等；二是加强对社区社会组织“领军”人物及骨干成员的关注与培养，提高其政治素质和引领社团发展、进步的能力；三是充分关注、理顺广大志愿者同社区社会组织的关系，把社区社会组织作为志愿者工作实践、服务的平台与基地，弥补社区社会组织在人力资源上的不足。

（二）基本形成社会组织“枢纽型”工作体系

进一步完善社会组织“枢纽型”工作体系，认定新的市级“枢纽型”社会组织，促进区（县）构建区、街两级社会组织“枢纽型”工作体系，健全全市工作网络，争取实现对各级各类社会组织的全覆盖。进一步健全“枢纽型”社会组织工作机制，完善服务管理本领域社会组织的有关指导意见和工作办法，各区（县）按照不同层级“枢纽型”社会组织的实际特点，探索形成相应的工作运行机制。进一步推进市、区（县）“枢纽型”社会组织规范化建设，完善运行机制，提高服务管理水平，健全工作网络，扩大工作覆盖面。

（三）加快推进社会组织健康有序发展

进一步加大对社会组织的培育服务力度，完善社会组织登记注册机制，完善政府购买社会组织公共服务、管理服务和社工岗位服务的方式，更好地发挥社会建设专项资金的引导和带动作用。继续构建并充分运用“一中心、多基地”的社会组织服务网络，为社会组织提供能力建设支持和资源项目对接等多种服务。在市社会组织孵化中心基础上，推动成立市社会组织服务中心，为社会组织提供更加专业化和常态化的服务；推动区（县）、街道办事处建立多种形式的社会组织服务中心（基地）。全面推进“2013年社会组织公益行”系列活动，及时跟踪了解各领域、各地区社会组织公益行活动开展情况。进一步开展购买社会组织管理岗位工作，研究完善《关于购买社会组织管理岗位的暂行办法》，采取项目化运作方式购买社会组织管理岗位。

（四）充分发挥社会组织作用

进一步优化社会组织发展环境，研究设立社会组织发展基金，建立“枢纽型”社会组织新闻发言人制度，提高社会组织正确引导舆论和自觉接受社会监督的能力。进一步完善工作交流协调机制，召开多种形式的“枢纽型”社会组织工作联席会及区（县）社会组织工作交流会，健全工作例会制度。进一步推进政府向社会组织转移职能，会同市编办、市社会办、市民政局等部门，研究编制“政府向社会组织转移职能目录”和“具备承接政府转移职能资质的社会组织目录”，拓宽社会组织发展空间。

（五）营造企业发展社会环境

进一步推进企业社会责任建设。以相关市级“枢纽型”社会组织为依托，研究与不同领域、不同行业的企业社会责任相关的标准或指引，适时开展企业社会责任优秀单位评选活动，进行表彰奖励，形成工作品牌。

（六）完善社会工作运行机制

进一步探索构建针对社区社会组织的“枢纽型”工作体系，区（县）、街道可以结合实际，组建社区社会组织联合会及其分会，也可以充分整合、发挥现有的社区建设协会、社区服务中心的功能、作用，有效地把广大社区社会组织联合起来、团结起来、带动起来。

（执笔人：北京市委社会工委、市社会办社会组织工作处　王晓娟）

北京市"十二五"时期社会动员和志愿者中期评估报告

北京市委社会工委　市社会办

《北京市"十二五"时期社会建设规划纲要》实施以来，社会动员工作围绕"积极推进社会协同，广泛动员公众参与"的要求，着力创新体制机制，推动志愿服务体系建设，启动社会动员试点，取得了阶段性成果，已成为首都社会建设的重要组成部分。

一、规划发展目标实现情况和重点任务推进情况

（一）社会动员试点工作全面启动

深入开展调查研究，推动社会动员试点，全面推进基层自治建设，取得新成效。一是抓好学习研究，积极探索社会动员工作理论。召开社会动员专家座谈会，梳理基层实践情况，起草了全市社会动员的调研报告。二是深入调查研究，摸清社会动员工作现状。到西城、朝阳、石景山等 9 个区（县）近 100 个街道、社区、社会组织实地开展社会动员和基层自治专题调研，总结了一批社区问政、社区事务自管、虚拟社会动员等基层经验。三是多方研究论证，展开社会动员试点工作。在征求了区（县）社会建设部门主管领导意见的基础上，研究制订在全市街道社区开展社会动员工作试点的方案及街道、社区试点任务指南，选取 57 个街道社区开展首批社会动员工作试点，积极探索新形势下社会动员的特点和规律。

（二）志愿服务机制不断完善

积极推进志愿服务规范化、常态化建设，取得新成效。一是完善志愿服务工作体制机制。进一步完善了党委、政府统一领导，社会建设工作领导小组办公室综合协调，志愿者联合会具体实施，相关单位密切配合、分工负责的志愿者工作领导体制。市社会建设工作领导小组办公室通过组织召开市级志愿服务联席会议，及时研究志愿者工作有关问题，部署志愿服务活动。积极筹备北京市志愿者联合会第一次代表大会。二是健全志愿服务政策法规。出台了《北京市志愿者管理办法》、《北京市应急志愿者管理办法》，研究修订《北京市志愿服务促进条例》，不断健全志愿服务管理的政策法规。三是志愿者队伍建设形成规模。初步形成了市、区（县）、街道、社区四级联动的志愿服务网络体系，全市实名注册志愿者达203万人，志愿者组织7 000多个，11个区（县）成立了志愿者联合会。完善“志愿北京”综合信息平台，为全市志愿服务提供信息化服务。根据新颁布的《北京市应急志愿者管理办法》，全市注册应急志愿者8.3万人，建立市级应急总队33支专项队伍、403支基层应急队伍。基本形成了以青年志愿者为基础、以专业志愿者为骨干、各种志愿者广泛参与的应急志愿者格局。四是形成了志愿服务项目体系。近年来，社会志愿服务工作以百姓需求为着力点，不断创新活动载体和实践项目，已基本形成了重大活动志愿服务、应急志愿服务和经常性志愿服务三大服务项目体系，志愿服务覆盖的领域不断深化。常态志愿服务模式基本形成。各行各业积极发挥社会工作者的专业化职业化优势，组建了一系列志愿服务团队，大力推动了“两工联动”模式的形成与发展。目前，依托社区、社会组织、社工事务所、医院、学校、企业等领域社会工作者带动近100万名志愿者参与各类志愿服务。应急志愿者作用发挥明显。配合有关部门组织应急志愿者队伍，积极参与2012年北京“7.21”特大暴雨救灾、2013年四川芦山抗震救灾等工作，取得明显社会效果。重大活动志愿服务效果良好。在“向雷锋同志学习”题词发表50周年之际，会同有关部门组织了“让志愿服务走进生活”——北京志愿服务推动日活动。启动志愿服务项目对接机制，征集项目共计12 180个。

（三）市民劝导队工作持续推进

一是推广丰台街道永善社区市民劝导工作经验成效明显。研究出台《关于在全市宣传推广丰台区“市民劝导队”经验的通知》，召开工作会议部署市民劝导工作，深入区（县）、街道、社区调研市民劝导队建设情况，总结发现典型，把丰台街道永善社区市民劝导工作经验持续推向全市。二是市民劝导队伍建设力度不断加大。建立市民劝导队 2 000 多支，劝导队员约 6 万人。指导区（县）、街道开展劝导业务培训、劝导文化建设，进一步提升市民劝导工作能力。三是市民劝导队发挥作用明显。劝导队员参与不文明行为劝导、治安巡逻、秩序维护、调解纠纷、化解社区矛盾等服务，不管是在全国“两会”等重大活动、重点敏感日、重要节日期间，还是平时都发挥着重要作用。

（四）扎实做好社会领域安全稳定工作

按照全市统一部署，配合有关部门做好社会建设系统的安全稳定工作。一是建立健全了维稳领导体制和工作机制。成立了维稳工作领导小组，明确了相关处（科）室和责任人，强化了工作责任，分层级成立了维稳工作队伍和联络机制。二是完善了维稳工作制度。出台了《关于在社区、社会组织、新经济组织中进一步加强信访和矛盾纠纷排查化解工作的指导意见》、《市委社会工委、市社会办〈关于做好首都社会稳定形势分析研判工作的方案〉的落实措施》等有关维稳工作文件和制度，建立了全市社会建设系统社会稳定形势分析研判报告制度，加大了维稳情报信息收集和矛盾排查化解工作力度。三是扎实做好维稳工作。特别是在党的十八大、全国“两会”等重大政治活动和重要时期中积极配合有关部门做好社会领域的维稳、平安创建、应急工作，确保了社会领域的安全稳定。

二、《规划》实施中存在的主要问题

（一）社会动员工作运行机制有待完善

社会动员工作对下没有对应工作部门，导致工作运行不畅。

（二）志愿服务工作专业化、常态化需进一步加强

志愿者常态化志愿服务的社会影响力不大，信息量反馈机制不健全，品牌志愿服务创新意识不强；对基层志愿服务活动缺乏有效指导。

（三）市民劝导队工作有待总结提高

市民劝导服务工作尚未形成体系，特色不鲜明，宣传、培训、推广工作还需加大力度。

（四）维稳应急工作机制有待于充实完善

社会建设系统维稳工作的理论、模式、机制、制度都有待研究完善，认识水平不高、运行不畅、工作没有抓手的问题比较突出。

三、进一步推动《规划》实施的对策措施

（一）总结经验、深入探索，进一步推动社会动员试点工作的全面铺开

按照委办部署，深入开展基层社会动员试点建设，持续提升基层社会动员能力。一是认真总结首批试点工作经验做法，有力推动更多批次社会动员试点工作。二是探索加强基层应急社会动员的方式方法。总结基层在突发事件中开展社会动员的经验和教训，配合有关部门起草突发事件社会动员的相关政策法规。三是跟踪掌握社会动员进展情况，完善社会动员政策文件。结合试点推进情况，总结推广基层社会动员创新的体制机制和涌现的典型经验。四是积极引导驻区企业履行社会责任。引导企业主动参与辖区社会建设，积极履行社会责任，提高基层社会协同、公众参与水平。

（二）加强统筹、加大力度，继续完善志愿服务长效机制

一是深入贯彻落实《北京市志愿者管理办法》，继续加强统筹协调体制，完善志愿者联席会制度建设。进一步发挥各级志愿者联合会作用，深化街道志愿服务指导中心、志愿者服务示范站等基层组织平台建设。二是研究进一步完善志愿服务政策法规，探索健全志愿服务保障机制的方式方法。三是依托志愿北京平台，规范志愿者管理与服务。配合有关部门加强应急志愿者队伍和应急志愿服务项目开发工作。四是加大志愿者培训力度。深入开展“社工＋义工”专业化培训，培养志愿服务管理型人才。

（三）分类指导、建强特色，持续深化市民劝导队建设

继续巩固深化市民劝导队工作成果，通过现场观摩、组织培训、特色创新项目交流、挖掘树立典型等形式，总结推广一批市民劝导典型经验，不断加强市民劝导队伍建设，分类指导、搞好培训，力争到2015年底，全市市民劝导队达到3 000支以上，队员达到10万人以上。

（四）完善机制、疏通渠道，扎实做好社会领域维稳、应急工作

按照市维稳办、市应急办统一部署，加强与区（县）、街道、社区的

纵向联系，建立与社会组织的横向沟通，形成信息交流反馈、工作协调统一的长效维稳工作机制，全面做好社会建设领域的维护稳定、平安创建、应急服务管理等各项工作。

（执笔人：北京市委社会工委、市社会办社会动员工作处　王进殿）

北京市“十二五”时期社会领域信息化中期评估报告

北京市委社会工委　市社会办

“十二五”前半期，北京市大力推进社区网站服务体系建设，社区服务管理信息化网络实现全覆盖；全面推进智慧社区建设，社区管理信息化、服务智能化水平不断提升；重点推进“四网六库”建设，社会建设核心业务信息化体系全面建成；着力创新服务管理方式，全面覆盖、动态跟踪的社会服务管理信息系统全面建成；做大做强社会建设网站群，各级各类社会服务管理网络实现互联互通、资源共享。经过几年努力，全市社会建设信息化工作取得显著成效。

一、《规划》发展目标实现情况和重点任务推进情况

“十二五”前半期，全市社会建设信息化工作紧紧围绕“全面提升社会服务管理信息化水平”的任务和实现社区管理信息化、服务智能化的目标，以“四网六库”和智慧社区建设为重点，加快推进社会建设信息化体系构建，着力加强社区信息化建设，构建全面覆盖、动态跟踪、联通共享、功能齐全的社会服务管理信息系统，全面提升社会服务管理科学化水平，进一步整合资源、形成合力，逐步实现各级各类社会服务管理网络互联互通、资源共享，朝着社会服务集约化、社会管理精细化、社会动员快速化、社会生活智能化的“四化”目标大步迈进。

（一）大力推进全市社区网站服务体系建设，社区服务管理信息化网络实现全覆盖

截至2012年底，全市社区网站服务体系建设实现全覆盖。在此基础上，不断提升社区网站服务水平，积极推进社区在线公共服务，凡是不保密、能够在网上提供的服务和事项都推广在线服务，逐步在社区网站服务体系上实现“社务全公开、服务全上线、流程全优化、渠道全畅通”，并逐步实现与市、区（县）、街道及各有关部门门户网站的互联互通，逐步将全市社区网站服务体系打造成大容量、高速率、高质量、多功能的综合信息与服务平台。在全市所有社区启用“四网六库”中的“一表化、点单式”数据信息采集系统和社区基本公共服务信息管理系统，全面开展社会建设数据信息网上采集录入工作，社区基本公共服务数据信息、社区党建数据信息和备案的社区社会组织数据信息率先实现底数清、情况明。

（二）全面推进智慧社区建设，社区管理信息化、服务智能化水平不断提升

与市经信委、市民政局共同开展顶层设计，联合印发了《关于在全市推进智慧社区建设的实施意见》和《北京市智慧社区指导标准（试行）》，提出了8项重点任务和5个一级指标、16个二级指标、46个三级指标。2013年上半年，全面推进智慧社区建设试点工作，在全市确定了512个社区参加首批智慧社区试点建设，全市智慧社区建设工作取得初步成效，初步试出了我市智慧社区整体框架，初步试出了我市智慧社区体系框架，初步试出了我市智慧社区的发展模式，初步试出了智慧社区建设初级阶段需要实现的功能，初步试出了一批智慧社区应用典型，初步试出了智慧社区的评估机制。出台《北京市智慧社区信息资源内容规范（试行）》，从内容、分类、字段等方面，对智慧社区“吃、住、行、游、购、娱、健”的信息资源、街道和社区的基本信息资源提出具体的规范性要求，加快推进社区服务信息的集成利用。全市智慧社区建设试点工作已进入全面推进阶段，工作进展顺利，整体呈现出较好的发展态势，试点建设的成效逐步显现。

（三）重点推进“四网六库”建设，社会建设核心业务信息化体系全面建成

完成北京市社会建设“四网六库”项目建设工作，社会建设OA网、社会建设移动信息发布网、社会公共服务信息网、社会建设地图网、社会组织网上服务网、政府购买社会组织服务项目管理系统、社区基本公共服务信息管理系统、社会领域党建数据库、社区基础数据库、社会工作者数据库、社会组织数据库和“一表化、点单式”数据库、社会建设多媒体资料库等各个子系统全面投入使用，组成一个联通共享、功能齐全的北京市社会建设信息系统；有近 6 000 家单位、近万个用户已经使用该系统，基本形成横向到边、纵向到底、全面覆盖的社会建设信息化工作网络和信息平台。截至“十二五”中期，“四网”已成为内部办公的“小帮手”和对外服务的“新窗口”，“六库”共采集入库了 261 万项数据信息。在 2012 年度市财政绩效考核中，各有关方面对数据信息采集量、数据信息质量、支撑业务工作的效果、支撑领导决策的效果、提高工作效率的程度共 5 方面的满意度和满意率实现了“双百”（综合满意度均为 100 分、满意率 100%）目标。

（四）着力创新服务管理方式，社会服务管理信息系统全面建成

建立了网络舆情监测分析预警系统，创办了《网络舆情快报》，网络舆情监测范围已覆盖各类站点 1 500 个，不断细化和优化监测内容，已涵盖各级各类关键词总计 1 863 个，实现对社会建设网络舆情监测的全面覆盖和 7×24 小时的动态跟踪。在 2012 年度市财政绩效考核中，各有关方面对网络舆情的监测范围广度、内容准确度、信息抓取时效性、支撑领导决策的效果、支撑业务工作效果共 5 方面的满意度和满意率实现了“双百”目标。建立了社会建设手机报发布系统，每个工作日编发一期《北京社会建设手机报》，不断扩大信息来源范围，内容精选自全国各大综合门户网站、主流新闻媒体网站、中央和地方政府网站、各省市区社会建设工作机构网站等 721 个网站的舆情信息，和北京社会建设网、各区（县）社会建设网、各街道办事处网站、市级“枢纽型”社会组织网站、各省市社会建设机构网站以及社区、商务楼宇、社会组织的网站、论坛、博客、微博等近1 800个站点的头版头条信息。已覆盖 10 个方面近 7 000 人，逐步实现对社会建设工作者的信息工作全面覆盖。两个系统和两份刊物延伸了社会建设工作的手臂、触角和空间，建立起更加快速、更加高效、更加便捷的信息服务渠道。

（五）做大做强社会建设网站群，各级各类社会服务管理网络实现互联互通、资源共享

以北京社会建设网为主站，集合了北京社会建设网、区（县）社会建设网、街道办事处网站、街道特色服务网站、社区网站、商务楼宇网站、市级“枢纽型”社会组织网站、社会组织网站、社会建设研究基地网站、非公有制企业网站、各省市社会建设部门网站 11 个方面共 2 508 个站点，逐步建立起全面覆盖、互联互通、资源共享、功能齐全的北京社会建设网站群。广泛集成了网站群中的近 6 000 项服务资源，推出了社会服务云、社会政策云、便民服务集成、“一刻钟社区服务圈”等品牌栏目，基本构建起全市社会建设网站服务体系，全市社会建设网站群服务水平大幅提升。同时，北京市委社会工委、市社会办基本建成了社会建设网站群管理系统，加强对网站群中各个网站的服务和管理，率先推出北京社会建设网站群信息自动采集、热点导读、站点评价等功能。一抓网站集群，二抓服务集成，三抓站群管理，北京社会建设网站群的服务管理成效一步一个脚印地显现出来，全市各级各类社会服务管理网络实现互联互通、资源共享。2011 年，北京社会建设网荣获“北京市公众最满意政务网站”称号。

二、《规划》实施中存在的主要问题

社会建设信息化基层基础工作发展不平衡。社会建设信息化迫切需要加强资源整合。社会建设信息化工作普遍缺乏复合型人才。社会建设信息化经费需要纳入正常经费预算。

三、进一步推动《规划》实施的对策措施

完成全市智慧社区试点建设，推进全市社会建设信息资源集成和开发利用，打造掌上“北京社会服务之窗”，办好《北京社会建设手机报》和《网络舆情快报》，提升北京社会建设网站群服务体系建设水平，建立全市社会建设信息化工作保障机制，加强全市社会建设信息化调查研究和科学引领。

（执笔人：北京市委社会工委、市社会办信息中心　李浩）

北京市“十二五”时期加强社会心理工作中期评估报告

北京社会心理研究所

《北京市“十二五”时期社会建设规划纲要》围绕五个原则提出了五项发展目标，并提出加强心理服务和人文关怀、培育健康向上社会心态的具体目标，首次将社会心理建设相关内容纳入社会建设规划体系。《规划》发布实施两年半以来，北京社会心理研究所（简称“心理所”）在委办领导的有力领导和其他处室的大力配合下，围绕加强社会心理建设的主题主线，积极落实、扎实开展社会心理基础理论研究、实践应用研究和社会心理服务工作，使各项任务稳步推进。现将情况汇报如下：

一、《规划》发展目标实现情况和重点任务推进情况

（一）目标实现情况

根据《规划》提出的“加强社会心理关怀”与“完善心理援助服务”的具体要求，我们基本掌握了本市居民的心理健康状况和心态特点，明确了普通居民和特殊群体的心理服务需求，摸清了我市广大社会心理服务组织、团体、企事业单位的活动经营状况和心理从业者的从业状况，通过政府购买社会服务等方式，凝聚了一大批心理学、社会学、医学、法学领域的专家学者和社会组织参与社会心理服务工作。2013 年 6 月 26 日，经过两年筹备、一年实践的北京市社会心理工作联合会终于成立了，标志着心

理所已经站在全面创业的新起点，开始承担社会心理服务枢纽和核心的重任。综上，可以说心理所基本完成了“十二五”社会建设规划制定的各项任务进度，到“十二五”期末，多数指标能够顺利完成。

（二）重点任务的推进情况

1. 建立社会心态监测、预警、疏导机制

两年多来，心理所进行了各类社情民意调查、居民心理健康状况调查和居民心态调研，共完成逾37万字的调研报告。2012年的调研成果以《2012—2013年度北京居民社会心态调查报告》的形式，交由北京出版社出版。2013年3月，心理所又与中国社科院合作进行社会心态评估指标体系研究，深入分析社会心态的结构和内在机制，把社会认知、社会情绪、社会价值观和社会行为倾向作为把握社会心态的一级指标。

2. 丰富社会心理关怀手段

（1）开展“心桥”社区居民健康心理疏导公益行动。

“心桥”项目深入社区、商务楼宇、乡镇农村、打工子弟学校等居民生活和工作学习的主要场所，针对部分重点人群的心理困惑和心灵渴求，特设了“农民工专场”、“商务写字楼白领专场”、“妇女心理健康专场”、“老年人专场”、“学生专场”和“盲童音乐治疗专场”等系列专场讲座，突出了对重点人群的人文心理关怀。该项目自2011年11月启动以来，共在16个区（县）举办了50场普及性讲座和宣传活动，覆盖了全市80%以上的街道。直接听众达8 000人次以上，发放各种宣传品（册）20 000余册，培训社工500人次，有50多家专业社会组织和40多位知名心理专家参与了公益活动，收到了良好的社会效果。

（2）开展“润心工程”北京居民心理疏导爱心公益行动。

“润心工程”是在市委社工委、市社会办的指导下，由北京社会心理工作联合会（筹）承办的2012年度社会建设专项资金购买社会组织服务项目，也是市社会建设领导小组支持项目。该项目旨在提高北京居民心理健康水平，培塑良好社会心态。自启动以来，共为16个区（县）举办了130多场普及性讲座和宣传活动，直接听众达13 000人次以上，培训社工1 500人次、社会专业心理咨询师650人次、志愿者500人次。有43家专业社会组织和40多位知名心理专家参与了公益活动。对个别求助对象，通过热线回复、上门疏导、网上答疑、心理沙龙等形式进行精神抚慰。针对远郊区（县）的乡镇农村，突出解决农村城市化过程中村民的城市化过程的社会心理需求。该项目受到社会各界好评。

（3）制作心理健康宣传动画片。

为推广“倡导心理健康，创造幸福生活”理念，对北京市民进行心理健康知识的科普、教育，并对由社会热点问题和社会矛盾引发的心理问题进行引导、调适，心理所积极筹备制作大型系列心理健康宣传动画片，目前已经制作出部分样片，拟投放在移动媒体或电视台。

3. 提升基层组织心理服务能力

2013 年，心理所针对社区开展了心理培训工作。我们把在社区工作的人群分为社工、心理咨询师、志愿者三类，邀请郑日昌、杨凤池等知名心理专家对他们在不同层次上分别培训。共培训社工 1 500 人次，社会专业心理咨询师 650 人次，志愿者 500 人次。社区工作者、社会志愿者在接受了培训后，又通过主题宣传日等主题活动，指导社区其他身边人，并发放各种宣传品 10 000 多册，使间接受益人群达到 10 000 多人，进一步有效联系居民、恰当调处矛盾，促进了社区和谐。

4. 规范和部署专业社会服务机构有序开展工作

为建立民众心理服务的良性支持系统，联合社会心理服务团体，改变无序竞争、散乱发展的局面，对北京社会心理服务组织团体、企事业单位和心理从业者进行了全面摸底调查，多次召开北京市社会心理工作专家座谈会，并专门调研卫生局、民政局、人保局等政府部门管理心理工作的意见。2011 年，完成《关于成立北京市社会心理工作联合会的可行性研究报告》，并由北京社会心理研究所联合北京心理卫生协会、北京市家庭教育研究会、北京市青年压力管理服务中心、北京社会生活心理卫生咨询服务中心、北京高校学生心理素质研究中心 5 家单位共同筹备，于 2013 年 6 月 26 日成立具有 39 家成员单位的社会心理工作联合会。

5. 建立重大灾害及突发事件后的心理危机干预机制，及时开展心理援助

2012 年，北京市发生“7.21”特大暴雨自然灾害，房山区受灾严重。北京社会心理联合会组织成员单位的专家深入灾区，把心理健康讲座创造性地搬进了暴雨救灾的帐篷区。把受灾地区的居住区变成心理课堂、把专家请进灾民中间，收到了良好的现场效果。此外，还专门为参加“7.21”暴雨灾害的武警官兵做了相关的心理疏导，并在武警部队为武警家属组织了亲子夏令营活动。这也为今后开展心理服务提供了可借鉴的创新思维。

2013 年，四川芦山地区发生了“4.20”地震自然灾害以后，我们针对

社会心理咨询师的技术培训需求，结合北京市回龙观危机干预中心的专家资源，专门针对社会心理咨询师开展了“危机干预临床心理技术培训”，为北京市心理咨询师提供了一个很好的技术学习平台。

二、《规划》实施中存在的主要问题

（一）心态监测、预警与疏导的理论还不完备

当前社会心态的概念、内涵及指标体系还未达成共识，预警的重点与标准还未体系化，疏导的方式方法与内容还较本土化与基层化，导致监测、预警及疏导实践困难重重。

（二）“九龙治水”，力量未凝聚

社会心理关怀还没有制度化、标准化与体系化，除民政部门外，多级政府、多个部门涉足社区困难家庭、个人的帮扶，其他的都缺乏全市统一数据，部门选择帮扶关心对象地域化、随机化与固定化，导致资源配置效率低下。

（三）“一根针，千条线”，基层组织任务重

当前开展社会心理关怀离不开基层居民自治组织的大力配合，而居民自治组织忙于应付多级政府多部门的任务，工作压力大，对于居民心理需要重视不够、关注不够、工作配合不够，导致社会心理关怀工作停留在物品发放的浅层次物质化阶段而缺少精神关怀的深层次内容。

（四）专业机构少，工作无特色

目前我市不少心理咨询机构是以学院派知识分子为主，理论与实践相脱节、服务多个体化而无系统化、发展多随机性而无规划性、满腔热情而又缺乏实效，导致心理咨询机构很难做大做强。

三、进一步推动《规划》实施的对策措施

（一）继续深化对心态监测、预警与疏导的理论研究

北京社会心理研究所在不断加强本所科研队伍建设的基础上，应进一步发挥在京高校及科研机构的力量，继续深化社会心态基础理论研究。

（二）提高各级政府及社区对心理服务工作的重视度

心理关怀是精神文明建设的重要一环，是政府工作与经济建设的心理

环境，并对其发挥着独立的能动性作用。这就需要政府及社区基层组织提高对心理服务工作的重视程度，加大对心理服务工作的支持力度。

（三）完善社会心态监测、预警及疏导体系建设

进一步完善北京市社会心态监测、预警及疏导体系，配置专业化的心态信息员与疏导员队伍；建立完备的社会心态信息的收集、处理、反馈与时效制度，完善社会心态疏导的手段；发挥专家学者的积极性，结合体系的迅捷性，做到早发现、早疏导。

（四）进一步普及简单有效的心理调节知识

从基层实务中提炼简单有效的心理关怀手段，编制成册或制作成光盘配发给社区，甚至是有心理服务需求的个人，方便社区开展心理关怀工作与居民个人自我调节。

（五）大力发展社区心理公益关怀活动

进一步发挥北京社会心理工作联合会的凝聚作用，进一步发挥以社区心理服务站为主要依托的北京市社会心理完整工作体系的作用，组织北京市各大专院校心理学专家以及联合会各成员单位进驻社区心理服务站，为社区居民普及公益性的心理健康知识及提供个性化的心理咨询服务。

（六）进一步规范各专业机构的有偿心理服务

发挥北京社会心理工作联合会的行业自律作用，明确行业服务标准，规范心理咨询师准入标准及定期培训制度，进一步完善心理服务机构开办的条件与程序，规范收费标准，实行行业督导制度和年检制度等制度。

（执笔人：北京社会心理研究所　聂品）

北京市"十二五"时期加快推进农村社区建设和村庄社区化中期评估报告

北京市委农工委　市农委

新型农村社区是首都现代城镇体系的末端节点，是农村城镇化建设的重要途径之一。在"十二五"初期，我市启动了新型农村社区建设试点工作，探索规划、土地、筹资、就业、新民居建设以及社区服务的新途径。两年多来，市新农办、市相关部门和郊区各试点区（县）认真工作、扎实推进、攻坚克难，全市试点建设工作有序展开。

一、进展情况

一是出台《关于开展新型农村社区试点建设的意见》（22号文）指导新型农村社区建设。于2011年5月，推动市政府出台了该文件。该文件就新型农村社区建设指导思想和任务目标、试点建设的内容、组织领导等三个方面都提出了详细的指导意见，为今后开展新型农村社区试点工作奠定了良好基础。

二是积极贯彻落实22号文，全市首批确定12个市级新型农村社区建设试点。村镇建设处会同市发改委、市规划委等部门对各区（县）12个试点规划建设方案进行联合审查，并在密云县穆家峪镇华润"希望小镇"组织了由吕锡文部长、牛有成常委、陈刚副市长、张玉平副秘书长及王孝东主任、市住建委、财政局领导参加的新型农村社区试点建设工作现场会。

三是加快推进新型农村社区试点工作。先后向郊区各区（县）人民政府、市新农办各成员单位发有《关于确定市级新型农村社区试点的函》、《关于进一步推进新型农村社区试点建设工作的通知》等文件；先后编写有《北京市新型农村社区试点规划编制指导意见》、《新型农村社区建设简明读本》、《建设农村新社区推进城乡一体化——北京市新型农村社区建设典型研究》；先后组织市发改委、规委、国土、民政、财政局等联席会议成员部门及新型农村社区的专家组成督导检查小组，深入各区（县）进行督导检查；先后组织召开了本市新型农村社区试点建设工作培训会，并组织专家顾问到新型农村社区试点现场指导，传授工作方法。

四是增加市级新型农村社区试点。为进一步贯彻落实22号文及2013年北京市农村工作会议精神，在全市拟新增加36个市级新型农村社区试点建设。2013年全市进一步完善新型农村社区试点政策、扩大试点范围。上半年，经各区（县）政府认真组织申报，市新农办会同规划、土地、发改等相关专业处室进行了审查、筛选，最终拟订在36个社区建设试点，目前正函至市新农办成员单位征求意见。2013年拟订的36个社区试点将涉及3万户、8万人，其中6个申报试点规划方案已获得区（县）规划分局的批复，7个试点建设已经通过该区（县）的区长办公会，3个试点已被列为区政府折子工程。

截至当前，通过有效推动，全市12个市级试点中，已有密云县古北口镇司马台新型农村社区、延庆八达岭新型农村社区、房山青龙湖镇晓幼营村新型农村社区、密云穆家峪镇华润“希望小镇”新型农村社区等6个市级试点已经启动建设，已完成15.1万平方米的住房建设，4个社区1 242户已搬入新型农村社区中的新居。

总的来说，试点建设取得了如下几点经验：

一是探索出农村土地集约利用、空间布局、产业发展、新民居建设，基础设施和公共服务城乡均等化发展的新模式。总结出密云穆家峪“希望小镇”试点建设经验、延庆八达岭镇通过镇区统筹多村集并推进试点和房山青龙湖镇晓幼营村集体自主建设新型区的新途径。

二是形成了政府引导、农民主体、上下联动的新机制。全市建立了市新农办、发改委、规划、土地、建设、财政等10部门参与的新型农村社区试点建设联席会议制度，继续推进“部门联动、政策集成、资金聚焦、资源整合”的工作机制。各区（县）坚持“一切以人为本、以社区建设为本、以农民满意为本”的原则，科学编制规划，集成新农村基础设施建设、节能抗震住房、山区生态搬迁等多项政策，形成了政府引导、农民主体、全社会广泛参与建设新农村的良好局面。

三是试点中的新型农村社区建设模式已经初露端倪。努力创新，探索试点建设新模式。一年多来，各试点区（县）积极创新，探索出了试点建设的新模式，形成了密云穆家峪的“党组织引领、央企参与”、房山晓幼营的“原址重建、滚动发展”、延庆八达岭的“多村集并、异地建设”、密云“古北水镇”的“项目带动、村企合作”、密云史庄子、平谷老泉口的“山区搬迁、选址重建”等独特创新的模式。

四是一批区（县）级试点建设取得成效。如朝阳区高碑店乡半壁店西店村，试点采取“原址改造，滚动发展”模式。新村占地14.4公顷，实行“四统一”即统一标准、统一拆迁、统一建设、统一回迁，保持全村步调一致。西店旧村改造共需资金8.52亿元，农民住房建设投资2.15亿元由村民自筹；乡村自筹公共配套设施等建设费用3.21亿元；市区政府给予1亿元资金支持，区财政贴息贷款2.16亿元。截至2012年7月，已开工35排，292个院，开工面积13.8万平方米，占总量的80%；自来水、天然气、雨水、污水4项市政基础设施主管线铺设已完成总工程量的45%。顺义区通过南陈路原址改造模式，结合村庄住宅抗震节能改造建设，对毛家营村等5个村进行单项改造和新建翻建，使村民住宅与改造后的大环境相融合；对石家营村、庙卷村进行整村新建翻建，探索融合地域文化与新城特色的新型农村社区建设模式。怀柔区启动建设黄花城新型农村社区、渤海镇南冶新型农村社区、汤河口镇后安岭新型农村社区。平谷区黄松峪乡白云寺村和大东沟村、镇罗营镇大庙峪村区级试点也结合抗震节能房改造启动建设。

二、存在的主要问题

通过近期的检查指导和各区（县）基层的反映，新型农村社区试点建设是新农村建设的一项创新型工作，在推进中也确实遇到一些困难。一是试点建设推进进度不平衡，区（县）在新型农村社区试点建设领导力度上有待加强。二是体制机制、政策上还需突破创新。在顶层设计上如何推进城乡一体的规划布局、土地利用、产业发展、公共服务和社会管理工作，如何探索形成社区试点建设节余集体建设用地交易流转或指标的市场化置换机制等，都要进一步破题。三是如何加快形成政府、集体、个人、社会力量多渠道筹集试点建设资金的机制还需探索。

三、下一步对策措施

一是继续加大力度督促区（县）主管部门和领导，进一步提高认识，真抓实干，对试点中的难题不躲、不绕、不回避，直面矛盾，攻坚克难，探索创新，推动试点。

二是加强部门统筹、乡镇统筹、资金统筹和基础设施、公共服务城乡均等化的统筹。通过统筹解决试点工作中遇到的部门审批程序过多；乡镇层面解决新型农村社区人口规模建设用地和产业空间布局问题；政策集成，多渠道筹措试点建设资金；城乡一体统筹解决试点建设涉及的水、电、气、商业网点、社区服务等基础设施和公共服务等问题。

三是加快制定我市新型农村社区建设的标准和郊区边远乡镇村建设新型农村社区的远期规划，加快推进郊区新农村空间布局和产业发展，实现工业化、城镇化、信息化和农业现代化同步发展。

（执笔人：北京市委农工委、市农委社会发展处　王东春）

北京市"十二五"时期社会管理和流动人口服务管理中期评估报告

首都综治办　北京市流管办

"十二五"开局以来，全市综治系统在市委、市政府和中央综治办的坚强领导下，紧紧围绕深入贯彻落实中央、市委关于加强和创新社会管理的重大决策部署，以维护首都安全稳定为中心，以加强和创新社会管理为主线，深入推进社会管理创新综合试点，着力解决影响首都和谐稳定的突出问题，精心打造首都特色的社会管理模式，一批基层社会管理的重大模式初步形成，一批新的亮点、经验纷纷涌现，首都社会管理的精细化、科学化水平明显提高，顺利完成了"十二五"规划确定的阶段性目标任务。现报告如下：

一、《规划》目标和主要指标的实现情况

（一）"健全完善全方位、全覆盖、立体化的社会治安防控体系"目标实现情况

目前，全市已经形成了通过重大活动安保提升品质，以人民战争形式为依托，以现代信息科技为支撑，整体防控与精细防控相结合，融打、防、管、建为一体的递进式社会治安防控体系，有力保障了首都地区的安全稳定，圆满完成了党的十八大、全国"两会"等重大活动和重要时期社会面防控任务。到"十二五"中期基本实现了社会面防控网络更加完善，

防控手段更为有效，政法机关整体防控、驾驭复杂局势能力明显提高，刑事发案基本平稳，群众安全感稳中有升的目标。进入“十二五”时期以来，人民群众安全感始终保持在90%以上，2011年和2012年群众安全感分别为92.3%和91.8%，2013年前三个季度群众安全感一直保持着91%以上的高位稳定态势。首都社会治安和社会管理综合治理考核成绩在全国从位居先进提升到位居前列。

（二）“健全完善多元化矛盾纠纷化解体系”目标实现情况

截至2012年底，全市共建立各类社会矛盾多元调解委员会及调解组织7 700个，其中社区村（居）委会建立调委会6 630个，街道（乡镇）建立调委会334个，企事业调委会298个，交通、医疗、物业等其他行业调委会437个，村居、街道（乡镇）调解组织建设覆盖率达到100%，调委会人员组成符合法律要求的比例达到100%，进一步完善了纵向覆盖区（县）、街道（乡镇）、社区（村）、楼门院（组）四级，横向渗透各领域、各行业以及社会管理各个方面的立体网络。进入“十二五”时期以来，全市年均调解各类矛盾纠纷达23万件，调解成功率为95%以上。

（三）“全面实现城市网格化社会管理”目标实现情况

截至2013年6月底，全市16个区（县）全部制定了推进网格化服务管理体系推进方案和实施意见，15个区（县）召开了全区大会进行安排部署，169个街道（乡镇）开展这项工作的试点，占全市街乡总数的51.84%。实行网格化管理的社区（村）已经达到2 853个，占全市社区（村）总数的42.49%。全市网格内配备各类工作力量137 932人次，民政、公安、工商、人力社保、人口计生等近30个政府部门的工作不同程度地纳入网格化体系。预计到2013年底，在全市各街道及城市社区基本完成网格化服务管理体系和信息平台建设。

（四）“全面实现农村社区化管理”目标实现情况

截至目前，在全市城乡结合部地区，全面实施村庄社区化建设，对具备整体拆除条件的50个重点村，投入2 000亿元进行整体改造，对不具备整体拆除条件的668个村，坚持一手抓管理、一手抓服务，在2011年底实现了全市所有城乡结合部地区村庄社区化管理。在全市农村地区，分类、分阶段推进村庄社区化建设，在先期完成的127个社区化示范村基础上，按照郊区城中村、中心村、平原村、山区林地村、专业村等不同形态，因地制宜、分类推广社区化服务管理模式，确保“十二五”时期末全市农村地区实现社区化管理的全覆盖。

(五)“实现社会组织管理新突破”目标实现情况

重点推进“枢纽型”社会组织建设，目前，全市已认定27家市级“枢纽型”社会组织，服务管理可以覆盖全市85%以上的社会组织。着力推动“两新”组织党建全覆盖，在全市24家“枢纽型”社会组织启动社会组织党建工作委员会、社会组织联合党组织、社会工作部“3+1”模式建设。全市所有1 249座商务楼宇初步实现社会服务、党建、工会、共青团、妇联工作“五站合一”全覆盖，覆盖近7万家“两新”组织、82万多员工、4.3万多党员。

二、重点任务的进展情况和取得的主要成效

对照“十二五”时期政法事业发展规划社会管理和流动人口服务管理工作的重点任务，进行了逐一的总结归纳，重点对规划确定的重点任务完成情况及进展情况进行评价，对为落实规划开展的主要工作举措和成效进行了梳理。现将重点工作报告如下：

(一)不断深化区域防控、等级防控、网格巡控措施

坚持点线面结合、网上网下结合、人防物防技防结合、打防管控结合，不断健全完善立体化社会治安防控体系，整体提升社会面安全指数。一是全面加强首都社会面防控。在总结固化奥运安保、国庆60周年安保成功经验的基础上，不断深化区域防控、等级防控、网格巡控措施，落实台账式管理和实名责任制，完善环京“护城河工程”、环首都区域警务合作机制和政治中心区重点防控模式，有效织严织密社会面防控网络。进入“十二五”时期以来，借助于立体化社会治安防控体系，充分发挥综合治理体制机制优势，圆满完成了党的十八大安保等任务。二是不断创新治安重点地区重点问题排查整治工作机制。围绕全市573个新挂账三级三类治安重点地区，建立健全整治工作长效机制，依托领导包点、捆绑执法、专人巡视、实名制防控等有效方式大力推进整治工作，实现了排查整治工作的常态化、规范化和实效化。坚持以民意需求为导向，通过治安调查、百姓评选等形式，建立起民意收集汇总机制，探索建立“整什么群众说了算、整得怎么样由群众来评价、效果好不好由群众来投票”的工作模式，有效解决了一大批群众反映强烈的问题，彻底扭转了一些区域城市秩序混

乱的状况。三是着力推进治安防范基础设施建设。推动实施科技创安工程，在全市确定了300个老旧小区作为物技防改造建设的试点，指导督促各区（县）按照方案统一部署和整体规划，落实责任主体，加强人、财、物保障，以提升公共区域安防能力为重点，通过加装监控设备和照明设备、实行小区封闭管理、安装门禁系统、建立机动车出入登记管理制度等措施，大力推进物技防基础设施改造建设，有效提高了老旧小区治安防控能力和水平。“十二五”时期全市新增监控探头共计1万余个，并全部联网到属地派出所三级图像信息平台。建立完善了全市7 162个楼房小区、125.7万个平房院落、4 528个自然村物技防建设工作台账，绘制了13.9万个监控探头位置平面图和点位图，为安全防范工作奠定了基础。

（二）着力加强街道（乡镇）综治维稳中心建设

按照“力量下沉、资源整合、重在建设”的思路，于2010年底全部完成全市317个街道（乡镇）综治维稳中心的组建工作，同时加强综治维稳中心运行机制与社区建设的有效衔接，把信访、公安、司法、工商、城管、法院各类行政管理资源整合下沉到基层，形成维护地区和谐稳定的整体合力。一是在领导体制上，普遍采取街道（乡镇）党工委书记或副书记担任中心主任的方式，目前，全市街道（乡镇）全部实现了主管综治工作的副职领导普遍兼任中心常务副主任和副主任的领导体制；二是在力量配备上，将各类基层社会服务管理资源有效整合，遵循“编制性质不变、隶属关系不变”的原则，以基层综治维稳中心为龙头，有效整合综治、流管、公安、司法、人民武装、民政等部门和矛盾纠纷排查调处中心的力量，实行办公合署、人员合用、资源共享，形成了基层综治维稳工作一个领导负责、一个窗口接待、一套机制运行的格局；三是在职责定位上，基层综治维稳中心切实发挥统筹协调作用，全面承担城市综合管理指挥、情报信息研判、矛盾纠纷排查调处、基层平安创建等基层社会服务管理事务，发挥矛盾联调、问题联治、平安联创、治安联防、工作联动的工作目标制的优势。截至“十二五”中期，各街道（乡镇）综治维稳中心充分发挥组织协调优势，深入社区农村、企事业单位和居民家里，以及市场门店、商住楼宇、公司组织等场所单位，排查矛盾、调解纠纷，排查发现不稳定因素及矛盾纠纷7.5万余件，化解6.9万余件，化解成功率92%；各综治维稳中心在重点安保工作中先后发动群众96万人次，组织各层面工作组4 278个，召开各类座谈会2 442次，动员组织各种群防群治力量上千万人次。

（三）全面深化社会动员能力建设

发扬首都群防群治工作的优良传统，巩固深化奥运和国庆安保形成的社会力量动员机制，结合当前中央关于加强群众工作的指示要求，不断深化新时期群众工作，有效促进了社会管理人人参与、和谐社会人人共享的良好局面的形成。一是提升社会动员能力。把群众利益作为社会管理工作的出发点和落脚点，大力推进凝民心、聚民力、解民忧的凝心聚力工程，召开“创新群众工作　加强社会管理推广会”，制定《关于加强新时期群众工作推动首都社会管理创新的指导意见》，编印《首都综治系统创新群众工作经验汇编》，总结推广社区社情恳谈会、四化入户民情图、市民劝导队、新居民服务站等“六新”模式和14项群众工作经验，扩大了群众有序参与范围，提升了社会力量动员能力。二是创新群众参与方式。以志愿服务理念为引领，建立健全治安志愿者协会章程、实名制管理办法、举报奖励办法、星级管理办法等规章制度体系，不断完善市、区（县）、行业系统、街道（乡镇）、社区（村）的志愿者组织体系。依托首都综治远程教育服务管理平台，实现志愿者招募注册、星级评定、风采展示、学习培训、公益反哺等日常管理的信息化、便捷化和规范化。目前，首都治安志愿者实名注册总数达到823 331人，以社区楼门院长、商户联防员和农村平安中心户长等基层综治骨干为主要组成的安全稳定信息员超过10万人，全市治安巡防队员达到4.5万人。在党的十八大等重大活动、重点时段期间，全市参与社会面安保的群众性力量峰值超过140万，推动全市群防群治队伍壮大。三是拓展群防群治领域。主动适应综治工作职能调整，由单一的治安巡逻防范向矛盾排查化解、特殊人群服务管理、社情民意收集、法律宣传服务、社区公益服务、城市秩序维护等近30项综合性服务管理职能拓展。进一步推进群防群治队伍建设，明确了进一步加强首都治安志愿者服务管理规范化、精细化、常态化建设的总体思路。进入“十二五”时期以来，每年举办一期平安建设和综治工作示范培训班，先后共对全市各级基层综治干部2 000余人进行了集中全员培训，2012年又开通了远程教育服务平台，累计培训全市各级各类群防群治队伍22万人次，进一步提高了各级干部的群众工作能力水平。

（四）深入推进基层平安创建活动

围绕党的十八大以来中央提出的全面深化平安建设、建设平安中国的部署要求，牢牢把握基层平安创建这一有效载体和重要抓手，按照群众至上、基层在先的总体思路，不断丰富内涵、拓展领域、提升层次，推动全市平安建设工作开展。一是立足新起点、着眼高层次，全面部署基层平安建设，组织召开了全市基层平安创建推进会，研究制定了《关于深入开展基层平安创建活动的方案》，细化了10大类30项具体工作任务。通过不断丰富创建内容、完善考评体系、夯实建设基础，把平安建设拓展到各个行业、各个系统、各个领域、各个层次，不断扩大平安建设的规模和覆盖面。目前，全市符合标准的“平安区（县)”、“平安街道（乡镇)”、“平安社区（村)”、“平安单位”、“平安校园”、“平安商（市）场”、“平安旅游景区”、“平安家庭”等创建率已达到80%以上。二是夯实基层基础、强化组织协调，加强社区（村）平安建设。将基层平安创建工作立足于社会单位的最小单元——社区（村)，充分利用法律、行政、经济和科技手段全面推进基层平安创建，自2010年开始，会同公安局，联合《京华时报》、千龙网、北京广播电台交通台连续3年开展了“百姓心目中的平安社区(村)”评选活动。出台了《北京市安全社区指导标准细则（试行)》，有针对性地指导区（县)、街道（乡镇）开展创建工作。三是发挥职能优势、拓展创建领域，开展行业系统平安创建活动。依托综治体制机制优势，充分发挥各相关成员单位的职能作用，不断拓展丰富行业系统平安创建的新领域和新内涵，在2009年“六创建一整合”的基础上，积极推进平安创建活动向矛盾多发、管理缺失、职能交叉，影响社会安全稳定的新领域、新群体、新类型延伸，适时推进了平安边界、平安网站、平安工地、平安流动人口之家等创建活动。

（五）健全完善多元化矛盾纠纷化解体系

坚持把预防化解矛盾，作为创新社会管理的重要抓手和维护首都稳定的基础工作，大力加强矛盾源头治理和综合化解。一是着力构建多元调解工作体系。制定《关于构建社会矛盾多元调解体系的意见》及3个配套文件，形成“1+3”制度体系。在市、区（县）两级层面成立综治委社会矛盾多元调解专项组，建立起党委政府统一领导、各部门共同参与的组织领导体制。完善“三调”对接联动机制，在医疗、建设、物业、劳动、道路交通等矛盾多发领域建立了联合调解工作机制，大力发展行业性、专业性调解组织，全市形成了纵向连接区（县)、街道（乡镇)、社区（村)、楼门院，横向覆盖各部门、各系统的调解组织网络。二是着力加强各级调解组织建设。“十二五”期间，指导建立了北京电视台第三调解室人民调解委员会，与工商行政管理部门、消费者协会联合成立市、区（县）、行业、商业聚集区消费纠纷人民调解组织。联合卫生、公安、法院、财政、保险监管等部门，组建“北京市医疗纠纷处理协调指导委员会”和“北京市医疗纠纷人民调解委员会”。并先后在流动人口集中的区域、建筑工地、旅游景区、集贸市场、大型商场等矛盾纠纷多发地点建立了人民调解组织，有针对性地缓解了行业性、专业性纠纷增长压力。三是着力开展矛盾调解专项行动。进入“十二五”时期以来，开展了“人民调解进万家活动”，组织区（县）印制500多万份人民调解联系卡、27 000套《人民调解法》宣传海报。特别是围绕党的十八大安保工作开展了“和风”专项行动，发挥多元调解体制机制优势化解社会矛盾。2012年，全市开展行政调解246 982件，调解成功187 452件。全市各级人民法院运用诉前调解机制成功化解矛盾纠纷13 696件。各级信访部门累计调解矛盾纠纷10.3万件，调解成功率为95.1%。

（六）加快构建适度普惠型民生福利体系

充分发挥“大民政”优势，按照覆盖全民、保障重点、层次有别、水平适中的原则，积极构建适度普惠型社会福利体系，确保民生保障的“兜底”作用，从源头上预防和化解社会矛盾。一是不断健全社会救助制度。进入“十二五”时期以来，4次调整城乡低保标准，城市低保标准从家庭月人均520元调整为580元，农村低保最低标准从家庭月人均380元调整为460元。加大专项救助力度，将重大疾病救助比例由60%提高到70%，全年累计救助总额由3万元提高到8万元。及时进行临时救助，2011年至2012年底，累计有75万多人次享受临时救助，救助资金2.3亿多元。二是不断加强老年人保障。按照“9064”养老服务发展格局和“以居家为基础、社区为依托、机构为支撑”的养老服务体系发展总体思路，大力发展和完善养老服务政策。在全国率先出台《北京市低保家庭生活不能完全自理老年人入住定点社会福利机构补助办法（试行）》，出台低保家庭中生活不能完全自理老人入住机构补贴政策，按照每人每月1 100元标准给予补助。建立全市统一的养老服务风险规避保障制度，对所有养老机构给予保险费用财政补贴。三是不断构建儿童福利体系。明确了建立涵盖孤儿基本生活、医疗康复、教育、就业、住房等一揽子制度性安排，制定城乡统一的孤儿基本生活费标准，确定分别给予机构内孤儿和社会散居孤儿基本生活费每人每月 1 400 元、1 600 元，均为全国最高标准。四是不断加大残疾人保障力度。2012 年开始对年满 16 周岁未满 60 周岁、失业且无稳定性收入的本市残疾人给予入住机构补贴。自 2008 年起为有需求的家庭实施无障碍设施改造。到目前为止，已为 6.5 万户实施了家庭无障碍设施改造，其中包括近 4 万有需求的老年残疾人，实现了 80 周岁及以上有需求的老年残疾人全覆盖。五是不断完善优抚保障政策。实现优抚保障水平与全市经济发展同步增长，全面提高优抚对象定期抚恤补助标准，2011 年、2012 年涨幅分别达到 8.7%、15%。全面完成农村优抚对象住房集中翻建工程，将住房翻建补助标准由每户 3 万元提高到 5.4 万元。提高义务兵待遇。义务兵优待金标准由 2009 年的每人每年 1.5 万元提高到 2013 年的每人每年 2.2 万元；大学生义务兵一次性助学金由 1 万元提高到 3 万元。

（七）全面推进网格化社会服务管理体系建设

网格化社会服务管理体系，是北京市社会管理的重要创新，也是实现社会管理精细化的有效途径。依托原有城市网格管理的良好基础，进一步丰富和拓展内涵，积极推动由单纯着眼于部件、事件等的城市网格管理向集人、地、物、事、组织于一体的网格化社会管理模式转变，努力实现对各种管理要素的动态、深度、精确管理。2010 年起，全市在东城、朝阳、顺义三个区开展试点工作，在组织领导机构、管理网格划分、工作力量配备、工作运转体系等方面形成了特色模式。2012 年，全市召开网格化社会服务管理体系建设推进大会，市委办公厅、市政府办公厅正式印发《关于推进网格化社会服务管理体系建设的意见》，全面部署推进全市网格化体系建设工作。目前，在总结前期工作的基础上，重点在研究建立标准统一、联通共享的综合信息系统，推动形成标准化、规范化的工作模式，基层资源力量整合，促进城市管理和社会服务管理“两网融合”上下功夫，预计在 2013 年底在全市城市区域全部建立起以“精细化管理、人性化服务、多元化参与、信息化支撑”为特点的网格化社会服务管理模式。从实践效果看，通过实施网格化管理，推动了工作重心下移，实现了各种力量在网格内的有效整合；搭建了有效的工作平台，实现了各部门职能的有机集成和整体联动；促进了工作体制机制创新，构建起从发现问题到报告、处置、核查等环环相扣、高效快捷的工作运转体系，促进了社会管理由粗放到精细、由静态到动态、由政府一元管理到社会广泛参与的深刻转变。

（八）全面推广农村社区化管理模式

着眼于加快城乡一体化进程、让农民享受到与城市居民同等的社会服务，在城乡结合部和农村地区积极推进村庄社区化服务管理。一是在城乡结合部地区，全面实施村庄社区化建设。从2009年起，对具备整体拆除条件的50个重点村，投入2 000亿元进行整体改造，通过拆除旧村、完成回迁安置、推动集体经济产权制度改革和整建制农转居工作，使农民变成有资产的新市民，享受与城市居民一样的服务。对不具备整体拆除条件的668个村，全面建立自治管理规范化、安全秩序标准化、基层服务组织化、建设规划科学化、城乡文明一体化的工作体系。目前，全市所有城乡结合部地区已全部实行村庄社区化管理。二是在农村地区，分类、分阶段推进村庄社区化建设。在先期完成的127个社区化示范村基础上，按照郊区城中村、中心村、平原村、山区林地村、专业村等不同形态，因地制宜、分类推广社区化服务管理模式，力争三年内在全市农村地区实现社区化管理的全面覆盖。制定了《村庄社区化管理服务指导目录》，不断拓展村庄社区化服务管理内涵、提高服务水平，各项工作取得阶段性成果。基层组织建设得到加强，村民中认为村党组织在村庄社区化工作中作用发挥良好的人员比例达到95%，农村社会管理得到有力的组织保障；公共服务的范围不断扩大，重点加强乡镇社区服务中心建设，累计投入资金20.5亿元，延伸96156社区信息服务平台，建立社区服务站1 700余个、新居民服务站200余个，村民群众对生活环境的满意率提升到95.5%，多层次的农村社区服务体系逐步形成；社会管理能力有效提升，已实施社区化管理的村庄刑事发案数同比下降了25%，群众安全感提升到96.5%，农村社会秩序更加有序，通过村庄社区化，实现由了村内向村外、硬件向软件、管理向服务的延伸。

（九）重点深化社区管理体制机制创新

坚持重心下移、做实基层，不断提高基层社区服务群众、管理社会的能力水平。一是完善社区管理体制。针对整建制"农转居"的村、村居民混居的村、新建住宅区、流动人口聚居区四种类型社区，分类确定居委会组建措施，新建社区居委会219个。全面推进村民委员会建设，赋予主持对村委会成员民主评议、监督村委会成员的罢免工作等职责，目前，共有3 862个村建立了村务监督委员会，推选成员14 817人。二是推进基层民主自治。进入"十二五"时期以来，圆满完成了全市第七届和第八届居委会、村委会选举工作，社区直接选举和户代表选举比例达到29.5%，比2007年提高23.4%。总结推广社区居民会议常务会、社区代表议事、社区听证、“四议两公开”、社区民情日记等制度办法，推进村务监督委员会建设，动员组织群众依法有序参与社区公共事务和公益服务。三是深化“六型社区”建设。明确“十二五”时期以“六型社区”为重点全面推进首都社区建设实现新跨越的主要任务，研究制定“六型社区”创建标准，建立联席会议制度，印发工作方案，引入第三方评估，多渠道动员社区居民广泛参与，使“六型社区”成为首都和谐社区建设的新品牌。以农村社区服务设施建设为切入点，创新社区管理体制，完善社区服务体系，通州区、顺义区、大兴区被评为全国农村社区建设实验全覆盖示范单位。四是加强社区基础设施建设。全市共建成覆盖市、区、街三级的社区服务中心194个，城乡社区服务站5 751个，基本实现城乡社区全覆盖。依托96156社区服务热线和社区公共服务信息平台，开展了家政服务、综合修理等6大类200多项服务，建立150余个区街自管队伍，实现社区居民多样化需求的全覆盖。五是壮大社区服务队伍。不断拓宽社区工作者来源渠道，加强社区工作者教育培训，提升社区工作者队伍综合素质。目前，全市共有社区工作者3万多人，其中面向社会公开招聘社区工作者7 600多人，社区党组织工作者4 500多人。

（十）不断深化健全以房管人、以证管人、以业管人模式

按照“以规划引领服务、以实事促进服务、以法规保障服务”和“以证管人、以房管人、以业管人”的工作思路，坚持服务与管理有机结合，寓管理于服务之中，着力创新完善流动人口服务管理工作。一是深化流动人口服务保障措施。市、区（县）两级都将流动人口服务保障工作纳入了各区域的经济社会发展总体规划，并配套出台了相关举措。进入“十二五”时期以来，已实施两批67项“部门区（县）为流动人口拟办服务项目工程”，明确将农民工纳入城镇职工医保范围，推动廉租房向流动人口开放，开展“接送流浪孩子回家”专项行动，建立流动人口妇女“姐妹驿站”，会同团市委建立“社区青年汇”500家，开展青年流动人口就业促进、创业帮扶、爱心公益、志愿服务等10个工作项目，促进在京流动人口和谐融入。二是完善流动人口服务管理法律法规。围绕我市房屋租赁市场新形势、新变化，于2011年7月颁布实施了新修订的《北京市房屋租赁管理若干规定》。落实中央和市委关于居住证制度立法部署要求，进入“十

二五”时期以来开展了3次集中调研立法工作，明确了我市实施居住证制度的指导思想、基本思路、基本原则和体系架构，为下一步居住证制度的全面实施奠定扎实基础。三是加强管理平台队伍建设。累计投入6 200万元建设“高开放、高服务、高保障”的流动人口和出租房屋综合管理信息平台，形成全市性的流动人口数据资源体系，建立市、区（县）、街道（乡镇）、社区（村）四级流管应用平台，实现近4 000个社区（村）流动人口信息直采直录，确保了全市流动人口状况的动态掌握、适时监控。2007年以来，在全市所有社区和流动人口较多的村建立了4 000余个来京人员和出租房屋服务站，同时按照流动人口3‰～5‰的比例，组建了一支1.5万人的管理员队伍。目前，由于2012年全市流管体制调整，该项工作已全部移交市公安局。四是落实产业调控政策。从深入推进产业结构调整、科学规划城市空间布局入手，建立完善人口规模调控机制，大力发展高端、高效、高辐射产业，加强低端业态的规范管理，改造提升传统服务业和生活服务业，努力通过调结构控制人口无序增长。坚持政策先导、规划先行，集中力量打造“业城均衡”的综合新城，引导人口按城市功能区域合理分布。五是完善人口规模调控机制。健全区域人口承载预警、重大决策人口评估、流动人口规模动态监测、人口有序管理责任制等工作机制，从源头上、基础上加强规模调控工作。探索建立新疆在京务工经商少数民族群众服务机制，印发了《关于进一步做好新疆少数民族群众在京务工经商服务管理工作的意见》，签订双向协作协议书，协助组建“新疆驻京工作站”，推动建立京新两地常态合作、信息共享的服务管理双向协作机制。

（十一）“加强社会组织服务管理”重点工作情况

坚持以体制机制创新为动力，着力在扶持发展、监督管理、党的建设上实现重点突破，促进社会组织健康有序发展。一是深化社会组织管理改革。总结推广中关村示范区社会组织创新试点工作经验，健全针对不同社会组织的分级分类备案登记制度，同时加强对社会组织，特别是在京非政府组织和境外合作的年检管理、日常管理和等级管理等监管制度建设。健全政府引导、社会参与、第三方独立运作的社会组织考核评估机制，制定出台《北京市社会组织评估管理暂行办法》。落实重大事项报告和依法退出机制，实现各类社会组织的全面掌握、动态跟踪。二是推进“枢纽型”社会组织建设。按照“六有”要求，以人民团体为骨干，努力构建“枢纽型”社会组织服务管理网络，充分发挥“枢纽型”社会组织牵引带动、桥梁纽带、业务龙头和服务管理平台的重要作用。目前，全市已认定27家市级“枢纽型”社会组织，服务管理可以覆盖全市85%以上的社会组织。三是加强“两新”组织党建工作。着力推动“两新”组织党建全覆盖，通过党建工作引领带动服务管理全覆盖。在“枢纽型”社会组织启动社会组织党建工作委员会、社会组织联合党组织、社会工作部“3＋1”模式建设。全市所有1 249座商务楼宇初步实现社会服务、党建、工会、共青团、妇联工作“五站合一”全覆盖，覆盖近7万家“两新”组织、82万多名员工、4.3万多名党员。四是注重培育公共、公益社会组织品牌。围绕公共服务、公益服务、便民服务、管理决策等热点，给予社会组织资金、场地和人力支持。目前，全市已将8 000家社团和6 590家公益类组织纳入工作视野。开展社会组织优秀公益品牌评选、“社会组织公益服务十大品牌”评选表彰等活动，举办公益咨询活动921场次，吸引群众超过40余万人次，社会组织参与社会、服务社会的能力不断增强。

三、推进《规划》实施面临的形势任务和主要问题

未来两年半是贯彻落实党的十八大和市十一次党代会精神的全面深化时期，是圆满完成“十二五”规划、推动首都经济社会发展实现预定目标的关键时期，同时也是进一步从整体上加强和创新社会管理、全面深化“平安北京”建设、为建设中国特色世界城市奠定坚实基础的重要时期。具体体现在以下几个方面：

一是全面深化平安北京建设的新要求提出了新挑战。党的十八大以来，中央对平安建设工作作出了新部署，提出了新要求。2013年全国政法工作会议明确提出了平安、法治、队伍“三大建设”工作任务，平安建设位居三大建设之首。2013年5月，中央召开了深化平安中国建设工作会议，习近平总书记作出平安中国建设的重要批示，就全面推进平安中国建设作出了重要部署。这都需要我们从更高层次、更高起点上研究、谋划、推进新时期的平安建设工作。对此，在思想上，必须首先理清社会建设、社会管理、平安建设三者的关系，明确平安建设的形式、内容、内涵和外延，对平安建设再思考、再认识；在定位上，必须把平安建设作为加强社会管理创新的重要举措，作为新时期推进全市政法综治工作的重要抓手，

充分发挥其维护社会和谐稳定的基础性作用；在目标上，必须围绕人民群众对新时期平安建设的新需求，及时回应人民群众的新期待，不断提高人民群众的安全感，努力实现人民群众所希望的平安；在组织上，必须依托综治体制机制和领导责任制，完善各负其责、齐抓共管的工作格局，集合全市资源力量，把首都建设成平安、稳定、和谐的首善之区。

二是社会管理创新的新问题提出了新挑战。近年来，按照“十二五”发展规划要求，首都综治系统着眼于构建社会主义和谐社会首善之区，大力加强和创新社会管理，形成了许多新经验、新模式，为顺利实现“十二五”规划的既定目标奠定了扎实的基础。与此同时，当前社会管理面临着外来人口流入易与融入难并存、经济领域市场化不足与社会领域市场化过度并存、社会组织化程度低与网络组织化程度高并存、公众权利意识强与社会责任意识弱并存、公共服务需求多元与供给单一并存五大挑战，我们的各种创新还没有从根本上解决这些重大而紧迫的问题，首都社会管理创新工作还处在从重点突破、多点创新向整体推进、系统集成发展的过程中，还需要强力推动才能实现从粗放型向精细化管理的质的跃升。从规划上看，“两轴两带多中心”的城市规划和环首都经济圈建设还在逐步实施和推进之中，首都作为特大型城市所固有的“大城市病”日益显现，成为制约社会管理精细化水平提升的瓶颈；从体制上看，“党委领导、政府负责、社会协同、公众参与、法治保障”的社会管理格局有待进一步加强和完善，法治保障作用还需进一步发挥；从机制上看，社会管理综合治理工作机制尚未完全成型，各项工作的领导责任制、考核机制和长效机制亟待健全完善；从重点工作上看，网格化社会服务管理体系建设在基层认识不够统一，亟须加强标准化和规范化建设。村庄社区化建设还需要在提升公共服务均等化水平上下功夫。社会管理信息系统缺乏共享整合，“信息孤岛”现象仍然存在。这些都制约着社会管理创新向纵深发展，需要在巩固继承基础上创新突破，切实聚焦重点、攻坚克难、推动发展。

三是首都工作的新任务提出了新挑战。首都特殊的地位和特点决定了首都综治工作的特殊担当和要求。要不断巩固和发展首都稳定大局，在未来两年多时间内确保“十二五”规划目标圆满完成，就必须深刻把握首都发展的阶段性特征，切实找准综治工作服务首都科学发展的切入点、着力点，努力推动综治工作新发展、新跨越。就首都安全稳定工作而言，当前全面深化“平安北京”建设、维护首都持续和谐稳定仍然面临着来自方方面面的风险和挑战。从外部环境来说，面临人民内部矛盾凸显、刑事犯罪高发、对敌斗争复杂特殊时期的基本态势没有变。北京作为首都，历来是敌对势力对我进行渗透颠覆、捣乱破坏的首选地，是各种意识形态、社会思潮交锋较量的前沿，是各类矛盾纠纷的汇集地。特别是，未来几年可能受到一些境外因素的影响，涉日、涉美等问题有可能持续发酵、愈加敏感，维护政治稳定任务异常艰巨。从内部因素来说，当前，首都正处于经济发展方式加快转变、国际化程度日益提高、信息化水平快速提升、城乡一体化加速推进的过程中，不可避免地面临许多矛盾和问题。再加上北京实有人口多、网站网民多、新兴媒体多、境外驻京机构多、“两新”组织多等特点，影响安全稳定的不确定因素依然存在。尤其是近年来首都人口、资源、环境协调发展问题，城市运行安全和公共安全问题，以及首都环境和秩序整治问题，都对我们的工作提出了新的更高的要求。

四、下一步工作的意见建议

深化平安建设是当前和今后一个时期加强和创新社会管理的工作重点，对于首都社会管理和流动人口服务管理工作来说，为确保顺利完成“十二五”规划既定目标，在“十二五”后半期，要以全面深化平安北京建设为中心，紧紧围绕全面建成小康社会、努力建设中国特色世界城市的目标，牢牢把握当前影响社会和谐稳定的源头性问题和影响群众安全感的突出治安问题，坚持“首都意识、首善标准，法治保障、综合施策，社会协同、群众导向，科技支撑、创新驱动，重在基层、重在建设，继承发展、持续推进”六条原则，从更高起点、更高层次上全面深化平安北京建设、加强和创新社会管理，确保人民安居乐业、社会安定有序、首都长治久安。具体工作任务，主要体现为“1＋6＋3”的框架体系，其中：

“1”是一个目标体系。着眼于两个重要时间节点进行规划。一是到“十二五”时期末，刑事案件、恶性刑事案件、重大公共安全事故、重大群体性事件数量等主要指标得到有效控制，群众安全感达到90％以上，力争平安区（县）全部达标、平安街道（乡镇）基本覆盖、平安社区村和行业平安创建达标率逐年提高，确保社会政治稳定、治安始终最好、矛盾稳中有降、秩序显著改善、人口管理有序、基础更加扎实；二是到2020年，实现影响平安稳定的主要指标逐步下降，群众安全感达到95％以上，社会平安稳定的基层基础更加坚固扎实、工作机制更加系统完善、工作模式更加科学有效、总体进入良性循环轨道，确保北京成为全国最稳定、最安全的地区。

"6"是深入推进六个工程。一是深入推进国家安全工程。把维护稳定作为首要任务，健全完善维稳工作体系和长效机制；坚决维护政治中心区安全，创新联勤联动模式，完善以面保点措施，严密防范个人极端行为和政治敏感事件；完善国家安全战略和工作机制，严厉打击捣乱破坏活动，加强意识形态领域维稳工作，坚决防止发生大规模群体性事件；加强互联网管理，完善管理体制机制，加强依法公开管理，健全信息发布和舆论引导机制，完善网上网下综合防控体系。二是深入推进公共安全工程。保障重大活动安全，在全国率先建立重大活动安保模式，完善战时运行体制，打牢重大安保工作基础；保障社会治安安全，完善立体化治安防控体系，加强社会治安综合治理，严厉打击违法犯罪活动；保障城市运行安全，建立重点部位四位一体安保机制，完善突发事件应急管理体系，加强灾害事故预警应对；保障经济运行安全，加强经济犯罪预防打击，严肃查处职务犯罪，加强安全生产监管，防止发生食品药品安全事故。三是深入推进实有人口工程。创新流动人口服务管理，加快实施居住证制度，落实"以房管人、以证管人、以业管人"措施，健全青年流动人口、少数民族流动人口和新生代农民工的管理机制，建立流动人口服务管理联动机制；完善特殊人群服务管理，落实分级分类管理措施，加强过渡性安置基地和基础设施建设，完善关怀帮扶机制；加强外籍人员服务管理，健全工作准入和分级管理制度，建设国际化社区；加强人口规模调控，完善人口管理政策，建立健全人口评估、规模调控机制，完善实有人口管理体制。四是深入推进矛盾化解工程。加强源头预防，坚持依法、科学、民主决策，落实重大决策社会稳定风险评估机制，发挥"大民政"作用，从源头上减少矛盾纠纷产生；加强排查调处，构筑矛盾纠纷排查预警体系，完善多元调解体系，引导第三方参与调解工作；健全群众权益维护机制，畅通群众诉求表达机制，完善群众利益保障政策，推进信访工作改革，做好生活困难信访群众的救助。五是深入推进秩序治理工程。加强治安秩序整治，建立符合首都实际的警务模式，开展突出治安问题专项整治行动，构建民意导向的排查整治机制；加强交通秩序整治，加大交通治堵力度，严厉打击交通违法行为，提高城市交通管理智能化水平，完善交通基础设施建设；加强环境秩序整治，完善城市管理行政执法体制，加强群众身边环境秩序的清理整治，开展环境整治、大气污染治理、污水治理、打击违法建设等专项整治；完善城市秩序清理整治长效机制，强化联合执法工作，探索社会管理、城市管理与区域经济发展有效衔接的方法途径。六是深入推进基层基础工程。完善网格化管理体系，实现网格化社会服务管理全覆盖，促进城市管理与社会管理网格融合，推进党建工作进网格；分类推进村庄社区化建设，加强农村地区基础设施建设，增强农村平安建设合力，推进城乡社区建设一体化；重新启动平安创建工作，深化行业平安创建，重点开展安全社区、平安家庭等基层创建活动；分级建立服务管理平台，整合各类协管力量，完善基层社会服务管理体系。

“3”是健全完善三个体系。一是健全完善工作推进体系。坚持用新技术手段推进平安建设，建立社会管理综合治理信息系统，推进新技术与平安建设深入融合，加大科技创安力度；坚持用法治思维和法治方式推进平安建设，严格依法行政，深化司法体制和工作机制改革，开展法制宣传教育；坚持用诚信体系推进平安建设，完善社会征信系统，引导各类组织和个人履行社会责任，发挥社会规范在平安建设中的作用。二是健全完善考核评价体系。建立平安北京建设考核指标体系，完善考评机制，并作为综治考核的重要内容；健全督促检查制度，制定平安北京建设折子工程和年度实施方案，完善工作报告和监测评估机制，加强督导检查；改进群众安全感调查工作，畅通群众诉求表达渠道，完善群众评价机制；发挥社会协同作用，引导社会组织参与平安建设，加大政府购买服务力度，加强社会组织监管。三是健全完善组织保障体系。加强组织领导，把平安建设作为“一把手”工程，落实属地责任，强化齐抓共管；完善保障机制，运用综治工作制度推进平安建设任务落实，完善平安建设经费保障机制，加强基层综治组织建设；强化项目管理，每年确定一批实事项目，建立倒逼机制；做好宣传引导，深化群众性精神文明创建活动，加强平安文化建设，营造平安共建、和谐共享的良好氛围。

（执笔人：首都综治办、市流管办调研处　丁杰）

北京市“十二五”时期做文明有礼的北京人工作中期评估报告

首都文明办

在北京市委、市政府和首都文明委的领导下，2011 年以来，首都文明办紧扣“11623”的工作思路，即抓住一个根本——社会主义核心价值体系建设，突出一条主线——“做文明有礼的北京人”，持续推进礼仪、环境、秩序、服务、观赏、网络六大公共文明引导行动，以“垃圾减量　垃圾分类”、“绿色出行　文明交通”为两大突破口，深化文明城市、文明村镇、文明单位“三大创建”，着力加强未成年人思想道德建设，着力推动首都公民道德建设向常态化规范化发展，为巩固共同思想基础、形成坚定理想信念、凝聚强大精神力量、培育良好道德风尚、促进社会和谐稳定，发挥了重要作用。

一、《规划》发展目标实现情况和重点任务推进情况

（一）深入开展理想信念教育

开展“北京精神”宣传实践活动。社会各界普遍认为，“北京精神”是北京城市的魂之所系、神之所在，是全市人民的基本道德规范。提炼、培育和弘扬“北京精神”是践行社会主义核心价值体系的具体体现。“北京精神”提炼过程中，全市 290 多万市民参与投票。“北京精神”正式发布后，全市广泛开展了宣传践行“北京精神”活动，积极做好“北京精神”

的研究阐释、宣传普及、文艺创作、景观布置、主题实践五个方面工作，推出了一批宣传“北京精神”的公益广告、出版物和文艺节目，印发了《北京精神市民读本》等宣传材料40万册，举办了“北京精神”系列宣讲活动，开展“北京精神”百姓宣讲800余场，各区（县）、各系统开展了多种形式的弘扬、践行“北京精神”主题教育活动。“北京精神”已经成为凝聚人心、推动首都科学发展的强大精神动力。

（二）大力加强公民道德建设

一是大力弘扬中华民族的传统美德。充分挖掘传统节日的精神文化内涵，把重大节日作为重大道德教育活动来定位、设计和组织。利用春节、清明节、端午节、七夕节、中秋节、重阳节等民族传统节日，开展丰富多彩的中华经典诵读和群众性民俗文化活动。每年开展“我们的节日”宣传教育活动千余场，参与群众达千万人次。推出了春节文化论坛、清明诗会、端午文化节、中秋诵读文化经典、爱在重阳等文化品牌，有力弘扬了团结和睦、缅怀先烈、热爱祖国、孝老爱亲等道德理念，引导人们认识传统、尊重传统、践行美德。

二是扎实推进道德模范学习宣传。大力开展道德模范评选表彰活动，宣传树立了“最美女法官”厉莉、“京城活雷锋”孙茂芳等一大批时代楷模，以先进典型的力量推动道德建设。持续开展全国道德模范和首都道德模范评选活动，广泛发动群众参与。把评选道德模范与发现身边榜样紧密结合，持续开展“首都精神文明建设奖”、“我推荐、我评议身边好人”等评选表彰活动，各区（县）结合实际开展了“好邻居”评选、“文明就在身边”百姓好故事征集等活动，做到群众评、评群众，群众学、学群众。广泛开展“百姓爱心故事”宣讲活动，通过事迹展览、座谈报告、文艺演出等形式，广泛宣传道德榜样的感人事迹和优秀品质。大力弘扬雷锋精神，建立学雷锋活动的长效机制。设立了学雷锋宣传周、周六学雷锋志愿活动日等七项常态化活动。把志愿服务作为广泛深入开展学雷锋活动的有效载体。全市涌现出道德模范、身边好人等先进典型4.5万余人，在2011年、2013年全国道德模范评选活动中，厉莉、周宪梁等6人被评为全国道德模范，14人获全国道德模范提名奖。北京市公共文明引导员总队、丰台街道永善社区市民劝导队获得全国优秀志愿服务组织称号。

青少年思想道德培育工程是首都公民道德建设的重要内容。遵循青少年成长规律和身心特点，深入开展青少年思想道德教育和实践活动，把社会主义核心价值体系建设、“北京精神”培育、中华传统美德教育等融入中小学德育中，引导他们在实践中培养良好思想道德素质和文明行为习惯，树立远大理想、确立崇高追求。近年来，通过实施未成年人思想道德建设“十百千万”工程，评选树立了十个最佳工作创新品牌、百个未成年人教育实践示范基地、千名“好家长”、万名“社区文明小使者”。

一是将社会主义核心价值体系融入学校教育。制定下发了《弘扬北京精神　深入推进未成年人思想道德建设行动计划》及折子工程，成立了北京市关心下一代工作委员会。把“北京精神”作为德育内容纳入新修订的41个《学科德育指导纲要》，开发实施了小学、初中和高中《北京精神》地方教材。将“北京精神”融入学前教育，组织编写了《北京精神启蒙读本》，向全市包括打工子弟幼儿园在内的1 300多所幼儿园发放20万册，受益少年儿童达41万。开展“学雷锋精神，做雷锋传人”、“弘扬‘北京精神’——学道德模范、诵中华经典、做有德之人”等主题教育实践活动，组织广大未成年人积极参与“我们的节日”等各种文化活动，加强爱国主义教育和革命传统教育。

二是发挥优秀文化作品和活动的德育功能。以“六一”为契机，开展“春苗”行动，积极推进优秀少儿歌曲、戏剧、动漫、网络游戏、影视剧（节）目、出版物的创作生产，推出一批引领青少年奋发向上、健康成长的优秀文化产品。制作了“学道德模范、诵中华经典、做有德之人”大型系列电视专题片，中央文明办向全国推广。组织编写了《中华美德故事》、《北京精神启蒙读本》等普及读物，发放到全市1 800多所中小学校。开展了新童谣征集推广、社会大课堂、家庭教育主题周等5大类28个系列200多项活动，通过开展经典诵读、才艺展示、演讲征文、摄影绘画、故事会等经常性、多样性的文化活动，让未成年人在参与中开阔视野、增长见识、愉悦身心。

三是进一步优化未成年人健康成长的社会文化环境。以净化互联网、手机网络为重点，综合运用教育、法律、行政和技术等手段，深入推进网吧、网络、荧屏、音频、视频、各类出版物、校园周边环境净化工作，组织开展暑期专项整治行动。充分发挥北京市未成年人救助保护中心的作用，加强对特困家庭未成年人、流浪儿童的生活救助和心理辅助。不断加强“青少年维权岗”、“星光未成年人法制与安全教育基地”等阵地建设，加大对不良行为学生和失足青少年的帮教工作力度。扎实推进乡村学校少年宫建设，切实做好资金调拨、设施修缮和器材配备等工作，将乡村学校少年宫建设成惠民工程、示范工程。持续开展关爱农民工子女志愿服务活动，为广大在京农民工子女成长成才提供学业帮助、心理辅导、自护教育等志愿服务。

四是进一步推进学校教育、家庭教育、社会教育、网络教育的有效衔接。加大首都地区未成年人思想道德建设资源整合力度，完善学生思想道德行为综合考评制度，扎实推进社会大课堂、家庭教育、社区教育、中华传统美德教育、心理健康教育、网络教育等育人工程。充分发挥互联网、手机等新兴媒体作用，推动未成年人思想道德建设网、数字德育网、家庭教育网等网络联盟，推进学校、家庭、社会和网络教育理念融合、内容结合、资源整合。以新版《全国未成年人思想道德建设工作测评体系》为导向，健全完善未成年人思想道德建设工作督促、检查和考评机制。建立未成年人思想道德建设定期测评制度，邀请人大代表、政协委员、五老队伍、新闻媒体对各区（县）未成年人思想道德建设工作进行督促检查。

（三）完善社会诚信体系和行为规范

扎实推进道德领域突出问题专项教育和治理活动。在党政机关开展了“创文明机关、做人民满意公务员”活动，大力推进政务诚信建设。成立了北京市专项教育和治理活动联席会，重点开展了“诚信做食品”主题教育实践活动。深入发掘北京特色商业和老字号企业长期形成的诚信文化资源，宣传推广诚信品牌，推进了东城区鲜鱼口老字号美食街等“诚信做食品”示范街创建工作。结合文明行业创建，扎实开展“文明示范窗口”、“职业道德标兵”等创建评选活动，深化“做文明有礼的北京人——共铸诚信”宣传实践活动。建立了近千个道德讲堂，举办了各类道德讲座、道德评议活动 2 400 余场。

（四）广泛开展群众性精神文明创建活动

1. 持续推进六大公共文明引导行动

市民在公共领域的文明素质状况是公民道德水平的重要表现，近年来，首都文明办积极组织协调，以“爱首都、讲文明、树新风——做文明有礼的北京人”为主题，深入持续地推进公共文明建设，持续开展礼仪、环境、秩序、服务、观赏、网络六大公共文明引导行动，努力实现良好的公民道德素质与良好的社会秩序、公共服务、公共环境等全面协调发展，不断提升市民公共文明素质和城市公共文明程度。首都市民公共行为文明指数从2010年的83.02上升到2012年的83.26。

一是深入推进礼仪文明引导行动。持续开展文明礼仪教育实践活动，先后涌现了一大批文明北京新市民、万名孝星和2万多名“社区（村）文明之星”。依托全市5 000多所市民文明学校，建立文明礼仪全民培训体系，推动文明礼仪知识普及向行为习惯培养转变。

二是深入推进环境文明引导行动。以“周四垃圾减量日”和“再生资源回收日”为载体，深入开展垃圾减量分类宣传实践活动。分期分批在全市3 000个小区、1 200个行政村开展垃圾分类试点，成立了14 000人的垃圾减量垃圾分类指导员队伍，深入社区、村镇进行指导。宣传树立了“五个100”，即100个示范小区、100个示范村庄、100个示范家庭、100个示范餐馆饭店、100个优秀指导员。开展“垃圾文明一日游”、“垃圾减量　垃圾分类”电视知识竞赛、公厕文明建设等活动，强化广大市民的节约意识、环保意识、生态意识。结合第九届中国（北京）国际园林博览会的举办，开展“精彩园博、文明同行”主题实践活动。持续开展“节水护水我先行”、“消防连着你我他　平安幸福进万家”等主题教育实践活动。

三是深入推进秩序文明引导行动。以每月11日“公共文明引导日”和22日“文明出行推动日”为载体，广泛开展“绿色出行、文明交通从我做起”主题教育实践活动和“绿色出行秀达人”实践活动。编发了20万册《文明交通守则》，引导市民开文明车、行文明路、做文明人。在全市开展文明站台达标活动，推出示范站台300个、自觉排队好市民600名。开展了“绿色出行文明交通时尚达人”征集活动，推出“绿色出行秀达人”1 100名。

四是深入推进服务文明引导行动。结合文明单位创建，在窗口行业和行政执法部门持续开展职业道德、服务规范、岗位技能等方面的教育培训。各窗口行业结合自身特点，通过组织培训、开展文明礼仪展示、岗位练兵、技能竞赛、学习交流等形式，积极参加以文明礼仪深化行动、诚信建设承诺行动、规范优质服务行动为主要内容的教育实践活动，在从业人员中大力倡导文明服务、微笑服务，加强“爱岗敬业、诚实守信、办事公道、服务群众、奉献社会”的职业道德教育，进一步提高服务质量、改善服务态度、规范服务程序、优化服务环境，宣传树立了一大批“服务示范窗口”、“文明服务明星”、“微笑服务大使”等先进典型。

五是深入推进观赏文明引导行动。与国家大剧院持续开展了“做文明有礼的北京人——市民高雅艺术殿堂文明行”活动，通过文明观赏引导与艺术普及教育相结合，着力提高广大市民群众的审美情趣和文明观赏水平。举办了“我爱北京——市民新春联欢会”、“我的梦想——青少年文艺展演”等10大系列100余项活动，每年组织15万市民参加重点活动，100万市民走进大剧院参加艺术普及活动。150多位著名艺术家参加了文化志愿服务活动。向市民发放《观赏文明宣传手册》，围绕着装礼仪、入场礼仪、聆听礼仪、鼓掌礼仪、谢幕礼仪等环节，广泛开展观赏文明教育。此外，在中国男子篮球职业联赛总决赛和中超联赛、亚冠北京主场开展了北京球迷懂球懂礼竞赛活动和“观赛嘴净、人走场净”球迷实践活动。组织观赛球迷有序入场、文明观赛，文明引导员在场内外积极疏导，劝阻不文明行为。

六是深入推进网络文明引导行动。下发了《关于进一步加强首都网络文明传播志愿服务工作的通知》，将首都网络文明传播志愿队伍建设扩大到首都级文明单位，全市已发展近万名网络文明传播志愿者。组织指导网络文明志愿者在中国文明网、新华网、腾讯网和新浪网建立了博客、微博，传播文明、引领风尚。利用重要节日，组织志愿者跟帖发帖，在网络上宣传节日文明风尚和中华传统美德。开展“北京文明网站”创建评选活动，积极推动健康网络文化建设。开设了道德模范微博群。首都文明网在年度中国优秀政府网站推荐及综合影响力评估中位居年度“中国政府网站领先奖”榜首，官方微博“文明北京”被评为年度“中国最具影响力政务微博”。

为推进六大文明引导行动，加强了公共文明引导员队伍长效机制建设，成立了全市公共文明引导员总队和16个区（县）公共文明引导员大队，建立了礼仪、环境、秩序、服务、观赏、网络6个公共文明引导员分队。进一步完善了公共文明引导员招募、录用、培训、管理、考核的制度，公共文明员队伍扩大到8 000余人。北京市公共文明引导行动的经验在全国推广。

2. 不断深化群众性精神文明创建活动

群众性精神文明创建活动是吸引市民群众参与首都公民道德建设的重要载体和平台。近年来，我们逐步修订完善了首都文明区（县）、文明村镇、文明单位、文明社区的创建管理办法，全面推进文明创建工作规范化、制度化建设。同时，更加注重把公民道德建设融入群众性精神文明创建日常工作，通过深化创建提升广大市民群众的道德素养。

一是文明区（县）创建龙头作用突显。首都文明区创建工作扎实推进，各区（县）在精品、特色上下功夫，以更高标准、更高水平全方位开展创建活动。东城、西城和朝阳区把创建全国文明城区作为引领区域发展的全局性、统领性工作，成立了创建领导机构，坚持以评促建，解决了一批群众关心的热点难点问题。西城、东城两区顺利通过中央文明委的复查，继续保有全国文明城区称号；朝阳区首次获得全国文明城区称号。海淀区集全区之力以创建文明区为载体，加快建设环境优美、和谐宜居的高科技核心区和具有全球影响力的科技创新中心，荣获首都文明区称号和全国文明城区提名资格。通州区提出“三年打基础、六年全争创”的目标。在文明区（县）创建工作中，形成了海淀区老旧社区改造、朝阳区市民文明巡访团、丰台区市民劝导队等一批文明创建经验。

二是深化农村精神文明建设。以市两办名义下发了《关于进一步加强新形势下农村精神文明建设工作的实施意见》，深入开展农村“十个一”文明创建工程，推出100个首都文明示范村。开展了农村精神文明建设典型案例征集工作，总结推广了朝阳区高碑店村、怀柔区北沟村等50个村镇创建工作的先进经验。持续开展评选“北京最美的乡村”活动，大力推进乡风文明建设。开展“描绘美丽乡村　共享美好生活”大型采风活动，组织百名画家到53个“北京最美乡村”进行采风创作并组织优秀作品展出。各区（县）结合实际，分别开展了以“千颗星报告会”工程、“万名志愿者服务工程”、“百名法治村长（主任）工程”等为重点的乡风文明建设活动，制定完善乡规民约，发挥村民议事会、道德评议会等的作用，培育文明乡风。

三是加大重点领域、重点地区文明创建。在全市窗口单位开展“便民利民、优质服务”活动，在企事业单位开展“诚实守信、以质取胜”活动，不断丰富文明单位创建活动的内容和形式。积极引导新经济组织、新社会组织根据自身特点开展精神文明创建活动。在首都机场地区组织开展“同创共建精神文明　合力展示国门形象”活动。推出100个首都文明示范街。

军（警）民共建深入推进，建立了与总政治部群工办联署办公制度，联合下发了《关于组织协调驻京部队参加首都“做文明有礼的北京人”主题实践活动的通知》，全面推进和谐、文明、关爱、育人、荣誉“五项工程”。目前，全市有2 485个军（警）民共建对子，少年军校的总数已发展到1 219所。

二、进一步推进《规划》实施的措施

下一阶段，我们将继续围绕首都精神文明建设奋斗目标，坚持以人为本、以文化人、正面引导、重在实践、分类指导、综合治理的原则，着力实施公民道德建设工程，重点抓好以下五个方面的工作：

（一）抓好树德工作，把社会主义核心价值体系建设落到实处

一是要做好第四届道德模范表彰及学习宣传工作。二是继续做好“讲文明 树新风”公益广告宣传工作。在圆满完成中央文明办关于公益广告宣传工作任务的基础上，认真筹备“做文明有礼的北京人”公益广告征集评选和优秀公益广告的宣传推广活动。三是深入开展学雷锋志愿服务活动。四是深入开展道德领域突出问题专项教育治理。要命名一批首都“诚信做食品”示范街。组织“文明督导团”，深入食品药品企业、窗口行业和公共场所进行明察暗访，督促解决突出问题。

（二）抓好重点领域工作，认真解决群众反映强烈的突出问题

一是加强网络文明创建。继续做好首都文明网和中国文明网北京站的运维工作，不断扩大“文明北京”官方微博的影响力。要加强网络文明志愿者队伍建设，培训首都精神文明网络传播骨干队伍。二是加强环境文明引导。以“环境清洁日”和“周四垃圾减量日”活动为载体，持续开展“垃圾减量垃圾分类从我做起”等主题宣传实践活动。加强厉行勤俭节约、爱护生态环境宣传教育。推广光盘行动，倡导文明餐桌。三是加强秩序文明引导。要把“中国式过马路”作为秩序文明建设的一个突出问题，加大综合治理力度。深入开展“绿色出行文明交通从我做起”主题宣传实践活动。

（三）抓好基层工作，深化群众性精神文明创建活动

一是加强文明区（县）创建动态管理。组织开展全国文明城区测评体系学习培训，健全完善文明区（县）动态管理机制。提升创建文明区（县）工作水平。二是做细做实农村精神文明建设。扎实推进农村精神文明“十个一”创建工程，推出一批示范点。以建设美丽乡村为主题，深入开展“文明户”、“文明村”、“文明集市”和“农村文明社区”创建活动。

三是加强文明单位创建工作引导。深入开展以“一堂、一队、一牌、一桌、一传播”为主要内容的“五个一”创建活动。引导各类新经济组织、社会组织参与创建文明单位活动。四是持续推进军（警）民共建工作。

（四）抓好重点部位和窗口单位，树立良好的国门形象

一是机场和火车站。开展好“同创共建精神文明　合力展示国门形象”活动，全面提升首都机场地区从业人员的职业素质和道德水平。在各个火车站建立起同创共建的协调机制和考评机制。二是风景旅游区。认真贯彻好中央的部署，制定提升首都公民出境旅游文明素质的具体工作方案，抓好工作落实。制定实施《首都文明风景旅游区管理办法》等相关制度，全面提升首都地区风景旅游区的管理服务水平。三是赛场和剧院。要持续开展文明观赛引导活动和“做文明有礼的北京人——市民高雅艺术殿堂文明行”活动。

（五）抓好重点人群，深入推进未成年人思想道德建设

要以立德树人为根本任务，广泛开展中国特色社会主义学习教育和“中国梦”学习教育；推进未成年人公益广告、“童心向党”歌咏比赛、乡村少年宫建设等重点工作。推进学校教育、家庭教育、社会教育、网络教育有机衔接，强力净化社会文化环境和校园环境。发挥工青妇和关心下一代工作委员会的作用，开展对特殊群体未成年人的关爱帮扶活动，让每一个孩子都成为有用之才。

（执笔人：首都文明办调研处　李建国、王钟英）

北京市“十二五”时期应急体系建设工作中期评估报告

北京市政府办公厅　北京市应急办

《北京市“十二五”时期社会建设规划纲要》实施以来，市应急办会同全市应急体系各单位，按照相关要求开展各项工作，应急体系建设相关工作任务规划目标完成情况较好。气象信息公众覆盖率达到90%以上；建筑物抗震能力城区基本达到抗御6级地震目标、郊区正向此目标推进；国家级和市级卫生应急综合示范区分别建成2个和6个；建成符合相关国家标准的地震应急避难场所81处及一批学校、人防工程、景区应急避难场所；街道（乡镇）均配备固定工作人员；基本实现事发后12小时之内对受灾群众提供基本生活救助。《规划》的实施有力促进了本市应急体系建设进一步发展、应急能力进一步增强、应急管理水平进一步提升。

一、应急管理体系软硬件建设不断完善

一是应急管理体制进一步健全。印发《北京市“十二五”时期应急体系发展规划》、《北京市人民政府关于进一步加强本市应急能力的意见》，统筹指导本市应急管理体系建设与应急体制机制建设。持续推进应急救助、金融、涉外等市级专项应急指挥部和减灾委的组建工作，进一步完善市级应急组织体系。市委宣传部、市旅游委、市文化局等部门分别增设机构，加强对本部门、本行业应急管理工作的统筹协调。将应急管理工作纳入区

（县）政府绩效管理考评范畴，推动应急管理基层组织建设，加大宣教培训任务落实力度。门头沟、石景山、大兴、怀柔等区（县）在街道（乡镇）、社区（村）层面成立应急工作机构，切实提高基层综合减灾和应急能力。

二是应急联动机制持续优化。着眼提高应急处置工作效率，不断加强各级政府及有关部门、基层组织、企事业单位、社会团体和应急志愿者队伍间协调配合能力，健全和优化应急联动机制。组建军地联合指挥部，采用扁平指挥层级与军地互通指挥手段，加强跨部门、跨区域以及军地协同应急机制建设。市公安局启动110接警服务中心现实社会与网络社会一体化指挥平台，实现警情、网情、社情的一体化监测指挥。市政府外办建立境外人员和机构安全保护工作联席会议制度，强化与外交部、驻外使（领）馆的沟通协调。公安、农业、地震、卫生、安监、工商等部门和房山、延庆等区（县）不断深化与周边省市的协作联动机制，提高首都圈整体应急能力。水务、交管、气象、市政市容、消防、交通等部门和单位，在应对极端天气等工作中，进一步细化协调联动和信息通报工作机制，确保应急处置无盲区、无死角。

三是风险管理和监测体系建设稳步推进。在与公众日常生活密切相关领域加强风险评估与监测工作。市工商局、食品办开展了50余项风险监测评估，探索建立全市风险监测和风险评估数据共享平台。市商务委强化样本企业生活必需品市场监测力度，增加粮油蔬菜流通新模式监测样本企业数量，扩大监测范围与品种。市卫生局拓展传染病疫情及突发公共卫生事件网络直报系统，开展传染病疫情早期预警技术研究和探讨，加强对传染病疫情危害程度和发展趋势预测，建成重大传染病及危险因素专报系统近60个。进一步健全城市运行监测平台，发展改革、市政市容、水务、环保、气象等部门密切监测物价、能源、通信、市容、空气质量、天气状况等城市运行体征，实现对城市运行数据的“日监测、日汇总、日研判”，为应急决策和应急准备提供重要数据保障。

四是突发事件预测预警体系建设不断完善。印发《北京市突发事件预警信息发布管理暂行办法》，完善突发事件预警信息发布制度。加快推进市、区（县）两级预警信息发布平台建设，完成市级预警中心机构组建。市气象局、北京广播电视台联合印发《关于进一步做好广播电视预警信息传播工作的通知》，初步实现与相关发布手段顺利对接。充分整合各种预警信息发布渠道，加快推进面向公众预测预警网站和微博等新媒体建设工作。通过“北京服务您”手机移动终端、各类电子显示屏、移动小帮手、人民网微博、应急广播系统等多种发布渠道，全方位提高面向社会公众的灾害预警能力，引导市民提前采取规避措施。

五是应急管理领域物联网应用建设发挥实效。市应急办牵头建设的应急管理物联网应用辅助决策系统、市公安局牵头承担的“政治中心区综合管理”项目在党的十八大期间城市安全运行保障、“九一八”涉日游行保障、重大节假日期间保障等工作中发挥重要作用；市应急办会同市气象局、市水务局等部门建设的安全迎汛物联网应用系统在“7·21”特大暴雨灾害、延庆“11·3”暴雪灾害应对过程中，为市领导掌控全市整体情况提供有效支撑；市应急办会同市安全监管局等部门建设的烟花爆竹综合管理物联网应用系统在2011年和2012年春节期间运用良好效果；市质监局牵头建设的电梯综合管理示范工程被列入市政府35件重要实事之一；朝阳区牵头建设的一氧化碳有毒有害气体物联网示范工程投入使用，为近8万间出租屋租户冬季取暖提供安全保障。

二、全社会防灾减灾能力建设不断深化

一是应急宣教活动覆盖面连年扩大。市应急办会同相关单位2011年至2013年每年举办“5·12”防灾减灾日活动，开展防灾减灾科普宣传、基本技能普及、风险隐患排查治理和应急演练等活动，累计组织专场活动380多场次，覆盖超过600万人次，社会效果广泛。各单位在“全国安全生产月”、“全国消防日”期间，广泛开展防灾减灾和应急管理系列宣教活动。各区（县）政府依靠宣传栏、电子显示板等载体，通过建设公共安全教育基地等工作，积极面向学校、企业、社区等基层单位义务宣讲防灾应急知识，不断扩大受众面，提高普及率。

北京应急网自2011年开通后，设置突发事件信息公开、应急管理宣传、公共安全知识科普宣教等板块。制作发布了《野外登山安全专题》、《“5·12”防灾减灾日专题》、《北京市雪雾天气应急服务专题》，页面浏览量累计330万，网站点击数累计1 671万。北京应急网作为北京应急管理工作形象宣传的主阵地和本市应急管理体系交流沟通的重要窗口，在本市预警和突发事件信息公开以及公共安全知识科普宣教等方面正按照《北京市“十二五”时期应急体系发展规划》提出的建设“国内一流的应急管理

综合服务型网络平台"的方向发展。

二是应急志愿者管理能力不断加强。不断完善应急管理工作社会参与机制，充分发挥社会团体、组织及市民参与应急管理的基础作用。出台《北京市应急志愿者管理暂行办法》，推进应急志愿者指挥调度平台建设，加强对应急志愿者的注册、管理和服务。积极构建以青年志愿者为基础、以专业志愿者为骨干、各种志愿者广泛参与的应急志愿者队伍工作格局。截至2013年3月，实名制注册应急志愿者达7.8万人，建成市级应急总队、所属34支应急志愿者队伍、基层403支应急志愿者队伍，分别协助承担应急科普宣教、信息报告、先期处置和善后恢复等工作。

三是大力开展群众性应急演练。印发《突发事件应急演练实施指南》，进一步规范应急演练的组织与实施。在应对极端天气、交通保障、气象服务、环境保护、公共卫生、市政设施安全、危化品泄漏处置、反恐、消防、轨道交通工程、防震减灾、网络安全等重点领域，全市应急系统各单位共组织各种形式应急演练16 937场次，通过组织直接参与、现场观摩等活动，提升群众医学急救、应急避险、紧急疏散等应急能力。市教委、市红十字会加大力度，在全市范围内广泛开展校园疏散演练活动，针对火灾、地震、反恐、应急救助等方面开展演练共4 000余次，有效提高全市中小学师生安全意识和自救互救能力。

四是切实加强各级干部处置突发事件和应急救灾培训。依托市委党校，连年举办本市应急管理专题研讨班，组织各区（县）、各委办局及有关单位相关负责同志参加培训，并邀请国务院应急办、清华大学等单位领导和专家围绕应急管理前沿理念、城市安全物联网应用、媒体应对、相关法律政策、案例体验以及急救技能等内容进行培训讲授。连年组织市各专项应急指挥部办公室和相关单位应急处室、各区（县）应急办负责同志，参加本市应急系统管理干部应急实务培训班，邀请国家行政学院、中国传媒大学、市红十字会等单位的专家进行授课，进一步提高本市应急系统管理干部理论和业务水平，加强和规范应急管理培训工作。

五是城市巨灾防范技术研究开拓创新。充分借鉴国外相关理论，率先在国内开展巨灾情景构建研究相关工作。按照本市面临的特大洪水、暴雪、地震、重大传染病疫情、恐怖袭击、大规模群体性事件等巨灾风险，将巨灾研究和防范工作提上重要议事日程，创新性启动了巨灾情景构建研究等工作，将巨灾风险分析、应对协调指挥、能力差距分析融入整体研究，为巨灾各项预防和应急准备工作提供战略层面管理工具。

三、存在的主要问题

一是预报预警与信息发布体系有待进一步加强。气象预报的精细化服务水平有待进一步提高，各类预警信息的发布时效、标准和内容仍不能完全满足实际工作需求。现有预警信息发布渠道不能全面覆盖公众，“最后一公里”问题仍然存在。

二是应急指挥体制机制有待进一步健全。应急组织体系不够健全、应急指挥分工职责不够明确、制度体系不够完善，应急决策与专业指挥之间的关系不够清晰，现场指挥部、应急通行等工作机制不够细化。

三是公共安全与应急知识科普宣教工程建设力度有待加强。面对各类较大、重大突发事件，尤其是灾害性气象条件下社会面应急响应明显存在不足。面向社会公众开展应急管理科普宣教和培训演练的专业场所较少、资金不足，尤其是基层公共安全科普宣教和培训演练严重不足。各种民间应急救援力量和应急志愿者组织动员机制尚不完善。社会舆情引导和响应水平需进一步提升。

四、下一步工作措施

一是努力提高预报预警科学化水平。提升精细化预报能力，加大研发与投入力度，加快气象灾害应急防御服务工程项目建设，增加城市综合气象观测网点密度。完善预警信息审批发布权限和程序，制定各相关领域管理细则。扩大预警信息发布的覆盖面，提高预警信息发布时效，加快市预警信息发布中心项目建设，启动市和相关区（县）预警信息发布平台建设。

二是加快健全应急指挥联动机制。加强军地协同应急机制、与周边省区市应急联动机制、与中央单位应急联动机制的建设。建立市应急委决策机制启动后联合办公机制，完善110、119、122、120、999等紧急报警中心和12345非紧急救助服务中心的突发事件信息沟通与协同处置机制，落实《北京市应急委专家顾问组工作章程》，完善和规范专家参与应急管理工作的机制。

三是进一步提升公众应急能力。加强对社会公众的应急宣传教育工作，组织开展面向社会公众的应急培训工作。强化各级干部应急培训，完成全市应急管理师资储备库建设。加强大中小学、幼儿园公共安全与应急知识教育普及，每名学生公共安全与应急知识教育日常教学和实践活动时间累计不少于8学时。开展一线工作人员应急培训，提高一线工作人员的避险逃生及应急救护的意识和技能。加强社会动员机制建设，创建200个综合减灾示范社区，进一步增强社区的防灾应急能力。

（执笔人：北京市应急办预案管理处　张戬）

北京市“十二五”时期基本公共服务中期评估报告

北京市发展改革委

进入“十二五”时期以来，本市立足实际，从满足市民基本公共服务需求出发，以基本公共服务均等化为目标，不断创新发展理念、加强战略规划、完善社会政策、加大投入力度，着力持续扩大基本公共服务供给、优化资源布局、提升服务效率，显著保障和改善了民生，使广大市民得到更多实惠。

一、“十二五”以来开展的主要工作及成效

（一）规划和政策体系不断完善

出台《北京市“十二五”时期社会公共服务发展规划》，统领包括教育、卫生、文化等领域14个专项规划在内的本市“十二五”公共服务规划体系，统筹推进“十二五”社会公共服务发展和改革，提升社会公共服务质量和基本公共服务均等化水平。积极回应市民需求和社会热点问题，配合相关部门出台了推进幼儿园和中小学建设的三年行动计划、推进养老服务业发展、改进社会救助工作、加强流动人口服务管理等方面的多个政府文件和部门规章，切实发挥社会政策在社会管理和调控中的重要作用，有力推动社会事业各领域发展，保障各项惠民举措取得实效。

（二）基本公共服务供给更加丰富

1. 各级各类教育办学条件全面提升

针对幼儿园“入园难”问题，实施学前教育三年行动计划，市政府投资支持118所公办幼儿园建设，截至2013年6月，已累计批复75个项目，预计新增学位1.8万个。实施中小学校舍安全工程，全面改善本市中小学校舍安全状况，到2012年底，完成全部648万平方米校舍改造。积极应对中小学学位缺口问题，实施中小学建设三年行动计划，统筹市级财政性资金支持一批中小学校新建、改扩建，截至2013年6月，已批复34个城乡中小学建设项目，预计新增学位3万个。实施市属高校三年建设规划，改善市属高校办学条件，截至2013年6月，47个项目完成立项，35个项目开工建设，其中9个项目已竣工投入使用。

2. 医疗卫生体系服务能力显著增强

全面完善公共卫生体系建设，陆续建成大兴等区（县）疾病预防控制中心和卫生监督所，显著改善郊区（县）公共卫生业务用房相对不足和设施条件落后的状况。启动精神卫生专业机构设施建设，安定医院门诊病房楼及附属用房基本建成，回龙观医院门急诊综合楼和怀柔、平谷、密云等区（县）精神卫生机构项目开工建设，预计新增床位600个。规划建设10个远郊区（县）区域医疗中心，有效改善郊区（县）百姓就医环境和就诊条件，大兴、平谷、门头沟3个区（县）的区域医疗中心已建成投入使用，密云、怀柔、延庆、顺义4个区（县）正在抓紧建设，房山、通州和昌平3个区（县）依托原有设施分期扩建的区域医疗中心一期工程已完工。

3. 公共文化体育设施不断丰富

加大力度建设全国文化中心，首都博物馆新馆、首图二期暨北京方志馆等一批重大文化设施建成投入使用。BTV卫视、文艺频道实现高标清同播，市文化中心、奥运博物馆、国家大剧院舞美基地、人艺国际文化中心、市歌舞剧院、徐悲鸿纪念馆、周口店北京人遗址博物馆等一批精品文化设施建设加快推进，首都文化魅力不断彰显。完善基层文体服务设施，为市民提供直接、便利的文体服务。行政村文化室和公共广播电视无线信号已基本实现全覆盖。“十二五”前期，共建成石景山等3个区（县）图书馆、大兴等3个区（县）文化中心，平谷等4个区（县）体育场馆相继开工建设，另有一批区（县）级文化、体育设施正在加快推进，市民就近参加文体休闲活动的条件显著改善。

4. 养老服务设施加快建设

积极应对人口老龄化，规划建设一批养老机构，补充养老床位，“十二五”期内每年新增养老床位1万张。加快推进市南城养老院新建工程，新增养老床位652张。支持区（县）公办养老院建设，大兴、门头沟、怀柔、延庆等区（县）项目已基本建成，朝阳第二社会福利中心、顺义区社区服务总中心、房山区社会福利中心和海淀区龙岗路25号敬老院正在紧张施工，其他区（县）正抓紧开展前期准备工作。

5. 城市安全运行有效保障

构建立体化的治安防控和应急救援体系，市消防训练基地一期建成投入使用，市消防战勤保障基地完工，全市消防站总数由2010年底的89座增加到111座，派出所、人民法庭等直接服务市民的政法基础设施规划建设工作稳步推进，为特大型城市安全运行提供有效保障。

（三）基本公共服务布局更趋均衡

新城、南城等薄弱地区服务资源显著增加。围绕产业布局加快亦庄职教园区、良乡高教园区和沙河高教园区建设，两个高教园区已分别完成总投资的80%和40%。完善城南地区妇幼体系，丰台区、房山区、大兴区妇幼保健院建成投入使用。清华大学天通苑医院一期、北大国际医院加快建设，有效补充北部大型居住区医疗资源供给。

中心城区优质公共服务资源进一步疏解。鼓励中心城优质中小学在郊区（县）举办分校，实现了每个郊区（县）都有名校分校的目标，通过“一个法人、一体化管理”改革试点，进一步促进优质资源向郊区（县）辐射。中心城优质医疗资源进一步扩散，积水潭医院回龙观院区建成投入使用，天坛医院迁建、同仁医院经济技术开发区扩建工程加快推进。

基层公共服务能力显著增强。充分发挥社区提供基本公共服务的载体作用，为市民提供就近便利的服务，实施41个街道级社区服务中心和近千个社区服务用房规范化建设项目。为丰富郊区居民文化生活，在农村地区特别是人口聚集的重点镇建设文体活动中心，截至2013年6月，10个区（县）31个重点镇的文体活动中心陆续开工。

（四）积极探索公共服务多元供给模式

支持社会办养老服务机构发展。按照《关于加快养老服务机构发展的意见》，对符合条件的社会资本举办的养老设施，给予一次性基本建设资金补助，预计带动社会投资近2亿元，新增床位2 000余张。采取综合措施试点支持“医养结合”养老社区建设，制定社会福利机构水电气价格政策，降低社会福利机构运营成本。

支持医疗健康产业发展。推动通州北京国际医疗服务区建设，北大国际肿瘤、三博脑科等一批社会化投资项目落地，带动通州城市副中心产业升级，促进健康产业发展。

二、存在的主要问题

（一）基本公共服务供需矛盾依然存在

进入“十二五”时期以来，首都人口发展出现积极变化，常住人口增速明显低于“十一五”时期。但人口总量持续膨胀的趋势尚未改变、人口结构变化更加复杂，“十二五”期间，教育、医疗、养老等领域基本公共服务供需矛盾仍然存在。

（二）均衡化水平还需进一步提升

基本公共服务在供给数量、保障水平和服务能力上仍然存在城乡、区域和人群差距。优质资源过度集中在中心城区，新城对人口和城市功能的承载能力仍需提升，公共服务的便利性还需进一步改善。

（三）公共服务多元供给模式亟待完善

目前公共服务的供给模式较为单一，服务效率有待提升，难以满足多样化、多层次的公共服务需求。亟须进一步明确政府责任，鼓励和吸引社会力量参与公共服务供给，不断完善公共服务的多元供给模式。

三、推动规划实施的措施建议

（一）进一步完善社会政策体系

针对与市民根本利益联系紧密的难点问题，加快研究出台一批社会政策，重点推动完善社保制度、增加居民收入、促进就业、促进基本公共服务均衡发展等方面的改革，构建更加完备的社会政策体系，提高精细化管理水平，为持续改善民生提供制度保障。

（二）持续增加基本公共服务供给

充分发挥政府投资的引导带动作用，规划建设一批教育、卫生、文化、民政等领域服务设施，弥补基本公共服务缺口。力争到“十二五”期末，全面完成教育领域三个三年行动计划，建成10个远郊区（县）区域医疗中心，全市养老机构床位达到12万张，完成乡镇文体中心建设，市文化中心、徐悲鸿纪念馆等一批大型公共文化设施向社会开放。

（三）促进基本公共服务均衡发展

进一步疏解中心城优质资源，加强薄弱地区公共服务资源保障。高水平打造通州副中心，引导教育、医疗、文化等领域优质资源落户通州。以第二阶段城南行动计划、西部地区转型发展、新首钢高端服务区建设等为契机，加快改善南部、西部地区公共服务设施状况。完善保障住房社区公共服务配套政策机制。提升社区综合服务功能，到“十二五”末期，完成全市社区用房规范化建设。

（四）深入探索公共服务供给模式改革

加强机制创新，营造公平的市场环境，推动社会资本参与公共服务，逐步形成多元化的社会公共服务供给模式。支持社会资本投资建设非营利性养老机构。鼓励社会资本依托社区公共服务设施，提供多样化、专业化的养老服务。推进社会办医项目落地。支持幼儿园多样化发展。

（执笔人：北京市发展改革委社会发展处　张怿）

北京市"十二五"时期教育事业中期评估报告

北京市教委

"十二五"规划实施三年以来，在市委、市政府的正确领导下，在全社会的大力支持下，北京教育系统认真落实全国教育工作会议和北京市教育工作会议精神并按照《北京市中长期教育改革和发展规划纲要（2010—2020年）》的部署，全面推进首都教育现代化建设。坚持优先发展、育人为本、改革创新、促进公平、提高质量的战略方针，将市级统筹、宏观指导与鼓励基层试点创新、主动发展相结合，将深入调研与注重示范、推广相结合，将全面推进与合力攻坚相结合，"十二五"规划制定的主要目标和任务进展良好，绝大部分重大发展项目和国家教育体制改革试点项目形成了重要的阶段性成果，为2015年如期、保质保量完成"十二五"规划目标奠定了坚实基础。

一、规划目标和主要指标的实现情况

"十二五"规划实施以来，市委教育工委、市教委高度重视首都教育内涵发展，坚持整体推进、力求重点突破，鼓励试点先行、确保有序推进，规划主要目标和主要指标基本达到预期进度。首都教育现代化水平持续快速提升，核心竞争力进一步增强。主要表现为：

教育普及程度及人力资源开发水平进一步提升。坚持育人为本，努力发挥教育在促进社会个体“成人、成才、成功”方面的基础性作用。0～6岁儿童早期教育服务网络不断扩大，学前三年毛入园率达到93%。义务教育毛入学率保持在100%，高中阶段教育毛入学率达99%。主要劳动年龄人口中受过高等教育的比例达37.5%，新增劳动力平均受教育年限达14.5年。从业人员继续教育年参与率达60%。

各级各类教育全面协调发展。其一，政府的学前教育公共服务职能进一步强化，学前教育资源供给能力大幅提高，“入园难”问题逐步得到有效缓解，幼儿园保教质量不断提高。其二，努力做到关注每个学生的全面发展，提升每所学校的办学质量，义务教育均衡优质发展长效机制进一步确立，学生过重的课业负担切实减轻。其三，普通高中积极创新学校办学模式与人才培养模式，多样化、特色化发展不断推进。其四，具有首都特色的现代职业教育体系进一步完善，校企合作有效推进，学生就业创业的综合职业技能切实提升，服务“北京制造”和“北京服务”的能力持续增强。其五，高等教育内涵发展不断推进，办学水平稳步提升，科技创新能力、社会服务能力和文化传承能力有所增强。其六，终身教育服务体系更加方便灵活、适宜学习，市民学习兴趣有所提升，继续教育广泛开展。

教育公平扎实有效推进。普惠便利的基本公共教育服务体系建设快速推进，区域基本公共教育服务均衡化程度进一步提高。对城乡教育一体化发展有效机制的探索初见成效，保障随迁子女接受义务教育的能力进一步增强，教育资助制度不断完善，特殊教育保障水平全面提高。

教育质量持续稳步提升。进一步树立科学的教育质量观。教师队伍的专业化素养进一步提高，高层次人才队伍建设扎实推进。课程教材改革持续深入推进，教育教学模式不断优化创新。学生全面发展和个性发展需求进一步得到满足，综合素质不断提高。教育质量保障体系和监测评估机制不断健全。首都教育的知识创新与知识服务能力不断提升。

教育体制改革取得新成效。通过在教育发展理念、发展方式、育人模式和评价体系等方面积极求实创新，首都教育发展中的一批热点难点问题得到有效缓解。政府的学前教育公共服务职能进一步强化，学前教育资源供给能力大幅提高，“入园难”问题逐步得到有效缓解。义务教育均衡优质发展的长效机制进一步健全，学生过重的课业负担有效缓解，学生综合素质全面提升。普通高中积极创新学校办学模式与人才培养模式，多样化、特色化发展不断推进。具有首都特色的现代职业教育体系进一步完善，校企合作不断推进，学生的综合职业技能切实提升，职业教育服务首都产业结构优化升级的能力持续增强。高等教育内涵发展不断推进，办学水平稳步提升，科技创新能力、社会服务能力和文化传承能力切实增强。终身教育服务体系更加完善和适宜学习，市民学习兴趣得到提升，继续教育广泛开展。教育管理的科学化、规范化水平不断提高，学校办学活力日益增强，教育资源配置进一步优化。

教育开放力度不断加大。培养国际化人才的能力有所提升。外国留学生规模进一步扩大，在京外国留学生达到8.7万人次。对外交流平台不断优化，高水平中外合作办学取得重要进展，区域教育合作交流进一步加强。“走出去”战略稳步推进，国际影响力持续扩大。

信息化对教育现代化的保障能力明显增强。信息化基础环境与运行机制不断完善，中小学建网学校比例达到95%以上。师生利用信息技术教学的能力有所增强。北京数字学校和开放大学等新型教育教学与信息技术的深融方式，突破了教育资源共享的身份和时空界限，成为创新首都教育公共服务方式的新举措。

二、重点工作推进情况及主要成效

（一）学前教育进一步扩容提质

进入“十二五”时期以来，市教委制定并实施《北京市学前教育三年行动计划（2011—2013年）》。2011—2012年，全市新建、改扩建450余所公办幼儿园，建设了105所村办园，改造了近500所幼儿园，新增学位6.8万个，在一定程度上缓解了“入园难”问题；并投入近5亿元用于各部门办园生均补贴，覆盖10万余名儿童。以优质幼儿园为依托，在全市按社区布局设立400个市级社区儿童早期教育示范基地，进一步加强了与家庭和社区的合作，面向社区儿童，尤其是流动儿童，提供适宜的学前教育服务指导。建立了学前教育联席会议制度，由主管区（县）长任组长，教育、卫生、财政、物价等相关部门领导为成员，研究学前教育规划及发展中的重点和难点问题。调整了幼儿园收费管理机制，在全市幼儿园中实行收费公示制度。出台了《北京市关于加强居住区配套幼儿园规划建设和管理的意见》、《北京市举办小规模幼儿园暂行规定》、《关于进一步加强社区儿童早期教育示范基地建设的意见》、《关于加强北京市学前教育三年行动计划中村办园建设工程项目的管理指导意见》等文件，促进了村办园健康持续发展。多途径加强幼儿教师队伍建设，2011—2012 年，各区（县）补充幼儿教师共计 5 521 名。目前，我市已形成了以社区为依托，以公办园为基础，以其他各类社会力量办园为基本形式的学前教育服务体系。在镇区乡村，基本形成了以乡镇中心园为示范，辐射村办园的学前教育网络。

（二）义务教育均衡发展实现新突破

落实政府责任，义务教育均衡发展保障机制基本确立。2011 年，市政府与教育部、各区（县）政府分别签署推进义务教育均衡发展备忘录和责任书，进一步强化了市、区两级政府责任。2012 年，研究制定了《北京市区县人民政府落实义务教育均衡发展责任情况督导评估办法（暂行）》，建立了义务教育均衡发展督导评估指标体系，首批 11 个区（县）通过了义务教育基本均衡区（县）督导评估。以“推进城区义务教育学校均衡发展”国家教育体制改革项目为载体，构建了义务教育均衡发展水平监测与分析系统、义务教育学业质量监测机制、义务教育投入—产出—效益分析三个平台，进一步健全了义务教育均衡发展的监测机制。持续推进标准化建设，继全市初中办学条件基本达标后，2012 年底，92.5%的小学在办学条件主要项目上达标。在继续巩固深化以往标准化建设的基础上，2012 年，市政府下发《北京市中小学建设三年行动计划（2012—2014 年）》，实施城乡新区中小学建设工程等 7 项工程，使之成为优化中小学教育资源配置和学校布局、促进义务教育均衡发展的又一强大推手。积极探索城乡教育一体化发展的有效途径，2012 年，我市投入约 2.4 亿元，支持建设了 15 所城乡新区一体化学校，实行一个法人、一体化管理模式；2013 年，继续支持 30 所一体化学校建设。不断深化“学区化”、“校区制”、“学校联盟”等办学和管理模式创新，优质教育资源对区域教育的辐射带动作用显著增强。2012 年，建设北京数字学校，面向全市所有中小学生，提供义务教育阶段全科数字化名师授课资源，实现网络和电视双平台播出，开启了首都基础教育“云建设”的探索，成为创新首都教育公共服务方式的新举措。

（三）大力发展现代职业教育

适应北京经济结构调整、支柱产业优化升级和世界城市建设的需要，按照“政府推动、行业主导、学校为主、企业参与、骨干带动”的组建原则和“行业穿成线”、“区域捏成团”的组建模式，整合职业教育资源，积极稳妥地推进北京交通、现代制造、财经商贸、电子信息和昌平职业教育集团的办学工作，探索形成了以供需对接、标准对接、队伍融合、产教结合、优化结构为特色的职教集团化办学模式。努力推动职业教育为打造“北京制造”、“北京创造”和“北京服务”品牌提供技术技能人才支持和智力服务。通过开展以石景山区政府与北京工业职业技术学院合作为代表的地方政府促进高等职业教育发展综合改革试点，探索推动职业教育服务于战略性新兴产业、创新型企业和重点区域发展。以需求为导向，不断加大职业教育新专业开发和建设力度，引进国际先进的职业教育课程，深化订单人才培养、高技能人才和具有国际视野的技术技能人才培养的机制，为区域和企业提供应用科研、技术和员工素质培训等服务。重点支持国家级高等职业教育示范院校和骨干校以及市级高等职业教育示范校在人才培养、课程建设、师资建设、实习实训、校企合作和社会服务等方面进行改革探索，加快推进示范性职业院校建设。逐步实行中等职业教育免费制度。

（四）着力推进高等教育内涵式发展

制定分类管理办法，围绕“985 工程”、“211 工程”和优势学科创新平台、特色重点学科建设等项目，继续扶持世界一流大学、高水平大学以及世界一流学科建设。2012 年我市出台《北京市属高等学校高层次人才引进与培养三年行动计划（2013—2015 年）》，拟引进 100 名左右高端领军人才，培养 100 名左右长城学者，培育 500 名左右优秀青年人才。重点建设高层次人才队伍，促进中青年拔尖人才成长，全面促进了市属高等学校办学质量的提高。实施《北京市属高校 2010—2012 年建设实施规划》，对 21 所高校进行资源统筹和布局调整，进一步优化了资源配置，改善了办学条件，提升了办学水平。通过学院路教学共同体建设、在京中央高校与市属高校结对共建、“北京市‘卓越工程师教育培养计划’高校联盟”建设、专业综合改革建设、教师队伍共建、教辅资源共享等六大重点工作，全面推动了北京地区高校间的交流合作，形成了首都高等教育多层面、全方位、深层次合作发展的新格局。紧密围绕国家和首都经济社会发展的重大需求，持续推进一流重点学科建设。积极整合北京地区高校专业建设资源优势，打破原有校内专业建设局限，在机械、计算机、经济贸易等五个专业试点专业群建设，提升高校专业建设整体水平。在全国率先建立专业预警平台。2012 年 12 月，市教委出台了《关于进一步提高北京高等学校人才培养质量的意见》，重点突出了大学生实践能力和创新精神的培养，人才培养模式不断创新。通过抓好完善教学体系、加强师资队伍建设、改善教学条件、建立健全教学管理制度等四个关键环节，在建设实验教学示范中心和校外人才培养基地、开展本科生科学研究与创业行动计划和大学生学科竞赛、建设大学生素质教育基地等五大项目上均取得了可喜的进展。围绕国家及北京市战略性新兴产业发展需求，结合高校学科规划，重视基础性理论研究，侧重应用研究，坚持前沿引领、力争重点突破，重点建设了26个北京高等学校工程研究中心、7个北京实验室、86个北京市重点实验室、26个北京高等学校工程研究中心、173个科技创新平台、13个产学研联合培养基地。加强高校科研管理与服务，探索有利于提升科技创新能力的科研评价制度，重点支持了一批科研创新团队，特别是加强了对中青年教师原创性研究的支持力度。落实教育部“2011计划”，以人才、学科、科研三位一体的创新能力提升为核心，坚持“高起点、高水准、有特色”，充分利用市属高等学校已有的基础，汇聚社会多方资源，大力推进市属高等学校与科研院所、行业企业、地方政府以及高校间的深度融合。截至目前，已培育组建了15个协同创新中心，为促进高新技术产业的发展、传统产业的技术进步和文化的传承提供了重要的智力支撑。

（五）加强统筹力度，逐步建立起保障随迁子女接受义务教育的多种渠道

我市坚持“两为主”原则，努力克服随迁子女总量持续高位增长的压力，实施来京务工人员随迁子女接受义务教育保障工程。2012年，实现全市49万随迁子女74%以上在公办学校就读。积极落实教育部提出的“两个纳入”的工作要求，加大财政投入力度，设立随迁子女义务教育专项资金，2010—2012年累计投入专项经费11.45亿元，对接收随迁子女较多的公办学校和以接收随迁子女为主的民办学校予以扶持。在扩大公办中小学接收随迁子女就读能力的同时，积极探索通过政府委托办学、购买服务等方式分别解决随迁子女入学问题，取得了较好的效果。

（六）坚持办好民族教育和特殊教育

继续加大对西藏中学和新疆班的支持力度。举办民族教育实践教师教学基本功竞赛等活动，提升民族教育质量。大力扩展教育对口支援广度和深度。完成对新疆和田、西藏拉萨、青海玉树等地30余个援助项目，为受援地区培训校长和骨干教师3 343名。组织北京与和田中小学手拉手、民族中小学夏令营，250名当地中小学生来京感受了首都文化。教育部副部长鲁昕将北京教育援疆工作称为“北京模式”，要求将北京经验在全国推广，市教委被授予“全国对口支援三峡工程库区移民工作先进集体”称号。研制特殊教育学校办学条件标准，提高特殊教育保障水平。支持普通学校接收残疾学生入学。支持对重度残疾学生送教上门。

三、首都教育发展面临的难题和挑战

教育发展涉及千家万户，关系着社会方方面面，是民生之基，也是民生之重。长期以来，在市委、市人大、市政府高度重视下和市人大代表的关注支持下，首都教育在率先普及九年义务教育、率先普及高中阶段教育、率先普及高等教育大众化、率先基本实现教育现代化和教育综合改革方面一直走在全国前列，发挥着示范引领作用。但是，广大群众对北京教育抱有更高更新的期待，既要保障“有学上”，还要保证“上好学”，而优质教育资源还远远不能满足日益增长的群众需求，城镇化进程的加快使得北京教育在数量、结构、布局和管理体制方面出现了不适应，现阶段的矛盾显得较为尖锐，教育工作面临着严峻的问题与挑战。主要体现在以下几方面：

一是学前教育发展长效机制亟待建立。由于多方面原因，各级政府对学前教育的定位、性质、体制、职责还不很清晰，目前正在集中解决入园难的问题，学前教育的公平问题很快会凸显出来，因此学前教育发展的长效机制亟须建立。

二是义务教育保障问题十分突出。基础教育发展方面，随着本市户籍儿童入学高峰的到来，再加上非本市户籍随迁人员子女的大量涌入，今年小学入学预计将超过 17 万人，本市的教育资源严重不足，已不能完全满足教育需求，适龄儿童入学问题、教育均衡发展问题、教育公平问题将越来越突出，亟须修改《中华人民共和国义务教育法实施细则》。而且随着时间推移，义务教育阶段入学压力会逐渐波及高中教育、职业教育、高等教育，会直接对各级各类教育规模、结构、质量造成冲击，影响首都教育的整体发展。

三是中等职业教育发展面临生存危机。由于本地生源严重不足，招收外地生源又受限制，中等职业教育的发展受到严重制约，虽然本市产业发展急需大批技能型人才，但是中等职业教育的可持续发展问题突出。新形势下中等职业教育的功能、定位亟须明确。

四是市属高校发展方向亟待达成共识。北京是中央部属高校密集地区，市属高校大整合、大发展的时机已经过去，有一些在全国独树一帜的高校，但是发展规模有限，市属高校如何利用中央高校资源，加强联合培养、合作办学可能是将来发展的方向。

四、对编制“十三五”教育规划的政策建议

（一）加强规划的前期研究

组织专业研究力量就一系列重大问题和热点问题及早开展前期研究。注重了解国际教育改革与发展的最新趋势、国内教育改革与发展的最新动态、首都教育新闻舆论状况，对“十二五”规划的重要经验和问题进行系统总结。此外，还要注重教育规划与市级综合规划和相关部门规划的衔接和配套。

（二）加强规划编制的协调和交流机制

市委、市政府应进一步加强我市各部门规划编制的相互交流与协调机制，建立健全相关平台，组织开展专业培训，并进行分类指导。市级行政管理部门应进一步加强与区（县）相应部门的交流、指导与协调。

（三）加强规划的可评估性

规划文本编制应尽量增强主要目标的清晰度和可评估性。对于规划中的重点工作和重大项目建立项目实施详细计划备案机制。建立规划调整信息备案机制。逐步建立健全规划实施信息定期采集机制。

（执笔人：北京市教委发展规划处　张晓玲）

北京市"十二五"时期科普工作中期评估报告

北京市科委

为持续开展科学普及活动，提高社区科普工作水平，根据《北京市"十二五"科学技术普及发展规划纲要》要求，北京市科委大力推进基层科普能力建设工作，在加强基层科普工作的制度化、阵地化、网络化建设的同时，继续推进科普示范基地建设，进基层开展科普活动。为此市科委认真贯彻落实市政府专题会和市发展改革委员会《关于印发北京市国民经济和社会发展第十二个五年规划中期评估工作方案的通知》文件要求，做好"十二五"时期社会建设规划中期评估工作，进一步对相关任务开展自我评估。现将有关内容说明如下：

一、评估工作主要落实情况

（一）大力推进北京科普基地多元化体系化发展

2012年按照分类命名科普基地的方式，开展科普基地复核及申报工作，科普基地数量达到243家。在全市范围内已逐步形成以中国科技馆等综合性场馆为龙头，自然科学与社会科学互为补充、综合性与行业性协调发展，门类齐全、布局合理的科普基地发展体系。

（二）社区科普设施水平和服务能力明显提升

大力推进具有科普功能的社区创建工作，市级创新型科普社区达到

141 家，18 家入选北京市优秀创新型科普社区。通过全市各区（县）开展北京市创新型科普社区建设以来，在各区（县）科委及相关街道（乡镇）、社区（村）的共同努力下，创建工作持续深入，取得显著成效，在北京基层科普工作中，发挥了重要的带头与示范作用。通过汇聚优势资源，加强科普能力建设，使得科普服务更加有力地惠及民生。

二、发展目标实现情况

（一）在创建创新型科普社区以来，全市社区科普设施水平和服务能力明显提升

截至 2012 年，我市已先后创建命名了 141 家创新型科普社区。新建科普标识牌 1 800 余个；科普标志 300 余个；科普文化广场 32 个，总面积约 20 万平方米；科普活动室 250 余个，总面积约 16 000 平方米；科普宣传橱窗（画廊）共计 380 余个；科普图书总册数约 21 万余册。覆盖社区居民 50 余万人。通过创建活动，使已命名的创新型科普社区建立与完善了一批社区科普设施，为社区组织开展科普活动提供了基本条件；形成了一批包括“四员”在内的社区科普志愿者队伍，人数达4 000余人，其中，科普指导员1 000余人，科普信息员1 100余人，科普服务员1 700余人，科普监督员 600 余人。社区科普志愿者岗位职责明确，为社区科普的持续开展提供了有力保障。2011 年底至 2012 年，为进一步推进创新型科普社区持续发展，市科委在全市范围内开展了“北京市创新型科普社区考评工作”，18 家创新型科普社区入选“北京市优秀创新型科普社区”，朝阳区香河园街道柳芳北里社区等 20 家社区入选“北京市优秀创新型科普社区鼓励奖”。通过考评，基本建立创新型科普社区的激励机制，为创新型科普社区在未来的健康发展提供了重要支撑。

（二）2012 年科普基地数量达到 243 家

场馆建筑面积、展厅面积分别达到 80 万平方米和 31 万平方米。中国人民抗日战争纪念馆、北京民俗博物馆等 5 家单位被认定为第二批市社会科学普及试验基地，全市累计认定 10 家。创建了北京动物园、北京植物园等 8 家市级环境教育基地。西城区青少年科技馆等 46 家单位入围 2012 年北京青少年校外教育基地，全市累计达 138 家。此外，还建立了知识产权教学实践基地 2 个，巧娘手工艺品研发示范基地 5 个。海淀科技中心

（馆）、北京DRC工业设计创意产业基地等22家单位入选全国科普教育基地，市气象局观象台和上甸子区域大气本底站入围全国气象科普教育基地，并在重点民族村培育建设一批科普示范基地。

（三）加强同科普联席会成员单位联系

面向科技记者、医务人员、警务人员等，组织开展了丰富多彩的各行业科普活动知识培训和讲座，内容覆盖科技传播、安全生产、应急救护、文博知识等，这些培训或讲座深入社区、企事业单位，累计受益500余万人。

三、重点任务推进情况

（一）加强科普基础设施和服务能力建设

新建和改扩建一批科普场馆，支持一批高等院校、科研院所、企业利用现有设施和资源建设专业或产业科技类、体验型科普场馆。提升科普基地的服务能力，加强对科普基地的管理、指导和监督评估。实施科普基地能力提升计划，鼓励基地开展形式多样、内容丰富、主题鲜明的特色科普展览，强化科普场所的传播能力。扩展“百家基地对接百家社区”品牌效应，鼓励科普基地利用自有资源，深入社区、学校等基层单位提供科普服务。

（二）强化专业科普人才建设，加大科普培训力度

以科普培训基地为依托，加大对科普人员的培训力度，组织市区（县）两级科普培训班，不断提高科普人员的工作能力和水平。鼓励创新人员深入基层服务公众，组织科普专家进学校、进社区、进企业、进机关开展科普讲座。积极开展科普志愿者服务建设，启动科普志愿者管理规范等工作。

四、政策建议及规划调整

2013年是实施“十二五”规划承上启下的关键一年，全市科普工作要进一步增强市级大型科普互动的社会影响力，为创新发展营造浓厚的社会氛围；有效拓展更加广泛的科技传播渠道，推进现代科技传播体系的建立；加强科普基础设施和人才队伍的建设，为形成全国科普中心提供支撑；加快推进高端科技资源科普化工作，为首都科普发展注入新活力；强化区域科普能力建设，逐步提高各区（县）和基层单位的科普能力。

（执笔人：北京市科委科技宣传与软科学处　张熙）

北京市"十二五"时期社会诚信体系建设和互联网新媒体发展中期评估报告

北京市经济信息化委

进入"十二五"时期以来，在市委、市政府领导下，北京市经信委结合自身职责任务，按照《北京市"十二五"时期社会建设规划纲要》有关工作要求，积极推进我市社会建设工作，创造性地抓好涉及市经信委的各项工作落实，相关工作情况如下：

一、重点任务推进情况

（一）完善社会诚信体系和行为规范方面

2011年以来，北京市社会信用体系建设工作，在市委、市政府的正确领导下，在市社会信用体系建设联席会议统筹推进下，在相关部门和行业共同努力下，取得了较大进展。在"2011、2012中国城市商业信用环境指数（CEI）"评比中，北京市连续两年名列第一，基本完成了"十二五"中期社会建设规划的目标任务，有力地促进首都经济又好又快发展，推动了首都社会管理创新。

1. 信用政策法规体系和统筹协调机制不断完善

2011年，市政府印发了《"十二五"时期北京市社会信用体系建设重点任务》，提出了"十二五"时期我市社会信用体系建设工作目标和任务；2012年，市政府印发了《关于进一步加强企业信用监管推进企业信用体系建设的意见》，明确了“十二五”时期我市企业信用体系建设的指导思想和工作任务。近年来，北京市每年都印发社会信用体系建设重点任务，明确有关部门的责任和分工。2012年，北京市调整了联席会议成员单位，强化了市社会信用体系建设统筹协调机制。

2. 信用信息基础设施建设已具规模

2010年，市经信委会同中国人民银行营业管理部研究提出了北京市信用信息系统“一网两平台三系统”的总体框架。（“一网”是指“信用北京”网，“两平台”是指北京市信用信息共享交换平台和中国人民银行金融业统一征信平台，“三系统”是指北京市个人信用信息系统、企业信用信息系统和人民银行征信系统。）2011年以来，北京市按照“一网两平台三系统”的信用信息基础设施建设总体构架，积极推进信用信息基础设施建设，目前已完成了北京市信用信息系统的基础设施建设，支撑着北京市社会信用体系建设相关工作。2011年，“信用北京”网已正式上线；截至目前，企业信用信息系统归集了2 378万条企业信用信息；个人信用信息系统归集了1.3亿条数据信息；中国人民银行企业和个人征信系统归集了13万余户在京企事业单位和我市1 045万自然人的信用信息。

3. 重点行业和领域信用体系建设取得成效

2011年以来，北京市相关部门以政府职能为主导，以促进行业自律、规范市场经济秩序为目的，开展了行业和领域信用体系建设工作，推进建立了守信激励和失信惩戒机制，取得了初步成效。市经信委会同市工程治理办、市监察局，开展了北京市工程建设领域守信激励和失信惩戒制度建设试点工作，在市住房城乡建设委、市交通委、市水务局开展了行业建设试点，在大兴区、顺义区、房山区开展了区（县）建设试点。通过试点，不断优化了北京市工程建设领域信用环境。市经信委会同市食品安全办开展了食品工业企业诚信体系建设试点工作，推进建立了食品安全长效可追溯机制。市安全监管局建立了企业安全生产领域“黑名单”公示制度，对有十类安全生产违法行为的企业进行警示公告。市国税局和市地税局深入开展了纳税信用等级评定工作，对纳税信用A级企业进行表彰，对纳税信用等级低的企业进行公示。市国土局在国土资源管理领域加大了对国有土地使用权招标、拍卖和挂牌以及土地一级开发和收购储备等环节中企业不良信用信息的披露力度。市公安局公安交通管理局积极开展了交通违法和交通事故信息共享，建立了以驾驶人信用记录为基础的机动车交强险费率浮动制度。市金融局和市商务委等部门出台相关政策意见，积极推动我市信用销售健康发展。市科委大力营造科研诚信环境，将信用评价作为企业承担市科技项目的重要参考依据，提高了承担单位的信用意识。北京海关对进出口企业实施分类管理，给予信用等级高的企业通关优惠措施，对信用等级低的企业实施严格监管。

4. 诚信宣传教育活动广泛开展

市政府广泛利用各类媒体、大型活动、学术研讨会、论坛等平台，开展诚信宣传教育活动，打造“信用北京”品牌。市委宣传部和首都精神文明办等部门紧密结合首都群众性精神文明创建活动，广泛开展了形式多样、贴近生活的诚信宣传教育活动，营造了良好的社会诚信环境。市国税局与市地税局联合开展了依法诚信纳税宣传活动。市商务委连续开展了“诚信兴商宣传月”、“百城万店无假货”、“诚信经营示范店创建”、“诚信兴商”、“共筑诚信”等诚信系列宣传教育活动，推进了商务诚信建设。市质监局以“3·15国际消费者权益日”、“质量月”、“全国法制宣传日”、“世界计量日”、“世界标准日”、“世界认可日”为契机，广泛开展了质量信用宣传活动，努力营造“诚实经营、以质取胜”的社会氛围。中国人民银行营业管理部积极推动征信文化建设，持续开展了“信用记录关爱日”活动。市科委广泛开展了科技诚信道德宣传教育活动，宣传科技信用体系建设。中关村国家自主创新示范区举办了形式多样的信用政策和科技金融政策宣传活动，提高了企业的诚信意识。市经信委与中国人民银行营业管理部共同指导开展了41场“信用北京行”诚信宣传活动，开展了《征信业管理条例》知识网络竞赛，大力推进了我市信用文化建设。

（二）促进互联网新媒体发展方面

1. 网上提供基层服务的情况

市经信委积极开展网上基层服务的整合工作，通过首都之窗“办事服务”频道，全市共整合市级办事服务事项2 300余项，并整合了16个区（县）、近200个街道的网上办事服务，包括街道的办事指南、公告通知等内容。同时，以西城区为试点，按照“统一事项名称、统一办理时限、统一办事依据、统一办理流程”的标准，规范街道社区政务服务事项，并在首都之窗“办事服务”频道上整合了西城区的95项街道社区办事服务事项。

此外，通过首都之窗“办事服务”频道，全市整合提供了网上购电、燃气缴费、缴纳水费、预约社区服务等7项便民服务，同时提供了社区名录、社区服务中心、居家养老服务商等6项全市社区信息查询服务。在此基础上，市经信委积极推动基层服务网站建设工作，目前，全市305个街道中已有62.9%提供了网上办事服务。在政民互动平台的搭建方面，市经信委还依托首都之窗“政风行风热线”，与回龙观社区网站实现对接，为社区居民提供网上政务咨询、投诉服务。

2. 北京市国家机关域名管理情况

市经信委加强对北京市国家机关域名的规范管理工作，各单位的域名注册统一由市经信委进行审核，首都之窗运行管理中心负责统一注册和ICP备案工作，保障了各国家机关单位域名的安全、正常运行。

二、规划实施中存在的问题

（一）信用信息还缺乏有效整合和利用

目前，北京市信用信息系统还需进一步完善，信用信息统一归集机制需要进一步建立健全，特别是需要加强金融类信用信息和非金融类信用信息的有效共享交换。面向社会提供信用信息的服务机制还不健全，信用服务业获取信用信息的渠道还不畅通。

（二）尚未建立有效的失信联动惩戒机制

近年来，北京市社会信用体系建设联席会议成员单位在各自领域不断探索建立失信惩戒与守信激励机制，并取得一定成效。但全市失信信息尚未形成有效的共享机制，难以实现“一处失信、处处被动”的失信联动惩戒机制。

三、进一步推动规划实施的政策措施

“十二五”后半期，是北京市社会信用体系建设的重要战略机遇期。我们将在市委、市政府的正确领导下，按照国家社会信用体系建设部际联席会议的要求，以促进首都经济又好又快发展为中心，以推进政务诚信、商务诚信、社会诚信、司法公信建设为重点，以推进信用信息共享公开为抓手，进一步加强组织领导，加大工作力度，实现重点环节上新的突破，努力实现北京市社会信用体系建设走在全国前列的目标，使社会信用体系在加强社会管理、促进经济发展、保障和改善民生工作中发挥更大作用。

市经信委将组织全市各区（县）开展区街社区事项目录的梳理以及规范化的网上基层服务的建设工作。同时，以首都之窗“办事服务”频道为平台，建设街道社区版网上服务，统一面向用户提供基层办事服务、基层便民服务、基层大厅查询服务等内容。进一步规范我市国家机关域名的使用和管理工作。

（执笔人：北京市经济信息化委社会信息化处　姚炜）

北京市“十二五”时期少数民族事业中期评估报告

北京市民委

《北京市“十二五”时期少数民族事业发展规划》(简称《少数民族事业发展规划》)是根据《北京市国民经济和社会发展第十二个五年规划纲要》精神和“十二五”时期少数民族事业发展需要，由北京市民族事务委员会、北京市发展和改革委员会编制的市级一般专项规划，自2011年发布实施以来，各有关单位按照规划的安排部署，认真落实各项任务，取得了较好的阶段性成果。

一、《少数民族事业发展规划》中期评估的基本情况

《北京市国民经济和社会发展第十二个五年规划中期评估工作方案》下发后，市民委高度重视，召开主任办公会，听取相关情况汇报，部署《少数民族事业发展规划》中期评估工作。我们重点围绕规划主要目标、重点任务和“四大工程”的实施情况，广泛征求了民委委员单位和相关区(县)评估意见，形成《〈北京市“十二五”时期少数民族事业发展规划〉中期评估自评报告(征求意见稿)》。再次征求主要相关委办局、区(县)意见，征求专家意见，开展第三方评估。力求通过中期评估，全面检查规划实施进展情况，客观评价成效和不足，系统分析存在的问题及原因，为采取有力措施推动规划的进一步落实提供依据。

二、《少数民族事业发展规划》实施的主要进展和成效

从中期评估自评情况看，《少数民族事业发展规划》实施两年多来，总体上取得了良好的进展和成效。科学发展、和谐发展的理念得到落实，民族工作、经济发展和社会发展统筹兼顾，少数民族群众的合法权益得到保障，多民族文化得到保护与繁荣，中国特色世界城市的文化包容性和人文向心力得到展现，预定完成的各项目标和任务如期完成，五年规划目标和主要任务基本实现了时间过半、完成任务过半，很多方面比预想的要好。

——农民人均收入平均水平达到全市或所在区（县）平均水平的民族村达到89个，年平均增长12.2个百分点，超过年平均增长10个百分点的指标。

——新增2 000平方米以上综合清真超市1家，现有16家一定规模的清真超市和超市清真专区，完成指标100%；现有141个规范化清真食品经营专柜，达到200个的指标的70.5%。

——完成回民公墓殡葬用地征地工作。完成指标100%。

——建设12个民族文化基地，提前并超额完成建设10个民族文化基地的指标。

——全市50个民族工作重点社区、116个民族村全部建有公共体育场地，提前完成指标。全市7个民族工作重点街道建有社区体育健身俱乐部，完成指标53.8%。

——完成申报筛选，初步确定100个民族传统体育推广普及基地。按时间进度已完成2013年指标。2014年完成建成指标。

——新建16个市级民族团结教育基地，提前并超额完成新建10个市级民族团结教育基地的指标。

——全市西藏、青海和新疆班办班学校达18所，在校学生5 122人。提前完成指标。

——全市5个民族乡建有政府举办的医疗卫生机构；全市116个民族村医疗卫生服务设施达到农村医疗卫生可及标准。完成比例100%。提前完成指标。

围绕11项主要任务和“四大工程”建设进展顺利，成效明显。主要体

现在：

（一）全市民族团结进步创建活动深入开展，民族团结稳定局面巩固发展

1. 精心组织实施重点任务，民族团结进步创建活动的影响力、感染力、群众主体性进一步增强

出色完成第四届全国少数民族文艺会演的主办城市任务和演出承办工作。按照“三个满意”的工作标准，由市民委牵头，全市 27 个委办局和城六区政府通力协作、精心筹备、严密实施，组织保障了全国 36 个代表团 41 台剧目和 94 场次基层慰问演出，各民族群众 12 万人次观看演出。胡锦涛、温家宝、贾庆林等党和国家领导人出席了开闭幕式。北京市组织创编的民族戏剧和民族音乐会荣获多项金奖。文艺会演历时一个月，安全、热烈、圆满，受到中央领导的充分肯定和全国各代表团的高度赞扬。在筹备第七届首都民族团结进步表彰大会过程中，层层推荐先进，总结宣传典型经验，有力推动了民族团结创建广泛深入开展。通过筹备第九届北京市民族传统体育运动会、举办民族传统体育节、开展全民健身活动等，推动民族团结工作深入基层、贴近群众、融入百姓生活。

2. 广泛开展民族团结进步教育，党的民族政策宣传教育开拓新的广度深度

努力推动民族团结教育向进学校、进社区、进家庭、进企业、进社团拓展，向多元平台拓展，提高了宣传教育工作社会化程度。在工作方式上整合宣传、教育、文化等方面资源，打破业务界限，争取各方参与，扩大宣传力量，丰富宣传渠道和手段，初步形成了多层次、立体化、全方位的“大宣传”工作格局。全面实施《学校民族团结教育指导纲要（试行）》，初步构建起该纲要规定课程、学科融入、校本课程“三位一体”进课堂的主渠道，构建了课外教育、契机教育、社会实践“三大板块”的主题活动，保证民族团结教育有经常性的载体。民族团结教育示范学校由“十一五”时期的 16 所增加到现在的 38 所。同时，在新疆班、西藏班学校完善了特色民族团结教育体系。

3. 政策指导与依法行政互相促进，民族政策法规培训教育力度不断加大

进一步健全了我市“地方性法规—市政府规章—各部门规章”的民族法制体系。“六五”普法以来，全市面向各级党政干部，包括街道（乡镇）及社区（村）基层干部举办 8 次关于民族政策法规的培训讲座。开展《北

京市少数民族权益保障条例》等民族政策、法规贯彻执行情况检查。2012年，结合市人大执法检查，广泛听取民族宗教界、基层干部和少数民族群众意见，提出改进措施，全面推进依法行政工作。

4. 建立完善少数民族来京务工经商人员服务管理机制，维护民族团结和社会稳定工作成效显著

深入贯彻落实国办33号文件要求，通过教育培训、联合执法检查等措施，在就业、房屋出租、城市管理、行政许可等方面，贯彻了民族平等政策。在处理和化解涉及少数民族群众的问题和矛盾时，注重发挥少数民族干部和民族界代表人士的作用，充分发挥民族地区驻京机构和流出地政府的作用，进一步完善了少数民族流动人口服务管理六项工作机制，不断创新完善对少数民族流动人口工作"服务好、管理好、团结好"的方式方法，少数民族群众信访量呈下降趋势。三年来，全市实现涉及民族关系突发事件的"零"目标，有效维护了首都的和谐稳定。

5. 加大对口支援和经济合作力度，积极有效地支持西部少数民族地区建设

充分发挥我市经济科技人才优势，加大对受援民族地区的资金、项目和智力支持。截至2013年6月底，我市累计组织支援民族地区重点项目443项，支持重点项目资金54.57亿元，为对口支援地区在京举办党政干部和专业技术与人员培训班182期，培训各类人员8 359人。建立健全文化、教育、卫生对口支援少数民族和民族地区工作机制，完成文化援助项目39个，受益群众330万人；教育援助项目92个，援助学校92所，派出优秀教师388名；卫生援助项目73个，援助医院10所。内地民族班毕业生有96%升入高等院校深造，为少数民族和民族地区经济社会发展提供了宝贵的人才资源。

（二）少数民族乡村城乡一体化进程不断加快，少数民族乡村经济发展迈上新台阶

1. 民族乡村经济发展整体水平有效提升

连续三年召开北京市少数民族乡村经济发展工作会议，对规划任务落实进行全面部署。着力巩固发展成果，深入挖掘利用民族文化资源，以特色产业培育、特色民居保护、特色民族文化发展和民族团结进步创建的"三特一创"工作为载体和平台，积极推进整体水平提升。

2. 部门联动、政策激励和社会参与等机制不断完善

2011 年、2012 年扶持少数民族乡村经济发展市财政专项资金的实际投入共计 9 000 万元，7 个区（县）财政建立专项基金，实现了民族政策与惠农政策有效集成，体现了优先发展。不断完善以奖代补考评工作特别是考核指标体系，2012 年乡镇纳入以奖代补考核奖励体系，区（县）、乡镇和民族村干部群众的积极性得到进一步调动和激发。初步形成“市级主导、区（县）领导、乡镇负责、村为基础”的工作格局。

3. 民族乡村科学规划、避险安居、生态创建工作全面加强

完成对 116 个少数民族村的经济社会发展与村镇建设前期调研工作，形成初步调研成果，正在着手编制建设与发展规划。2011 年以来对 6 个位于泥石流易发区的民族村 654 户 1 458 人实施避险搬迁。目前有 3 个少数民族乡被评为环境优美乡镇、33 个民族村被评为生态村，古北口村获得农业部命名的“中国最具魅力休闲乡村”称号。

4. 经济发展方式转变和产业结构调整加快推进

大力发展都市型现代农业，科技化、规模化、现代化水平有了较大提高。全市民族村第三产业达到 56%，较 2009 年提高了 15 个百分点，逐步形成了城镇工业聚集、农业科技带动、民族特色旅游的一、二、三产业有机融合的发展态势。大力发展沟域经济，今年市级重点建设沟域“满韵汤河”涵盖了喇叭沟门、长哨营 2 个少数民族乡。

5. 少数民族群众增收致富明显加快

截至 2012 年底，民族村农民人均劳动所得为 15 726 元，数额、增幅连续 4 年高于全市郊区平均水平，2010 年以来年均增长 12.2%，较全市同比高 2.4 个百分点。目前，全市已经有 77%的民族村人均收入达到全市或所在区（县）平均水平，超过预期 7 个百分点，为实现规划目标打下了坚实基础。

6. 民族乡村新型农民培育成效明显

随着集体林权制度改革持续深化，大兴区西红门镇五村、九村“土地变股权、农民当股东”的经验越来越深入人心，少数民族乡村干部群众的资本意识、发展意识、科技意识不断提高，部分农民已经成为有资产、有社保、有岗位、有组织的新市民，传统的生产生活方式和思想观念发生了深刻变化。

(三)覆盖城乡的少数民族特需服务体系不断拓展完善,推动少数民族权益保障落到实处

1. 大力推广"牛街经验",少数民族风俗习惯得到充分尊重

在13个民族工作重点街道、51个重点社区、5个民族乡,以牛街街道为榜样,按照系列化、精细化服务理念,将涉及少数民族群众的公共服务进一步纳入"大民政"管理,智能化管理,补充完善为少数民族群众提供的包括教育、文化、医疗、助困、饮食、就业、殡葬等特需服务内容,形成了一大批"民生街"、"团结社区"和"温馨家园"。

2. 合理布局清真网点,鼓励、支持开办清真超市和超市清真专区

有一定规模的清真超市和超市清真专区数量达到16家。保有141个规范化清真食品经营专柜,形成由清真超市(超市清真专区)、清真专柜组成的清真副食供应体系,基本满足少数民族群众的生活需求。保有一定数量的国家特级、一级饭店的清真餐饮企业。在完善全市清真网点的基础上,建立社区清真食品直供点,并逐步推广。

3. 通过多种办学形式,缓解少数民族儿童"入园难"

2011年为加强全市中小学清真食堂或清真灶(窗口)建设,已投入专项资金4 335万元,2013年预计投入7亿元用于200余所新建改扩建和改善办园条件的幼儿园,同时建设100多所村办幼儿园,共计增加学位2.4万个,使全市幼儿园总数达到1 530所左右。在新建幼儿园中,在少数民族相对集中的幼儿园解决清真餐问题。在现有民族幼儿集中的西城、东城、朝阳等区(县)新建扩建民族幼儿园。已完成西城区南片回民幼儿园扩建2 200平方米,民族团结幼儿园扩招班2个。正在新建东城区崇文回民幼儿园分园,西城区月坛街道改建民族幼儿园1个;朝阳区扩建民族班1个。

4. 加大民族乡村卫生服务体系建设的支持力度,民族医药研发基地建设初见成效

截至2013年6月,全市5个民族乡建有社区卫生服务中心4个,其中密云县檀营地区办事处无下辖村落,设有3个卫生室;13个民族街道建有社区卫生服务中心18个,3个无中心的街道设置卫生服务站16个;116个民族村建有社区卫生服务中心6个、社区卫生服务站18个、村卫生室92个,未设置医疗卫生机构的13个村,实现20～30分钟内可及医疗卫生服务的标准。我市民族村和民族工作重点街道社区医疗卫生机构标准化建设达100%。两个民族医药研发基地初步建成。北京市回民医院回族医药研发基地已整理出版了《北京地区回族老中医医案医话选》、《回回养生药膳》，并开展特色门诊，于今年9月召开“回族医药学术研讨会”。北京民族医院藏药研发基地建成心脑血管病藏药研发实验室，建成藏药研发室和中成药车间，完成了藏药高级研修班的培训任务。

（四）促进少数民族文化繁荣发展，精品培育、品牌打造成效明显

1. 民族新闻出版和电影电视事业繁荣发展

出版少数民族类图书200余种，音像电子出版物136种。加大对少数民族题材的优秀影视作品的扶持力度，一批优秀少数民族电影作品在北京国际电影节中展映，并向世界各电影节推荐展映。已经完成规划少数民族题材的优秀影视作品3部。筹备制作电影5部、电视剧2部；承办全国少数民族影视剧本（作品）评选工作，推出一批少数民族影视优秀剧本列入国家民委“中国少数民族电影工程”。

2. 民族文化精品和民族文化品牌培育成效显著

北京民族电影展连续举办四届，已成为北京国际电影节的亮点之一。北京市民族健身操舞大赛成为深受北京市民喜爱的全民健身活动品牌，参加活动的群众覆盖16个区（县），每年参加比赛的有200多支队伍5 000多人，被列为市政府为民办实事活动之一。截至2012年底，我市已经形成规模以上民族文化品牌活动22个。形成北京市曲剧团、北京华映世纪民族电影电视剧制作中心、北京市昌平二中民乐团等优秀的文艺品牌队伍。

3. 民族文化基地和民族特色博物馆建设充实提高

在充实传统的多民族文化展示基地、少数民族节庆活动基地基础上，发展了少数民族影视制作基地、中小学民族文化艺术教育基地等。重点加强了10个社区民族文化基地建设。在完善北京中华民族博物院、北京雍和宫藏传佛教艺术博物馆等市级民族文化博物馆的基础上，建立街、乡、社区民族文化博物馆7个，校园内博物馆（展室）24个。

4. 少数民族特需商品定点生产企业发展和传统生产工艺抢救健康发展

用好、用活、用足民族优惠政策，实施民族传统工艺抢救计划，积极推进将北京珐琅厂有限责任公司、北京红灯厂、北京金漆镶嵌有限责任公司等以传统手工业为主的少数民族特需商品定点生产企业纳入文化创意产业等工作，推动传统技艺精湛的、文化内涵丰富的民族企业健康发展。

三、《少数民族事业发展规划》实施中的主要问题和下一步工作的重点

在看到我市少数民族事业发展取得重要成果的同时，我们也要看到规划实施中一些需要关注和解决的问题。一是实施规划的统筹协调机制需进一步完善，监督检查机制需尽快建立。二是规划的分解细化和职责区分，以及实施步骤、保障措施和完成时限等需进一步明确。三是对个别已不具备完成条件的指标和任务应及时调整，如建立市级民族工作监测体系、建立民族文化研究学会等，因相应政策的改变已不能完成。

下一步应重点抓好以下工作：一是健全完善工作机制，进一步明确实施少数民族事业发展规划的主责和主体。进一步完善民委委员制，充分发挥委员单位在实施规划中的相关主责作用，发挥好区（县）在规划项目落实上的重要作用和基层单位的主体作用。市民委要切实履行职责，加强对规划执行情况的评估和监督检查，定期向市政府报告，并以适当方式向社会公示，确保如期完成规划确定的各项任务和目标。二是调整修订相关内容，进一步分解细化《少数民族事业发展规划》。根据国家《少数民族事业"十二五"规划》和北京市委、市政府新的要求部署，修订完善发展规划。进一步分解任务、明确职责、细化实施方案，形成少数民族事业发展规划任务分解实施方案。协调市有关部门和区（县）各级政府把《少数民族事业发展规划》相关内容纳入本部门、本单位工作计划，分解落实工作责任，制定具体实施方案和配套政策措施，认真抓好落实。三是加强基础保障建设，进一步促进少数民族事业可持续发展。进一步完善散居少数民族权益保障、清真食品管理、少数民族特需商品管理和少数民族流动人口服务管理等方面的政策法规，完善民族法制体系。建立和完善北京市少数民族优秀人才（党外代表人士）信息库和少数民族人才资源库，办好各种形式的少数民族干部和技术人才培训班。进一步加大财政资金对少数民族经济、社会发展的优先和倾斜，确保全市少数民族事业的科学发展和各项目标任务的实现。

当前和今后一个时期，市民委将以贯彻落实党的十八大精神为主线，以开展为民、务实、清廉的群众路线教育活动为推动，围绕全市工作大局，继续加强统筹、整体部署、重点推进，协调和督促有关单位和部门，确保《少数民族事业发展规划》各项任务落到实处。

（执笔人：北京市民委民族一处　韩书进）

北京市“十二五”时期社区防控建设中期评估报告

北京市公安局

北京市公安局高度重视“十二五”时期社会建设规划中期评估工作，系统梳理了两年多来社区防控建设做法和成果，现将评估情况报告如下：

一、规划发展目标实现情况和重点任务推进情况

（一）社区治安网格化服务管理模式

全市实施社会网格化服务管理模式以来，市公安局高度重视，根据首都公安工作特点和社会治安防控体系建设实际，研究提出了具体的工作思路，即在市委、市政府领导下，建立符合首都公安特色的社区治安网格化服务管理模式，将社区民警驻区制和村庄社区化管理贯穿于建设全过程，以社区、村为基础网格，以民警驻区为主线，以落实社区内各种防范力量的网格责任为补充，构建社区网中有格、格中有人、人定其职、各负其责、多方联动、严密防控的工作格局，为建设最安全城市奠定坚实基础。

1. 社区民警驻区制

一是在城区和郊区（县）城镇地区实施“单警驻区”模式。驻区民警整合多名辅警人员，驻在社区开展警务工作，警务室由驻区民警带领辅警力量轮流值守。驻区民警原则上居住在所管辖社区，确实不具备居住条件的，通过依托社区警务工作室等多种途径实现驻区。二是在治安复杂地区

实施“标准化警组驻区”模式。将一个或多个治安状况复杂、案件高发的社区组成一个警务区，由一个标准化警组进驻管辖，警组配备辅警力量，由民警带领辅警轮流值守。三是在远郊农村及山区、半山区实施“流动警务驻区”模式。在中心村或治安复杂的行政村建立警务室，依托责任区专业护村队、巡防队等力量值守运转；驻区民警配备专门交通工具和辅警人员，每天在辖区开展警务工作。

基层矛盾化解能力明显提升，驻区民警工作、生活在社区，能够及时排查化解社区矛盾纠纷，及时发现处置社区各类安全隐患。截至目前，全局驻区民警共解决群众纠纷13.8万件次。社区情报信息收集能力明显提升，驻区民警充分发挥“人熟、地熟、情况熟”的优势，将社区管理服务与打击防范有机结合，情况深层次收集力度明显加大，有力服务了破案工作。截至目前，全局驻区民警提供线索或协助抓获各类违法犯罪嫌疑人9 351人。群众工作能力明显提升，驻区民警坚持以群众满意为目标，深入走访社区群众，不分昼夜为群众排忧解难，进一步密切了警民关系，将党和政府的温暖送到了千家万户。截至目前，全局驻区民警共走访社区群众121万户次、299万人次，为群众解决实际困难6.9万件次，提供各类便民服务11万件次。科技应用能力明显提升，驻区民警充分将科技信息化手段融入驻区工作，在基础信息采集更新、核查录入等方面越来越得心应手，社区警务效益得到了进一步提升。未来两年半，在党委和政府大力支持下，社区民警驻区制在落实各项要求的基础上，各项工作保障更加到位，制度更趋于规范科学，社区民警专职化建设更加富有成效，服务群众的能力和水平大幅提升。

2. 村庄社区化模式

一是精心组织部署，强力推进工作。人口管理总队定期听取各单位工作进展情况汇报，指定专人对推进工作和实行社区化村庄成效进行监测，定期通报工作进展。二是全面调查摸底，建立基础台账。对全市村庄情况进行全面调查摸底，建立了村庄基础台账和村庄社区化分类型建设台账。三是争取党政支持，全面推进工作。分县局按照市局深入推进和规范村庄社区管理要求，结合地区实际，全部制定了推进工作分方案，召开了工作部署会落实工作措施。

累计完成社区化管理1 469个村庄，占全市3 662个自然村的40%。村庄基础建设进一步改善，建立村综治中心1 165个，各类村庄协警力量达 20 987 人，安装监控探头 20 388 个。

（二）民事调解进派出所工作

2010 年 3 月 30 日，市局召开社会矛盾化解经验推广现场会，在全局全面推广民事调解进派出所工作（简称民调进所），要求在每个户籍派出所都要设立联合调解室，每个联合调解室招聘两名专职调解员。目前，全市所有户籍派出所全部设立了联合调解室并招聘了专职调解员。

一是加强建设。各级党委、政府共同投入专项资金，全市户籍派出所全部设立了联合调解室；会同司法行政机关通过公开招聘、返聘等方式，从公安局、检察院、法院、司法局等单位的退休老干部中招募了专职人民调解员，并集中进行了社会矛盾化解知识和工作方法等方面的培训。二是完善制度。联合市司法局制定了《关于加强和规范治安民间纠纷联合调解室工作的若干意见（试行）》，明确了联合调解室“联合接待、联合调解、联合管理、联合运行”的工作机制；总结了先期受理、矛盾甄别、归口调处、分流转递、跟进回访“五步骤工作法”，形成了一套规范化的运行程序和模式。三是建立系统。研发了社会矛盾化解系统民调子系统并在派出所推广应用，实现民调进所工作的信息采集、信息维护、信息查询、工作考核等功能，为社会矛盾化解提供了有力支撑。四是强化考核。由派出所会同司法所，每月对调解员工作开展情况进行检查考核，适时提出工作建议，为从源头上化解矛盾纠纷起到了支撑保障作用。

自 2010 年 3 月全面推广民调进所工作以来，截至目前，全市派出所联合调解室共受理各类矛盾纠纷 112 168 件，切实发挥了维护社会和谐稳定的作用，受到中央、市委和市政府、公安部充分肯定和居民群众的认可。未来两年半，随着首都经济发展和城市发展规划的深入推进，利益格局加快调整、诱发社会矛盾的触点增多，导致矛盾纠纷数量增加。对此，各级党委政府必须高度重视，采取多种方式开展矛盾纠纷调解工作，最大限度减少影响社会稳定因素。

（三）社区群防群治工作

在市委和市政府统一领导下，充分依托社会组织牵头运作、专门机关指导监督、群众组织自我管理的首都群防群治工作格局，最大限度地挖掘整合社会资源，最大限度地发动人民群众参与，以最深入的宣传、最广泛的动员、最有序的组织、最严密的防控，圆满完成了一系列重大安保任务，为平安北京建设营造安全、稳定、和谐的社会环境。

一是发动实名化。通过对组织发动出的各类群众力量，全部进行登记造册，建立电子或纸制台账，实现人员登记实名化。二是管理精细化。通过不断强化对群防群治力量的日常管理、培训、考核，夯实社会面防控的群众基础，实现日常管理精细化。三是任务明确化。通过对社会力量“定岗、定责、定时”，明确“四个熟悉”、“六个及时报告”，实现职责任务明确化。及时收集掌握社区各类矛盾纠纷等隐患，积极参与社会矛盾纠纷排查调处，努力将安全隐患消除在萌芽状态。四是投入梯次化。通过科学制定勤务方案，按照重大保卫和日常安全防范工作不同时段、不同部位、不同需要，分三个等级实行不同比例的力量投入，实现力量投入梯次化。

截至目前，全市社区已经形成了重大安保发动 60 万人以上，日常防控发动 40 万人以上的群防群治力量规模，其中职业力量 13 万人，义务力量 27 万人。白天，社区民警紧密围绕辖区警情“三高”特点，组织治安巡逻志愿者、治保积极分子等义务力量，在重点部位开展巡逻防控、邻里守望、看门护院等工作，实现社区、街道全覆盖；夜间，社区民警有效整合巡防队员、保安员、流动人口和出租房屋协管员等职业力量，围绕高发案时段、高发案类型有针对性地开展巡逻防控工作，全面提高防控覆盖面。未来两年半，我市社区群防群治队伍趋于稳定，工作内涵继续深化，向矛盾纠纷化解、治安秩序维护和不文明行为劝导等方面推进。

（四）社区物技防建设工作

市公安局积极争取各级党委政府支持，广泛发动社区单位和居民参与，全面推进社区物技防建设，打牢社区防控基础屏障。截至目前，安装监控系统的楼房小区占楼房小区总数的 59.6%；街院门完好的平房院落占平房总院落的 91.4%。

一是抓调研。组织派出所对社区的物技防建设情况开展了全面的调查摸底，建立完善了全市 7 189 个楼房小区、125.7 万个平房院落、4 528 个自然村物技防建设工作台账，绘制了 14.8 万个监控探头位置平面图和点位图。二是抓重点。重点开展派出所视频监控三级平台建设，除清河分局外，有 13 个分县局完成了派出所三级平台建设，全市社区已有 13 782 个监控探头整合到派出所三级平台。三是抓难点。针对老旧小区物技防建设薄弱的情况，结合高发案地区排查整治和市政府老旧小区改造建设工作，强力推进老旧小区物技防建设。其间，楼房小区新安装监控探头 2 618 个，单元门新安装门禁系统或楼宇对讲系统 3 043 个，新安装防盗门 11 898 户，新安装防撬锁、简易红外线报警器 6 562 个；平房地区新修缮、安装院门 4 070个，新安装门禁系统 556 个，新安装防撬锁、简易红外线报警器 3 203个。四是抓宣传。每年在全市社区组织开展安全防范宣传月活动，并组织召开物技防产品推介会，加大对社区群众的宣传力度，结合地区特点和群众实际需求，推广安装价格低廉、简便易行、效果明显的物技防产品。其间，共设立宣传站点 6 212 个，悬挂标语横幅 2.6 万余条，办宣传橱窗 9 260 个，摆放宣传展板 3 951 余块，发放各类宣传材料 135 万余份。共安装防盗门、视频监控系统、楼宇对讲系统等 6 000 余套。

自 2011 年以来，共争取各级党委政府资金投入 3 亿余元，广泛营造宣传氛围，因地制宜多策并举，全面推动社区物技防建设，不断拓展物技防设施覆盖面，夯实社区防控基础。未来两年半，随着市公安局争创"最安全社区"达标活动的不断深入，社区物技防建设力度的不断加大，物技防设施的建设、应用覆盖面逐步实现全覆盖。

二、规划实施中存在的主要问题

(一) 社区治安网格化服务管理模式方面存在的主要问题

一是经费保障不到位。从全市工作来看，目前除了朝阳区、石景山区和开发区建立了推动社区民警驻区制工作经费长效机制外，其他区（县）在警务室建设或者辅警配备上争取了部分经费，还有个别分县局未争取到工作经费，下一步工作经费保障仍然不到位，成为影响推动社区民警驻区制工作的瓶颈性难题。二是辅警整合不到位。民警驻区以后，需要辅警人员配合开展日常工作。由于没有政策支撑，有的社区居委会没有给民警配备辅警力量，驻区民警只能发动群众开展相关工作，工作缺乏持续性和规范性，实际工作中难以形成合力。在推动村庄社区化过程中也面临着资金和人力紧张的问题。

(二) 民调进所工作中存在的主要问题

一是专职调解员待遇相对较低。目前全市分县局派出所联合调解室调解员待遇相对较低，一定程度上也影响了工作效果。二是矛盾纠纷转移化解渠道还不畅通。虽然我们推动建立了矛盾纠纷转递分流制度，但一些基层派出所反映，实际工作中联合调解室转递不属于公安机关管辖的矛盾纠纷时，由于没有一个统一的归口分流部门或平台，增加了实际操作的难度，容易引起当事人的误解。

（三）社区群防群治工作中存在的主要问题

一是重点地区与非重点地区力量投入不平衡。重点区域群防群治力量基本达到了工作标准，但其他区域发动的力量明显不足，存在数量少、分布不均匀等问题。二是值勤点位安排不科学。有的区（县）在勤务安排上把较多的力量投放在街面上，而社区内的力量明显不足，造成社区内的安全防范工作存在薄弱环节。三是勤务形式单一。有的街道（乡镇）和社区在街面设置了较多的固定值勤点，而动态巡逻岗位安排不足，或群防群治力量没有“动起来”，没有体现动静结合。

（四）社区物技防建设工作中存在的主要问题

一是物技防设施后续维护经费普遍不足，致使物技防设施一次性投入后缺乏后续的维护经费，造成社区物技防设施陈旧，更新不及时，损坏得不到及时的修理维护。二是部分居民安全防范意识较差或是缺乏公共意识，图方便故意损坏物技防设施或是为了图省事放弃安装物技防设施。三是一些老旧小区建设时间早，缺乏配套的物技防设施，住房体制改革后，原房屋产权单位退出了对房屋的管理，物技防建设无人管；一些城乡结合部地区特别是拆迁及待拆迁地区流动人口聚居，社会管理弱化，社区物技防建设资金投入不到位。

三、进一步推动规划实施的对策措施

（一）社区治安网格化服务管理模式方面的对策措施

进一步加大支持保障力度。建议有关部门尽快明确经费保障，纳入专项预算；明确保障驻区民警担任社区居（村）委会党组织副书记或社区居（村）委会副主任；研究落实驻区民警非领导职务晋升倾斜政策；为驻区民警按照要求配备辅警人员，解决经费支出；研究解决社区警务室、中心警务站规划建设等问题。建议各区（县）党委政府进一步落实市委、市政府统一要求，加快各项资金审批进度，尽快补齐资金缺口，保障社区民警驻区制和村庄社区化得到全面推广。城镇地区以社区民警驻区制为核心，推进专职化建设，落实社区警务室建设、辅警配备等措施，2013 年底前全部实现驻区；农村地区以村庄社区化管理模式为核心，按照全面建设、重点建设、一般建设三种类型，实现村庄社区化管理模式的全覆盖；力争全市形成“全时空、全天候、全覆盖，无缝隙、无死角、无盲区”的立体化城乡社区治安防控体系。

（二）民调进所工作方面的对策措施

一是进一步拓宽社会矛盾排查发现途径。坚持“预防走在排查前，排查走在调解前，调解走在激化前”的工作原则，强化预防意识，前移工作重心，依托社会信息员，构建横到边、纵到底的矛盾纠纷排查网络，深入社区全面排查矛盾纠纷。二是进一步发挥联合调解效能。要积极争取区（县）综治部门的支持，强化联合调解室与街乡（镇）综治维稳工作中心的对接，加大与检、法、司和相关政府部门的协调配合，畅通矛盾纠纷分流化解渠道。三是进一步加强民调进所工作的保障。积极争取党委政府支持，加大对联合调解室办公用房、办公经费的保障力度，协调地方财政适当增加专职调解员的工资补贴，提高待遇，消除他们的后顾之忧。

（三）社区群防群治工作方面的对策措施

充分认识到群防群治工作对于平安北京建设的重要意义，不折不扣地抓好各项措施的落实。特别是加大对群防群治力量组织发动的组织领导和保障力度，增加对群防群治力量的人文关怀，进一步增加群防群治力量的积极性和热情。

（四）社区物技防建设工作方面的对策措施

建议加强对市政府第 185 号令、第 132 号令标准的梳理与修订工作，落实标准的可操作性、可执行性和可检查性，加快推进适合北京特点的地方标准体系建设，使社区物技防建设有据可依、有令可行，有效提升社区物技防建设的法制化、标准化水平。

（执笔人：北京市公安局人口管理总队　王佳杰）

北京市"十二五"时期社会监督中期评估报告

北京市监察局

2011年以来，市监察局认真分解落实我市"十二五"时期社会建设规划任务，动员公众广泛参与，切实加强社会监督。按照"公开为原则、不公开为例外"的要求，主动、及时、准确、全面公开群众普遍关心的政府信息；拓宽特约人员参政议政渠道，完善特约监察员教育培训、激励表彰机制；以东城区、海淀区为试点单位，扎实推进社区党风廉政建设，取得了一定成果和阶段性成效。

一、工作开展情况和成效

(一) 进一步提高政务公开工作质量和水平

近三年来，市政务公开领导小组办公室（市监察局）结合首都实际，认真贯彻落实中共中央办公厅、国务院办公厅印发的《关于深化政务公开加强政务服务的意见》和《北京市关于进一步深化政务公开加强政务服务的实施意见》精神，紧紧围绕"服务政府、责任政府、法治政府、廉洁政府"建设目标，切实转变政府职能，不断丰富政务公开形式，方便群众知情，便于群众监督，深入推进政务公开工作，促进了首都经济社会科学发展。

一是丰富形式，不断加大政府信息公开力度。充分利用"首都之窗"门户网站、政务网站、政务微博、新闻发布会、政府公报、公开栏和各级政务服务大厅等多种形式和载体，主动、及时、准确、全面地公开涉及群众切身利益、群众普遍关心的财政预决算、“三公”经费、重大建设项目、社会公益事业建设、保障和改善民生、公共资源配置等政府信息。2011年，在全国率先公开了市级部门年度财政预决算和“三公”经费情况。逐步扩大行政决策公开的领域和范围的基本要求，重点发布出租车调价、幼儿园收费调整涉及群众切身利益的重要改革方案、重大政策措施。认真贯彻《中华人民共和国政府信息公开条例》，健全信息公开工作运行机制，市区政府定期编制并发布政府信息公开年报，从2011年到2012年，我市通过首都之窗网站发布各类信息28.59万条；全市依申请公开24 640件；举行市级记者招待会107场次，全市各级各类政府信息公开查阅场所累计接待公众查阅185.9万人次，保障人民群众的知情权、参与权和监督权。

二是全面梳理，规范政务公开和政务服务事项。组织相关市属委办局和区（县）政府全面梳理、清理并严格规范政府信息公开、行政职权和便民服务事项，编制政务公开和政务服务目录。全市各区（县）共梳理目录15 695项，其中，行政许可事项5 772项，非行政许可审批事项3 072项，行政征收事项1 179项，行政确认事项1 482项，代理事项100项，便民服务事项892项，其他事项3 198项。在梳理基础上，编制《办事指南》、《权力运行流程图》和《岗位说明》，通过政府网站向社会公布，并在政务电子应用系统运用。

三是优化资源，完善电子政务平台功能。积极整合现有电子政务系统资源，研发全流程审批业务系统，对原有政府门户网站和政务平台系统进行改造升级，升级改造后的电子政务平台集政务公开平台、网上办事平台、电子监察平台等功能于一体。其中，东城区开发行政权力网上公开透明运行系统，有313个事项实现了外网申请、外网咨询、内网办理、外网反馈的全程网上运行；顺义区完善网上查询功能，方便群众和企业办事，优化网上办事系统，通过电子政务平台发布信息累计85 592条，为公众办理事项159 454项；房山区扩建和完善“行政许可电子监察系统”，实时数据录入，实现业务工作在线监察。

四是延伸基层，健全区、街道（乡镇）、社区（村）三级服务体系。整合相关资源，推进政务服务规范化建设，逐步实现行政审批由政府各部门分头分散办理向政务服务中心集中公开透明办理转变。通过依托各级政务服务中心建设公共便民服务平台，逐步形成以区（县）政务服务中心为主体，以街道（乡镇）便民服务大厅和社区（村）便民服务站为支撑的上下联动、服务高效、分工有序的三级服务体系。

（二）特约监察员工作取得新进展

认真贯彻落实市委《关于贯彻落实党的十七届四中全会精神完善党同民主党派合作共事机制的意见》精神，积极配合市委统战部，构建了北京市特约人员工作新机制，进一步拓宽特约人员参政议政渠道。同时，突出重点，充分发挥特约监察员民主监督作用。两年来共有10名市政府特约监察员先后参加了民主评议督导工作，共阅览信件5 000余封，现场督察评议17次，点评信件200余封，较好地完成了每年对多家上线单位预定评议督查任务；组织特约监察员开展19次信访接待工作，共接待群众来访32次，取得了良好成效。认真办理特约监察员反映的意见和建议，两年共办结24件并及时向特约监察员进行反馈，收到良好效果。

（三）深入推进政风行风民主评议工作

按照“全面部署、重点督评、综合考核、注重实效”的原则，从2006年开始连续8年开展热线督查评议工作，从2010年开始连续4年开展民主评议基层站所工作，进一步推进了政府部门和公共服务行业改进工作作风、提升服务质量，切实解决了一批群众反映强烈的突出问题。2013年，市纠风办聘请62名市政府特约监察员、人大代表、政协委员组成政风行风民主评议组，充分发挥监督职能，对民主评议基层站所、北京市“政风行风热线”开展民主评议督导和督查工作。同时，不断拓宽民主评议范围，截至目前，共对15个行政部门、9个公共服务行业18个系统的11 186个基层站所开展民主评议。

（四）扎实开展社区党风廉政建设试点工作

以东城区、海淀区为试点，开展社区基层党风廉政建设试点工作，将党风廉政建设工作触角延伸至城市社区。不断健全居民议事协商、民主评议和重大事项民主决策制度，强化民主监督和规范管理。积极倡导社区廉政文化建设，努力营造风清气正的社会环境。

二、下一步工作计划

（一）进一步提升政务公开和政务服务水平

一是依法梳理审核行政职权，编制行政职权目录，并向社会公布，推进行政权力运行公开化、规范化。二是围绕群众高度关注的问题，加大政府信息公开力度。三是以做好市政务服务中心筹建工作为依托，整合市区（县）政务服务资源，统筹推进政务服务体系建设。四是切实抓好基层政务公开工作，将便民服务向街道（乡镇）、社区（村）等延伸，在600个社区推进基本公共服务试点工作。同时，研究制定北京市政务公开和政务服务工作考核管理办法，将政务公开工作纳入党风廉政建设责任制和推进惩防体系任务考核、政府绩效管理、民主评议范围。

（二）进一步做好特约监察员工作

不断完善北京市特约监察员工作联席会议制度，做好换届工作。建立年度述职制度，每位特约监察员年底需向市监察局汇报本年度民主监督工作，切实加强管理和监督。

（三）进一步推进民主评议工作

加强民主评议队伍建设，规范职责任务。紧紧围绕中央和北京市纠风重点专项治理，确定评议范围和内容。建立民主评议员网格化监督系统，整合市级、委办局及区（县）的民主监督力量，充分发挥监督合力；充分运用网络信息化系统开展综合测评，切实提高民主评议的科学化水平。

（四）进一步加强社区党风廉政建设

健全社区纪检组织建设，建立完善社区党风廉政建设领导体制和工作机制。推进社区政务公开，将政务公开和行风评议结合起来，建立和健全社区民主监督制约机制。充分发挥社区人大代表、政协委员和各方面代表人士的作用，拓宽民主监督渠道，完善监督渠道机制，加强和促进社区党风廉政建设。

（执笔人：北京市监察局监察综合室　张锴波）

北京市"十二五"时期民政工作中期评估报告

北京市民政局

"十二五"期间，北京市民政局积极贯彻落实社会建设规划有关民政工作的内容，不断完善民生福利制度，保障和改善民生，加强和创新社会管理，促进社会和谐稳定，积极发挥民政在社会建设中的骨干作用，为规划发展目标的实现奠定了坚实的基础。

一、规划实施进展情况及其成效

（一）居民在社区生活更便捷

深化社会服务管理创新，将和谐社区建设任务细化量化为"六型社区"指标细则，提出了打造干净、规范、服务、安全、健康、文化"六型社区"的总体思路和具体举措。将建设"六型社区"列入了市政府折子工程，制定《关于推动落实"六型社区"建设的工作方案》和《关于开展北京市"六型社区"示范单位评选创建活动的实施方案》，召开了"六型社区"建设工作推进会议，全面推进"六型社区"建设。共建成了520个"六型社区"，圆满完成首批创建任务，社区整体面貌发生重大改变。依托96156社区服务热线和社区服务信息平台，开展了家政服务、综合维修、生活配送、租赁服务、文体娱乐、咨询服务共6大类200多项服务，培育签约服务商900余家，100余个区街自管队伍，形成了较强的便利服务支撑体系，基本实现居民不出家门便可享受到社区服务。

（二）适度普惠社会福利制度初步建立

2011 年以来，按照构建适度普惠型民生福利保障体系的总体要求，以养老、助残、救孤为重点，不断整合社会福利资源，完善社会福利制度，健全服务网络和发展机制，促进了我市适度普惠型社会福利制度的发展。

一是老年人福祉水平得到明显提升。按照“9064”养老服务发展格局和“以居家为基础，社区为依托，机构为支撑”的养老服务体系发展总体思路，大力发展和完善养老服务。向 60～79 周岁重度残疾人和 80 周岁及以上老年人每人每月发放 100 元养老（助残）券。2010 年至 2012 年累计向 55.7 万名老年人和残疾人（45.7 万名 80 周岁及以上老年人、10 万名重度残疾人）发放养老（助残）券 14.9 亿元。为老年人家庭实施了家庭无障碍设施改造。发展养老服务单位 1.4 万家，其中养老机构、社区服务中心、邮政局（所）、卫生服务中心（站）等服务单位 3 177 家，占 23.4%；养老（助残）餐桌 3 669 个，占 27%；社区（村）托老（残）所 3 727 个，占 27.5%；其他家政、咨询、护理签约服务商 3 000 余家，约占 22%，为老年人、残疾人提供生活照料、家政服务、康复护理、精神慰藉、老年教育和其他共 6 大类 110 项服务。2011 年向 2.6 万名 90 岁及以上老年人发放高龄津贴，建立高龄老年人医疗补贴制度，2011 年将百岁老年人医疗补贴范围扩大至 95 周岁。整合社区资源，试点建设 100 个养老管理服务中心，目前，区（县）、街乡、居村三级养老管理服务中心试点建设数量 196 个。在全国率先出台《低保家庭失能老年人入住养老机构试行补助办法》。建立全市统一的养老服务风险规避保障制度。给予社会力量办养老服务机构 8 000～16 000元一次性基本建设资金补助，200～300 元运营补贴。截至 2012 年底，全市养老服务机构 400 所，养老床位建成 86 575 张，护理型床位 35 160 张，占 46.2%。

二是残疾人保障力度持续加大。发展残疾人托养服务保障政策，2011 年起在部分养老机构开展重度残疾人托养服务试点，给予机构运营补贴，全市 1 000 余名生活困难的残疾人享受到政策带来的实惠。2012 年开始对年满 16 周岁未满 60 周岁，失业且无稳定性收入的本市残疾人给予入住机构补贴，对开展残疾人服务的养老机构给予运营补贴和康复器材一次性购置补贴。实施家庭无障碍设施改造，为给居家生活的老年残疾人提供在洗澡、如厕、做饭、户内活动等方面的便利，自 2008 年起为有需求的家庭实施无障碍设施改造。到目前为止，已为6.5万户实施了家庭无障碍设施改造，其中包括近4万有需求的老年残疾人，实现了80周岁及以上有需求的老年残疾人全覆盖。

三是适度普惠儿童福利初步构建。明确了建立涵盖孤儿基本生活、医疗康复、教育、就业、住房等一揽子制度性安排，并将孤儿保障范围扩展到事实无人抚养的困境儿童，实现了儿童福利保障政策的整体突破，体现孤残儿童福利服务的全领域、广覆盖、高水平的适度普惠特点。制定城乡统一的孤儿基本生活费标准。按照保障孤儿基本生活不低于本市居民平均生活水平原则确定，建立自然增长机制，确定分别给予机构内孤儿和社会散居孤儿每人每月1 400元、1 600元基本生活费，均为全国最高标准。完善孤儿养育和服务体系。为全市孤儿建立大病救助公益保险；建设儿童福利机构远程医疗会诊网络系统；推动孤儿成年后社会安置工作，并在就业培训、住房保障上加大政策扶持。

四是社会救助制度不断健全。调整城乡低保救助标准。2011—2013年，4次调整城乡低保标准。2013年1月，本市城市低保标准从家庭月人均520元调整为580元，农村低保最低标准从家庭月人均380元调整为460元。按照城乡一体化的要求，朝阳区、海淀区、丰台区、大兴区、通州区、顺义区已实施城乡低保标准并轨。农村五保供养标准稳步提升。每年7月，各区（县）按照上年度农村居民人均消费支出对农村五保供养最低标准进行调整，目前，全市13个郊区区（县）农村五保供养标准最高的为年人均16 888元，最低的为年人均8 135元，全市农村五保平均供养标准为年人均11 078元。加大专项救助力度。将重大疾病救助比例由60%提高到70%，全年累计救助总额由3万元提高到8万元；对社会救助家庭中的适龄儿童进行学前教育资助；为农村住房困难家庭翻建维修危旧房屋。及时进行临时救助。2011年至2012年底，累计有75万多人次享受临时救助，救助资金2.3亿多元。多次为城乡困难群众发放市级生活补贴、中央物价补贴、开展两节走访慰问并实现城乡低保户慰问标准统一。

五是优抚保障政策不断完善。在2009年实现优待抚恤标准城乡并轨的基础上，不断创新优抚对象服务手段，优化保障机制，使优抚保障水平与本市经济社会发展水平相适应。其一，实现优抚保障水平与全市经济发展同步增长。按照上年度城市居民家庭人均消费型支出水平增长情况，全面提高优抚对象定期抚恤补助标准，2011年、2012年涨幅分别达到8.7%、

15%。其二，加强农村优抚对象住房保障。全面完成农村优抚对象住房集中翻建工程，将住房翻建补助标准由每户 3 万元提高到每户 5.4 万元，制定了抗震、节能、保温的建设标准。其三，提高义务兵待遇。义务兵优待金标准由每人每年 1.5 万元提高到每人每年 2.2 万元；大学生义务兵一次性助学金由 1 万元提高到 3 万元。引导和鼓励城镇退役士兵自谋职业，落实各项优惠政策，在经济补助、就业推荐、教育培训等方面出台退役士兵安置一体化配套政策和办法，首次实现城乡退役士兵一体化安置。努力提高复员退伍军人生活、住房、医疗保障水平，按上年度经济适用房价格上限为 1～4 级伤病残退役士兵提供住房保障。

六是慈善事业快速发展。慈善公益事业在弘扬慈善理念、打造慈善品牌、规范慈善运作、培育慈善组织发展等多个方面都取得了明显进步。慈善公益项目领域已涉及助医、助老、助残、助学、助困、救灾、法律援助等 20 多个慈善公益领域，募捐形式从单纯的募集善款到现在的义诊、义赛、义演、义拍、义展、论坛、讲座等十多种形式。打造“善行天下”首都慈善品牌，为社会各界参与慈善公益活动搭建了良好平台。放低慈善公益组织准入门槛，开展相关业务培训和交流活动，提升慈善组织专业水平。截至 2012 年，共为慈善组织的管理者及从业人员约 600 人次提供了 12 期专业培训，2010—2012 年共举办各类交流活动 200 余次，3 000 余人次参加。扶持公益慈善社会组织积极参与具有重大民生服务效应和示范价值的公益项目。2012 年，我市社会建设专项资金围绕社会基本公共服务、社会公益服务、社区便民服务、社会管理服务、社会建设决策研究信息咨询服务 5 方面 40 个类别，共投入资金总额 8 000 多万元；同时，投入市级福彩公益金近 2 000 万元用于政府购买社会组织公益服务项目。

（三）基层社会管理基础更加巩固

坚持以体制机制创新为动力，以基础设施建设为保证，以服务群众为重点，以信息化建设为手段，大力加强和推进社区建设，夯实社会管理的基层基础。

一是社区治理模式不断完善。科学界定街道与社区党组织、社区居委会、社区服务站在社区公共事务和公益事业中的职责，推动居委会与社区服务站职能分开、协作治理，建立政府行政管理与社区自治有效衔接和良性互动机制，基本形成了以社区党组织为领导核心、以社区居委会为主体、以社区服务站为工作平台、社区社会组织和驻区单位共同参与的新型社区治理模式。全市各社区普遍建立社区党组织，建立社区党建协调会，加强对社区流动党员的管理与服务。目前，全市所有社区都建立了社区党组织，其中社区党委 1 241 个，社区党总支 361 个，社区党组织 1 115 个，基本实现了党建工作在社区的全覆盖。按照“一社区一站”模式投入建立城乡社区服务站，实现社区服务站全覆盖。出台《北京市社区服务站管理办法》，明确公共服务、公益服务和便利服务等服务项目，成为首都社区服务的基础平台。出台《北京市城乡社区社会组织备案工作规则（试行)》，推行民政部门登记和街道备案登记相结合管理制度。总结东城、海淀等区（县）的先进经验，探索建立政府购买社会组织服务的长效机制，积极运用社区公益事业经费，培育社区公益类、服务类社会组织，打造了一批有影响力、公信度高的社区社会组织品牌。目前，全市共有备案社区社会组织 11 338 个，在创新社会管理、提供公共服务、促进社会和谐等方面发挥了重要作用。出台了《关于利用单位内部设施开展社区服务的若干规定》，积极推动驻区单位开放内部设施，东城、西城、海淀等区（县）通过建立协调机构、出台奖励办法、设立奖励基金等方式调动驻区单位参与社区建设的积极性，实现共驻共建、资源共享。目前，全市共有 8 000 多个单位开放了内部设施，1 549 个与社区居委会签订协议，社区可开放单位内部设施开放率达到 70%以上，设施总面积达到 289 万平方米，有效解决了一些社区的老年人就餐难、居民活动难、停车难等问题。

二是社区信息化水平明显提升。北京市公共服务信息平台的建成和有效运行，使社区服务在信息化的推动下实现了方式和手段的转变。开展“3+1”社区信息化工程试点，重点建设了社区工作协同系统、社区信息采集系统、社区服务支撑系统、社区公告管理系统和社区综合评价系统 5 套系统，并在“市民主页”建设“社区频道”，为市民查询、参与社区事务提供绿色通道。积极推进“小帮手”社区便民服务工程，在全市社区服务中心体系开展“小帮手”电子服务器配备窗口建设工作，建设了 367 个“小帮手”电子服务器配备使用窗口，布放了 400 个“小帮手”社区金融自助服务站，为大部分社区服务站配备了“小帮手”便携式缴费机，“社区之窗”电视大屏基本实现了城市社区全覆盖。

三是农村社区建设成效显著。按照民政部要求和新农村建设的总体布局，全市农村社区建设在区（县）层面以农村社区建设实验全覆盖创建工作为重点，在社区层面以社区服务站建设为突破口，积极探索城乡结合部农村社区、集镇中心村社区、传统农村地区不同类型的农村社区建设模式，指导各区（县）全面开展农村社区建设工作，推动公共服务向农村地区延伸。目前，全市农村社区服务站建设按照“一村一站”模式已实现全覆盖。通州区、大兴区、顺义区被评为全国农村社区建设实验全覆盖示范单位，全市共打造了199个特点鲜明、形式多样的农村典型示范社区。

（四）公众参与机制逐步健全

按照《中华人民共和国城市居民委员会组织法》的有关规定，积极推进基层群众自治制度创新，丰富居民自治形式，拓展居民自治内容，城乡社区民主选举、民主决策、民主管理、民主监督制度日趋完善，群众诉求表达机制更加健全，城乡居民享有更多更切实的民主权利，社区民主自治功能显著增强。

一是基层民主稳步扩大。依法组织了全市第八届村委会选举和第八届社区居委会选举，修订完善了选举工作指导规程，选举工作程序更加规范。第八届社区居委会选举呈现出三个特点：全体有选举权居民选举和户代表选举比例达到29.4%，比上届提高18.4%；参选范围进一步扩大，6万多名流动人口主动到社区进行了选民登记，2 805名流动人口被选举为居民代表；全市普遍建立了居民代表投票现场观摩制度，邀请居民观摩投票选举大会全过程。

二是协商民主取得重要突破。完善居民会议制度，全市共有居民代表133 281名，各区（县）普遍对社区民主决策的内容、时间和程序等进行了规范，每季度召开一次居民会议。积极探索民主议事新形式。社区广泛采用“五委”联席会议、议事协商会、民主听证会、恳谈会、胡同议事会等形式，协商解决居民关注的热难点问题，切实为群众办实事、解难事。

三是社区管理实现了规范化。通过民主方式实现社区共同治理，社区通过制定“居民自治章程”、“流动人口公约”、“文明养犬公约”，成立社区养犬自律会，实行社区事务自我管理。各社区居委会还健全了岗位责任、分片包户、财务管理、印章使用、档案管理、错时上下班等工作制度，进一步规范了社区公益事业经费的使用管理，社区民主管理水平不断提高。

四是群众监督作用得到发挥。各区（县）在落实居务公开、民主评议制度的基础上，探索建立社区民主监督小组、居务监督委员会，组织居民对社区居委会、街道办事处、政府部门派出站所及其工作人员进行监督评议，进一步强化了社区民主监督功能。

（五）社会组织健康有序发展

以深化登记管理体制改革为突破口，以加大培育扶持发展力度、创新社会组织动员体系、加强社会组织党建为重点，推动社会组织建设与管理工作创新，有力保障了“十二五”规划中社会组织重点任务的顺利实施。

一是推进社会组织登记体制改革。在2011年对工商经济类、公益慈善类、社会福利类、社会服务类社会组织先行探索直接登记的基础上，2013年4月1日起，对行业协会商会类、科技类、公益慈善类、城乡社区服务类社会组织实行民政部门直接登记。截至目前，全市共登记社会组织8 186个，其中市级社会组织1 914个，区（县）社会组织6 272个；社会团体3 469个、民办非企业单位4 473个、基金会244个；以2012年底北京市户籍人口计算，每万人拥有社会组织6.31个。年检数据显示：社会组织吸纳从业人员13.3万人，占全市就业人口的1.33%，社会组织年总收入340.9亿元，占全市国内生产总值的2.10%。推进中关村社会组织管理体制改革，将社会组织直接登记、中关村冠名和跨区域吸收会员开展活动等创新措施写入《中关村国家自主创新示范区条例》，与有关部门联合出台《北京市关于促进产业技术创新战略联盟加快发展的意见》，为各类产业技术创新联盟进行法人登记和扶持培育发展提供政策依据。目前已有54家中关村社会组织进行了直接登记，67家产业联盟办理了登记或备案手续。2012年还出台了《关于境外非政府组织在京活动管理办法》，建立境外非政府组织在京活动报告制度，形成境外非政府组织合作项目备案管理机制。

二是完善社会组织扶持政策。继续加大政府购买社会组织公共服务的力度，2011年，首次使用390万元福彩公益金购买104个社会组织公益服务项目，2012年，利用福彩资金348万元重点购买扶老助老、扶残助残等5大领域的28个优秀公益服务项目，并以中央财政首次支出2亿元专项资金购买社会组织服务为契机，组织社会组织申报项目27个。2012年，出台关于加强心理咨询参与信访工作的意见，首次将社会组织参与信访纳入政府购买服务范畴。落实税收优惠政策，“十二五”时期至今共授予113家社会组织公益性捐赠税前扣除资格，同比“十一五”时期增长100%，每年为社会组织捐赠人减少税收1.5亿元以上。加强社会组织人才队伍建设，推行社会组织专职工作人员劳动合同制，推进社会组织专业化、职业化。目前，全市社会组织从业人员13.3万人，其中专职人员达8.4万人，占比

63.4%。

三是加强社会组织综合监管。强化依法监管，增加年检内容，丰富年检功能，增强年检针对性。建立重大事项报告制度，出台《北京市社会组织重大事项报告的若干规定》，实现了社会组织监管由静态向动态的转变。开展社会组织评估，制定《北京市社会组织评估管理实施办法》，形成政府指导、社会参与、独立运作的社会组织评估评价机制。启动社会组织退出机制，促进社会组织规范发展。推进政社分开，加快社会组织民间化进程。加强社会组织党建工作，创新源头党建、分类党建、属地党建、活动党建等模式，将社会组织中党员纳入组织管理，并赋予协调、管理、监督等职能。

（六）社区工作者专业化职业化有序推进

制定出台了《社区工作者招聘办法》、《社区工作者培训办法》、《社区工作者考核评议办法》，形成了一系列社区工作者政策制度体系。连续4年公开招考7 067名社区工作者充实到基层社会管理服务队伍，目前社区服务站工作人员70%是大学生。加强社区工作者教育培训，每年选派100名优秀社区工作者到北京大学进修学习，社区工作者队伍的综合素质、专业能力显著提高。我市社区工作者待遇原则上不低于所在区（县）全额拨款事业单位的平均水平，享受“五险一金”待遇。全市社区工作者月平均收入约3 900元。全市共有社区工作者29 702人。

（七）创建和谐社区示范单位

出台《关于开展评选北京市建设和谐社区示范单位活动的工作意见》，充分调动社区居民积极参与，广泛开展和谐社区示范单位创建活动。通过评选，6个区（县）被评为全国和谐社区示范区（县）、7个街道被评为全国和谐社区示范街道、16个社区被评为全国和谐社区示范社区。经过两轮创建，共评选出64个市级示范街道和1 145个示范社区，和谐社区创建率达到40.66%。自2012年起，结合北京实际，将和谐社区建设任务细化量化为“六型社区”指标细则，提出了打造干净、规范、服务、安全、健康、文化“六型社区”的总体思路和具体举措，并在2012年建成了520个“六型社区”，2013年继续完善“六型社区”指导标准细则，提出500个“六型社区”建设任务。

二、规划实施过程中存在的问题

总的来看，"十二五"规划实施以来，市民政局较好地贯彻落实了社会建设规划的相关部署，在民生保障和社会建设领域取得长足进步。但对照规划所确定的目标，我们认为社会服务领域仍然存在许多问题，突出表现在：

（一）体制机制需要进一步健全

规划实施过程中，遇到的首要瓶颈问题就是体制机制不健全的问题。例如，首都经济近年来获得巨大发展，但社会贫困人口仍然较多，迫切需要拓展社会救助对象和领域；城乡边缘地区、外来人口聚居地区的社区建设，也迫切需要从根本上解决体制机制问题。这一方面是由于政策法规体系的不完善导致现实管理中难以找到政策依据；另一方面的原因则是创新意识缺乏导致工作中无从寻找切入点和突破口。

（二）民生福利供给效率需要进一步提升

民生福利供给效率较低，这是制约适度普惠型社会福利制度深入发展的关键问题。随着经济社会的发展，我市需要构建惠及更多人口的社会福利制度。但民政部门所提供的"兜底"服务，大都属于政府包办，社会和市场的参与不足，无法避免产业供给效率低下的问题，直接制约着民生福利保障领域的拓展及服务对象群体的扩大。例如，机构养老将面临着很大压力，但目前优质服务大都依靠政府提供，难以满足更多老年人的养老需求。另外，民政部门所提供的社会服务本身就具有涉及面广、对象多的特点，资源较为分散，统筹难度较大，从而导致部分资源配置不合理，服务效益较低。

（三）民政部门在社会建设中的作用需要进一步发挥

首都经济快速发展的同时，经济与社会"一条腿长、一条腿短"的问题日益严重，需要民政部门充分发挥在社会建设中的骨干作用，加强社会管理创新。从目前来看，民政部门在社会管理方面投入力度仍然不足，创新少，成效不明显。这既有传统民政部门重视提供"兜底"服务的原因，也有社会管理体制机制不顺的原因。

（四）基层力量有待进一步加强

从首都经济社会发展趋势来看，民政部门未来面临着更加繁重的任务，服务对象规模将不断扩大，保障标准将大幅提高，尤其是人口老龄化加剧给民政工作带来了更大挑战。但目前全市基层民政工作力量较为薄弱。例如，原有的街道（乡镇）民政科在机构改革中不断被撤销，区（县）老龄办、社团办等民政部门力量明显不足。

三、进一步实施规划的对策与建议

今后将按照规划的既定思路，采取切实有效的措施，进一步按质按量完成各项重点工作和重点任务，着力在保障民生和创新社会管理中加强社会建设，为社会和谐、人民幸福打下坚实的基础。重点做好以下工作：

（一）理顺体制机制

解放思想，更新观念，坚持用改革的办法、创新的手段破解民政发展中的难题，不断推进工作模式、方式和手段创新，加强民生保障和社会建设事业中的政策创制。牢固树立统筹协调意识，逐步建立通畅的沟通协商机制，协调各个部门、整个社会和党委政府，共同支持和参与综合性较强的民政事业。加快民政工作法制化进程，完善民政法规政策体系，把民政的管理与服务纳入法制化、制度化、规范化轨道，注重用法律的形式将行之有效的政策、措施加以固化。

（二）拓展民生福利供给渠道

在逐步完善基本养老服务制度的基础上，从居家养老、社区养老、机构养老等多方面多层次探索社会化的养老服务运营模式，通过引入市场运行机制，构建良性竞争平台，为老年人提供更加多样化、个性化的养老服务。完善城乡一体的儿童福利服务体系，将儿童福利对象拓展到各类社会困境儿童，建立儿童福利津贴制度，扩展包括衣、食、住、行、医、学等在内的儿童福利服务项目，促进儿童健康成长。以“支出型贫困”救助和重大疾病医疗救助为突破口，加强就业、保险、救助、慈善的相互联动，促进社会救助从生存型向发展型转变。完善优抚政策和优抚标准科学增长机制，将优抚对象基本生活、医疗、住房等优先纳入社会保障和公共服务体系，全面推进优抚保障城乡一体化。

（三）加强社会管理创新

推动城乡社区管理体制改革，明确街道办事处在社区建设中的主要责任和地位，理顺基层人民政府及其派出机关与社区居委会的关系，建立健全社区民情反馈机制，完善上下互评的社区评议监督体系。进一步加快社区服务中心、社区服务站建设，推进社区服务中心运营改革，采取政府购买服务等形式将社区服务中心委托给专业社会组织运营，提升社区服务效率。加大社会组织培育扶持力度，完善社会组织综合监管体系，继续引导社会组织服务民生。注重社会组织、社工人才在社区中发挥作用，在社区开发社工岗位，为社会组织提供服务积极搭建平台，努力通过三者之间的联动，形成社区、社会组织和专业社工之间资源共享、优势互补、相互促进的良好局面。

（四）增强基层民政力量

规范市、区（县）两级民政机构设置，理顺上下游民政机构和职能的对接关系。完善街道（乡镇）民政机构设置。探索以政府购买服务的形式加强基层民政力量，依托社区服务中心建立社区民政事务所，负责低保、救济、养老、救灾、慈善等民政事务在基层的落实。

（执笔人：北京市民政局研究室　王伟）

北京市“十二五”时期就业、社会保障和收入分配情况中期评估报告

北京市人力社保局

“十二五”上半期，全市坚持统筹城乡、统筹各类群体就业，促进了城乡劳动者较为充分就业，首都就业局势保持稳定；大力推进社会保障“制度全覆盖”向“人群全覆盖”转移，基本形成了城乡一体化的社会保障体系；逐步完善收入分配制度，城乡居民收入不断增加（其主要指标完成情况见表1）。

一、主要工作和做法

（一）多种措施促进就业，就业局势保持稳定

坚持就业优先战略，实施更加积极的就业政策。完善以就业为导向的职业培训体系和“三级管理、四级服务”的公共就业服务体系，实现了市级人力资源市场整合。强化对重点群体的就业帮扶。实施《北京市就业援助规定》，健全困难群体长效帮扶机制，扩大困难群体帮扶范围，通过鼓励用人单位优先招用、公益岗位托底安置、开展精细化就业援助等一系列措施，2011年以来，共帮助38.6万城乡就业困难人员就业，实现了城乡无“零就业家庭”及“纯农就业家庭至少一名劳动力转移就业”的目标；围绕产业结构调整和城市功能拓展，大力发展商业便民服务、社区居民服务和家庭服务等生活服务业，通过社区岗位安置就业困难人员22.3万人。

完善高校毕业生就业政策和服务体系，拓展基层就业服务领域，北京生源高校毕业生就业率一直保持在95%以上。实施绿色就业行动计划，推广"一产员工制"模式，2011年以来，共帮助4.8万名城乡劳动力实现绿色就业。大力促进创业。围绕产业体系发展和新兴领域拓展，完善落实鼓励创业优惠政策，不断培育就业增长点，实现创业带动就业倍增效应，帮扶3.2万人创业，带动8.2万人就业。两年来，全市累计实现城镇新增就业104.5万人，帮扶48.1万登记失业人员就业和16.4万农村劳动力转移就业，截至目前，城镇登记失业率为1.44%，远低于3.5%的"十二五"调控目标。

（二）加快完善社会保障体系，保障水平不断提高

以"人人享有社会保障"为目标，按照"全覆盖、保基本、多层次、可持续"的原则，打破劳动者"身份、户籍、地域"界限，进一步完善制度，实现了公费医疗与职工基本医疗、农民工社会保险与职工社会保险制度的并轨；将本市机关和参公管理的事业单位职工纳入工伤保险覆盖范围；本市机关事业单位的非本市户籍职工纳入生育保险覆盖范围，在全国率先实现了社会保障制度城乡全覆盖，并逐步推进人群全覆盖。2012年末，全市城乡养老保障和医疗保障参保人数分别达到1 548.9万人和1 812.7万人，城镇职工基本养老、基本医疗、失业、工伤和生育保险参保人数比2010年末平均增长33%。

社会保障水平不断提高。建立和完善社会保障相关待遇标准与收入、物价水平挂钩的联动机制，基本养老金、失业保险金、工伤职工伤残津贴、城乡居民基础养老金和福利养老金标准分别达到2 811元、946元、3 076元、390元和310元，两年来各项标准平均提高26.5%以上，居于全国前列。扩大基本医疗保险报销范围，将心脏移植术后抗排异治疗纳入医疗保险报销范围，对患大病个人负担过重的低收入职工进行医疗救助。出台领取失业保险金人员参加职工基本医疗保险政策，参保标准为全国最高，享受与在职职工同等的医疗待遇。扩大基本医疗保险、工伤保险和生育保险用药范围，新增药品866种，每年可减轻群众医药费近5亿元。

同时，社保经办服务能力进一步增强。用人单位和个人网上办理社保申报查询分别达到21万户、660多万人次。大力推进社保卡工程建设，全市共发放社保卡1 314.7万张，全部定点医疗机构均实现了持卡就医实时结算，减轻了参保人员就医负担。

（三）逐步完善收入分配制度，增加城乡居民收入

切实提高和保障企业职工工资收入。2011—2013 年，三次调整最低工资标准，由 960 元/月提高到 1 400 元/月，年均增长 13.4%，高于同期职工平均工资增速。推动企业广泛开展工资集体协商，全市 4.2 万户企业签订了集体合同，覆盖职工近 265 万人。科学制定并发布企业工资指导线、劳动力市场工资指导价位及行业人工成本，为企业开展工资集体协商、合理确定职工工资增长幅度和各岗位工资水平提供重要指导，引导企业逐步建立工资正常增长机制。

完善机关事业单位工资制度。进一步规范公务员津贴补贴，调整机关离退休人员离退休补贴；加强调研，结合首都经济发展实际及区域特点，逐步完善津贴补贴政策措施。推进事业单位收入分配制度改革，稳步提高事业单位各类人员的收入水平，在收入增长中平衡各类人员的利益关系，化解社会矛盾；配合事业单位分类改革和体制改革，探索研究以业绩调控为主的绩效工资的分类调控措施，指导各类事业单位强化绩效管理与工资分配体系的优化对接，不断完善高层次人才、高技能人才的分配激励政策，营建有序良性的事业单位收入分配体制、机制。

2011 年和 2012 年，我市城镇居民可支配收入实际增长分别为 7.2%和 7.3%，农村居民人均纯收入实际增长分别为 7.6%和 8.2%。

同时，积极推进社会工作者队伍建设。目前我市社会工作专业人才职业水平评价已纳入专业技术人员资格制度统一管理。2011 年以来，共有 2 万余人申报参加职业资格考试，有 6 000 余人取得了相应资格。

二、下一阶段重点工作

（一）努力促进城乡劳动者充分就业

继续完善促进就业政策体系，实施城乡统一的鼓励用人单位招用岗位补贴和社会保险补贴政策，在农村地区推广建立社会（绿色）公益性就业组织，逐步建立政府出资的公益性岗位开发利用机制，研究制定鼓励农村劳动力自谋职业、灵活就业的社会保险补贴政策，进一步推动促进就业政策体系的城乡统一。健全创业带动就业工作机制和政策体系，扶持更多有创业意愿和创业能力的劳动者自主创业，带动更多劳动者就业。进一步强化岗位开发、职业指导、职业介绍、创业帮扶等一系列就业服务。加大对

重点群体的就业帮扶，通过强化就业服务、加大创业帮扶、引导基层就业等措施，促进高校毕业生就业；全面推广"一产员工制"就业模式，帮助农村劳动力就近就地就业；推行精细化就业援助，加大对就业困难群体的帮扶，努力促进城乡劳动者充分就业。

（二）继续提高社会保障水平

继续扩大社会保险覆盖范围，努力促进人群全覆盖。加快社会保险制度的整合衔接，按照市政府部署，整合城镇居民基本医疗保险和新型农村合作医疗制度。健全社会保障相关待遇标准正常调整机制，继续提高包括企业退休职工基本养老金、最低工资、失业保险金、工伤保险定期待遇以及城乡居民基础养老金、福利养老金在内的社会保障待遇标准。

（三）加快推进收入分配制度改革

按照国家深化收入分配制度改革工作总体部署，以研究出台"北京市深化收入分配制度改革的实施意见"为重点，坚持初次分配调整与再分配调节并重，坚持收入倍增与规范秩序并重，坚持居民普遍增收和弱势群体生活状况加快改善并重。做好最低工资标准调整工作、企业工资指导线测算工作、劳动力市场工资指导价位以及行业人工成本信息发布工作、北京市工资集体协商立法工作，促进城乡居民收入增长。稳步推进事业单位收入分配制度改革，逐步缓解各类群体间收入差距较大的矛盾。

表1　北京市"十二五"时期就业和社会保障主要指标完成情况

序号	指标	2011年	2012年	2013年5月
1	城镇职工养老保险参保率（%）	97.00	97.40	97.46
2	城镇职工医疗保险参保率（%）	96.60	97.00	97.11
3	失业保险参保率（%）	96.60	97.00	97.11
4	工伤保险参保率（%）	93.85	95.00	95.31
5	生育保险参保率（%）	94.80	95.80	96.03
6	城镇居民养老保险参保率（%）	93.00	94.00	年报
7	城镇居民医疗保险参保率（%）	91.00	92.00	年报
8	新增就业人员数（万人）	44.69	43.89	15.90
9	登记失业人员实现就业人数（万人）	20.50	21.13	6.51
10	农村转移劳动力（万人）	8.17	6.66	1.60
11	城镇登记失业率（%）	1.39	1.27	1.44

注：登记失业人员总数包括城镇登记失业人员和城市化建设地区登记失业人员。

（执笔人：北京市人力社保局规划统计处　李兴子）

北京市“十二五”时期住房保障中期评估报告

北京市住房城乡建设委

《北京市“十二五”时期住房保障规划》（简称“十二五”住房保障规划）实施以来，在市委、市政府的正确领导下，在各部门、各区（县）的共同努力，全社会的大力支持下，住房保障各项工作取得了明显成效。截至2013年6月30日，各项发展目标和主要任务进展顺利，预计到“十二五”期末均能够如期完成。

一、“十二五”住房保障规划目标实现情况和重点任务推进情况

（一）主要目标实现情况

2011年至2013年6月30日，全市累计新开工建设、收购各类保障性住房46.7万套，完成100万套规划目标的46.7%，其中公开配租配售的保障性住房18.6万套，占40%；定向安置房28.1万套，占60%。各类保障性住房竣工22.5万套，占70万套规划目标的32%。

全市开工建设、收购公共租赁住房（含廉租房）12.5万套，占公开配租配售保障性住房的67%。全市累计发放租金补贴3.5万户，其中廉租房补贴3.2万户、公租房补贴2 956户。通过大力发展公租房，提高租金补贴力度，推动住房保障方式向“租售并举、以租为主”转变。

（二）重点任务推进情况

1. 创新工作协调机制，大力推动保障性住房建设，确保时间过半、任务过半

市政府每年与各区（县）、各部门签订住房保障工作目标责任书，明确责任、落实任务。市委组织部，市政府督查、监察等部门把住房保障任务落实情况作为绩效考核的重要内容，全过程跟踪督办。各区（县）积极安排项目用地，落实建设主体，抓好开工，确保竣工。发展改革、国土、规划、财政、住房城乡建设等部门根据各自职责，加大推进力度，确保年度任务顺利完成。

2. 创新建设管理模式，大力发展公共租赁房，实现租售并举、以租为主

一是在公租房建设中创新实施“三多一统筹”模式，通过采用多主体建设、多方式筹集房源、多元化融资、统筹建设管理政策等综合措施，加快推进公租房建设。二是率先建立以标准化设计、建造、评价、运营管理为核心的公共租赁住房标准化体系，试行标准化性能评价制度。三是完善租金定价机制，加大租金补贴力度。市区财政部门按照“分档补贴、租补分离”原则，根据承租家庭收入分别给予6档10%～95%的租金补贴。

3. 创新审核分配机制，大力实施阳光工程，确保分配公开、公平、公正

一是严格执行“三级审核、两次公示”的资格准入审核程序，充分发挥街乡、社区属地管理优势，增加社区民主评议环节，进一步提高审核的准确性。二是坚持实行保障性住房分配政策、方案、房源、对象、过程、结果的“六公开”，邀请人大代表、政协委员和新闻媒体现场监督摇号过程，摇号结果由公证部门进行公证，并通过政府网站、新闻媒体对社会公示。三是实行保障性住房统一申请审核。自2013年4月19日起，统一按照现行公共租赁住房准入标准、审核程序进行审核，审核通过并获得备案资格的家庭，纳入住房保障范围。

4. 创新后期管理模式，大力加强监管和服务，创建和谐宜居保障性住房小区

一是完善后期管理机构。2012年11月13日，市编办与住房城乡建设委共同印发《关于进一步健全完善区县住房保障和房屋登记体制机制的通知》，整合各区（县）现有住保工作机构，组建副处级区（县）住房保障事务中心，在街乡设立住保科，在小区建立服务管理工作站。二是全面推进建立“三位一体”的后期管理体系。创造性提出使用监督管理、物业服务和社区服务“三位一体”的后期服务管理体系。三是进一步规范出售型保障性住房后期管理，完善再上市交易和政府回购制度，进一步发挥保障

性住房社会公共保障功效，遏制利用保障性住房进行投资投机的行为。

5. 创新搬迁安置模式，大力推进棚户区改造，改善城乡居民居住条件

一是通过集中实施门头沟采空区等“三区三片”和丰台长辛店等新增五片棚户区改造任务，加快解决棚户区居民住房困难，进一步完善城市基础设施，提升城市形象。目前“三区三片”棚户区改造任务基本完成，新增五片棚户区改造正在全面推进。二是积极探索旧城人口疏解新机制，创新“平等协商、集中腾退”的新模式，加快对接安置房源建设，探索中心城区公共资源与人口同步输出机制，将教育、医疗、文化等优质资源引入发展新区等措施，稳步推进首都功能核心区人口疏解和保护性改造工作。2013 年，我市又成立了由市长担任组长的市棚户区改造和环境整治领导小组及相应的指挥部，计划用 4～5 年时间全面完成四环以内的棚户区改造和环境整治任务。三是为实现在 2020 年前全市既有农宅基本具备抗震措施目标，“十二五”期间，我市编制了《北京市农民住宅抗震节能工作实施方案（2011—2012 年）》，提出利用两年时间在全市推广建造 20 万户抗震节能新型农宅的目标，目前已超额完成。

二、面临的主要问题及挑战

我市住房保障工作经过“十一五”时期和“十二五”时期头两年的快速发展，取得了较大成绩，但是在发展的过程中，也逐步显露出一些突出问题。一是首都人口资源环境约束与不断增长的住房需求矛盾日益突出；二是保障性住房建设资金管理难度加大；三是配租型与配售型保障性住房的供需结构矛盾尚需解决；四是加强基本住房制度研究和住房保障法制化建设日益迫切。

三、推进下一步工作的对策措施

展望“十二五”时期后两年，我市将根据住房保障工作进展情况和中低收入家庭住房需求，继续深化落实住房保障发展规划的总体目标，确保完成 100 万套保障性住房建设任务，基本解决保障性住房统一申请前轮候家庭住房需要。2014—2015 年，建设经适房、限价房 10 万套，“十二五”期间建设配售型保障性住房达 20 万套；在公租房已基本落实项目 18 万套

基础上，2014—2015 年，政府及所属机构新建 4 万套，鼓励社会单位利用自用土地建设公租房，"十二五"期间公租房力争达到 22 万～30 万套；加大棚户区改造安置房建设力度，"十二五"期间达到 50 万～60 万套。

（一）加大建设推进力度，完善优惠支持政策

一是按照"以区为主、全市统筹"原则，进一步完善保障房建设组织和协调推进机制，加大全市统筹力度，尽快落实之后两年保障性住房项目建设地块，加快建设进度，尽早形成有效供应。二是优先保证保障性安居工程用地需要，严格落实保障性住房、棚户区改造和中小套型普通商品住房用地不低于住宅用地总量 70%的规定，改进供地方式，逐步建立保障性住房用地专项储备制度。继续扩大在集体土地上建设租赁房试点。三是加强规划引导，合理安排保障性住房项目规划布局。抓好项目市政设施和公共服务设施建设，确保与住宅同步建设、同步交付，方便居民居住和生活。四是按照"政府引导、市场主导"原则，进一步完善财政性资金投入机制，充分发挥市保障性住房建设投资中心投融资平台作用。积极引导社会资金投入保障性住房。积极探索试点发行房地产信托投资基金（REITs），为公租房项目的建设、运营提供长期而稳定的资金来源。

（二）大力发展公租房，优化保障性住房供应结构

一是推进住房保障向"以租为主"转变。公租房建设按照"三多一统筹"模式实施，坚持"面积小、功能全"，根据需求，建设部分适合青年、老年人居住的公租房。盘活市场存量，通过趸租市场房源扩大公租房供应范围。逐步扩大公租房租金补贴范围，公租房家庭通过到市场承租住房后领取租金补贴方式解决住房困难。二是加强公租房社会管理和服务。明确公租房社会管理和服务应坚持以居住属地管理为主、各部门协同配合的原则。公租房所在区（县）人民政府将本市承租家庭纳入属地网格化社会管理服务体系，享受与属地户籍居民均等的社会保障、劳动就业、公共卫生、基本医疗、义务教育等社会公共服务。

（三）加强审核分配管理，优化审核分配方式

一是完善住房保障与房屋交易、权属、民政、公安车管等系统的实时联网，实现数据动态化管理，提高审核效率，推进与金融、证券等系统联网，提高对申请家庭资产审核的准确性。二是加大全市统筹分配力度，扩大全市统筹分配公租房项目数量，满足保障家庭工作居住需要，探索建立按申请人工作所在地申请审核及分配的方式，促进职住平衡。

（四）加强后期监督管理，建设和谐宜居社区

一是加快健全市区街三级政府部门后期管理机构，加强管理队伍建设，保障人员编制和工作经费，落实管理责任。二是加快建立保障性住房违规行为查处机制。出台查处办法，明确执法主体和执法流程。加快出台经适房封闭运行有关管理办法，建立保障性住房交易管理平台，对保障性住房再上市的房源和家庭信息实现动态监管，提升保障性住房使用监管水平。

（五）加快城市棚户区改造，建立转移支付机制

一是明确总体目标。利用“十二五”后两年及“十三五”初期共4～5年时间，全面完成四环以内的棚户区改造和环境整治任务。按照文保区风貌保护、危旧房改造、城中村边角地、新增棚户区改造等四类项目，加快制定改造实施方案，落实属地责任，倒排工作计划，确保目标任务完成。二是加快政策创新。在土地供应、征收补偿、信贷支持、税收优惠、社会资本参与等方面，大胆进行政策创新和集成，在安置住房建设、分配和后期监管等方面，完善政策措施，及时制定和出台指导性的文件，形成强大的政策合力。

（六）完善制度和立法工作，推进信息平台建设

一是推进北京市基本住房制度研究，完善住房体系总体框架设计。坚持政府保障和市场供给相结合，建立符合首都实际的保障性住房体系和商品房体系。二是推动通过住房保障立法，依法保障中低收入家庭的住房权益。目前，《北京市基本住房保障条例》已列入了2013年立法论证计划，计划在2013年底前通过立项论证报告。三是着力打造住房保障信息化工作平台。切实提升保障性住房规划建设、审核分配、使用监管、资金的现代化管理手段，形成围绕“保障房、保障对象、保障资金”全生命周期管理的住房保障工作平台，全面提升住房保障管理工作水平。

（执笔人：北京市住房城乡建设委住房保障办公室　姚长飞）

北京市"十二五"时期公共交通发展建设中期评估报告

北京市交通委　北京交通发展研究中心

2013年已进入"十二五"规划实施的中期阶段，是承上启下的关键时期。开展中期评估工作，一是全面检查规划实施进展情况，客观评价实施成效和不足，系统分析存在问题及原因，并根据发展环境变化提出进一步加强规划实施的对策措施，推动"十二五"规划目标任务的实现；二是将中期评估与新一届政府工作目标有机衔接，深刻认识和把握首都发展的阶段性特征。并按照市十一次党代会精神和新的发展要求，与时俱进地提出规划实施和调整建议，以利于首都各项事业的持续稳步发展；三是促进规划编制与实施并重，以利于提高规划管理水平，完善规划实施机制，同时，也有利于及早开展重大战略性问题的前瞻性研究，为编制下一个五年规划做好储备工作。

一、《北京市"十二五"时期交通发展建设规划》发展目标实现情况和重点任务推进情况

（一）轨道交通

《北京市"十二五"时期交通发展建设规划》（简称"十二五"交通规划）提出：建设完成6号线、8号线二期、9号线、10号线二期、15号线二期、7号线、14号线、西郊线、S1线、昌平线二期10条线路，全面完

成2015年轨道交通561公里近期线网建设规划。加快实施中心城轨道交通加密工程，重点推进16号线、8号线三期、海淀山后线、燕房线建设，2015年全市轨道交通线网运行总里程达到660公里。随轨道交通新线同步规划、投资、建设完善的接驳换乘系统。在既有轨道交通线路的四环路外站点逐步增加建设驻车换乘停车场。驻车换乘停车位建设2.1万个，“十二五”期末达3万个以上。中心城新投入运营的骨干线路最小发车间隔2～2.5分钟。实施既有轨道交通线路改造工程，更新运营线路老旧车辆，缩短发车间隔，提高运输能力，实现地铁1号线、2号线、4号线、5号线、10号线一期高峰发车间隔2分钟。轨道交通日均客运量达到1 200万人次以上。

截至2013年6月30日，全市轨道交通运营线路达17条、运营里程456公里，相比2010年的336公里增加120公里，完成“十二五”交通建设任务的37%。P&R（停车换乘）设施达7 000个，相比2010年增加2 481个，完成预期建设任务的12%。2011年建成通车9号线南段（郭公庄——北京西站）、8号线二期北段（森林公园——回龙观），2012年建成通车9号线北段（北京西站——国家图书馆）、8号线二期南段（北土城——鼓楼大街）、10号线二期（巴沟——泥洼、首经贸——劲松）、6号线一期（海淀五路居——草房），2013年上半年建成通车14号线西段（张郭庄——西局）、10号线（泥洼——首经贸），如图1所示。截至2013年6月20日，中心城1、2、4号线最小发车间隔已达2分钟，13号线、八通线、5号线、10号线最小发车间隔在3分钟以内，6号线、8号线、9号线、14号线最小发车间隔在5分钟以内。工作日日均客运量已达960万人次以上，高日客运量达1 028万人次，与“十二五”交通规划目标相比，平日已完成预期目标的65%，高日完成预期的75%。

按照目前轨道交通建设进展安排，预计到2015年底，轨道交通运营线路可达21条，运营里程598公里，预计完成“十二五”交通规划建设任务的91%。2013年下半年建成通车8号线二期南段（鼓楼大街——中国美术馆）、昌平线与8号线联络线（回龙观东大街——朱辛庄），2014年建成通车7号线（北京西站——焦化厂）、6号线二期（草房——东小营）、14号线东段（金台路——善各庄）、15号线二期西段（望京西——西苑），2015年建成通车S1西段（苹果园——石门营）、西郊线（巴沟——香山）、14号线中段（金台路——西局）、昌平线二段（南邵——十三陵）、燕房线（主线）（阎村——房山）。16号线（宛平城——永丰）及海淀山后线（上庄——北安河）正在进行前期研究，8 号线三期（美术馆——五福堂）由于可研待批复，2015 年底难以建成通车。按照目前轨道交通运营工作进度安排，预计到 2015 年底，城区骨干线除 13 号线外均具备 2 分钟间隔运行能力。轨道交通日均客运量达1 200万人次以上，可以完成“十二五”既定目标。

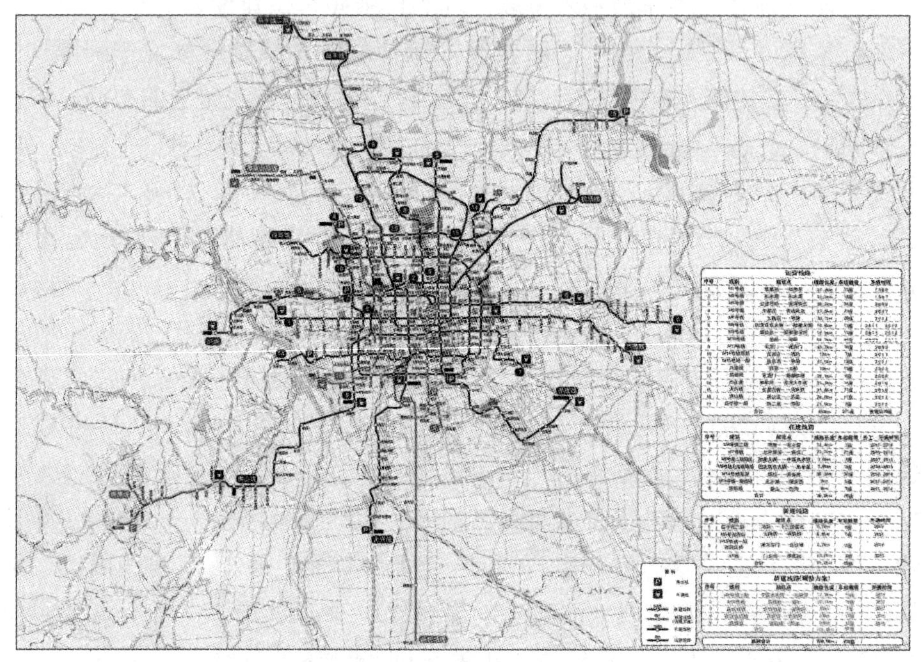

图 1　北京市轨道交通运营线路图（截至 2013 年 6 月 30 日）

（二）地面公交系统

“十二五”交通规划提出：充分发挥地面公交的主体作用，实施以快线网为骨架、普线网为基础、支线网为补充，覆盖中心城、新城、乡镇的公共电汽车服务网络。重点建设地面公交快速通勤系统，在主要客流走廊和快速路上施划公交专用道 150 公里，总里程达 450 公里以上并连接成网；建设完成阜石路、广渠路等大容量快速公交线路，完善朝阳路、安立路快速公交线路的道路设施条件，基本实现与社会车辆的物理隔离。公共电汽车线路条数达到 760 条，中心城日均客运量达到 1 300 万～1 500 万人次，90％乘客步行到最近车站距离不超过 500 米，高峰时段主要干线候车时间 3～5 分钟，高峰时段平均满载率控制在 70％左右。优化车型结构，适当增加地面公交运力，提高车辆的安全、舒适、环保性。中心城公共电汽车数量达到 2.3 万辆，其中空调车比例由 50％提高到 70％。

截至 2013 年 6 月 30 日，初步形成快、普、支三级地面公交网络，市区公交 781 条线路，其中快线 134 条、普线 548 条、支线 99 条。截至 2012 年底，公交专用道新增 61.1 公里，总计达 355.1 公里，完成“十二五”交通规划目标的 43%，阜石路大容量公交已经建成使用。坚持“配合地铁的快捷性，加强和完善地面公交的便捷性”的原则，着力“提速增效，打通微循环，完善与轨道交通接驳，扩大服务覆盖面”，开辟新线路 83 条，调整 128 条，解决了 117 公里有路无车的问题，方便了 370 余个小区居民的出行。积极探索公交多元化服务，开行了 4 类 55 个方向的社区通勤快车。努力改善重点地区交通环境。优化撤销 23 条穿越市中心区的线路，削减市区重复线路 570 公里、重复设站 1 163 个。郊区新开辟线路与市区线路的衔接换乘点逐步由三环路向外移至四环路、五环路。截至 2013 年 5 月底，中心城公共电汽车运营车辆达到 22 271 辆，完成规划目标的 50%，空调车 14 454 辆，比例由 50%提高到 70%。2011—2013 年，共新增、更新公交车辆 1 834 辆，包括新增液化天然气（LNG）车辆 590 辆、纯电动公交车 210 辆。截至 2013 年 6 月 30 日，地面公交日均客运量 1 310.7 万人次，地面公交电汽车线路 780 条，基本达到规划预期。

按照目前大容量快速公交建设运营工作安排，广渠路大容量公交设施正在随道路建设实施推进中，安立路完善方案已经完成并报市政府，南中轴路大容量快速公交系统完善工程已于 2011 年 9 月开工，预计到 2013 年 12 月完工。地面公交车辆规模、地面公交日均客运量预计到 2015 年均能完成“十二五”交通规划预期任务。

（三）枢纽场站

“十二五”交通规划提出：重点建设四惠、宋家庄、苹果园、北苑北、望京西、丰台火车站、菜户营、北苑、通州核心区、霍营 10 个客运枢纽（见图 2）。加快永久性公交场站建设，建成温泉、北七家、后沙峪、郭公庄、丽泽南 5 处中心站，西直门南、西直门北、冷泉、青塔等 25 处首末站；将一批临时场站转化为永久场站；重点在公主坟、大北窑等 10 个区域建设多港湾式中途换乘站，建设临时场站 40 处。完善郊区客运场站建设，新建五级客运站 80 个，实现乡镇客运站覆盖率达到 100%的目标。

截至 2013 年 6 月 30 日，建成宋家庄和四惠 2 个客运枢纽，完成“十二五”预期任务的33%。苹果园、北苑北2013年内具备开工条件；望京西2014年具备开工条件；北苑、丽泽枢纽2015年具备开工条件；丰台火车站枢纽随丰台站同步进行。进行前期工作的公交中心站项目共5处，已完工和在施首末站10处，已完工和在施变电站4处。其中，进行前期工作的公交中心站包括郭公庄中心站、龙泉镇西中心站、北七家中心站、温泉中心站、望京中心站。已完工首末站包括：西二旗、万年花城、五彩城。在施首末站包括：西红门、立水桥、北五环箭亭桥桥下、京新高速小牛坊桥下、京新高速上地桥桥下、亦庄、小关四厂。新建郊区客运场站37个，达到预期目标的46%。

按照目前客运枢纽建设进展安排，预计到2015年底，建成四惠、宋家庄2个客运枢纽，客运枢纽总量达10个，完成“十二五”建设任务的33%。按照目前客运产站建设进展安排，预计到2015年底，5个中心站全部开工建设，10处首末站全部建成完工，在施变电站预计2013年完工。按照目前郊区客运场站建设进展安排，计划2014—2015年建设43个；到“十二五”期末，通过优化调整郊区客运线路，加大“村村通”线路覆盖，实现100%的覆盖目标。

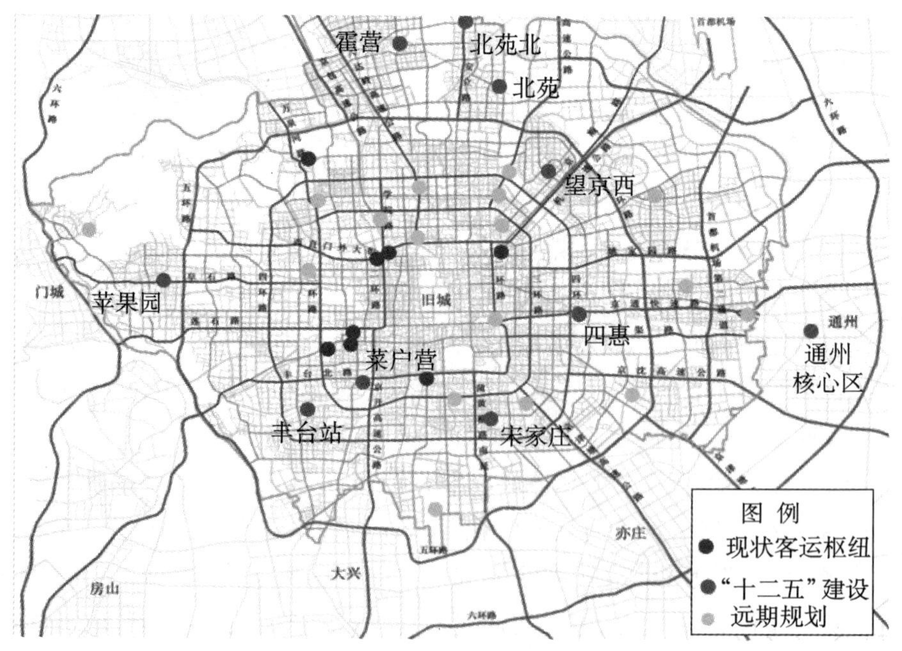

图2 北京市客运枢纽规划建设示意图

二、“十二五”交通规划实施中存在的主要问题

“十二五”开局以来，交通行业以科学发展观为统领，各项事业按规划既定的总体目标稳步推进。交通方式结构得到优化，中心城区交通拥堵得到明显缓解，城市公共交通运输有序推进，交通基础设施建设总体平稳，交通精细化管理成效显著，交通安全水平持续好转，交通发展适应了城市经济社会发展的要求。综合“十二五”时期交通发展的主题主线、规划目标及八项主要任务执行情况，总体来看，“十二五”交通规划实施过程中主要存在如下三方面问题：

（一）基础设施建设推进不均衡，“十二五”交通规划部分任务完成难度较大

从近两年基础设施建设完成情况来看，交通基础设施建设总体平稳推进，设施承载能力进一步提高，但部分任务完成存在一定难度。预计到2015年，微循环道路、综合客运枢纽、公交场站以及P&R设施等的“十二五”交通规划任务完成难度较大。分析其原因，主要有如下几个方面：

1. 规划缺失或调整，导致用地落实困难

基础设施的相关规划缺失或发生调整变化，导致用地落实困难、建设难以推进，比如P&R设施、公共停车场等。部分项目实施缺乏依据。

2. 受国家宏观经济政策调整影响较大

随着国家经济政策的调整，国内外经济形势发生较大变化，按照2010年6月《国务院关于加强地方政府融资平台公司管理有关问题的通知》的要求，北京的市、区级设施建设受到不同程度影响。比如，负责市级城市道路建设的公联公司、区级城市道路建设的朝阳区宝嘉恒公司融资平台被冻结，导致拆迁工作难度大、建设进展缓慢。

3. 资金紧张、拆迁困难

资金紧张、拆迁困难是制约基础设施建设的重要因素。城市道路、轨道交通、高速公路、公交场站（自行征地拆迁项目）等设施均受到不同程度制约。居民的期望值与现有补偿政策差距较大，涉及中央、北京市直属企事业单位、部队等部门的项目，协调时间长、难度大，建设推进更为困难。

4. 部分政策不完善

由于交通基础设施具有投资成本大、回收周期长等特点，部分设施按目前政策对社会投资缺乏吸引力，导致建设主体积极性不高。比如，停车设施按照现行政策，投资回报率低，难以吸引社会资金投入；P&R 设施目前执行市政府要求的低票价政策（2 元/次），日常运营需财政补贴扶持，投资无法回收，建设主体对 P&R 停车场建设积极性不高；公交场站、代征代建道路也缺乏监管政策措施和约束机制。

5. 部分设施建设的体制机制不顺畅

部分基础设施建设存在部门之间协调难度大、建设主体不明确、重大项目受前期工作制约等问题。比如，城市道路建设前期需办理规划、土地、绿化、环保等多项审批手续，前期手续工作较为复杂且周期较长；P&R 设施的投资主体基本处于一事一议，未形成固定长效的投资建设机制；高速公路（如密涿高速、京台高速等）、轨道交通（如 S1 线）项目前期工作受制约明显，工程进度缓慢。

（二）交通需求管理措施有待进一步落实，小汽车出行比例降幅不理想

“十二五”期间，在小汽车拥有及使用双重控制的情况下，小汽车出行比例 2010—2012 年仅下降 1.6 个百分点，到 2012 年底为 32.6%，同时每年私人小汽车保有量仍保持约 16 万辆的增长，可以预计如果“十二五”后半期不采取更为有力的需求调控措施，“十二五”规划提出的 2015 年小汽车出行比例控制在 25%以下的目标将很难完成。

（三）地面公交吸引力未显著提升，自行车出行比例持续下滑

随着轨道交通大规模建设、公交车辆规模的增加，公共交通运力及运量都明显提升，公共交通出行比例由 2010 年的 39.7%提高到 2012 年的 44%，但公共交通速度慢、通达性不够、衔接换乘不便等问题依旧突出。同时，2010—2012 年，自行车出行比例下滑 2.5 个百分点，与 2015 年提升到 18%的目标背道而驰。

分析其原因，受制于道路网微循环不畅、公交专用道不连续、公交分级线网体系不完善、公交线网与轨道线网衔接不顺畅、公交场站布局不尽合理等因素，公共交通通达性不够、速度慢、衔接换乘不便等制约公交吸引力的提升；而自行车出行比例持续下滑主要是由于通行路权得不到有效保障（机动车违章停车影响大）、大气污染、极端天气等，同时，公共交通票价体系不完善，造成中短距离公共交通资源的不合理使用削减了部分自行车出行，也是造成自行车比例下滑的因素之一。

三、进一步推动“十二五”交通规划实施的对策措施

（一）面临形势

随着首都经济社会持续快速发展，城市化、现代化、机动化进程进一步加快，人口、资源、环境矛盾日益加剧。按照2010—2012年年均常住人口增长54万的趋势，预计到2015年北京常住人口将达到2 231万，与“十二五”交通规划的预计基本一致。“十二五”后半期仍将面临出行总量持续增长、出行需求更为复杂多样的考验。具体体现为：全市日均出行总量将达到5 400万～5 900万人次，平均出行距离增加到11千米；机动车保有量增长及高强度使用的势头很难自行减缓，中心城路网承载能力难以支撑；出行结构优化调整将面临巨大挑战，绿色交通出行比例提升难度大；提高公共交通吸引力主要取决于运行速度、衔接换乘条件、线网布局、舒适程度等，而受用地、专用道网络等条件的制约，这些因素改善难度极大；同时，改善自行车出行环境，保持步行和自行车在中短距离出行中的合理比例，也将面临巨大挑战。

（二）“十二五”后半期实施对策

“十二五”交通规划提出影响交通发展的“六大关键”是：有效调控人口和城市功能布局，从源头上抑制交通需求过快增长；强化交通的引导与支撑作用，协调城市开发建设与交通发展；控制机动车过快增长，引导小汽车合理使用；继续保持交通投入与经济同步增长，提高交通设施承载能力；进一步落实公共交通优先发展政策，大幅改善交通出行结构；进一步强化交通管理，提高路网运行效率。

“十二五”后半期，除继续坚持“十二五”交通规划提出的关键举措外，还应着力调整部分设施建设模式，进一步研究更加灵活可行的政策以吸引社会资金参与交通基础设施建设，推进“十二五”交通规划建设任务完成；进一步深化落实交通需求管理措施，调控小汽车交通使用；高度重视步行和自行车交通，着力提升通行环境品质；着力构建快速通勤系统，全方位提升公交吸引力。

1. 调整部分设施建设模式，推进“十二五”交通规划建设任务完成

一是拓宽设施建设投融资渠道，保障基础设施建设资金投入。完善轨

道交通、高速公路建设融资模式，建立政府投资、银行贷款、土地一级开发、资产证券化、社会股权投资、企业自筹、政府贴息等综合融资体系，拓宽融资渠道，保障基础设施建设资金投入。为吸引社会资金更广泛地参与交通基础设施建设，在政府层面要出台更多灵活的优惠政策，其中，给交通基础设施用地松绑尤为重要。

二是加快研究目前执行的征地拆迁模式及政策，改变重大项目受征地拆迁制约的被动局面。

三是调整部分设施建设模式。公交场站方面，建立土储无偿供地模式：对于公交企业从土储中心（或具有土地整理行为的单位）取得土地的项目，建议市发改委会同市国土局制定无偿划拨政策，场站用地的土地成本由地块开发成本承担。明确配建公交场站"三同步"原则：对于配建公交场站，核准开发项目时，建议市发展改革委在批复中明确配建公交场站应与开发项目同步建设、同步竣工、同步交付使用，条件允许时适当提前。对于与轨道交通接驳的公交场站，需与轨道交通线路同步规划、同步竣工、同步投入使用。对于代征代建公交场站，进一步完善目前规划验收和竣工验收工作机制，通过制度保障代征代建公交场站顺利移交。P&R设施方面，明确主体、统筹推进：P&R停车场项目涉及发改、规划、国土等多个部门，由于缺乏协调实施单位，项目推进缓慢。建议结合轨道交通建设，轨道交通投资主体作为沿线P&R停车场项目的投资、建设主体，统筹推进项目实施。公共停车场方面，价格采取市场化的"用者自付"原则：不同于为全体市民提供服务的道路、轨道等公共设施，停车设施主要服务小汽车人群，具有公共商品的属性，应坚持价格"用者自付"的市场化原则。完善停车产业化发展相关政策：建议市政府出台相关政策，推进停车设施及装备走产业化发展道路，采取市场化的经营服务，在土地出让、资金、税费等方面加大政策支持力度。加大公共停车场的执法管理力度：重点查处私自打折、乱收费等行为，促进公共停车场建设健康有序发展。

2. 进一步深化落实交通需求管理措施，调控小汽车交通使用

加快推进正在研究的交通需求管理政策措施，择机实施。包括考虑区位、道路交通条件，研究细化小汽车分区域指标调控政策，适时实施交通排污拥堵收费措施、高排放区域限制等。强化停车秩序管理，开展违章停车处罚专项行动。出台相关违章停车处罚意见，做到停车秩序管理有法可

依；发动社会力量，加强停车协管队伍的组建和培训；引进先进技术，推广使用移动执法车和电子化停车监测器，以科技手段辅助停车管理和执法。

3. 高度重视步行和自行车交通，着力提升通行环境品质

推进北京市地方标准《城市道路空间规划设计规范》的发布实施，指导规划、建设。在路政局对市管城市道路步行、自行车系统进行调查（城市主干路351条，城市次干路17条）梳理的基础上，分区分片全面排查步行、自行车系统——建议市级统筹，出台严格政策，按设施权属所属主体负主责，对目前占用步道、自行车道的各类设施（变电箱、灯杆等）进行清理、挪移，保障步行、自行车的有效通行空间。

4. 着力构建快速通勤系统，全方位提升公交吸引力

地面公交运行速度慢、公交专用道不成网是制约公交吸引力的最主要因素，建议突破现行规范的约束，在公交需求量大、拥堵严重的走廊和路段，进一步施划公交专用道并连接成网。在城市快速路、主干路等客流集中的通道，构建一批地面公交快速通勤走廊，对走廊内公交线路运力进行优化整合，以大站快线和多样化服务为依托，提高走廊内公交运行速度，提升乘客出行便捷性。研究改革公共交通价格体系，建立轨道、地面公交及其他交通方式之间按乘坐距离远近的合理比价关系。同时，在加大轨道站点、枢纽周边等区域微循环道路建设的基础上，进一步开通衔接轨道站点、大型公交站点的区域微循环公交线路，扩大公交覆盖范围。

（执笔人：北京市交通委发展计划处　鼿文博）

北京市"十二五"时期文化工作中期评估报告

北京市文化局

《北京市"十二五"时期社会建设规划纲要》实施以来，全市文化系统在市委、市政府的正确领导下，认真贯彻落实党的十八大、十七届六中全会和习近平同志一系列重要讲话精神，改革创新、锐意进取，积极推动文化建设各项工作，全市文化工作实现了新发展。

一、规划任务完成情况

根据规划要求，共有两项主办任务，现将各项完成情况报告如下：

（一）整合利用公共服务资源，加快推进公共图书馆、文化馆（站）、美术馆等公共活动设施免费向社会公众开放

2011 年，文化部、财政部提出关于推进公共文化馆、图书馆、美术馆和街乡文化服务中心（文化站）免费开放的要求后，我们和财政部门一起积极推动落实免费开放工作。目前，全市 16 个区（县），共有 44 个文化馆或图书馆、1 家美术馆和 319 家街道（乡镇）文化站实现了全部免费开放。"三馆一站"提供的基本服务项目均为免费服务，主要包括免费观看各类公益性文艺演出、免费参观公益性展览、免费参与各类节庆活动、免费观看公益性电影放映、免费参加各艺术门类公益性培训讲座、免费提供群众文艺团队辅导人员和排练场地相关设施、免费享受文化信息服务、免费参与读者活动。并推出一系列品牌服务，如“首图展览”、“朝阳外语课堂”、“西城讲坛”、“宣南文化讲堂”等品牌文化服务项目。取消的收费项目主要有：公共图书馆办证费、验证费、自修室使用费、电子阅览室上网费，公共图书馆、文化馆（站）存包费，文化馆（站）普及性的群众文化艺术辅导和培训费，业余文艺骨干培训费等十大项。

我们积极服务和挖掘利用中央文化资源，大力整合央属、市属、民营、国际的文化资源，发挥各文化联盟、文化行业协会等新型组织的作用，为免费开放设施，丰富文化服务项目，在文化资源整合和科学统筹上实现了新突破。公共图书馆计算机信息服务网络覆盖全市16个区（县）的154个成员馆，全市区（县）级以上公共图书馆年流通人次已近1 000万。首图二期新馆开放后，接待读者130万人、外借文献近百万册，开展读者活动363场，参与活动读者近20万人。整合全市图书馆资源，成立首都图书馆联盟，现有成员单位113家，建成86个通借通还网点，实现国图和首图读者卡互认。整合首都剧场资源，成立首都剧院联盟，现有成员单位132家，联盟在成员单位开展了低票价惠民活动。首批试点单位将100元以下的低票价区扩大到剧院的30%，2013年联盟进一步将参与100元以下低票价惠民活动的成员剧场数量增加到22家单位，新增朝阳9剧场、解放军歌剧院等剧院，在保利剧院、国家大剧院、北展剧场、天桥剧院、世纪剧院等单位试点开展针对高端艺术演出的200元以下低票价补贴政策。

（二）完善公共文化服务体系，推进文化惠民工程、精品工程建设，不断满足群众精神文化需求

一是以示范区为引领，推动公共文化服务体系建设。朝阳区创建了首批国家公共文化服务体系示范区，东城区创建示范项目公共文化资源分类供给，大兴区创建示范项目公共文化设施空间拓展方式。朝阳示范区的成功创建，极大地带动了首都公共文化服务体系建设，起到了典型示范引领作用，激发了各区（县）政府的创建热情，形成了各级政府高度重视文化、各相关部门积极助推文化、各级文化机构奋力建设文化的良好氛围。海淀区与东城区已全面启动第二批国家公共文化服务体系示范区争创工作。在此基础上，我们将按照文化部示范区标准，启动全市各区（县）公共文化服务建设示范区创建工作，以示范创建为引领，完善公共文化服务体系，推动全市公共文化服务水平整体提升。

二是实施文化惠民工程，丰富活跃首都文艺舞台。目前，我市共有群众业余文艺团队9 204个，28万人，年活动48.7万次，涌现出了一批代表北京群众文化发展水平的品牌性文化活动。全市性的群众文化活动影响广泛，抒发百姓热爱北京的心声，如2012年的北京公园群众文化活动巡礼，历时3个月的“爱北京　唱我家　我的北京我的家”大型群众歌曲演唱电视竞赛活动。区（县）级的群众文化活动逐步加大，初步形成了“一区一品、一街（乡）一品、一社（村）一品”发展格局。海淀区的“海”字系列品牌文化工程，朝阳区的国际风情节、流行音乐周，门头沟区的中国北京永定河文化节，丰台区的卢沟晓月中秋文化旅游节，平谷区的中国乐谷欢乐节、桃花大舞台，通州区的运河艺术节活动，石景山区古城之春艺术节等都成为所在区域深入民心的品牌活动。大力实施文化惠民工程，公益惠民演出规模数量继续扩大，全市400多家专业和业余文艺团体参加“万场演出下基层”活动，年均演出11 000多场，1 800万人次群众受益。在重大庆典中，重点推出了一系列异彩纷呈的文艺活动，举办了“2011北京金秋原创优秀剧目展演”、“颂扬北京精神　讴歌伟大时代——2012年北京市优秀剧目展演”、“北京故事——优秀小剧场贺岁剧展演”，2013年第九届园博会期间“北京周”文化活动和全市优秀品牌文艺团队展演、群众文艺创作精品节目展演和首都各界优秀群众合唱展演等文艺活动。

三是加强社区文化设施建设，提升基层公共文化设施建设水平。为了推动老旧小区和新建小区文化设施建设，我们启动了“北京市中心城文化设施专项规划”编制工作，通过编制专项设施规划，着重摸清老旧小区和新建小区文化设施用地和空间布局情况，为下一步规划建设打下技术基础。目前，全市四级公共文化设施平均覆盖率达到98%，其中街道文化服务中心141个，乡镇文化站182个，社区文化室2 553个，村文化室3 770个，街道（乡镇）图书馆334个，藏书214.46万册，社区行政村图书馆4 823个，藏书630.13万册。全市文化共享工程服务点总数4 295个，年服务16万人次，建成公共电子阅览室127个。2012年，全市建成首批100家“数字文化社区”，加强了社区公共文化数字化和信息化建设；在主要街区试点安装100台24小时自助借书机，推动形成开放式的公共图书馆体系；为500家社区文化中心安装社区标识牌，加强社区文化设施的宣传和引导。

二、主要措施和办法

（一）推进“三馆一站”免费开放

一是将免费开放工作列入全国文化馆评估考核中，组织文化馆评估专家实地检查“三馆”免费开放的落实情况，并作为评估重要内容进行考核评分。二是制定办法，落实资金，稳步推进。为了加强免费开放工作，文化局和财政局共同制定了《关于落实全市美术馆、公共图书馆、文化馆（站）免费开放的工作方案》，确定了市文化局、市财政局、区（县）文化委和财政局、“三馆一站”服务机构的职责和任务，确保落实资金，分步实施，扎实有效。中央拨付北京市的专项资金 860 万元，按照分配方案下拨到各区（县）财政局。在下达批复中，明确规定了专项资金使用范围、补助单位、补助金额和专款专用。从 2009 年起，每年通过财政转移支付，市财政文化项目资金直接下达到区（县）财政，由各区（县）根据实际情况自行安排使用，其中，给予每个区（县）每个图书馆补助 50 万～150 万元、每个文化馆补助 35 万～40 万元，每个街道（乡镇）补助 5 万～10 万元，合计 4 640 万元；直接拨付首都图书馆 875 万元、北京画院 513 万元、北京文化艺术活动中心 156 万元，共计 6 184 万元。区（县）财政根据各区（县）开展工作的实际情况，进行资金配套。三是奖励先进。利用中央的鼓励资金，根据实地检查情况，分别给予补助奖励。朝阳区、东城区等 11 个区（县）在设施开放和免费项目实施方面工作落实到位，给予每馆 10 万元补助。此项经费补助主要用于区（县）文化馆、图书馆培训基层文化队伍和开展公益性讲座，街道（乡镇）文化站开展群众文化活动。

（二）扩大公益性演出覆盖范围

一是扩大公益惠民演出覆盖范围。为了丰富市民的文化生活，让更多的北京城区老百姓能够欣赏到高水平的文艺演出，市文化局推出了“百姓周末大舞台”演出项目。此项目由政府安排公共财政资金购买文艺演出且出资购买演出场地，在 4—10 月的周末和节假日免费向市民提供文艺演出。“百姓周末大舞台”演出在政府投资兴建的露天剧场内举行，与商业演出市场相互弥补、相得益彰，达到了政府满意、演出院团满意、最终使广大市民普通老百姓满意的良好效果。二是丰富公益惠民演出艺术门类，随着基层公益演出的开展，市民的欣赏水平逐渐提升，原有较为单调的艺术门类已不能完全满足市民的文化生活需求，为了让市民能够欣赏艺术类型更为丰富、艺术质量更加上乘的演出，市文化局在“十二五”时期扩大了参演艺术团体申报范围，凡在京注册的营业性文艺表演团体均可提交申请。目前，除了戏曲、曲艺、综艺节目外，话剧、交响乐、合唱、民族器乐等演出也加入了公益惠民演出的行列。三是加强公益惠民演出管理，把好公益演出剧（节）目准入关，自2011年起，市文化局对参与“周末场演出计划”、“百姓周末大舞台”和农村“文艺演出星火工程”的文艺表演团体及剧（节）目进行了统一评审。评审坚持公平、公正、公开的原则，统一标准，严把质量关，让市民能够欣赏到质量高、效果好的演出。四是根据北京市公益演出现状和存在的问题，印发了《关于进一步完善“百姓周末大舞台”、“周末场演出计划”、农村“文艺演出星火工程”公益惠民演出管理工作的通知》，完善演出各环节管理制度。

（三）加强社区文化建设

一是加强制度建设。制定了《北京市基层公共文化设施服务规范（试行）》等制度，进一步规范基层公共文化设施服务，提升设施服务水平。二是启动课题研究，加强设施布局规划。我们委托北京城市设计研究院，从规划用地专业技术角度，对街道文化中心和老旧小区、大型新建小区的文化设施状况进行调研，提出用地空间数据，对未建有设施的社区提出建议，为进一步推动设施建设提供技术依据。三是整合资源，拓展设施空间。大兴区积极与人防部门合作，开发利用地下设施空间，为社区居民提供文化活动场所。四是利用信息化和数字化技术，推动社区文化建设。2012年，依托歌华有线高清交互平台，把公共图书馆、文艺院团等资源通过数字网络输入街道文化中心和社区文化室，提供数字图书馆、数字高清视频、数字报纸阅读等服务，丰富社区文化设施服务内容。

三、面临的问题

全市文化工作在取得新的成绩和进步的同时，仍然面临着诸多问题和挑战：一是首都文化资源优势突出，但未能通过相关制度安排和政策措施使全社会文化资源实现高效统筹，未能充分发挥文化央企的作用，未能有效凝聚海外资源和兄弟省市资源。二是首都文化活动十分丰富，但未能很好地整合提升，形成辐射全国、享誉世界的文化品牌。因此，搭平台、创品牌的任务应受到高度重视。三是激发全社会迸发文化活力的激励奖励机制尚未形成，鼓励创意的社会环境尚需完善，对优秀艺术家、群众文化明星、文化品牌、优秀剧目、优秀文创企业、优秀文化街区等缺乏激励奖励，需要在顶层设计、体制机制、政策举措等方面继续努力，实现文化发展从部门推动上升为全市共同推动。四是文化艺术精品数量与北京丰富的文化资源底蕴仍不匹配，要进一步探索建立文化精品生产新模式，政府要通过政策引导资源并向各类优秀作品的生产主体倾斜，向灵活的分配方式倾斜。

四、下一步计划

按照党的十八大关于完善公共文化服务体系、提高服务效能的精神，落实市第十一次党代会提出的全市“公共文化设施和服务质量达到世界先进水平”的要求，着力建设覆盖城乡、布局合理、功能健全、实用高效的公共文化服务体系，应重点抓好以下几项工作：一是“建”。继续推动基层文化设施建设，夯实文化惠民的阵地基础，构建全面覆盖的公共文化服务体系，完善公共文化服务体系建设目标。二是“免”。继续推动公共文化设施向社会免费开放，统筹整合文化资源，进一步提高服务效能，以全市“四级”公共文化设施为基础，做好文化馆（站）、公共图书馆和公共美术馆“三馆”免费开放工作。三是“送”。丰富公共文化服务内容，为基层群众提供多样化的文化服务，组织开展群艺大汇演、演出下基层、文化信息资源共享工程、“社区一家亲”等惠民文化活动，为农村基层送演出、送图书、送服务、送设备、送培训。四是“创”。深化公共文化服务示范区创建工作，完成朝阳区创建国家公共文化服务体系示范区验收工作，做好第二批创建国家公共文化服务体系示范区的申报工作，推进全市市级公共文化服务示范区创建工作。

（执笔人：北京市文化局公共文化事业发展处　刘贵民）

北京市"十二五"时期卫生工作中期评估报告

北京市卫生局

"十二五"时期前半段，继续推进深化医药卫生体制改革，覆盖城乡的医疗卫生服务体系逐步完善，疾病预防控制和医疗救治能力得到增强。2012年，北京市户籍居民平均期望寿命为81.35岁，较"十一五"时期末增长了0.55岁。2012年，每千名常住人口执业（助理）医师4.0人，达到"十二五"时期预期目标。

一、大力宣传《北京人健康指引》，引导居民养成健康的生活方式

为贯彻《健康北京人——全民健康促进十年行动规划（2009—2018年）》，进一步改善首都市民健康状况，全面提升市民健康素养，组织专家制定了《北京人健康指引》（征求意见稿）。2011年3月，市卫生局召开"《北京人健康指引》（征求意见稿）新闻通气会"，向社会各界和广大市民广泛征求意见和建议。征求意见工作得到市民和媒体的广泛关注，舆情监测结果显示，"健康指引"网络转载2 600余次，涵盖新浪网、搜狐网、凤凰网、新华网、北京交通广播网、北京BTV在线等65家主要媒体，涉及北京、河北、山西、山东、浙江、福建、广州、沈阳等多个省市。

对微博评论的不完全统计结果显示，市民对其的赞同率高，赞同和支

持性评论占89.6%，主要观点有：政府出台此指引非常必要，有助于提高市民身体素质；大多数网友认为健康很重要；多数网友将自身情况与《北京人健康指引》指标做了比较，发现了自身的问题。

通过网络收集社会各界及市民意见和建议148条，其中有86条是《北京人健康指引》的具体修改意见。

在广泛征求意见和建议的基础上，经过精心筛选、整理及专家研讨，采纳了59条，采纳率为68.6%；对14个指标的23处内容进行了调整。调整后的“健康指引”指标包括拥有健康的行为与生活方式、保持心理平衡与良好的社会适应和实现基本生理健康目标三个部分，共34条，在公共卫生、临床、心理、社会学等多领域专家的支持下，编写成手册《北京人健康指引》。手册对各条指标进行详细讲解，并配有图表和简单实用的小贴士，可以帮助市民掌握健康的小技巧和小窍门。手册于2011年6月正式出版。

2011年6月30日，市卫生局召开《北京人健康指引》新闻发布会。发布会后，各主要媒体都在黄金时间和显要的位置发布了《北京人健康指引》相关信息，市健康促进工作委员会、市卫生局开始在全市范围内开展系列宣传推广活动，向市委、市政府、市人大、市政协、市纪委、卫生部等相关部委、国家单位及军队、市各委办局成员单位、各区（县）委、区（县）政府、市政府其他直属单位及组成部门、各区（县）健康促进委员会办公室、市卫生局直属单位、三级医院等共198家单位以及市健康促进工作委员会顾问和专家下发手册，共计193 428本。通过北京电视台、《北京日报》、《北京晚报》、《法制晚报》、北京人民广播电台城市管理广播及交通台、搜狐网等媒体对《北京人健康指引》进行深入报道和解读。印制4种招贴画共10万张，在公共场所、社区等广泛张贴，在地铁和公交移动电视发布公益宣传片，努力在全社会营造关注健康、促进健康的氛围。

二、加强慢性非传染病疾病和重大传染病预防控制，建立健全早发现、早诊断、早治疗的疾病预防干预机制

（一）疾病预防控制工作成绩显著，服务能力不断提升

2012年，全市报告各类传染病125 370例，报告发病率621.07/10万，比2011年下降6.33%。其中甲乙类传染病下降了23.43%。

2012年，北京市以市政府名义印发了《北京市结核病防治“十二五”

规划》、《北京市艾滋病防治“十二五”规划》和《北京市地方病防治“十二五”规划》，对“十二五”时期重点传染病和地方病防治工作指明了方向和目标。加强体系建设，以各级疾病预防控制中心、结控机构和七大慢病防治办公室为技术指导，以1 904个基层医疗卫生机构为网底的疾病预防控制网络进一步完善。同时，二级以上医疗机构疾控处（科）管理工作重心由部门设置转向能力建设，在医疗机构公共卫生管理工作中发挥了日益重要的作用。启动了全市疾控系统技术练兵和技能竞赛活动，在疫情平稳时期保持和巩固疾控队伍的专业战斗力。实施疾控机构标准化建设工作，以国家疾控机构建设标准为指导，结合北京疾病控制工作实际制定并出台了《北京市疾病预防控制机构实验室仪器装备标准》，争取财政投入近2亿元为市区两级疾控机构进行仪器装备配备，软件硬件两手抓全面提升疾控体系能力和水平。

（二）重大传染病防控工作成效凸显

1. 艾滋病防控工作取得重大突破

一是通过加大监测检测力度，全市艾滋病监测检测覆盖面不断扩大。艾滋病监测哨点从1995年的4个扩大到2012年的123个，监测系统覆盖了男男性行为者（MSM）、暗娼、嫖客、吸毒者等11类人群。医疗机构全部开展主动提供艾滋病咨询检测服务（PITC）。全市艾滋病确证实验室增至5家，筛查实验室总数从2003年的40家上升至2012年的203家。二是全面预防，艾滋病综合干预措施覆盖面不断扩大。在全市各区（县）全面推广开展社区艾滋病性病重点人群宣传干预工作，高危行为人群HIV检测率较2011年大幅提高。截至2012年12月底，我市暗娼人群、男男性行为人群、性病门诊就诊者累计HIV检测率分别达到了79.8%、98.2%、75.0%，切实实现了在高危人群中及早发现感染者、及时进行管理的目标。全市10家社区美沙酮维持治疗机构2012年治疗3 424人，日均服药人数为1 113人，保持率为88.9%。与2011年相比，累计治疗人数增加13.9%（418人），在治人数增加44.5%（670人）。三是扩大抗病毒治疗覆盖面，艾滋病人及感染者综合服务模式全面铺开，病人生活质量提高。我市累计免费治疗艾滋病患者3 329人（成人3 311人，儿童18人），现治患者3 045人（成人3 034人，儿童11人），治疗人数比2011年提高了59.6%。累计为2 071名长期在京居住的艾滋病患者进行免费抗病毒治疗，占到全部病人的62.2%。91%以上的病人治疗成功，病人的年死亡率降至

1%左右，达到国际先进水平。

2. 积极构建结核病防治新型服务体系，国家结核病防治规划各项指标全面完成

以《北京市结核病防治规划（2011—2015年）》为纲领，积极构建“结防机构负责规划协调、医疗机构负责初筛转诊、定点医院负责确诊收治、社区卫生机构负责患者全程管理”的新型防治服务体系。组织修订结核病防治工作规范，重点加强定点医疗机构建设、耐多药肺结核管理、学校肺结核疫情处置及卡介苗接种、健康教育等项工作。市级结核病参比实验室建设达到国内先进水平。全市综合医院报告、结防机构追踪的肺结核患者总体到位率为92.1%；活动性肺结核患者的家庭密切接触者筛查率为99.6%；新涂阳肺结核患者的治愈率为86.0%；流动人口肺结核患者的治疗成功率为90.9%；跨区域管理的转入患者的信息反馈率为96.7%，均达到并超过国家结核病防治规划要求的各项任务指标。

3. 构筑安全有效的免疫规划屏障

规范接种服务，强化疫苗流通和冷链运转管理，确保疫苗安全有效。加强脊灰监测，强化AFP主动监测工作，为继续维持我市无脊灰状态提供了有力保障。积极落实消除麻疹行动方案，强化麻疹各项防控措施，完善麻疹监测网络，开展了多轮消除麻疹工作督导，对重点人群做好麻疹查漏补种工作，确保麻疹免疫接种效果。率先出台了《北京市预防接种异常反应补偿办法（试行）》和《北京市卫生局关于规范实施预防接种异常反应鉴定的通知》等规范性文件，同时创造性地引入第三方保险公司（中国人民健康保险股份有限公司北京分公司）建立补偿费用审核机制，实现了管理效率和管理效果的双提升，保障了患者权益和社会稳定。继续推进流动人口免疫接种工作，2012年开展疫苗接种的集中用工单位7 912家，比2011年增加了2 279家（增幅40.46%）。麻疹、流脑A+C疫苗合计接种外来务工人员42.645 6万人次，比2011年增加14.166 9万人次（增幅49.75%）。2012年针对学龄前外来儿童开展的强化查漏补种活动共调查儿童483 393名，较2011年（442 228名）上升9.31%。连续6年开展流感疫苗集中接种工作，2012年累计接种流感疫苗1 644 988人次，较2011年上升了2.50%。2007—2012年，全市累计完成923万人次免费接种。应用蒙特卡罗模型推算的研究显示，我市自2007年在中小学生和60岁以上老年人中免费接种流感疫苗以来，每年减少流感样病例的发病人数约为64

万，以此推算，6 年以来，我市已累计节约医疗费用 20 亿元。2012 年全市累计接种各类常规疫苗 5 708 275 人次。所有疫苗的接种率均达到了 99%以上。乙肝病毒母婴阻断工作继续保持较高成功率，达到了 98.74%。已连续 28 年维持无脊灰状态；17 年无白喉病例报告；乙脑连续 5 年无报告病例。

（三）建立机制、强化干预，慢性病综合防治工作全面推进

全面启动包括心血管病防治行动、脑血管病防治行动、肿瘤防治行动、口腔疾病防治行动四大行动的“阳光长城计划 2012”行动，通过实施健康教育、医疗救治、规范管理和科技攻关等一系列举措实现对心血管病、脑血管病、肿瘤和口腔疾病的综合防控，提高市民健康水平。开展脑卒中筛查与防控项目，对慢性病高危人群采取规范化管理和干预措施。我市结合国家医改重大专项脑卒中筛查项目，2012 年共筛查脑卒中高危人群 125 606 人，发现高危人群 27 775 人（其中发现脑卒中患者 6 626 人），并对高危人群进行了生化检查、颈动脉超声检查和随访管理。全面开展全民控烟行动、肿瘤防治全民健康教育、建设肿瘤防控示范社区、建立癌症体检套餐等多项活动。启动癌症早诊早治项目。实施生命全周期口腔卫生保健健康促进行动，为 1 140 所幼儿园的 211 047 名 3～5 岁儿童提供了免费氟化泡沫预防龋齿服务；为 173 002 名儿童提供窝沟封闭服务，封闭牙数 248 646 颗；为 1 005 名符合条件的无咀嚼能力低保老年人提供了免费镶牙服务。扩大全民健康生活方式行动范围和内容。全市创建全民健康生活方式行动各类机构 146 家，其中示范单位 28 个、示范社区 47 个、示范食堂 44 个、示范餐厅 22 个、示范超市 5 个，使市民从相关社会环境获取健康适宜工具和技术支持。将“健康口腔、幸福家庭”工作内容纳入全民健康生活方式行动的内容当中，朝阳区团结湖社区成为全国首批 13 个“健康口腔、幸福家庭”示范区之一。

三、完善突发公共卫生事件应急机制，提升卫生应急处置能力

（一）强化卫生应急综合保障体系建设

一是完善卫生应急预案体系建设，总结突发公共事件卫生应急工作经验，全面梳理卫生应急工作预案，建立卫生应急预案动态更新修订机制，

逐步形成由突发公共卫生事件总体应急预案、若干卫生应急专项预案、分事件类别的部门单项预案和行政及专业部门的工作规范所组成的卫生应急预案体系。目前，已完成《北京市突发公共卫生事件应急预案》、《北京市应对流感大流行应急预案》、《北京市突发事件紧急医疗救援应急预案》、《北京市鼠疫防控应急预案》、《北京市突发食物中毒事件应急预案》、《北京市突发生活饮用水污染事件应急预案》、《北京市霍乱疫情应急预案》、《北京市突发急性职业中毒事件应急预案》、《北京市高温中暑事件卫生应急预案》和《北京市医疗机构突发药品和医疗器械不良反应事件应急预案》的制定、修订工作，我市突发公共卫生事件应急预案体系初步形成，对防范和应对各类突发公共卫生事件和其他各类突发公共事件的医疗卫生救援提供了有力保障。

二是加强卫生应急专业救援队伍及装备建设。2010 年以来，为加快推进我市卫生应急队伍专业化建设，提升突发事件卫生应急现场处置能力，我市卫生应急队伍进行优化整合，组建了医学救援、传染病防控、中毒处置、食品安全和水污染事故处置、核与辐射损伤处置、心理危机干预 6 类 242 人的市级卫生应急队伍，进一步明确了工作职责和任务。2012 年，市卫生局组建了突发急性传染病防控类、突发中毒事件处置类 2 支共 120 人的国家级卫生应急队伍，配备了与突发事件现场原因调查和现场处置相关的卫生应急装备共 21 类 229 种，总计经费 2 156 万元，实现了装备专业化、规范化、标准化、机械化、集成化、模块化、箱囊化、车载化配备的目标，满足了重特大突发公共卫生事件现场处置的需要。同时，建立健全了应急队伍“统一调度、快速运送、合理调配、密切协作”的工作机制和相关工作制度。

三是建立完善卫生应急专业救援物资及装备储备库。2012 年，为进一步加强本市医药物资储备管理，规范应急医药物资调用机制，妥善应对突发公共卫生事件，高效完成各类突发事件紧急医疗卫生救援任务，依据相关法律、法规和规范性文件，结合北京地区实际和突发事件特点，北京市医药储备管理联席小组组织专家制定了《北京市医药储备管理办法》。

（二）推进风险管理和监测预警体系建设，提升综合防范能力

为加强和推进卫生系统公共安全风险管理工作，建立健全科学、规范、系统、动态的公共卫生安全风险管理长效机制，市卫生局进一步加强了本市传染病疫情风险管理体系建设。一是建立传染病疫情风险管理工作体制，明确传染病疫情分类分级管理，完善相关工作机制，开展传染病疫情风险管理指挥一体化、网络信息平台化、决策程序化技术研究。二是成立传染病疫情风险管理组织机构和工作队伍，组建传染病疫情风险管理工作组和专家组。三是搭建传染病疫情风险评估理论框架，形成技术路线，完善传染病疫情风险工作流程，确定风险管理的范围，制定实施方案和风险识别、风险评估、风险控制、风险监测与动态更新工作流程，建立系统的传染病疫情风险评估指标体系。四是建立传染病疫情风险管理资金投入保障机制。五是加强实验室检测系统能力和监测预警体系建设。

（三）加强卫生应急处置体系建设，提升快速反应能力

为了推进突发公共卫生事件现场指挥部建设，市卫生局结合我市卫生应急管理和突发公共卫生事件应对工作实际，组织制定《北京市突发公共卫生事件应急现场指挥部设置与运行实施细则（试行）》，进一步完善现场指挥各类机制建设，明确突发公共卫生事件现场指挥机构的设置和分工，确定现场决策、处置和保障主体，规范现场处置程序，提高处置效率和能力，科学应对突发公共卫生事件，防止发生次生和衍生灾害，最大程度减少损失。

四、创新工作机制，大力提高妇女儿童健康水平

我市孕产妇死亡率控制成效显著，2012 年为 6.05/10 万，控制在较低水平；婴儿死亡率、5 岁以下儿童死亡率分别为 2.87‰、3.29 ‰，达世界发达国家水平；妇幼保健重点管理指标维持在较好水平，2012 年全市孕产妇系统管理率达到 97.74%、住院分娩率达到 100%、0～6 岁儿童保健覆盖率达到 97.92%、新生儿疾病筛查率达到 98.44%、0～6 个月婴儿纯母乳喂养率 68.38%；0～6 岁儿童整体健康状况良好；妇科常见疾病预防得到重视和加强；出生缺陷一级、二级预防成效显著，户籍人口出生缺陷发生率出现下降趋势，“十二五”期间，约 65%的严重出生缺陷通过产前诊断避免出生。

（一）深化医改，政策上争取新突破

1. 开展两癌筛查，建立长效机制

北京市是全国最早开展两癌筛查的省市之一，2008 年开始试点，2009 年扩大项目服务范围，实现全市覆盖，2011 年又建立两年一周期的长效工作机制。“十二五”期间，全市完成宫颈癌筛查 579 990 人，检出宫颈癌前病变 1 076 例，宫颈微小浸润癌 16 例，宫颈浸润癌 28 例；完成乳腺癌筛查 558 910 人，检出乳腺癌前病变 72 例，乳腺微小浸润癌 29 例，乳腺浸

润癌 142 例。

2. 进行叶酸增补，扩大受益人群

北京市不断扩大增补叶酸的人群范围，已由农村地区扩大到全市。监测数据显示，项目实施三年来，北京市神经管缺陷发生率从 0.97‰降低到 0.69‰。此外，与叶酸增补相关的其他出生缺陷，如先天性心脏病发病率也从 4.92‰下降到 4.28 ‰。

3. 规范新生儿疾病筛查，推进技术发展

近年来，北京市不断规范新生儿疾病筛查种类和方法，目前已开展覆盖常住人口的先天性苯丙酮尿症、先天性甲状腺功能低下、先天性听力筛查、先天性心脏病、先天性髋关节脱位 5 种疾病筛查，在市政府的全力推进下，北京市在 2012 年启动为常住人口新生儿自愿免费开展耳聋基因筛查工作，建立基于基因层面的健康档案，形成新生儿疾病筛查“5＋1”的新格局。截至 2013 年 10 月 18 日，共筛查329 701名新生儿，检出常见耳聋基因阳性者 15 108 人，其中先天性耳聋 85 例，药物性耳聋 804 例。参与率达到 95％，受到群众的广泛欢迎。

4. 开展预防艾滋病、梅毒和乙肝母婴传播项目，保障母婴安康

印发实施方案，使预防母婴传播服务项目从艾滋病一项扩大到艾滋病、梅毒、乙肝三项。广泛开展人员培训，市级共培训各类专业师资 352 人。各区（县）积极组织二级培训，相关专业人员培训覆盖率达到 90％以上。加大健康教育力度，2012 年度在孕产期、婚前保健服务人群中，分别有 99.27％和 99.48％的人接受了预防母婴传播疾病的咨询和检测。及时为感染孕产妇及所生儿童提供各类药品，分别为 41 例 HIV 感染孕产妇、155 例梅毒感染孕产妇、约 10 000 名乙肝表面抗原阳性母亲所生新生儿提供规范免费治疗及注射乙肝免疫球蛋白。制定统一的督导标准，开展覆盖全市的预防艾滋病母婴传播管理与技术服务的督导，及时发现问题、解决问题、改进工作。

（二）健全体系，提高妇幼卫生服务能力

组织制定《北京市区县妇幼保健院设备配置参考标准》，完成区（县）妇幼保健机构基本装备标准化配置工作，全市共计补助设备配置经费 3 亿多元。积极推进基于个案信息采集的妇幼卫生信息系统的建立和使用。2011 年 3 月，正式启动北京市妇幼保健网络信息系统二期项目建设，2012 年 11 月 1 日启动运行。新系统以妇幼健康档案为核心，涵盖妇幼保健的所

有业务内容，为提高妇幼卫生管理与服务质量、效率奠定基础，目前该系统正在不断优化进程中。

（三）完善工作机制，有效控制孕产妇和儿童死亡率

一是进一步规范孕产期保健服务与高危孕产妇转会诊工作。及时组织召开全市控制孕产妇死亡工作会，通报全市孕产妇死亡现状、存在的问题和工作要求，进一步明确各级领导在控制孕产妇死亡、保障母婴安全中的责任；先后出台多项管理规定，进一步规范孕产妇死亡控制工作的管理；继续实行并完善孕产妇死亡通报；协调做好高危、危重孕产妇转会诊救治工作，解决高危孕产妇转诊不畅问题。二是加强儿童死亡评审，进一步降低婴儿和5岁以下儿童死亡率。

（四）严格产前诊断，减少出生缺陷发生

产前筛查与产前诊断作为出生缺陷的二级预防措施，在出生缺陷防控工作中发挥着巨大作用。北京市通过规范化管理，严格开展产前诊断服务，目前北京市已经形成较完善的管理体系，构建规范的转会诊网络，创立完整的信息收集系统，有效提高产前诊断服务水平。产前筛查与产前诊断技术服务能力大幅提高，严重出生缺陷产前诊断率亦大幅提高，2012年，血生化及超生产前筛查率均大于90％；出生缺陷的产前诊断率达到31.43％。2013年，我们重新修订《北京市〈产前诊断技术管理办法〉实施细则》，进一步依法严格管理。

（五）规范先行，促进工作科学发展

依据《全国儿童保健工作规范》，编制《北京市儿童早期综合发展工作方案》及《北京市儿童早期综合发展技术规范》，并于2011年12月联合市人口计生、体育、残联以及团委等部门正式启动“儿童早期综合发展工程”。截至2013年9月，各区（县）均建立了儿童早期综合发展服务中心，根据不同年龄儿童生理和心理发育特点，为辖区广大儿童提供规范化、标准化的儿童早期综合发展服务，保障儿童生存、发展、受保护和参与的权利，提高儿童整体素质，促进儿童健康、全面发展。

（六）加强宣传研究，提高工作水平

连续3年与国家卫生计生委妇幼司、世界卫生组织、联合国儿童基金会联合举办的世界母乳喂养周大型宣传活动，大力促进母乳喂养。深入开展“健康北京人——母婴健康行动”项目、“促进自然分娩、保障母婴安康项目”，形成广泛的社会影响。积极参与《中国儿童心理保健技术规范》、

《0～6岁儿童残疾筛查工作规范（试行）》的制定以及《产后抑郁障碍防治指南》的编辑等工作。连续多年荣获宋庆龄儿科医学奖优秀组织奖。

五、调整工作思路，为提高老年人健康水平奠定基础

制定《北京市老年人健康服务能力建设规划》，完善老年卫生管理体系。市卫生局设立主管处室，区（县）卫生局确定主管领导和科室。完善以北京老年医院为市级老年卫生服务指导中心、区（县）指定医疗机构为区域老年卫生服务指导中心，以二、三级医疗机构为技术支撑，以社区服务机构为依托的老年卫生管理体系。科学配置医疗资源总量，合理调整医疗资源结构和布局，努力构建区域医疗中心/医学中心、专科医院、康复医院和护理院以及基层医疗卫生机构分工合作的分级医疗服务模式。

对各区（县）老年医院和社区卫生服务机构的医护人员进行“老年中期照护”和“癌症晚期患者舒缓治疗与临终关怀”适宜技术的培训。组织形式多样的老年健康宣传活动。针对老年人常见慢性病、老年人护理和康复、合理用药、跌倒、痴呆、尿失禁、营养不良等健康问题，在社区中开展形式多样的老年健康教育和健康促进等宣传活动。

开展老年健康服务模式的研究，提出构建“分层管理、无缝衔接和医养结合”的老年健康服务体系建设理论，倡导和推广“健康促进、预防保健、慢病防控、急危重症救治、中期照护、长期照护、舒缓治疗和临终关怀”的老年医疗卫生服务模式，探索如何构建顺畅的老年医疗服务网络，从而保证基本医疗卫生服务的可及性。配合国家卫计委进行“老年长期护理服务体系建设”的研究，配合人保部门进行“建立老年长期护理保险制度”的研究论证。推进老年医学学科的建设和发展，编辑出版《实用老年医学》和《老年病多学科整合管理》等老年医学论著，参与“老年医疗服务机构（包括三级老年医院、二级老年医院和综合医院老年病科）建设标准”的制定工作。

六、完善社区卫生服务体系，提升基层医疗卫生机构服务能力，形成分级就诊、双向转诊的有序就医格局

“十二五”时期，按照“保基本、强基层、建机制”的医改要求，我

市基层卫生机构以内涵建设为中心，不断强化服务能力的提升，同时与二、三级医院开展转诊预约，逐步推进分级就诊、双向转诊的有序就医格局。

（一）完善基层卫生服务体系，提升基层卫生服务能力

调整编制，补充社区卫生服务人员编制。在市卫生局与市编办开展大量调研的基础上，2012 年市编办修订了《社区卫生服务机构人员编制标准》。新编制包含医、护、防三类人员的基础编制和机动编制、其他人员编制、附加编制。基础编制原则上按照社区卫生服务团队与服务家庭户数 1∶600 的标准配备，在基础编制基础上，可配备不超过 22%的药剂、检验及管理、工勤等其他人员，同时，为解决延长服务时间、值班、进修、产病假等问题，另配备不超过基础编制 10%的机动编制。另外，设置病床的社区卫生服务中心，每 5 张病床可配备 1 名执业医师和 1 名护士。此外，还制定了 5 年动态调整一次的机制。

设立居民健康自助小屋。协调市财政出资 3 000 万元，通过政府集中招标采购方式，为全市正式运行的 324 家社区卫生服务中心配置健康自助设备，目前部分设备已经投入运行。社区卫生服务中心以自助设备为核心设置健康自助小屋，居民可定期到健康小屋自助监测自身健康状况，通过数据自动上传，完善健康档案，不但使居民动态掌握自身健康状况，提高自我健康管理意识，也为社区医务人员开展居民健康管理提供参考。

开展"十、百、千社区卫生人才"培养工作。以打造本市社区卫生领军人才为出发点，以培养 10 名社区卫生首席专家、100 名社区健康管理专家、1 000 名社区卫生业务骨干为基本目标，2012 年启动"十、百、千社区卫生人才"培养工作。经过区（县）推荐，市级考试、面试、公示等流程，已经确定培养人选人员。通过此举措，对外扩大社区卫生服务影响力，增强社区就医吸引力；对内强化激励作用，营造社区卫生人员钻研学术、提升技术、争先创优的氛围。

创建全国社区卫生服务示范中心。经过两年的努力，本市创建全国示范社区卫生服务中心 16 家，北京市市级示范社区卫生服务中心 39 家，在规范管理、完善服务、提高效率等方面对其他机构发挥示范作用。

强化慢性病综合管理。一是制定并完善《北京市社区慢性病管理手册》，提出 6 种慢性病社区健康管理服务规范（高血压、Ⅱ型糖尿病、冠心病、脑卒中、慢性肾病、慢性肝病）以及慢性病患者管理年度评估表、知己健康管理服务规范及老年人健康管理服务规范。二是全面开展慢性病规范化管理培训。2010 年至今，全市共培训社区卫生服务管理干部及专业技术人员近 1 万人次。三是加强建立健康档案。截至 2012 年底，全市共建立居民个人健康档案 1 611.4 万份，建档率达 77.87%。四是培养家庭保健员。家庭保健员是指掌握了较多慢性病防治知识和技能，能够承担起家庭健康教育、健康生活指导以及医患互动联络作用的家庭成员。自 2007 年起，我市共培养家庭保健员近 13 万名。五是开展知己健康管理。以非药物治疗为主，结合合理用药，利用知己能量监测仪监测患者能量摄入和消耗数值，指导患者科学饮食及运动，提供个性化、全方位的健康管理。

开展社区转诊预约服务。自 2000 年起至今，我市社区转诊预约服务从试点到全面推广，全市社区卫生服务机构与 42 家二、三级医院间有序开展，社区卫生服务机构为到社区就诊并需要专科医生进一步诊治的患者提供转诊预约服务。截至 2012 年底，全市累计提供转诊预约服务 1.6 万人次。

（二）全面推进家庭医生式服务

2010 年，市卫生局与市编办、发改委、财政局、人社局、规划委、建委、中医管理局八部门共同出台《关于进一步推进社区卫生改革与管理工作的意见》，明确提出，以社区卫生服务团队（全科医生、社区护士、预防保健人员各一名）为核心，以居民健康管理为主要内容，通过与居民建立相对稳定的自愿的服务关系，为居民提供主动、连续、综合的健康责任制管理。截至 2012 年底，全市已建成 3 239 个社区卫生服务团队，覆盖近 670 万户、1 936 余万常住人口，基本实现了全市社区的团队服务全覆盖，并做到了“3 个明确，6 个开展”，即明确管理范围（居委会、楼门、户数、重点管理人群），明确居民主要健康问题，明确干预措施，开展以了解居民主要健康问题为目的的社区健康诊断，开展以药物与非药物干预相结合的疾病诊治，开展以四种慢性病为主的慢性病规范管理，开展以治疗、康复及舒缓照顾相结合的家庭病床服务，开展以危险因素干预为核心的健康咨询与健康教育，开展以重点人群为对象的预防保健服务。

我市的家庭医生式服务原则上按照一个团队服务 600 户家庭的比例，通过与居民家庭签订服务协议，建立起稳定的健康管理关系，为居民提供主动、连续、综合的健康管理服务。居民可以在居住地的社区卫生服务机构自由选择社区卫生服务团队进行签约，居民无须缴纳任何签约费用，便能享受到“健康状况早了解”、“健康信息早知道”、“分类服务我主动”、“贴心服务我上门”、“慢病用药可优惠”五类个性化服务和优惠措施。同时，有健康问题可以通过“社区健康通”和责任医生联系、咨询，此项工作已于2011年在全市全面推开。截至2012年底，全市签约居民338万余户，711.7万余人，其中为重点人群签约317.5万余人。按照服务承诺，提供健康评估238万人次，发放健康教育材料391万份，告知信息315万人次，主动服务202万人次，上门服务27万人次。

七、优化医疗资源布局和结构，解决重点功能区、大型居住区、边远山区医疗资源不足问题，加快远郊区（县）区域医疗中心项目建设

北京地区拥有大量水平高、实力强的大型综合医院和专科医院，高端医疗卫生人才资源集中。2012年底，全市医疗机构编制床位总数达105 893张，比2011年增加6 647张，每千常住人口医疗机构编制床位由2011年4.9张增加到2012年5.1张。全市医疗机构实有床位总数达100 167张，比2011年增加5 432张，每千常住人口医疗机构实有床位由2011年4.7张增加到2012年4.8张。

针对郊区（县）和城市新区等地区群众看病难的问题，我们在医疗资源配置扩大增量的基础上，更加注重结构和布局优化，注重存量资源的合理配置。2012年，我们制定了《北京市医疗机构设置规划（2012—2015)》，并由市政府办公厅印发，作为我市“十二五”期间医疗机构设置准入的纲领性文件，规划原则是“增加总量、盘活存量、提高质量”。根据规划，我市将着力进行医疗资源布局调整，通过新建、迁建和托管等形式推进城市资源密集区的优质医疗资源向郊区（县）、新城和资源薄弱地区转移和发展，并向优质资源不足的重点新城和规划有外迁人口安置区、大型住宅居住区等区域倾斜。根据以上规划原则，目前在五环和六环之间，已经初步规划了28个中心城区优质医疗资源向外疏解建设项目，打造环五环优质医疗服务圈，其中北京地坛医院迁建、北京同仁医院亦庄院区、北京积水潭医院回龙观院区等9个项目已经建设完成并投入运营；清华大学天通苑医院、北大国际医院等5个项目目前正在建设施工；北京天坛医院迁建等14个项目正开展前期研究拟建设。

在加强远郊区（县）区域医疗中心建设方面，石景山医院医疗楼工程2012年5月竣工投入使用；密云县医院迁建项目主体结构施工已完成，正进行室内精装修施工；北京怀柔医院和延庆县医院改扩建工程主体结构施工均已完成，目前正进行室内精装修。同时，我们通过推进城乡对口支援和医师多点执业促进城区大医院对远郊区（县）区域医疗中心的支持，提升区域医疗中心服务能力。2012年，全市派出卫生支农医务人员2 697人，累计支农39 803天。各支援医院累计免费接收受援医院医务人员进修241人，进修22 493天。2012年全年对口支援门急诊诊疗达134 378人次，完成手术1 032例，手术示教492次，疑难病会诊3 517人次，教学查房3 150次，健康查体35 824人次，学术讲座2 228次，业务培训16 240人次，义诊20 174人次，捐款捐物价值达212.704万元。同时，全市已有660名医师办理了多点执业注册，其中约15%的医师流向了基层医疗卫生机构。

八、引导和鼓励社会资本举办医疗机构，增加医疗服务资源

推动社会办医健康发展是适应中国市场经济体制和医疗卫生行业发展规律的必然选择，是实现卫生事业科学发展的必然要求，也是扩大民间投资的重要途径。市卫生局会同有关部门进一步细化落实有关政策，一是成立社会办医服务处，市卫生局在新“三定”方案调整时新设立社会办医服务处，专门负责制定我市鼓励和引导社会力量举办医疗机构的相关政策措施并组织实施，为社会资本举办医疗机构提供多方位服务。市卫生局将科学研究分析全市社会资本举办医疗机构现状和发展趋势，制订社会办医的行业发展计划，确定发展目标和实现目标的具体措施，努力促进我市社会办医发展。二是研究制定社会资本举办医疗机构引导政策，切实推进市政府鼓励和引导《关于进一步鼓励和引导社会资本举办医疗机构若干政策》的贯彻落实，联合各有关部门加快制定具体实施细则，确保市政府政策能够落到实处。三是细化政策，鼓励符合政府支持方向的社会医疗机构。制定《落实本市〈关于进一步鼓励和引导社会资本举办医疗机构若干政策〉任务分解方案》，在市卫生局内部明确各部门、各处室在促进社会办医工作中的责任分工和任务，统筹形成合力，共同为社会办医创造更加宽松的

政策环境。四是统一简化审批流程。2011年，市卫生局下发了《北京市卫生局关于进一步鼓励和引导社会资本举办医疗机构规范和加强审批工作的通知》，要求各区（县）做好社会办医设置审批和管理工作。2013年进一步统一社会办医审批条件、简化审批流程，方便社会资本举办医疗机构。五是与市人力资源和社会保障局出台《北京市社会资本举办医疗机构卫生专业技术人员职称考试与评审暂行办法》，解决了社会资本举办医疗机构中医务人员职称评定难的问题。六是逐步将社会医疗机构人才培养纳入国家、北京市、北京市卫生系统承办的各类人才选拔推荐工作，在开展这方面研究的同时已落实了一些具体工作：（1）帮助有条件的民营医院成为医科大学附属医院；（2）对社会办医医务人员给予与公立医院同等培训机会并给予经费支持；（3）将社会办医疗机构新聘毕业生纳入医师规范化培训范畴。七是印发了《关于进一步规范大型医用设备配置管理工作的通知》，在大型医用设备配置规划上充分考虑社会资本办院的需求，合理预留空间，凡符合配置条件的，不限制配备。规定对于乙类大型医用设备，社会资本办院的诊疗科目设置和医技人员配备须达到要求，日常工作量和设备阶梯配置标准予以放宽，医院等级和编制床位数不作具体要求。八是探索搭建社会办医融资平台，研究优质公立医院与优质社会资本合作的途径和方式，创新多层次医疗服务提供模式。九是支持和促进民营医疗协会组织发展，筹备成立北京市社会办医行业协会，通过行业协会加强行业的自我管理和自律，配合政府做好行业健康发展的引导工作。十是积极培育和支持社会资本在高端医疗、商业医疗保险、远程医疗、国际医疗旅游、健康管理、医疗信息服务等领域探索建设高水平、国际化、多层次的服务机构，充分利用首都优质医疗和科研资源，进一步提升北京高端医疗服务业在全国和国际上的影响力和引导力。

九、实行双休日及节假日门诊，开展优质护理服务，改善医疗服务，方便市民就医，建立居民电子健康档案和电子病历

截至2013年9月底，全市51所三级医院（100%）、102所二级医院（100%）均开展了优质护理服务，优质护理服务病区覆盖率三级医院达97%，二级医院达70%。全市24所三级医院分期分批开展了护士岗位管

理试点工作，探索优质护理服务长效机制建设。2012年优质护理服务专项评价和调查结果显示：护士每周工作时间平均增加5小时，每日直接服务于患者的时间平均增加2.9小时，患者对医院护理服务的总体满意度为91%。优质护理服务使护士更加贴近临床、贴近患者，增进了护患沟通，提高了患者满意度，细化了工作标准，规范了护理行为。下一步，市卫生局将着眼于创新体制、建立机制，总结试点经验，在全市推广护士岗位管理工作。

自2010年开始，北京市逐步在53家二、三级医院推行双休日全天门诊。其他三级医院根据自身实际情况也不同程度地开展了周末半日门诊，部分医院还开设了夜间门诊。从2010年11月15日至2012年底，据不完全统计，双休日共接待门诊患者约850万人次，约占当期门诊总量的14%，双休日日均门诊人次约占工作日日均门诊人次的40%，部分医院达到了与工作日接诊量持平的程度。据推算，双休日门诊的普遍推广相当于新建了4～5所三级大型综合医院所提供的服务量，有效分流了工作日门诊的压力，提高了医疗服务效率，缓解了城镇居民无暇在工作日看病就医的问题，受到了群众的普遍欢迎。

积极推进电子病历工作。开展以电子病历为核心的市级卫生信息平台的立项及建设工作，目前，项目技术方案已通过市经信委评审并取得函复。同时，北京地区医院积极推进电子病历工作，2013年3月统计显示，北京地区三级医院门诊和住院医生工作站建设率达到100%，90%以上实现了检查检验电子化申请，90%实现了住院病历书写电子化。二级医院门诊医生工作站和住院医生工作站的建设率达到94%和79%，60%实现了住院电子病历书写电子化。

推广和完善以电子健康档案为核心的社区卫生服务信息系统，为基层医疗卫生服务人员以健康管理为核心的“六位一体”服务提供支撑，为建立电子健康档案提供手段，截至目前，已在顺义、西城、东城、海淀、石景山等15个区（县）、267个社区卫生服务中心、1 109个社区卫生服务站稳定运行，截止到2012年12月31日电子健康档案建档数量为1 479万（按照常住人口2 069.3万统计，建档率为71.47%），2013年4月30日，电子健康档案建档数量为1 491万（建档率为72.05%）。

完善改造新农合管理信息系统，推进新型农村合作医疗患者看病实时结算报销工作，截至目前，已经在怀柔、延庆、顺义和平谷4个远郊区

(县)的2家二级医院、13家社区卫生服务中心实现了农民看病实时结算报销。

在远程医疗会诊方面，自2010年起，在首都发展科研基金课题的支持下，开展了区域PACS(影像归档和通信)系统和病理会诊系统研究课题，并试点开展远程会诊工作。宣武医院与顺义区医院建立了远程影像会诊系统，并试点开展影像会诊。协和医院与平谷医院建立了病理会诊系统，可对平谷区医院的患者进行手术中冰冻的远程会诊试验。北京地区部分三级医院以区域医疗卫生服务共同体等各种形式开展了北京地区及支援外地开展了远程会诊，取得了成效。

十、加强精神卫生体系建设，提高精神卫生专业机构防治能力，完善精神健康促进和精神疾病预防、诊治、康复机制，积极开展精神疾病社区康复和心理健康咨询服务

全市登记在档的重性精神疾病患者为7.1万人，其中诊断为精神分裂症、偏执性精神病、分裂情感性障碍、双相(情感)障碍、癫痫所致精神障碍、精神发育迟滞等在档重性精神疾病患者6.3万人，规范化管理随访患者5.2万人。2012年度重性精神疾病患者规范管理率达92.1%。

(一)进一步完善精神疾病防治体系建设

扩充现有精神卫生医疗资源。全市共有精神疾病预防控制机构18家，其中市级1家，区(县)级17家，街道(乡镇)承担社区精防工作的社区卫生服务中心共计314家。全市共有精神疾病专业机构26所，编制床位9 888张，开放床位9 632张。2010—2012年增加床位编制2 368张。

加强精神卫生专业人员队伍建设。从事精神卫生预防控制工作人员133名；街道(乡镇)社区精防工作人员975人，其中专职人员192人，兼职人员783人。全市精神科专业人员总数目前已达到5 915人，其中精神科医师1 105人，精神科护士2 731人，2010—2012年增加医、技护专业人员511名。

加快医疗机构基础设施建设。根据《北京市人民政府办公厅关于印发加强北京市精神卫生服务体系建设发展工作指导意见的通知》要求，为加

强我市精神卫生机构规范化建设，不断提高医疗质量，保证医疗安全，更好地为首都人民的精神健康服务，市卫生局、市发展改革委、市民政局共同编制了北京市区（县）精神病专科医院建设与装备标准；协调财政局为我市 16 个区（县）的 17 家精神疾病专科医疗机构提供 4 100 万元的一次性财政补助，用于设备购置。

（二）提高重性精神疾病服务能力

试点开展精神残疾人居家与社区康复工作。北京市卫生局会同市残联共同研究制定《北京市精神残疾人居家与社区康复试点工作方案》，在西城区、朝阳区、海淀区、房山区和昌平区五个试点区，组织 1 500 名稳定期精神残疾人进行居家康复指导和社区康复活动。从而建立起医院—社区—家庭的全方位一体化治疗康复管理服务模式，通过临床精神科医生、残联助残员、患者监护人或近亲属及其他辅助人员共同努力，让住院患者重返社区，在社区、家庭中进行生活、社交、职业技能康复。

开展重性精神病人社区个案管理工作。市卫生局联合首都综治委、市民政局、市残联制定《北京市重性精神疾病患者社区个案管理工作指南》，结合《中华人民共和国精神卫生法》的落实，规范本市重性精神疾病患者社区个案管理工作模式，落实属地管理责任，整合管理力量，形成工作合力。由乡镇人民政府和街道办事处负责组织协调精神科医师护士、精防工作人员、民政、民警、残疾人康复协管员、居（村）民委员会、志愿者和患者家属等组成管理组，对患者实际情况进行全面评估，制定相应治疗康复计划，提供包括药物治疗、康复技术指导、入户随访和社区精神卫生知识宣传教育等在内的一揽子个案化管理服务。

推进落实严重精神障碍患者门诊基本药品免费治疗工作。针对当前部分精神疾病患者家庭支付能力有限，不能按时按量服药的问题，市卫生局联合首都综治委、市财政局、市民政局、市药监局、市人力社保局、市残联在全市范围内推进落实严重精神障碍患者实行门诊使用基本药品免费治疗政策，提升精神疾病患者服务和管理工作水平。

（执笔人：北京市卫生局疾病预防控制处　李顺丽）

北京市"十二五"时期人口计生工作中期评估报告

北京市人口计生委

近年来，在市委、市政府的正确领导下，在国家卫计委的大力指导下，全市人口计生系统认真学习领会党的路线方针政策，深入贯彻邓小平理论、"三个代表"重要思想和科学发展观，积极落实党的十八大和市委第十一次党代会精神，抓住机遇、改革创新、锐意进取、扎实工作，保证低生育水平持续稳定，统筹解决人口问题迈出重要步伐，市级统筹、部门分管、属地负责的人口服务管理机制逐步形成，在人口规模调控、人口服务管理等方面，均取得了新的进展和成效。

一、全面推进人口规模调控工作

（一）坚持计划生育基本国策，保持低生育水平持续稳定

坚持计划生育基本国策不动摇，始终坚持党政一把手亲自抓、负总责，坚持把人口计生工作纳入经济社会总体规划。不断完善目标管理责任制，市长每年与区（县）长签订人口计生目标管理责任书，实行计划生育"一票否决"制度。人口计生事业发展目标顺利实现，户籍人口总和生育率保持在1.0左右的水平，计划生育政策符合率持续稳定在97%以上的较高水平，人口自然增长率低于全国平均水平。适应新形势要求，2012年将郊区（县）的计划生育政策符合率由95%提高到与城区相同的97%，实现

全市生育管理标准的城乡统一。

（二）强化属地责任，不断完善绩效管理和目标管理制度

一是人口服务管理作为专项工作纳入市政府对区（县）政府绩效管理考核评价体系，市人口计生委作为市政府绩效管理领导小组成员单位，负责对区（县）政府开展人口服务管理工作及推进人口与资源、环境、经济社会协调发展情况进行考评。二是对人口和计划生育目标管理责任书进行调整完善，自 2012 年起，全市生育管理标准实现城乡统一，流动人口计划生育经费逐步实现与户籍人口统筹，各项指标全面完成。三是研究制定《北京市区县人口和计划生育工作考核评估方案》，以强化管理、优化服务、激发创新、鼓励先进为原则，建立起“四加一”的三级考核评估指标体系。

（三）加强战略研究，系统研提合理调控人口规模的政策建议

积极组织开展人口问题前瞻性、实证性和政策性研究，为首都人口发展和领导决策提供参考。特别是在 2011 年，经市政府批准，在国家人口计生委大力支持下，市人口计生委联合市委研究室、市编办、首都综治办、市发展改革委、市教委、市人力社保局、市规划委、市住建委、市商务委、市卫生局、市民防局、团市委等 12 个部门以及 9 个区（县）和 5 个科研院所，共同启动了“特大城市人口规模调控（以北京为例）”课题研究。课题研究历时 1 年，形成了 1 个总报告、30 个子报告，分总报告、城市功能布局篇、公共资源承载篇、人口服务管理篇、体制机制创新篇、区域协调发展篇和人口发展预测篇 7 个部分，共计 82 万字。课题总报告《北京市人口规模调控问题与对策》客观分析了北京人口发展的现状，理清了人口规模调控的总体思路与框架体系，提出了人口规模调控的基本原则、主要目标、主要任务和政策措施，为下一步首都人口规模合理调控提供了较好的政策建议。

（四）创新工作机制，推动重大政策、重大规划和重大项目的人口评估机制的建立

认真贯彻落实市委、市政府重点改革任务要求，市人口计生委牵头联合首都综治办等 8 个职能部门和 16 个区（县）政府开展调查研究，形成《建立北京市重大规划、重大政策、重大项目人口评估机制研究报告》和《人口评估指标体系框架》，明确了人口评估机制的定位、性质、范围、内容、流程、保障机制。以此为基础，提出了《关于建立北京市重大规划、重大政策、重大项目人口评估机制的建议方案》，并将选取关系经济社会发展、公共资源配置的对人口规模、结构、分布产生重大影响的项目于2013年启动试点评估工作。

（五）加强工作统筹，人口信息化取得新突破

在实有人口专项组框架下，与公安部门建立人口信息共享和人口统计信息协商制度，实施全员人口数据库与公安基础人口数据库的全库比对工作，推动部门、区（县）人口数据共享整合。积极开展人口信息综合和形势分析，为市委、市政府决策提供依据。重点打造“北京市全员人口管理信息系统”工程（北京金人工程），以市育龄妇女信息库为基础，整合市公安局户籍人口信息、市流管办流动人口信息，建成北京市覆盖人口最广的数据库——全员人口数据库，为开展人口信息综合、决策支持提供强力支撑。

二、加强人口和计划生育服务管理工作

（一）坚持民生为重，利益导向政策体系不断完善

坚持以计划生育家庭，尤其是独生子女家庭利益为核心，探索并不断完善多形式、多层次、广覆盖的计划生育利益导向机制和体系，形成了“经济奖励、优质服务、优先优惠、养老保障、生产扶持、帮扶救助”六位一体的计划生育利益导向政策体系。不断提高国家规定的三项扶助制度的标准，全面落实农村部分计划生育家庭奖励扶助制度，率先实行奖励扶助增长机制。落实独生子女死亡伤残的困难家庭扶助制度，提高补助标准。推出“暖心计划”，全额出资为独生子女死亡家庭的父母购买涵盖养老、医疗、意外保险在内的综合性保险。

（二）坚持以人为本，计划生育优质服务不断深化

率先在全国实现了计划生育“国优”先进单位全覆盖目标，形成“政府主导、社区参与、计卫联手、共建共享、需求易得、融合拓展”的具有首都特点的计划生育优质服务模式。出台《北京市生育服务证管理办法实施细则》，进一步规范证件办理，简化程序、方便群众。积极开展争创“全国计划生育优质服务示范站”活动，扎实推进“健康生育计划”和“免费孕前优生健康检查”项目试点，深入开展“生殖健康伴你行”活动。

（三）加强综合治理，出生人口性别比稳中有降

继续把综合治理出生人口性别比偏高问题作为促进人口长期均衡发展的重要内容。市、区两级均建立由人口计生、公安、卫生、药监、妇联等部门组成的领导小组或联席会议机制，强化部门协作机制。各级人口计生部门深入开展宣传倡导，不断完善有利于女孩及计划生育家庭户的利益导向机制；各级卫生部门坚持住院分娩实名登记制度，加强对B超机的使用管理，打击选择性别的终止妊娠行为；各级公安部门坚持打击黑诊所和溺弃女婴违法犯罪行为；各级药监部门加强对终止妊娠药品生产、经营企业的监管，打击黑药店；各级妇联有力推动保障妇女权益、提高妇女地位、促进男女平等等工作；市统计局提供人口数据支撑。全市出生人口性别比综合治理延续了“十一五”时期的良好势头，取得显著成效，2011年全市出生人口性别比为110.7，2012年降至110，实现了全市出生人口性别比稳中有降的目标。

（四）整合现有资源，大力推进幸福家庭“六大工程”

适应人口计生工作转型需要和新职能的要求，市人口计生委整合原有业务工作，按照“幸福家庭、和谐人口”理念，提出实施创建幸福家庭六大惠民工程（文明倡导工程、宝贝计划工程、青春健康工程、健康生育工程、生育关怀工程、心灵家园工程），推动解决首都计划生育家庭特别是计划生育特殊家庭和困难家庭在生产、生活、生育、养老等方面存在的问题，并以此作为今后一个时期全市人口计生工作理念转变及职能拓展的有效载体和平台。

（五）注重均等化服务，流动人口服务管理工作不断加强

全市各区（县）人口计生部门相继成立了流动人口服务管理机构，街道（乡镇）充实了专兼职人员，基层社区流动人口协管员队伍逐步加强。强化系统内部协调和外部协作，流动人口和人户分离人员计划生育工作“一盘棋”机制建设初见成效。探索建立了环渤海区域“七省一区两市”流动人口服务管理区域协作机制。与流管办、卫生、劳动等部门加强协作，开展流动人口在京出生监测等工作，综合治理流动人口违法生育难题。开展关怀关爱流动人口活动。

进入“十二五”时期的三年，正是全市人口计生工作转型发展的重要阶段，各方面工作均取得长足的进展，但人口服务管理的体制、机制尚待完善和加强。今后一个时期，全市人口计生系统将继续贯彻落实党的十八大和市第十一次党代会精神，围绕市委、市政府中心工作，以创新人口服务管理体制机制为动力，以建立健全人口发展调控机制和人口服务管理体系为抓手，继续加强人口综合管理，圆满完成“十二五”规划任务，协调推动人口与经济、社会、资源、环境协调可持续发展。

（执笔人：北京市人口计生委规划协调处　张金霞）

北京市“十二五”时期食品监管与工商参与社会管理创新中期评估报告

北京市工商局

进入“十二五”时期以来，市工商局、市食品办按照《北京市“十二五”时期社会建设规划纲要》的工作要求，以保障首都良好市场秩序和食品安全为目标，立足职能，将此项工作与参与推动社会管理创新紧密结合，积极落实规划中负责牵头的第 26 项“健全食品药品监管机制”、第 45 项“推动企业履行社会责任”和第 53 项“完善社会诚信体系和行为规范”等相关工作，取得了良好的成效。现就上述工作的落实情况报告如下。

一、工作落实、发展目标实现及重点任务推进情况

（一）健全食品监管机制，食品安全整体水平稳步提高

“十二五”以来，具有首都特色的食品安全监管体制机制建设继续深化，全市食品安全整体水平不断提升。2011 年全市共监测抽检 65 大类食品样本 13.4 万个，总体合格率 97.37%；2012 年共抽检 65 大类食品样本 12.2 万个，其中列入国民经济和社会发展指标的重点食品监测合格率达到 98.23%。

1. 启动了首都食品安全追溯体系建设

针对本市大型企业生产的原料奶、婴幼儿配方乳粉、鲜肉产品初步建立了食品安全可追溯系统；统筹规划并加快推进食品安全追溯信息平台建

设，统一追溯编码、追溯内容和信息归集，保证追溯链条的完整性和兼容性；运用物联网等信息技术手段提高追溯体系的便捷性和可靠性，实现北京市场上畜禽、原料奶、婴幼儿配方奶粉等重点高风险食品的可追溯。

2. 健全了食品安全管理综合协调机制

市政府印发了食品安全委员会的协调议事规则，每年召开两次食品安全委员会全体会议，每月召开一次食品安全委员会办公室会议，就食品安全的重大问题统一研究、协调、部署并组织推进。

3. 完善了食品安全监管体系

强化了食用农产品生产、经营环节监管，广泛推行餐饮业卫生监督量化分级管理制度，在供应全市 23 万中小学生营养餐的企业中全面建立了 HACCP（危害分析与关键控制点）预防食物中毒保障系统。

4. 完善了食品安全管理责任制

食品安全工作纳入了区（县）政府绩效管理考核，部分区（县）将食品安全工作与社会网格化管理相结合，并探索成立了专职监督员队伍。市政府针对食品安全地方标准制定、中央厨房、食品现场制售等 21 项领域印发文件，明确了部门分工，强化了责任。

5. 启动了安全食品保障供给体系建设

市政府与黑龙江等供应进京食品的 8 个省区市政府建立了联动协作机制；首都农业集团与黑龙江省农垦总局等 106 家企业相互签订了安全食品供应协议；京外 130 个基地与本市 48 家大型连锁超市、餐饮企业建立了直供关系。

6. 建立和完善了食品安全应急体系和应急处置机制

修订了《北京市突发食品安全事件应急预案（2011 年修订）》，加强了应急决策指挥系统、应急监测、报告和预警体系、应急检测技术支撑系统、应急队伍和物质保障体系以及现场处置能力建设，建立了应急反应联动网络平台和食品生产加工、流通和餐饮各环节突发事件投诉举报和应急快速反应处理系统。进一步完善了重大活动食品安全应急保障工作。妥善处置了食品中涉嫌添加工业明胶、超市经营油鱼冒充鳕鱼、“美素丽儿”乳粉事件等多起食品安全突发事件。加强了对食品安全违法行为打击行政执法与刑事司法的衔接。

7. 开展了食品安全诚信体系建设工作

初步建立了食品安全信用征集、评价、披露和奖惩制度，按企业信誉度和食品风险度实行分级分类管理。此外，食品安全信用管理、信息公示等制度的建立也有效促进了企业自律，提振了社会公众消费信心。

（二）深入推进工商参与社会管理创新，监管和服务效能有效提升

进入“十二五”时期以来，为深入贯彻党中央、国务院和北京市委、市政府关于加强和创新社会管理的总体部署，落实国务院机构改革和职能转变的各项要求，有效应对社会转型期因经济体制、社会结构、思想观念和利益格局发生深刻变化给工商行政管理工作带来的挑战，提升工商部门监管与服务的效能，用社会化理念和方式方法解决市场经济秩序领域里的突出问题，自 2012 年开始，市工商局积极推进工商参与社会管理创新工作。

1. 确立了“一二二四四”市场监管体系构架

制定了《北京市工商局关于参与推动社会管理创新全面提升工商履职效能建设首都良好市场生态环境的工作意见》（简称《意见》），以《意见》为核心，完善“1＋X”制度体系，确立了政府主导、多元参与、互动合作、共同治理的“一二二四四”市场监管体系构架。也就是“一个核心”：建设良好的市场生态环境。“两项举措”：监管与服务并举。“双轮驱动”：提升专业化水平，运用社会化手段聚合社会力量。“四个体系”：通过推行全景式服务，构建社会化服务体系，塑造服务型工商良好形象；通过开展参与式监督，构建多元化治理体系，完善市场监管格局；通过探索互动式合作，构建良性化协作体系，优化工商监管和执法环境；通过推动联动式监管，构建协同化执法体系，加强对市场风险的有效防范。“四项保障”：建立健全组织领导体系、制度支撑体系、专业化保障体系和多维化评价体系。

2. 实现“四个对接”，延伸了工作触角

推动工商进社区，编织工商社会化工作网络。2012 年与东城区签署有关合作协议，在东城区进行全面试点，并在全系统选取 48 个工商所进行试点，2013 年已将试点范围扩大到各分局工商所，落实“四个对接”，即“工商管理网格与社区网格的对接、工商所与街道（乡镇）相关执法部门的对接、工商所与社区居委会及社区工作站的对接、工商网格责任人与社区网格管理员及其他协管力量的对接”，切实做到监管风险早发现、消费纠纷早知道、违法行为早处理、群众需求早解决。

3. 推进共同治理，拓展了服务监管手臂

第一，支持引导行业协会、商会等社会组织参与市场监管。出台了《北京市工商行政管理局关于支持行业协会参与市场监管的工作意见》；与中国家用电器服务维修协会等五家行业协会就家电维修、网络监管、美容美发、洗染、洗浴行业准入建立合作关系；与中国家用电器服务维修协会等联合发布《关于规范北京市家电维修市场工作指导意见》，有效净化了家电维修市场的环境，我市家电维修申诉量下降了47%；联合市经纪人协会向投诉量前30名的房地产经纪公司发出行业自律提示函，有效规范了房地产经纪行业；支持电子商务协会在全行业开展"电商好客服"评选活动，与37家大型电商企业签订了诚信经营自律公约，推动首都电商行业整体服务质量提升；联合中消协、中国电子商会、北京市消协，召集三星、联想等17家手机生产企业及国美、苏宁等大型手机零售企业举办"规范智能手机存储容量标识，促进行业诚信自律"活动，企业向社会作出"严守法规、诚信经营、落实三包责任"等八项承诺；联合国家珠宝玉石质量监督检验中心、中国珠宝玉石首饰行业协会举行了行业商品质量集体约谈会，督促企业按照国家标准整改，倡导行业企业守法经营。第二，充分发挥管理服务类市场主体在促进市场秩序规范中的作用。与商务楼宇物业服务管理部门、市场开办单位、企业联盟、功能区商会组织等管理主体互动合作，使其在参与市场监管过程中主动承担自身主体责任和社会责任。

4. 加强协同执法，完善了监管工作格局

主动加强与相关执法部门、行业主管部门、地方政府和周边省区市的合作，就履行部门监管职责建立了协作机制，营造了良好的外部工作环境，进一步完善了监管格局。第一，加强部门联动。自2011年起，与市公安局、北京海关等部门签订了《北京市五部门行政资源整合机制框架协议书》；与新闻宣传、政策研究、城市管理、综合经济、司法行政、社会管理等30多个部委办局在文化产业发展、国有企业改革、加强市场监管、知识产权保护、矛盾纠纷化解等方面建立了工作协调、执法联动和数据共享机制。第二，牵头开展全市无证无照经营专项治理，把治理无证无照经营工作纳入首都社会管理综合治理范畴，代市政府拟定并推动出台了《北京市人民政府关于治理无证无照经营行为维护市场经营秩序的意见》，建立了无证无照经营联席会议制度，形成了"政府领导、属地负责、部门联动、综合治理"四位一体的工作格局。第三，加强区域联动。与天津、河北、山西、内蒙古签订了《华北五省区市工商行政管理局区域合作协议》，建立了京、粤工商系统跨地域网络案件查办协作机制；远郊区（县）分局还与邻近省区市工商机关建立了流通领域食品安全、打击传销、消费维权等合作机制，形成了区域化联动工作屏障。

（三）推动企业履行社会责任，市场主体自律意识切实增强

进入“十二五”时期以来，市工商局积极引导企业履行社会责任，鼓励行业协会、社会组织、媒体和公众参与推动，市场主体自律意识进一步提升。

1. 搭建了与企业及社会良性互动沟通的平台，提高企业自律意识，推动企业积极履责

开展“工商进社区”、“工商进楼宇”、“工商开放日”、“走基层、访企业、听民声、增效能”以及为企业“送法律、送服务”等活动，听需求、助发展，加强与企业的沟通联系，建立了良性互动平台；开通“e网通”服务平台，加大法律法规宣传，提高其自律意识，营造良好的企业自律环境；组织开展以弘扬诚信兴商、诚信经营、守法经营为重点的宣传教育活动，提高了经营者的诚信意识和消费者的维权意识。上述举措有效实现了工商与企业的良性互动，增强了企业对法律权威的内在认同和自觉服从。

2. 研究出台了《首都企业社会责任行动指南》

2012年，市个私协组织专家学者、市工商局和协会工作人员共同研究出台了《首都企业社会责任行动指南》，从保护员工权益、保护利益相关人权益、保护消费者权益、保护自然环境及优化社区环境、维护公共利益及社会发展五大方面明确了首都企业的主要社会责任。市个私协与中国个协、市社工委、市精神文明办等部门联合开展了动员部署活动，加强了文件落实的跟踪指导工作。

3. 支持行业协会规范企业经营行为，促进行业市场主体自觉履行社会责任

一是与行业协会联手，组织商超、建材、沐浴、洗染、电子商务等与群众生活密切相关的行业企业，面向社会与行业协会签订诚信经营承诺书，强化自我约束和自我管理，促使企业从源头上提高产品与服务质量，企业在日常经营中如未按承诺履行保障产品质量、服务质量或未按承诺处理消费纠纷，协会则按照自律规则和诚信经营承诺书中的有关规定，开展对该类企业的诚信经营教育，并对侵害消费者合法权益的行为予以行业谴责或惩戒，工商部门则通过行业协会反馈的相关信息，在日常工作中依法

对相关企业予以从严监管。二是支持行业协会建立合同管理机构，建立健全“事前预防、事中控制、事后补救”的合同管理制度，开展对业内企业合同签约履约行为的规范，督促行业协会引导业内企业使用公平合理的合同格式条款，鼓励行业协会参与合同示范文本和区域性推荐合同文本的制定和推行，明确、细化符合行业需求并且公平合理的契约准则和交易规则。目前，首都工商在行业协会的配合下，共发布各类合同示范文本120种。在婚庆行业产业集中的北京西单地区，联合婚庆产业商会，成立合同管理办公室，提高了行业合同履约率。指导行业协会建立业内企业合同履约记录的归集分析机制。支持行业协会畅通行业合同争议解决渠道，并为行业协会开展合同争议调解提供服务。

4. 积极维护消费者权益，强化经营者主体责任

市工商局积极畅通消费纠纷解决渠道，建立并完善了自行和解、联动调解、人民调解、行政调解、司法诉前调解“五位一体”的消费纠纷解决机制，起草了《关于进一步加强首都消费环境建设的意见》，致力于建设符合首都消费环境特色的政府部门主导、社会多元参与的消保工作格局。其中，在强化经营者主体责任方面：一是大力推广小额消费纠纷快速解决机制。目前已在全市9个区（县）建立了小额消费纠纷快速解决机制，相关经营主体即时和解消费纠纷13万多件，涉及金额8 833万余元。二是在全市范围内开展消费纠纷快速解决绿色通道机制建设，促进政府与经营者联动调解。目前，企业成员单位数量达到4 479家，覆盖了30余个行业。2012年至今，绿色通道成员单位解决工商转办投诉2.5万余件，协商和解率达到了92.22%，成员单位和解自接消费者投诉378 180件，消费者满意率上升了24.24%，总体达76.95%。

（四）深入推进企业信用体系建设，惩戒效果初步展现

进入“十二五”时期以来，市委、市政府高度重视企业信用体系建设，出台了《关于进一步加强企业信用监管推进企业信用体系建设的意见》（简称《意见》），各项工作得到进一步发展。

1. 全市企业信用信息平台建设再上新台阶

一是对北京市企业信用信息网进行了升级改造。增加了WAP网站和移动客户端软件等信息查询和公示渠道；开发了许可协同功能，新增涉及38个委办局前后置许可和备案业务信息超过1.4万条，职能部门实现了更广范围内的信息共享和应用。二是全市企业信用数据归集达到新水平。截

至2013年6月，北京市企业信用信息网共归集了55家单位的数据2 517.78万条，向全市各有关部门提供数据282.52万条，通过部门联动使行政约束效能不断加大。向金融机构、信用服务机构、企业和公众提供查询1.55亿次，通过社会协同使市场约束效能初步显现，失信社会惩戒机制基本形成，企业信用监管已经开始在市场监管中发挥基础性作用。三是政府职能部门协作呈现新局面。工商、国税、海关、电监等部门形成了联合惩戒机制。通过部门之间企业的存续状态、受处罚情况等信息共享，为实现部门间协同监管提供支持。

2. 企业信用监管体制机制建设工作进一步健全

一是制定了市企业信用体系建设推进办公室工作制度，明确了业务范围和任务分工，各成员单位建立了联络员制度；二是根据《意见》要求，市政府将加强企业信用体系建设工作列入年度折子工程，市政府绩效办、法制办将归集行政处罚数据的任务列入了依法行政专项考评，有力推进了企业信用监管体制机制的健全和完善。

3. 支持行业协会建设行业信用体系成效明显

市工商局与家用电器服务维修、航空运输、电子电器、洗染、电子商务、经纪人协会六家行业协会签署合作协议，在完善行业规范和行业信用规则、建设行业信用档案、充实行业信用信息数据库、健全企业信用管理机制等方面提供帮扶指导；开展创先评优、信用评价工作，宣传、扶植诚信经营的优秀企业，对违反行业自律规则的企业予以惩戒并公示。

二、规划实施存在的问题及建议

（一）存在的问题

1. 首都食品安全整体环境有待进一步优化

首都作为特大消费型城市，85%以上的食品靠外省市甚至国外供应，“输入型”风险影响将长期存在；食品生产经营外部环境和供应渠道复杂，食品消费层次和需求结构存在差异，在城乡结合部、农村等地区一些违法生产经营行为还时有发生，小餐饮、小作坊、小摊贩的生产经营行为有待进一步规范。此外，在法规建设、组织体系建设、监管科技手段和食品安全知识的教育普及方面，还有许多需要完善改进之处。

2. 政府推动企业履行社会责任有待进一步深化

进入"十二五"时期以来，政府推动企业履行社会责任五年行动取得了明显成效，但部分机制建设的滞后仍制约了行动发展。下一步，首都企业履行社会责任整体规划仍需加以完善，责任落实机制有待进一步健全，具体鼓励政策尚需出台并加以落实；媒体和宣传部门对自觉履行社会责任的企业的宣传力度尚待充分发挥。

（二）相关建议

一是加快行业自律体系建设，在社会诚信体系建设中充分发挥行业协会的作用。发挥行业协会的优势，制定支持行业协会发展的政策，切实推进与行业协会所签协议的落实，积极探索购买行业协会的服务，引导行业协会推进行业诚信自律、参与社会诚信体系建设，选择社会关注的重点热点问题加强联合整治。促进无主管行业协会的发展，进一步将经济类、中介类中小企业组织起来。推动有条件的行业组织开展行业信用管理。

二是进一步开展食品安全诚信体系建设工作，继续深化食品安全监管部门间的协作机制，充分发挥媒体作用，鼓励公众广泛参与，强化社会监督，形成政府、企业、行业组织、消费者和媒体共同参与的食品安全工作格局。

（执笔人：北京市工商局办公室　陈立）

北京市“十二五”时期安全生产中期评估报告

北京市安全监管局

《北京市“十二五”时期社会建设规划纲要》（简称《规划》）颁布实施以来，全市的安全生产工作在市委、市政府的坚强正确领导下，通过深入开展“安全生产年”各项活动，大力实施安全发展战略，全面加强安全生产法制体制机制、安全保障能力和安全监管监察队伍建设。强化监督执法，严格事故追究，突出重点管控，推进安全生产综合治理，积极防范和遏制重特大事故，着力提升城市安全管理水平，实现了全市安全生产形势总体平稳，全面完成了《规划》确定的主要目标和任务。

一、《规划》实施情况

《规划》实施进展总体上比较顺利，取得了良好成效。安全发展、预防为主的理念得到逐步贯彻落实。进入“十二五”时期以来，全市各类安全生产事故逐年下降，均未突破国务院安委会下达的控制考核指标，安全生产状况呈现总体稳定、趋向好转的发展态势。《规划》提出的各项主要任务进展顺利，表明《规划》适应我市经济社会发展，符合我市安全生产发展趋势。

（一）各项目标指标进展良好

各类事故起数由2010年的1 062起下降到2012年的982起，减少80

起，下降了 7.5%；事故死亡人数由 2010 年的 1 176 人下降到 2012 年的 1 073人，减少 103 人，下降了 8.7%；较大事故由 2010 年的 24 起下降到 2012 年的 17 起，减少 7 起，下降 29.2%，死亡人数由 2010 年的 76 下降到 2012 年的 62 人，下降 18.4%；亿元国内生产总值生产安全事故死亡率由“十一五”期间的 0.14，下降到 0.063，下降了 55%，超额完成了《规划》提出的下降 38%的目标；工矿商贸从业人员十万人生产安全事故死亡率指标 2011 年、2012 年分别达到年度规划预计目标，分别降幅均达到 42.9%和 44.0%，已经完成 5 年规划要求；道路交通万车死亡率由 2010 年的 2.03 下降到 2012 年的 1.77，下降了 12.8%；煤矿百万吨死亡率由 2010 年的 1.6 下降到 2012 年的 0.41，下降了 74.4%；重点行业（领域）安全生产状况持续好转，与 2010 年相比，重点行业（领域）事故死亡人数下降明显。生产安全、道路交通、消防（火灾）、铁路交通等行业（领域）事故死亡人数比 2010 年分别下降 27.2%、5.7%、18.7%、12.1%，农业机械发生事故死亡人数与 2010 年持平。

（二）依法行政进一步强化

建章立制，编写了北京市安全监管局《关于加强法制政府建设的实施意见暨深入推进依法行政工作五年规划》，对我局下一阶段依法行政工作做出统筹安排。制定下发《北京市安全生产监督管理局关于进一步加强依法履行安全生产监管监察职责工作制定执法工作计划的指导意见》，要求全系统科学合理编制年度监管监察行政执法工作计划，规范全市安全生产执法监察工作。各区（县）、各有关部门依法依规加强安全生产现场监督监察，监督监察生产经营单位个数和次数逐年增加。2011—2012 年各级安全监管部门共监督监察生产经营单位 16.2 万次。与 2011 年相比，2012 年监督监察生产经营单位增加 2.6 万次；深化隐患排查治理，2011—2012 年各级安全监管部门、北京煤矿局排查生产经营单位一般隐患 59.2 万项、重大隐患 219 项，整改率为 97.2%和 73.3%。其中，高危行业（领域）查处一般隐患 4.4 万项，整改率为 98.7%；2011—2012 年各级安全监管部门实施行政处罚 6 842 次，责令停产停业整顿生产经营单位 857 家，实施经济处罚 4 464.1 万元；修订《北京市生产安全事故统计报告制度》，制定《北京市生产安全事故责任追究工作联席会议暂行办法》，严肃事故责任追究。2010—2012 年，由市安全监管局牵头调查处理的生产安全事故和市政府授权调查处理的非生产安全事故 17 起，责任追究处理 107 人。其中给予党纪政纪处分 44 人，移送司法机关追究刑事责任 34 人。

建立新的行政审批工作秩序，设立的行政许可大厅已于 2013 年 6 月正式对外办公，行政许可专门处室、专门人员开始履行职责，网上许可办理信息系统也已基本建成运行。

（三）专项治理成效显著

进入“十二五”时期以来，各区（县）、各行业（领域）针对薄弱环节和突出问题，开展了一系列安全生产专项整治行动，依法严厉打击了各种违法违规违章生产经营建设行为，重点行业（领域）安全生产状况持续改善。

煤矿。开展了“京西煤矿安全生产保障行动”，向京煤集团派驻安全督查工作组，各矿井下监测监控系统、压风自救系统、供水施救系统、通信联络、人员定位系统等 6 大系统基本建设完成。加强监督指导，推进煤矿企业标准化建设，至 2012 年底，全市煤矿全部实现了达标。京西复杂地质条件下示范煤矿建设和京煤保障行动取得阶段性成果，2013 年 4 月 28 日，国家安全监管总局、国家煤监局印发了京煤集团复杂地质条件下实现机械化开采的经验材料。2012 年，全市 4 个煤矿全部建成了隐患排查信息管理系统。

非煤矿山。会同市国土局、市环保局联合印发《关于进一步深化金属非金属矿山专项整治工作的通知》，全面整顿和规范矿产资源开发秩序，大力推进矿产资源开发整合。非煤矿山数量从 2010 年的 94 家减少到 2012 年的 29 家，下降 69.1%。印发《关于在本市矿山行业建设“安全·和谐”矿山有关工作的通知》，部署“安全健康·绿色和谐”矿山建设工作，全面提升企业技术装备和安全管理水平。

危险化学品。修订了危险化学品生产经营许可办法，提高准入门槛。在生产经营企业开展安全生产标准化达标活动，截至 2012 年，全市共有 1 260家危险化学品企业通过了标准化三级达标评审，通过率达到 94%。深化隐患排查治理，累计投入资金 2 400 余万元，整改隐患 1 680 余项。制定《危险化学品生产企业安全生产物联网建设规范》、《危险化学品储存场所安全生产物联网建设规范》、《油罐、加油站安全生产物联网建设规范》，利用物联技术提升企业本质安全和风险管理水平。在全市范围内开展了历时两年对“两重点一重大”危险化学品企业安全生产专项整治工作。组织中国安科院专家专门对北化集团化工基地的一体化管理进行论证，从入园条件设定、产业链规划、安全容量确定、企业布局优化等方面提出了改造工作要求。目前，该项工作正在推进中。

烟花爆竹。强化烟花爆竹产品流向监管，所有进京的烟花爆竹产品在外包装箱上粘贴电子标签，实现烟花爆竹产品全程可追溯管理。强化物联网管理，将全市所有批发仓库的视频监控、温湿度监控和防侵入系统信号全部传输至属地和市安监局监控平台，实现远程“可视化”管理。开展安全生产标准化达标创建活动，全市13家烟花爆竹批发企业都达到了三级或三级以上标准。对零售网点加装视频和音频设备，实现安全监管部门和远端零售网点之间的实时监管。

职业卫生监管。完善职业卫生法规标准体系建设，为推进职业卫生监管工作的有效开展奠定了基础；升级改造了职业危害申报系统，初步建立了职业危害检测、职业健康监护等基础数据库；建立了北京市职业健康监护信息管理系统，实现了职业健康监护数据整合和信息共享；印发《工作场所职业卫生监督管理规定》，进一步提升职业卫生管理水平，目前，全市90%以上存在职业危害的用人单位均制定了职业卫生管理制度；修订“北京市职业卫生管理员培训教材”，制定《职业卫生管理员培训大纲》，积极推进职业卫生管理员培训工作，目前，全市共有8 000余人取得了《职业卫生管理员培训合格证》，全市用人单位职业卫生管理员配备率达到了100%，持证上岗率达到80%。

（四）宣传教育持续深化

实施“大培训”计划，提升从业人员安全素质，区（县）、街道（乡镇）领导干部安全培训稳步推进。2011年以来，共举办了22期安全资格考试，1.1万余名企业主要负责人及安全管理人员、34万余名特种作业人员通过考核取得安全操作证书。完善了注册安全工程师执业资格制度，强化了注册安全工程师配备和使用管理，初步建立一支高素质的安全专业人才队伍。全市现有9 000人取得注册安全工程师执业资格证，其中3 627人注册登记执业。注册安全工程师逐步成为安全生产专业人才队伍中的骨干力量。成功举办了七届“安全文化”论坛，安全生产科技产品先后参加了“第十四届中国北京国际科技产业博览会”和第六届中国国际安全生产论坛暨安全生产及职业健康展览会。安全文化产品不断涌现，设计开发了大量安全科普读物和音像制品。安全生产宣传舆论阵地进一步扩大，开辟了北京电视台、北京城市服务管理广播、《中国安全生产报》、《北京日报》、

《北京晚报》等多个平台，多形式、多途径地普及了安全知识。2011 年，在全国安监系统率先开通“北京安监”官方微博，搭建起与市民沟通交流的平台。共计发布博文 1 772 篇，收到网友转发、评论共计 9 539 条，粉丝数量合计 572 278 人。安全文化示范企业和安全社区建设步伐加快，目前，评选出市级示范企业 36 家，推荐国家级示范企业 14 家。全市已建成安全社区 43 个，其中，“全国安全社区” 38 个，“国际安全社区” 22 个。持续深入开展了全市“安全生产月”、“安康杯”安全知识竞赛等活动，关爱生命、关注安全的社会氛围逐步形成。

（五）法制体制机制日趋完善

安全生产法治秩序逐步形成。2011 年，市委、市政府制定下发了《关于进一步加强企业安全生产工作的通知》重要文件。修订了《北京市安全生产条例》，先后制定了《北京市金属非金属矿山安全标准化考评办法》、《北京市生产安全事故应急预案管理办法》等 13 个文件和《城轨电动列车司机安全操作规范》、《危险化学品地上储罐区安全要求》等 4 个地方标准。本市安全生产法规标准体系初步形成。制定《安委会议事规则》，规范了工作程序、工作内容和工作方法。加强基层安全监管体制建设，市、区（县）、街道（乡镇）三级安全监管网络架构和安全生产应急管理体系完全建立，“政府统一领导、部门依法监管、企业全面负责、群众参与监督、全社会广泛支持”的安全生产工作格局已经形成。健全了各级安全生产委员会及其办公室的综合协调机制，通过建立煤矿整顿关闭、执法、人员密集场所监管、危险化学品监管等专业领域的联席会议制度，指导协调、加强推动了相关领域的安全生产工作。制定《关于进一步加强本市安全生产综合监管工作的意见》，明确了综合监管工作体系、监管模式以及监管手段，进一步完善了形势分析预测、情况通报、约谈函告等 12 项综合监管工作制度。经市政府研究同意，每年年底，以落实安全生产控制指标为核心，分别对各区（县）政府、北京经济技术开发区和 17 个负有安全生产重要责任的行业主管部门进行安全生产综合考核。形成了年初有计划、过程有监督、实现有手段、年终有考核的安全生产综合监管工作机制。

（六）安全生产重点工作取得新进展

一是深入推进安全执法行动。通过制定并组织实施安全生产重点执法检查计划，以计划统筹引领安全生产执法工作的新格局初步形成。依法严厉打击安全生产领域的非法违法生产经营建设行为，建立存在重大安全隐患违法建设基础台账，实施挂账督办。市区（县）两级安监部门加大执法力度，结合安全生产专项治理活动，采取联合检查、集中检查等方式，严格检查违法建设内非法违法生产经营活动，消除安全隐患。二是建立了“动态分类排查、动态评审挂账、动态整改销账”的隐患排查治理长效机制，并将重大事故隐患治理，纳入市政府督查考核体系。三是安全生产标准化稳步推进。印发《北京市企业安全生产违法行为警示办法》，建立了“黑名单制度”。制定了《“十二五”期间安全生产标准化工作规划》和《关于在全市深入开展安全生产标准化活动的意见》，建立了全市安全生产标准化考评体系。各区（县）、各部门都在有序地开展标准化创建工作。截至2013年6月1日，全市冶金等工贸行业已达标，全市标准化企业达标数量共计7 352家。

（七）非法违法生产经营建设行为得到有效遏制

建立存在重大安全隐患违法建设基础台账，实施挂账督办。目前，全市上账2 510处137万余平方米存在重大安全隐患违法建设通过各区（县）工作已完成拆除任务的60%。对于未拆除的重大安全隐患违法建设，指导督促各区（县）政府组织制定拆除计划，逐一落实时间安排、责任主体、实施步骤，拆除一处销账一处，确保在2013年7月底前完成拆除任务。严厉查处违法建设内非法违法生产经营行为，消除安全隐患。市区（县）两级安监部门加大执法力度，结合安全生产专项治理活动，采取联合检查、集中检查等方式，严格检查违法建设内非法违法生产经营活动，消除安全隐患。研究制定拆除存在重大安全隐患违法建设的政策措施，做好有关政策措施的研究工作。

（八）社会公众参与安全生产监管的积极性越来越高

2009年，本市在全国率先开通了安全生产投诉举报电话“12350”，电话开通运行以来，通过广泛宣传，社会公众参与安全生产监管的积极性越来越高。电话开通以来，市区两级共接收来电182 549个。其中，市“12350”接收来电85 590个，各区（县）安监局接收来电96 959个，立案查处24 481件，咨询建议158 068件，均已进行了及时办理和回复。

（九）安全生产科技支撑能力进一步增强

矿山井下安全避险“六大系统”全部应用、危险化学品和烟花爆竹行政许可信息系统已正式上线运行，实现了行政许可的网上申请和审批；

“京安”工程建设基本完成，已全面投入使用。监管信息平台现有安全生产标准化、隐患自查自报、执法检查、举报投诉和综合指标等15个业务系统，覆盖了安全监管工作的核心业务，全市安全监管部门2 378人依托平台开展工作，注册企业18万家，为安全监管工作提供了重要支撑。初步完成安全监管系统物联网建设。安全生产应急管理不断规范。组织完成了矿山、危险化学品市级专项预案和烟花爆竹、尾矿库部门预案的编制或修订。制定了《北京市生产经营单位生产安全事故应急预案演练管理办法》，各类企业普遍编制了安全生产应急救援预案。不定期组织开展综合性生产安全事故、危险化学品事故和非煤矿山尾矿库溃坝事故演练，检验了应急措施，考验了队伍能力。14支市级安全生产应急救援队伍装备、管理、训练不断加强。重大危险源监管措施不断完善。

（十）监管监察队伍建设稳步推进

截至2012年12月，市、区（县）安全监管局、执法机构及事业单位编制共计1 251名，实有人员1 175人。其中监管机构人员编制588名，实有587人；执法机构人员编制423名，实有360人；事业单位人员编制240名，实有228人。2011年8月，市编办批准市安全监管局执法监察队更名为执法监察总队，核定行政执法编制为37名，为构建新的执法监察格局奠定了基础。全市16个区（县）、北京经济技术开发区均设置了专门的安全监管部门。全市340个街道（乡镇），有295个机构设置了安监科、安委办等安全监管机构或加挂相应牌子，配备了专（兼）职安全管理人员1 844人。2011年，对市区两级1 100余名安监执法干部配发了执法服装，对规范和改进执法形象具有重要意义。加强街道（乡镇）基层安全监管机构基础设施建设，配备执法交通专用工具、现场监督检测、听证取证等现场监管执法装备；制定街道（乡镇）办公业务用房、装备配备等标准。强化干部队伍教育培训，按照《北京市干部教育培训工作条例》的有关要求，以政治理论、政策法规、业务知识、文化素养和技能训练等为基本内容，运用脱产培训、专题讲座、在线学习等方式，扎实开展了煤矿、非煤矿山、危险化学品、烟花爆竹、职业卫生、执法人员执法资格、应急管理等专题业务培训。两年累计培训安全监管监察人员3 200余人次。

二、《规划》实施过程中存在的问题

一是事故总量仍然较大。2012年全市发生道路交通、生产安全、火灾、铁路交通、农业机械死亡事故982起，平均每天接近3起；死亡1 073人，平均每天约3人。

二是较大事故尚未得到有效遏制。一次死亡3人以上事故起数每年都有近20起。特别是发生了央视大火等有较大社会影响的事故。

三是非法违法和违规违章行为仍然严重。特别是城乡结合部已成为非法违法生产经营建设行为的"毒瘤"。

四是安全生产基础工作仍然比较薄弱。安全生产科技信息、法律法规体系建设、教育培训，特别是责任体系建设等，都还有很多薄弱环节。

五是安全生产面临新挑战。一方面，城市运行安全保障压力巨大。首都城市各项建设面广、量大。城市副中心和新城建设以及旧村改造力度加大，新一轮城南行动计划实施，新机场建设启动，南水北调工程加快推进等；高速铁路公路、轨道交通、超高层建筑、城市地下管网等施工、运行与管理的新老问题聚集，安全风险加大。另一方面，影响制约安全生产的深层次矛盾还没有得到根本解决。企业主体责任落实不到位，重生产轻安全的观念还没有得到根本改变，非法违法生产经营建设行为还没有彻底消除，城乡结合部安全监管依然薄弱，人民群众的防灾减灾意识都还需要进一步加强和提升。

三、下一步工作重点

(一) 继续推动实施安全发展战略

以党的十八大精神为指导，加快实施安全发展战略。把深入贯彻落实党的十八大精神与全面贯彻实施《安全生产"十二五"规划》结合起来，站在经济社会发展的全局上，推动实施安全发展战略。

(二) 进一步建立和完善安全生产法规政策体系

继续抓好有关法律、法规和标准的制定修订工作，健全完善"规范完备、门类齐全、针对性强、符合本市特点"的安全生产法律法规和政策标准体系。

（三）进一步建立完善宣传教育培训体系

坚持宣教培训工作面向基层，着力提高从业人员安全素质和社会公众自救互救能力。继续实施“三项岗位”和企业全员培训工程。积极开展安全文化示范企业、安全诚信企业、安全社区等创建工作。

（四）进一步加强和改进安全生产行政执法工作

以执法计划为牵引，进一步加强安监机构与相关部门之间的协调配合，建立和完善联合执法机制。认真研究解决安全监管监察执法中出现的新情况、新问题，进一步提高行政执法的针对性和实效性，推进安全生产行政执法工作。

（五）进一步巩固和扩大“打非”专项行动成果

继续保持高压态势，持续开展以“打击非法违法生产经营建设行为”为内容的专项治理行动，采取更加严格、有效的措施，尽最大努力，做到不留死角，取得实效。

（六）做好职业卫生职能调整后的安全监管工作

进一步加强与卫生、社保、工会等部门的协调配合，认真贯彻执行新修订的《国家职业病防治规划》，切实履行调整后的职责职能。

（七）进一步推进企业安全生产主体责任的落实

全面开展安全生产标准化创建活动。推广顺义区标准化工作模式，进一步建立全市标准化工作机制，完善标准化工作体系；健全教育培训体系，实施安全生产大培训工程。建立健全与首都安全生产发展形势和工作要求相适应、体制机制更加完善的培训体系；建立布局更加科学合理的市、区（县）两级安全生产培训机构网络；健全专业结构合理、数量质量满足工作需要的专、兼职培训教师队伍；抓好高危行业“三项岗位”人员、班组长和农民工为重点的全员安全培训考核。

（八）进一步加强应急管理和事故查处

建立部门之间、行业领域之间、各类应急救援队伍之间的协同应急联动机制，提高应急救援效率；按照“四不放过”的原则，认真负责地查处每一起事故。所有较大以上事故查处结果都要向社会公告，接受人民群众监督。

（九）进一步加强安全监管队伍建设

深入开展以“争做安全发展忠诚卫士、创建为民务实清廉安监机构”为主题的创先争优活动，大力弘扬先进模范精神；继续推动建立基层安全生产执法队伍，推广街道（乡镇）实行委托执法的经验。建立完善“覆盖全面、监管到位、监督有力”的政府监管和社会监督体系，着力提高监察执法和群防群治能力。

（执笔人：北京市安全监管局研究室　赵同立）

北京市“十二五”时期群众体育工作中期评估报告

北京市体育局

北京市群众体育工作认真贯彻落实《北京市“十二五”时期社会建设规划纲要》（简称《规划》）以及《北京市全民健身实施计划（2011—2015年）》（简称《实施计划》），强化以人为本、服务民生的理念，以增强市民体质、提高市民健康水平和生活质量为根本目的，以满足广大群众日益增长的健身需求为出发点和落脚点，认真履行政府体育公共服务职能，提高全民健身公共服务水平，努力完善全民健身公共服务体系。本市全民健身活动蓬勃开展，广大市民的健身意识不断增强；全民健身设施建设大力加强，健身条件显著改善；全民健身体育组织建立健全，逐步实现实体化发展；社会体育指导员队伍持续发展，工作质量和水平稳步提升；体质测定网络建立完善，科学干预和健身指导水平逐步提高，北京市群众体育工作取得显著成效，为推动社会建设发展奠定了坚实的基础。

一、贯彻落实《规划》以及《实施计划》，构建全民健身公共服务体系

（一）广泛开展全民健身活动，增强广大市民的健身意识

全民健身活动是构建全民健身公共服务体系的重要内容。本市群体活动蓬勃开展，形成了十余项市级品牌活动，全民健身体育节已举办9届，

吸引近千万人次参与,"和谐杯"乒乓球比赛形成传统,深入基层,贴近百姓,每届都能吸引近300万人次参加;打造了世界9球北京公开赛等十余项国际品牌赛事,其中,通过举办北京国际山地徒步大会,北京正式加入国际徒步联盟,成为该联盟第25个成员城市,提升了首都国际形象;创建了16项北京市"一区一品"群众体育品牌活动,引导和带动各区(县)开展了突出区域特色、具有一定规模的"一街一品"、"一乡(镇)一品"全民健身活动。

本市全民健身活动广泛深入、各类人群体育协调发展,各区(县)、街道(乡镇)、行业系统组织举办全民健身活动的能力和水平普遍提高,形成了具有首都特色的群体活动模式。市民体育意识普遍提高,经常参加体育锻炼的人数比例达到49%。

(二)加强全民健身设施建设,满足市民多元化健身需求

全民健身设施建设是全民健身公共服务体系的保障。本市已建有举办国际、国内高水平赛事的公共体育设施,经营性的体育健身中心和俱乐部;13个区(县)建有多功能全民健身体育中心,100%的街道(乡镇),有条件的社区和100%的村建有全民健身工程共7 989套;在有条件的城市公园、郊野公园以及街道(乡镇)、社区(村)广场、公园建设篮球、足球、乒乓球等专项活动场地1 304片;建设了朝阳区奥林匹克森林公园国家全民健身示范基地、石景山区老山山地自行车全民健身示范基地,创建了石景山区万商全民健身活动中心等全民健身活动中心,建设了门头沟区登山步道、通州区运河森林公园健身绿道、大兴区海子郊野公园健身步道;在16个区(县)以及开发区、燕山建设社区体育健身俱乐部117个;全市具备开放条件的学校1 029所,开放学校635所,开放率达61.7%。

本市健身场地的建设结构逐步优化,空间布局渐趋形成,形成了品种齐全的立体化健身设施格局,人均体育场地面积达到2.0平方米。

(三)完善体育组织建设,推动枢纽型体育组织发挥新作用

加强体育组织建设是实现全民健身社会管理的重要途径。北京市体育总会作为本市第一批27个市级"枢纽型"社会组织之一,全面加强组织建设、制度建设、队伍建设,健全和完善各类规章制度,加强体育社团党建工作,对健身类社会组织进行联系、管理和服务,探索出以"四化、六有、一个支撑点"为基础的体育社团实体化发展模式,促进本市体育社团建设实现法制化、规范化发展。截至2012年底，本市市级体育社团81个、区（县）级体育社团325个，基层全民健身团队6 645个。近两年，通过购买服务方式共投入实体化引导资金750万元，在本市17个协会中开展体育社团实体化试点工作，推动协会组建经营实体、创建品牌赛事、建立培训基地，探索出实体化发展的有效途径。

群众身边的组织不断发展完善，组织化程度不断提高，管理日趋规范，在推动全民健身事业发展、加强社会管理工作中发挥了重要作用，全民健身社会化进程不断加快。

（四）大力发展社会体育指导员，建立志愿服务长效机制

实施国家体育总局《社会体育指导员管理办法》，制定北京市“十二五”时期社会体育指导员发展规划，依托社会体育指导员培训基地，发挥社会体育指导员协会的作用，对公益性社会体育指导员免费提供知识和技能培训。目前，本市共注册社会体育指导员35 242人（含获得职业资格的社会体育指导员4 022人），占本市户籍总人数的2.76‰，逐步覆盖到了全民健身设施、社区体育健身俱乐部、青少年体育俱乐部、体育生活化社区、各级体育协会、健身气功站点、全民健身活动站点，社会体育指导员技能水平和指导能力进一步提高。

充分发挥北京市体育志愿者联合会以及区（县）志愿服务协会、体育社团志愿服务队在开展全民健身活动中的作用，将志愿服务与全民健身日活动和大型群体活动相结合，不断完善组织管理体系，提高管理水平，进一步调动社会力量，优化社会资源，形成示范性志愿服务活动带动经常性志愿服务活动开展的常态局面。

（五）加强体质监测和科学健身指导，提高体育服务均等化水平

不断完善市、区（县）体质测试指导站建设和体质测定网络建设，加大科学健身宣传、干预和指导，完成第三次北京市民体质监测工作，向社会公布2010年北京市国民体质监测结果；将每年的6月10日设立为北京市民体质测试日，各区（县）体育部门选择固定场馆、组建固定测试队伍，免费开展市民体质测试、健身项目咨询和健康咨询活动；以朝阳区、海淀区等6个区（县）体质监测中心为监测点，开展交通运输、酒店餐饮等服务业从业人员特定人群体质追踪测试工作和《国家体育锻炼标准》修订测试任务。

加强科学健身指导，整合专家队伍资源，近两年在社区、机关、厂矿、农村、学校和公园，面向中老年人、机关干部、职工、妇女、学生和来京务工人员等举办全民健身科学指导大讲堂300余期。通过北京广播电台、北京电视台等媒体平台宣讲全民健身科学指导大讲堂，与北京人民广播电台体育台合作开办"1025动生活"栏目，进一步扩大科学健身指导服务范围，使全民健身公共服务覆盖到更多人群。据统计，该栏目每日听众达28.2万人。

二、重点任务推进情况

（一）颁布《实施计划》，推动发展全民健身事业

2011年2月，国务院颁布了《全民健身计划（2011—2015年）》。结合首都全民健身工作实际，同年4月7日市政府印发了《实施计划》，提出了构建覆盖城乡的全民健身公共服务体系的8项发展目标和10项保障措施。9月22日，市政府办公厅印发了《〈北京市全民健身实施计划（2011—2015年）〉任务分解方案》，进一步明确《实施计划》中涉及的28家部委办局、16个区（县）政府及体育局的任务。

2012年，本市建立了全民健身工作联席会议制度。按照《实施计划》的任务分工，市级相关部门各司其职，各尽其责，制定切实可行的方案，共同推进全民健身事业的发展。各区（县）制定并分别印发《全民健身实施计划》，实现全民健身"三纳入"全覆盖，即将全民健身工作纳入区（县）"十二五"时期国民经济和社会发展规划、写入区（县）政府工作报告、所需经费列入区（县）财政预算，在财政保障、计划实施、公共服务等方面取得显著成果。《实施计划》的颁布实施，强化了各级政府的体育公共服务职能，形成了政府主导、部门协同、全社会参与的大群体工作格局，极大地推进了全民健身事业发展。

（二）实现全民健身"多纳入"，融入社会建设发展大局

本市全民健身工作已连续12年被纳入市政府办实事项目，同时纳入了本市折子工程、新农村建设折子工程、"人文北京"和"科技北京"行动计划折子工程等年度重点工作任务。与此同时，我局不断发挥全民健身工作在推动健康北京建设、社会建设和公共服务建设等领域，以及促进职工、农民、老年人、妇女儿童、少数民族、残疾人等人群发展中的作用，逐步建立了推动社区基本公共服务、城乡一体化建设、网格化社会服务管

理体系建设的协调发展机制。全民健身工作对推动文化发展、加强首都精神文明建设、促进人的全面发展与社会和谐和文明进步具有重要意义和推动作用。

（三）创建体育生活化社区，完善社区体育基本公共服务

2004年，本市提出“体育生活化”理念，我局于2006年开展体育生活化社区创建工作，2010年研制了《北京市体育生活化社区达标工作方案》，将创建工作提升为体育生活化社区达标工作，并将社区体育设施建设、体育组织建设、健身活动和指导、社区居民体质测试和社区健身宣传培训等服务内容纳入《规划》。结合《规划》的实施，我局采取重点部署、培训指导、建设梳理、逐级自查、命名资助的方式，按计划、分步骤开展体育生活化社区达标工作。截至2013年6月，本市已有1 453个社区达到体育生活化社区标准，占全市社区总数的52.4%。按照体育生活化社区试点、创建、达标三个阶段的工作安排，市级共投入资助经费9 275万元，各区（县）按照市、区（县）1∶1的比例给予配套经费投入，用于社区组织健身活动、培训体育骨干、开展科学健身指导和体质测试等方面。

为实现2015年全市社区建成体育生活化达标社区的目标，体育生活化社区达标建设工作被列为市政府重要实事内容，作为政府关注民生、服务民生的重要内容大力推进。同时，我局对1 300余名社区体育专（兼）职工作人员进行了社区体育工作培训、对1 322个重点社区的社区工作者进行一级社会体育指导员培训、对1 497名社区体育骨干进行了体育生活化社区体质促进项目培训。为提升体育生活化社区的建设、管理和服务水平，我局还在东城区开展了体育生活化社区提升建设试点工作，积极探索体育生活化社区达标建设新模式。

2012年，我局委托第三方专业调查公司对800余个体育生活化社区进行了满意度调查。调查结果显示，本市体育生活化社区体育组织管理服务体系比较完善、健身活动丰富多彩、健身宣传培训服务经常不断、健身指导人员覆盖广泛、社区居民健身意识不断增强，对体育生活化社区建设比较满意。本市体育生活化社区达标工作成效显著，体育真正走进社区、走进家庭，全民健身公共服务越来越多地惠及广大市民。

三、《规划》实施中存在的问题

在实施《规划》和《实施计划》、推动全民健身事业发展中，政府主导、部门协同、全社会共同参与的"大群体"工作格局虽然正在逐步形成，但全民健身工作经费不足仍是首要问题，这在一定程度上制约了体育公共服务的内容和覆盖面，主要体现在体育场地数量与广大市民的需求还有较大差距等方面。

市级部门统筹资源、协调整合作用发挥不够充分，有待进一步明确职能划分，实现协同配合，共同推进和发展全民健身发展。区（县）级的政府主导力度有待加强，对全民健身工作的重视程度应进一步提高，区（县）对于基层的监管力度有待进一步加强，监管机制需要不断创新和完善。

根据市政府《关于学校体育设施向社会开放的指导意见》规定，学校体育设施向社会开放工作由各区（县）负总责的开放工作机制尚未完全形成，政府主导、部门协作的长效工作机制还处于初步建立阶段。市、区两级财政补贴未全部到位、政府购买保险未全面落实。我局虽通过对开放校进行评估并给予不同程度的奖励，积极推进开放工作，但大部分区（县）受资金、安全、治安等因素影响，开放工作依然步履维艰。

（执笔人：北京市体育局群众体育处　朱宏）

北京市“十二五”时期人防工作中期评估报告

北京市民防局

“十二五”时期，是实施“人文北京、科技北京、绿色北京”发展战略，建设世界城市的关键时期，随着北京经济社会快速发展，城市规模不断扩大，人防工程的结建数量高速增长，为社会建设提供了大量地下空间资源。为此，我们积极探索人防工程使用融入社会经济建设的途径，调整人防工程使用方向，突出服务城市功能、市民生活的公益性，利用人防工程搭建社会保障平台，为基层组织和相关单位提供应急物资储备、宣传教育场所；有计划地开发人防工程用于停车、物流仓库、办公等，补充城市管理功能。

一、规划情况和现状

2012 年 5 月，北京市民防局制定下发了《北京市人民防空工程使用规划指导性意见》（简称《意见》）。《意见》的原则之一是公益便民更加明确。人防工程使用规划要突出公益便民的主导地位，突出为社会公益事业服务，为居民生活服务，实现人防工程使用融入城市应急管理、融入城市建设发展、融入居民生活。人防工程的使用规划要以建设规划为基础、以战时功能为前提、以社会需求为重点，按照公益便民、限制使用、禁止使用等项目进行分类规划。要求各区（县）根据《意见》制定本区（县）人防工程使用规划，2013 年 6 月完成规划的制定。其中公益便民类人防工程是指用于社会公共事业、应急避险、城市经济社会建设和居民生活服务的人防工程。公益便民类工程规划比例不低于全市在用人防工程总建筑面积的80%，共7类：

1. 宣传教育场所

区（县）、街道（乡镇）、社区的各类民防宣传教育基地（中心）的人防工程。

2. 物资储备场所

区（县）民防部门为相关委办局、街道（乡镇）、社区等提供物资储备用途的人防工程，为社会单位、社区居民提供仓储服务的人防工程。

3. 办公场所

区（县）民防部门为相关委办局、街道（乡镇）等机关单位提供的用于办公的人防工程，用于管理单位（法人）明确、与居民生活密切相关、以社区、物业管理办公等为主的人防工程。

4. 停车和交通场所

用于为社会单位、社区居民等提供停车和交通服务的人防工程。

5. 商业场所

用于商场、超市、菜蔬流通网点等服务居民生活的人防工程。

6. 文化体育场所

用于文化活动、体育健身等便民服务项目的人防工程。

7. 其他用于公益、便民服务的人防工程

截至2013年6月，在用人防工程5 297处，共1 238.6万平方米。主要包括住人工程2 623处、232.33万平方米、居住人员16.05万人，汽车库1 566处、847万平方米、车位232 018个，办公场所199处、56万平方米，仓库569处、58.8万平方米，商市场28处、6.83万平方米，娱乐活动场所35处、3.3万平方米，健身活动场所23处、3.75万平方米，社区活动场所43处、4.92万平方米，应急物资库31处、3.08万平方米，宣教场所57处、8.47万平方米，自行车库22处、1.72万平方米，餐饮场所37处、4.52万平方米，网吧10处、0.9万平方米，其他54处、8.24万平方米。公益便民服务类人防工程达到在用人防工程面积的80%。

二、存在的问题

一是缺乏长效保障机制。人防工程的公益化使用，存在先天条件不足、公益化项目建设和后期管理经费无出处、责权利不明确等问题，尤其是长效机制的形成和经费保障问题较为突出。

二是实际效益和效率不高。目前，全市利用人防工程开设的公益性服务场所数量不少，但实际效益和效率不高，根本原因是使用与需求脱节、与区域特色和发展欠吻合。

三是公益转向，拓展难。自2011年开始的地下空间3年综合整治，在清理整治过程中，公益转向、规范使用是我们工作的目标，也是清理整治的一种手段。目前，公益使用项目只局限于汽车库、社区活动、应急指挥、物资储备、仓储办公、文体娱乐等，随着社会经济的发展，按照党的十八大精神，改革创新、拓宽思路，人防工程使用如何融入社会、地区发展，是我们面临的新课题，需要我们认真研究分析，寻找一些更适合人防特色的项目以满足社会需求。

三、意见建议

一是制定人防工程转向公益的细则标准及审批标准。形成区域特色，细化使用标准，严格依法使用，树立公益使用、规范达标样板工程，以点带面、积少成多，全力推进人防公益使用工作。

二是要坚持政府的主导与政策引导，确保好事做好。人防工程公益化使用过程中存在的问题，不是一时一事的问题，而是长期的、持续的问题，好事要办好，要发挥政府主导作用，完善长效机制。从分散经营到有组织有安排的为群众服务，使用者应以街道、社区为主体，便于在财政上统一考虑。要特别注意不能交给经营者商业化运作，可以企业化管理但不能商业运作，防止人防工程公益化利用走形变味。

三是要把公益服务与区域发展特色结合，确保可持续发展。人防工程用于社会公益事业和便民服务，要因地制宜，与区域社会经济发展相适应、与区域发展特色相结合、与市民需求相符合。街道、社区搞便民菜站、服务网点、文化体育设施等都有场地需求，各区（县）要认真研究，要征求基层和群众的意见，把好事持续办好。

（执笔人：北京市民防局工程管理处　田志华）

北京市“十二五”时期推进依法行政建设法治政府工作情况中期评估报告

北京市政府法制办

市政府法制办以党的十八大和市十一次党代会、市委十一届二次全会精神为指导，紧紧围绕市委、市政府工作部署和法治政府建设目标要求，着力把握首都发展的阶段性特征和政府法制工作在推进首都法治政府建设中的关键性作用，深化工作内容，创新工作方法，强化立法、法律服务、执法监督、行政复议等工作体系，各项工作稳中求进，取得了新进展。

一、市政府法制办重点工作任务完成情况

（一）加强依法行政工作的组织领导，提高依法行政的意识和能力

一是建立健全依法行政工作组织领导体制和工作机制。市推进依法行政工作领导小组（简称领导小组）自成立以来，坚持每年召开会议部署工作，定期组织开展依法行政考核，充分发挥了其在推进依法行政和建设法治政府中的统筹规划、综合协调、监督指导、检查考核作用。在2013年领导小组扩大会议上，市委副书记、市长王安顺明确提出了加快建设法治北京，夯实首都长远发展根基的要求。为了加强党对依法行政工作的领导，加强人大和政协对建设法治政府工作的监督，领导小组进一步增加了市委政法委、市委组织部、市委宣传部、市人大常委会法制办、市政协社法委作为成员单位。各区（县）政府和市政府各部门也普遍建立健全了由行政

“一把手”负总责、法制部门综合协调、各业务部门共同参与的推进依法行政工作机制，加强了对推进依法行政工作的组织领导。

二是抓住重点，制定依法行政工作中期规划和年度工作要点。2011年市政府印发了《北京市人民政府关于加强法治政府建设的实施意见》（简称《实施意见》），作为法治政府建设中期规划，并召开全市依法行政工作大会进行专题部署。为贯彻落实《实施意见》，领导小组坚持每年年初制定年度推进依法行政工作要点，明确依法行政重点工作和责任单位，确保依法行政各项工作落到实处。

三是认真组织开展依法行政宣传和学习培训。坚持和完善领导干部学法制度，加大领导干部依法行政知识培训力度，通过理论中心组专题学习、常务会前学法和举办依法行政研修班、培训班、报告会、专题讲座等形式，多层次、多途径组织各级领导干部进行了依法行政知识培训，提高了领导干部依法行政的意识和能力。2011年至2013年6月，市政府法制办积极联合市委组织部依托市委党校、北京大学、中国人民大学等单位举办区（县）局级领导干部依法行政专题培训班3期，组织法制机构负责人依法行政专题培训班2期。

四是强化依法行政工作的督促、检查和考核、报告制度。为保证依法行政工作落实，市政府和各区（县）政府普遍建立了日常检查、随机抽查和年终考核相结合的依法行政检查考核机制。2011年市政府印发了《关于做好政府绩效管理试点工作的意见》，明确要求对市政府各部门和各区（县）年度依法行政情况进行考核，并将依法行政纳入市政府绩效管理考评范围。同时，建立健全依法行政情况报告机制，市政府坚持每年年初向市人大报告上一年度依法行政工作情况，使依法行政工作逐步走上规范化、制度化轨道。

（二）加强制度建设，制度建设质量明显提高

一是加强以立法为核心的制度建设。2011年以来，市政府按照突出重点、保证急需、统筹兼顾的原则，全面加强以立法为核心的制度建设。2011年至2013年6月，共提请市人大常委会审议通过地方性法规草案12项，制定、修订市政府规章14项。重点加强科技创新和结构调整、城乡统筹发展、公共安全和生产安全、城市运行管理、改善民生5个方面的制度建设。截至2012年底，北京市现行有效的地方性法规有140部，政府规章达249部。

二是进一步探索完善科学、民主立法工作机制。认真总结立法工作经验，制定并修改《北京市政府规章立项论证办法》、《北京市制定政府规章立项论证办法》等11项立法工作相关制度，并组织开展专题培训。完善专家参与立法工作机制，制定相关工作规则，组织专家对地方性法规和政府规章草案进行法律审核，政府立法质量进一步提高。坚持完善公众参与政府立法机制，通过公开市政府立法工作计划，召开座谈会、论证会、听证会和实地调研等形式，广泛征求社会公众意见，并及时将听取和采纳意见的情况向社会公开。

三是强化对规范性文件的备案审查。2011年市政府办公厅专门印发通知，规定凡是提请市政府决策的涉法事项、提请以市政府或办公厅名义制发的规范性文件，报送市政府前都要经过市政府法制办进行合法性审查。仅2012年，市政府法制办就对109项市政府重大决策、130件市政府文件进行了合法性审查，有力保证了重大行政决策的合法性和科学性。

（三）加强和改善行政执法工作，进一步规范行政执法行为

一是积极推进综合执法，进一步理顺了行政执法体制。积极开展深化城市管理执法体制改革调研，加强城市管理综合执法研究，城市管理综合执法工作得到进一步加强。加强行政执法协调机制研究，就社会治安、市场秩序、交通管理、市容环境、旅游秩序等重点执法领域的跨部门行政执法协调工作制度和机制进行深入研究。同时，大力推行执法机构之间的协作，通过建立执法机构联席会议制度，同检察机关建立完善行政执法和刑事司法的衔接机制，加强了执法机关在履行职责中的衔接和配合。

二是深入推行行政执法责任制，严格落实相关配套制度，不断提高执法水平。深入推行行政执法责任制，坚持每年组织开展行政处罚案卷评查工作，使行政处罚案卷质量逐年提高，被抽查案卷优秀率提高到99%，不合格率下降到1%以下，行政执法水平明显提高。进一步加强行政执法协调、行政处罚执法资格管理等制度建设。对行政执法主体、依据和职权进行认真梳理，通过多种形式予以公布，各区（县）政府和市政府各部门普遍公布了“权力清单”。将执法职权分解到执法岗位，普遍建立了行政执法评议考核机制和执法错案责任追究等相关制度。

（四）加强行政复议工作，充分发挥化解行政争议主渠道作用

一是强化行政复议工作化解行政争议的功能。进一步畅通行政复议受理渠道，规范和完善行政复议接待、立案工作，市和区（县）政府及市政府各部门普遍建立行政复议接待室或者接待窗口，引导公众理性合法地表达利益诉求。积极推行立案与审理分离，进一步完善立案审查标准，制定了行政复议案件审理规则；创新行政复议案件办理机制，加强案前、案中的和解、调解工作，通过当面听取行政争议申请人意见、现场踏勘等多种方式，处理了一批复杂疑难案件。

二是深化行政复议审理方式创新。创造性地设立行政复议委员会，充分利用首都法律资源丰富的优势，聘请知名专家、教授参与行政复议工作，建立完善案审会、月例会等相关工作制度。积极推进区（县）行政复议委员会试点，提高了案件审理质量，目前全市各区（县）政府均成立了行政复议委员会。同时，规范行政复议工作程序，加强行政复议人员资格管理，加大行政复议工作层级指导，提高了行政复议工作整体水平。

（五）强化对行政行为的专项监督，建立完善全方位监督机制

一是加大对重点领域监察力度，加强行政效能监察。近几年，北京市积极围绕土地管理、城乡规划、扩内需、保增长等重点领域加大监督力度，积极开展对支付征地补偿费、城镇拆迁、企业重组改制、解决拖欠、《行政许可法》执行情况等方面的专项检查。对行政违规违法、群众反映强烈、损害政府形象的投诉进行重点查办。市政府和各区（县）政府普遍建立行政投诉中心，进一步拓宽投诉受理渠道，充分发挥“直查、快办”作用。

二是强化审计监督。近年来，坚持以财政管理审计为核心，加强对市级预算执行、市级地方税收征管及重点建设项目、纳入市级部门预算管理的一级预算单位及所属基层预算单位的年度预算执行和决算草案的审计；加强对政府重大投资项目和重大公共事件的跟踪审计；全面推进绩效审计，深化预算执行审计，重点对财政预算执行情况、财政资金使用效果和效益、财政经济安全和政府债务情况等进行审计监督。2011 年首次通过“首都之窗”向社会公告 31 家市级部门和单位的单项审计结果，增强了政府运用财政资金的透明度。

二、主要问题和薄弱环节

“十二五”时期社会建设规划实施以来，本市全面推进依法行政工作取得了一定成绩，但还存在一些问题和薄弱环节，主要表现在以下几个方面：

一是部分公务员，包括一些领导干部法治意识还不强，依法行政存在着形式化、口号化、碎片化、功利化倾向；行政机关尊重行政相对人权利、遵守行政规则和程序的意识还很不够；一些行政机关和工作人员重管理、轻服务的现象没有从根本上得到改观。

二是行政执法理念滞后，部分执法部门及执法人员权利意识、规则意识、服务意识不强；一些执法领域行政检查、行政处罚、行政许可、行政强制等具体行政行为缺乏行为规范，程序不完善；执法监督不到位，内部监督制度执行不力，自身纠错意识和动力不足，社会监督渠道不畅，在制度和程序上缺乏有效保障，削弱了监督力度。

三、下一步的具体措施

一是进一步加强对本市推进依法行政、建设法治政府工作的统筹规划。加强对 2004 年以来本市推进依法行政各项工作的评估，研究制定北京市未来 8 年推进依法行政、建设法治北京的工作规划，建议以市委名义出台，并召开全市法治北京工作会议进行贯彻部署落实。

二是提请成立由市委主要领导同志牵头，由市人大、市政府、市政协有关领导和相关部门负责人组成的经常性工作机制，具体指导和组织落实法治北京建设规划确定的工作任务，保证规划顺利实施，加快建设法治北京。

三是发挥好市政府法制办作为全市推进依法行政领导小组办公室的统筹协调作用，制定领导干部依法行政培训意见，完善领导干部学法长效机制，通过加强学习培训、强化督查考核等措施，培养各级公务员特别是领导干部运用法律思维和法律手段实施行政管理的能力和水平。加强对推进法治北京建设工作的宣传报道，形成全社会共同关注、共同推进的良好氛围。

四是紧紧围绕全市工作大局，做好立法深度调研，提高制度构建能力，加强立法前瞻性和体系性研究，配合市人大常委会做好地方性法规立法规划。深入推进科学立法、民主立法，坚持公平、公正、公开原则，克服立法中的部门利益倾向。健全规范性文件的制定程序，强化规范性文件的监督管理，确保规范性文件合法有效。

五是深入推行执法责任制，强化执法责任追究，确保严格、规范、公正、文明执法。深入推进执法体制改革，完善执法协调配合机制，积极推进行政执法与刑事司法之间以及行政执法机关之间的工作衔接。以贯彻市政府《关于进一步加强和改善行政执法工作的意见》和开展“弘扬北京精神、践行执法为民”主题实践活动为契机，进一步提升执法效能、规范执法行为、改善执法形象，实现行政执法与社会公共管理的有机统一。

六是加强行政复议理论研究和制度构建，推进相对独立的行政复议体系建设。推进行政复议委员会试点工作，积极探索相对集中行政复议案件办理工作。进一步畅通行政复议渠道，加大行政复议案件办理过程中的听证力度，提高案件办理质量，提升行政复议作为化解行政争议主渠道的作用和地位。以落实行政复议工作规范化建设为抓手，提升全市行政复议机构、工作队伍的工作质量和水平。

（执笔人：北京市政府法制办综合处　韩景峰）

北京市"十二五"时期食品安全工作中期评估报告

北京市食品药品监管局

近年来，市委、市政府高度重视食品安全工作，将其作为第一民生，摆在创新社会管理、强化公共服务、保障公共安全的首要位置，纳入了政府绩效考核以及国民经济和社会发展指标体系，确立了"以市场换安全，以安全拓市场"的指导思想以及构建安全食品供给体系和食品安全保障体系的工作目标，连续8年将食品安全工作列为为民办的重要实事之一。全市食品安全总体水平稳步提高，未发生重特大食品安全事件。2011—2012年，全市各部门、各区（县）共监测抽检65大类食品样本24.4万个，总体合格率达到97.38%，其中列入国民经济和社会发展指标的大米、小麦粉、食用植物油、猪肉、豆制品等6类重点食品的总体合格率达到98.23%。在农业部对全国150个大中城市的例行监测中，本市蔬菜、畜禽、水产品的监测合格率居于领先水平。

一、完善组织网络和责任体系

一是进一步健全基层组织网络体系。各区（县）统一了街乡食品安全工作科室并明确了街乡在隐患排查、信息报告、协助执法、宣传教育等5个方面的主要职责。部分区（县）将食品安全纳入了社会网格化管理，并探索建立了专职监督员队伍。二是完善了综合协调机制。市政府印发了食品安全委员会的协调议事规则，每年召开两次食品安全委员会全体会议，每月召开一次食品安全委员会办公室会议，就食品安全的重大问题统一研究、协调、部署并组织推进。三是完善了责任体系。建立了食品安全部门监管责任、属地监管责任、综合监管责任、行业管理责任构成的责任体系。针对国家法律法规中一些监管职责不明确或存在交叉的领域，市政府办公厅印发文件进一步明确了部门分工，消除了监管盲点。四是强化了督查考核制度。将食品安全工作纳入区（县）政府绩效管理考核，就党的十八大食品安全保障等重点任务开展了专项督查。建立了食品安全联合督查工作机制，强化了部门及属地责任的落实。

二、严格市场准入，构建安全食品保障供给体系

一是开展联动协作机制建设。市政府与黑龙江等供应进京食品的 8 个省区市政府签署了备忘录，建立了检测互认、信息共享、全程追溯、案件协作等联动协作机制。二是推动产销直挂。首都农业集团、黑龙江省农垦总局等 106 家企业相互签订了安全食品供应协议，京外 130 个基地与 48 家本市大型连锁超市、餐饮企业建立了直供关系。三是严格市场准入。制定实施了北京市食品市场准入技术规范及安全食品生产基地保障要求，加强外埠源头的标准化、规模化程度，提升食品安全保障水平。

三、完善食品安全法规标准体系

正式出台了新修订的《北京市食品安全条例》及 18 项配套细则，并在全市全面贯彻实施。一是确立了构建安全食品保障供给体系的工作目标和政府、企业、行业组织、社会公众、媒体五位一体的工作格局。二是明确了市、区（县）政府统一领导、组织协调食品安全监管的基本制度和各部门监管职责。三是实施严格的食品市场准入制度，将食品生产经营活动细化为 16 种业态，分别制定不同的准入许可规范。四是强化了食品生产经营者的主体责任，加大了对违法生产经营行为的惩戒力度，对严重失信者实行终身行业禁入。五是创新和丰富了监管手段，将食品安全风险评估、全程追溯、市场控制、培训考核等日常工作中行之有效的制度写入法规，为新形势下的首都食品安全工作提供了有力保障。

四、强化科技支撑体系建设

一是启动了首都食品安全追溯体系建设，针对本市大型企业生产的原料奶、婴幼儿配方乳粉、鲜肉产品初步建立了食品安全可追溯系统。二是制定了全市食品安全信息化建设的顶层设计方案。建立了市食品办、市经济信息化委的“双牵头”工作机制，建设功能完善、标准统一、信息共享、互联互通的食品安全数据中心和统一信息平台。三是开展了标准化执法装备建设。为农业、质监、工商、卫生、城管等部门一线执法人员统一配备了500台数字化食品安全现场检测仪，提升了风险发现和现场控制能力。四是完善企业自检体系建设。支持150家食品生产企业、物流配送中心、大中型商场、超市、市场完善了自检设备，为300家企业自检室安装了数据采集系统。五是加强对未知物检测技术的研发，完善了偶氮染料、违禁兽药等非法添加物筛查鉴定系统，将纳入鉴定的物质增加到800种。

五、完善风险评估监测和应急处置体系

一是构建检测体系，开展风险监测。构建了监督抽检、委托检验、企业自检相结合的检测体系。在食品安全监管一线装备了食品安全移动实验室、快速检测车和便携式快速检测设备，构建起以市食品安全监控中心、6个区（县）分中心、11个重点实验室为框架的食品安全技术支撑保障体系。二是开展风险监测，及时通报和控制食品安全风险。进入“十二五”时期以来，全市各部门、各区（县）每年共监测抽检65大类食品样本10万个以上。开展了食品中添加未知工业染色剂等60余项食品安全风险评估，及时发现和控制风险。三是应急处置体系建设。我市及各区（县）进一步完善修订了《突发食品安全事件应急预案》，将检测评估结果、处理过程等信息及时向社会发布，有效地控制事故扩散。

六、加强对食品安全重点环节的监控

一是在食用农产品生产环节，农业部门大力推进农产品质量安全认证和标准化基地建设工作，评定了105家优级标准化生产基地，为118家企

业的478个产品核发了无公害农产品、有机食品和绿色食品认证证书。二是在食品生产加工环节，质监部门严格食品生产许可证的发放和后续监管，共注（吊）销278张不符合生产条件企业的许可证，获证食品及相关产品生产企业分别达到1 644家和364家。商务部门在12家生猪屠宰企业开展了"放心肉"追溯体系试点工作。市经信委在调味品、肉制品行业启动了诚信体系建设工作。三是在食品流通环节，工商部门严格食品市场准入退出机制，共下架退市284批次不合格食品。东城、朝阳、海淀、昌平、怀柔5个区政府拨专款用于农贸市场、社区菜市场升级改造以及建立食品安全追溯系统、电子公示系统。四是在餐饮服务环节，卫生部门完成了对10 110户餐饮服务单位的量化分级等级评定工作，创建餐饮服务食品安全示范街18条。怀柔区建设了规模化食品配送中心，实现全区28家早餐示范店食品原材料统一配送管理。平谷、密云、延庆等区（县）分别就农村家庭喜筵、餐饮具集中消毒出台了规范管理办法。市政市容委全面推进餐厨废弃油脂处置体系建设工作，全市重点行业、单位和区域餐厨废弃油脂规范收运率达到90%以上。

七、广泛开展食品安全宣传教育培训

一是加强宣传和科普教育。将食品安全纳入公益性宣传范围，加大宣传教育力度，充分利用报刊、广播、电视、互联网等各类媒介，打造食品安全科普宣传精品栏目。在中小学校开办了食品安全课堂，加强食品安全基本知识的宣传和普及。二是强化教育培训力度。继续落实《食品安全宣传教育工作纲要（2011—2015年）》，深入社区、街道、院校、厂矿、工地，对食品安全监管干部、社区监督员、信息员、食品生产经营者、餐饮卫生管理人员、操作人员进行了培训考核，举办多种形式的宣传培训活动。三是完善社会监督和举报奖励机制。修订了《北京市食品安全违法案件线索举报奖励办法》，动员全社会积极参与食品安全工作。

八、规范食品安全信息的发布与管理

一是建立了食品安全舆情监测、分析和应对处置制度。对国内外110多家与食品安全相关的媒体及政府官方网站的食品安全信息开展密切监控，对食品安全信息监测中发现的问题及时进行风险分析评估。二是建立信息公示制度。在全市100平方米以上的商场、超市和农副产品市场设立食品安全公示栏。建立了新闻发言人制度和食品安全信息评估、统一公示制度。落实《食品安全监督管理抽样检验信息通报管理办法（试行）》，统一公布不合格食品下架信息。

九、深入开展食品安全专项整治，严厉打击违法犯罪行为

一是各部门、各区（县）开展了打击非法添加和滥用食品添加剂、私屠滥宰等专项整治行动，共检查各类餐饮单位135 190户次、食品生产企业5 421户次、食品经营单位382 469户次。二是落实《关于进一步做好打击食品安全违法犯罪行为内部协作机制的意见》，建立健全行刑衔接机制，加大对违法犯罪行为的惩治力度。三是圆满完成了党的十八大、全国“两会”、世界草莓大会等活动的食品安全保障工作。

十、下一步的重点措施

继续深入贯彻《北京市“十二五”时期社会公共服务发展规划》、《北京市人民政府贯彻落实〈国务院关于加强食品安全工作决定〉的意见》以及北京市食品安全“十二五”行动计划，坚持“以市场换安全、以安全拓市场”的指导思想，构建较为完备的首都安全食品供给体系和现代化的食品安全保障体系，形成政府、企业、行业组织、消费者和媒体共同参与的食品安全工作格局。

一是完善食品安全法规标准体系。进一步贯彻落实新修订的《北京市食品安全条例》，完善食品安全地方标准制修订以及企业标准备案管理办法，探索推行食品安全责任保险制度。

二是严格市场准入，完善安全食品供给体系。进一步加强本市食品生产基地建设，推动食品产业优化升级。扩大参与联动协作的省区市范围，落实各项联动协作机制，加大产销对接力度，严格外埠进京食品的准入要求，形成“产地要准出、销地要准入、产品有标志、质量可溯源、风险可控制”的全程监控链条。

三是进一步健全食品安全监管体系。加大对食用农产品生产环节、食品生产加工环节、食品流通环节以及餐饮服务环节等重点环节的监管力度。深入推进专项整治工作，严厉打击食品安全违法犯罪行为。切实巩固治理整顿成果，健全长效机制。

四是进一步加强风险评估和应急体系建设。完善食品安全检测体系，加快市级食品安全风险评估中心建设，加强风险评估技术研究，及时作出风险预警。完善应急处置工作，提升食品安全事故应急处置水平。

五是完善食品安全信用体系建设。大力推进诚信体系建设，构建全市食品安全信用信息平台，加大对违法失信者的社会惩戒力度，规范信用信息的归集、评价、披露、使用，引导行业自律，树立诚实守信的行业风气。

六是加大科技支撑体系建设力度。落实贯彻全市食品安全信息化建设的顶层设计方案，运用现代物联网技术，加快推进统一的食品安全追溯信息归集、公布平台建设，统一追溯编码、追溯内容和信息归集。完善食品安全追溯系统。

七是加强科普宣传培训能力建设，动员全社会广泛参与。完善食品安全投诉举报制度。加强培训能力建设，加大宣传科普教育力度，构建群防群控的工作格局，努力营造“人人关心食品安全、人人维护食品安全”的良好氛围。

（执笔人：北京市食品药品监管局综合协调处　马世敏）

北京市“十二五”时期药品安全工作中期评估报告

北京市食品药品监管局

按照《北京市国民经济和社会发展第十二个五年规划纲要》和《北京市“十二五”时期社会建设规划纲要》有关工作部署，2011 年以来，我局始终把推进相关任务的刚性落实放在重要位置，结合首都药品市场实际，不断解放思想、创新监管模式，努力健全药品监管机制，切实维护人民群众用药安全有效。按照有关工作要求，我局对照北京市“十二五”时期社会建设规划中期评估任务分解表对相关任务进展情况进行了自我评估，认为各项工作进展顺利，达到了规划设计的目标。

一、主题主线落实情况

《北京市“十二五”时期社会建设规划纲要》实施以来，我局牢牢把握科学监管主题，紧紧围绕“严格准入、科学监管、依法查处、辖区责任”工作方针，坚持以法律法规为依据，以标准规范为核心，以技术监督为基础，以源头监管、全程监控、风险防范为手段，不断强化药品供应保障和市场安全监管，积极构建“具有首都水平、适应首都发展、服务首都人民”的监管体系，有效保障了首都药品市场安全稳定，全市未发生重大药害事件。

2011 年全国政协副主席白立忱在京调研期间，评价北京药监工作认识程度高、目标明确、措施得力、效果明显。原卫生部陈竺部长代表国家药品安全专项整治领导小组多次对北京的监管方针、大案侦办等方面的工作给予充分肯定。

二、发展目标实现情况

“药品抽验合格率”是我局纳入《北京市“十二五”时期社会建设规划纲要》的主要发展指标，且每年将“完成覆盖全市的药品、保健品、化妆品、医疗器械抽验 1.2 万件”纳入市政府折子工程。两年来，我局以科学监管为主导，创新抽验方式，在农村、城乡结合部、市中心选择不同类型的医院、药店、企业建立药品抽验监测站（点），实施动态抽样监测，并根据公众用药季节性需求变化及疾病谱排序规律，对有关品种进行集中监测，增强了抽验工作的靶向性、有效性。定期发布抽验监测情况公告，在引导公众安全用药方面发挥了重要作用。

2011 年，共抽验药品、医疗器械、保健食品、化妆品 12 587 件，抽验合格率分别为 99.32%、92.6%、96.3%、97%。其中，对基本药物及社区零差率药品实施全品种覆盖抽验，共抽验 2 906 批次，合格率 100%。

2012 年，共抽验药品、医疗器械、保健食品、化妆品、药包材 12 497 件，抽验合格率分别为 99.76%、94.8%、97.6%、99.4%、98.1%。其中，抽验基本药物和社区零差率药品 1 952 件，合格率连续 3 年保持 100%。在全国率先开展基本药物药包材评价性抽验，提前完成国家局注射剂药用玻璃包材抽验任务。

2013 年度抽验工作已按计划顺利完成。从历年抽验监测情况看，药品抽验合格率已连续 10 年保持在 98%以上，基本药物抽验合格率连续 3 年保持 100%，在我市已经形成持续稳定的科学抽验评价机制。未来两年，“三品一械”抽验任务能够完成，药品抽验合格率能够保持在 98%以上。

三、重点任务推进情况

（一）完善药品安全标准，严把市场准入关口

在药品标准方面，我局先后承担并完成药品、医疗器械、药品包装材料等国家标准制修订 2 万余个，是承担国家标准制修订任务较多的行政部门，为从根本上保障药品、医疗器械质量安全提供了重要的法典依据。

在药械生产环节，以药品、医疗器械GMP（生产质量管理规范）认证为抓手，严格实施体系认证和跟踪检查，全面提升企业质量管理水平。据统计，全市234家药品生产企业在实施新版GMP改造中，计划投入122亿元，占企业资产总额的31.44%。2011年，我市取得全国首张药品生产新版GMP证书。截至2013年6月，我局已向43家药品生产企业发放55张新版GMP认证证书。到2013年底，我市完成升级改造的无菌制剂生产企业100%通过现场检查。同时，稳步推进医疗器械GMP贯彻实施，截至2013年5月底，我市已有70家企业顺利通过检查，占全市无菌、植入性医疗器械生产企业总数的40%。预计到2015年底前，无菌和植入性医疗器械生产将100%符合医疗器械生产质量管理规范要求。

在药械经营环节，修订发布药品零售企业、医疗器械经营企业准入政策，提高开办门槛，鼓励零售连锁发展，并在全国首次出台现代物流规范和冷链管理规范；完善流通领域制度建设，严格执行新开办企业准入标准。2012年，全市首次实现药品经营企业数量负增长，零售单体药店减少、连锁药店增加，医疗器械经营企业新开办与注销数量持平，产业布局更加优化。制定药品安全"黑名单"实施办法，发挥推进诚信建设、规范生产经营、震慑违法行为的作用。2012年共吊销2家《药品经营许可证》，收回3张药品GMP证书，7张药品GSP证书。通过标准提升、行业准入等政策和措施，撤销药品经营许可证369家，撤销器械经营许可证1 605家。在药品招标采购中，实施质量安全一票否决，共23个企业、72个品种被列入"黑名单"，药品市场环境进一步改善。

在保健食品、化妆品监管方面，深入落实保健食品行政许可制度改革各项重点工作，严格统一执行各级各类行政许可标准、程序和规范，做好保健食品生产、经营企业行政许可审查、品种审查等行政许可工作。截至2012年底，我市共有保健食品生产企业344家，保健食品经营企业8 765家，共受理保健食品化妆品相关行政审批申请3 000余件。

（二）建立电子监管制度，实现全程质量可溯

实施基本药物电子监管。我局在全面推行基本药物电子监管工作中实现"两个率先"：一是率先试点。2010年10月25日，北京试点企业第一批赋码基本药物"尼莫地平"正式下线，这也是全国第一批赋码的基本药物；2010年11月20日，我市参与试点的4家基本药物生产企业、3家基本药物配送企业全面完成相关改造，实现从生产到配送全程赋码、读码，核注核销，全线贯通。二是率先完成。2011 年 3 月，提前 11 个月在全国率先实现基本药物全品种电子监管，全市 78 家基本药物生产企业、202 条生产线全部赋码，直接投入改造资金约达 5 000 万元，181 家基本药物批发企业全部实施核注核销，市场上所有基本药物最小包装全部加赋电子监管码，实现基本药物身份可查、真伪可辨、全程追溯、快速控制。同时，我市所有经营基本药物的批发企业 100%加入电子监管网、完成系统改造，做到“见码即扫、核注核销”，从而实现北京市基本药物生产、流通环节电子监管的全程贯通。电子监管已经成为基本药物进入北京市场的强制性准入条件，不具备一定经营实力、生产条件落后的企业被淘汰出市场。

建立完善药品追溯系统。自 2008 年我局着手建立药品追溯系统以来，全市药品批发企业及药品零售连锁企业逐步实现在完成药品入库和出库 24 小时内上传数据的目标，药品监管人员通过追溯系统，可以查询到有关药品的即时流向。2013 年上半年，我局将药品追溯系统覆盖面向药品零售企业延伸，目前已在城六区开展试点，预计到“十二五”时期末可实现我市药品流通环节药品采购和销售的可追溯，为应对经营环节各类突发情况提供全面、及时的数据支持，降低药品流通领域的安全风险。

建立保健食品监管系统。我局在日常监管基础上，建立保健食品电子监管系统，并进行功能完善升级，目前系统运行良好。2013 年上半年，我局着力提高保健食品电子监管系统的企业上线率和稳定审核品种，有效改善了监管系统的全面性和完整性。

（三）强化应急体系建设，有效处置突发事件

组织修订我市应对“三品一械”突发事件应急预案，结合“平安十八大”等重点保障工作，组织开展多频次应急演练，在实践中完善应急供应保障机制，应急保障和处置能力不断提高。完善药品储备工作机制，对我市储备药品品种进行动态调整，确保药品储备工作机制高效运行。2011 年至今，紧急供应临床短缺药品 109 批次，特别是在“鱼精蛋白”和“白消安”出现全国性短缺的情况下，不到 3 个月时间协调组织生产“鱼精蛋白”注射液 10 万支，不到两周内组织完成“白消安”片剂储备生产 4 万余片，全部投入北京市场和全国市场，保障了临床救治，稳定了市场秩序。有效处置公共卫生突发事件。2011 年至今，果断处置尼美舒利、塑化剂、“铬超标胶囊”等突发事件，做好甲型 H7N9 禽流感防控工作，保障了首都药品市场的平稳和人民群众用药的安全有效。

（四）优化稽查执法机制，严厉打击违法行为

2011年至今，全市稽查系统共受理案件8 350件，立案调查826件，下达行政处罚决定947件，没收物品折合金额702.97万元，没收违法所得622.20万元，罚款1 838.87万元，罚没金额合计3 164.04万元。

强化区域协作，推动建立华北、东北8省药品稽查执法联防协作机制。2010年10月牵头建立华北5省（区市）药品监督稽查执法联防协作机制，2011年6月推动建立华北、东北8省药品监督稽查执法联防协作区，变“各自为战”为“联防联控”，形成打击违法行为“源头能追溯、省际可辐射、执法大联动”的执法新态势，极大提高了执法能力和水平。

强化部门协作，牵头建立多部门联合执法机制。与公安、工商、邮政、卫生等部门联合签署《北京市药品、医疗器械、化妆品、保健食品执法工作管理程序》，建立全市药品安全联席会商机制；与公安、商务委、卫生、工商、质监、城管、通信和邮政等九部门制定北京市“三品一械”执法工作联席会议制度，明确“三品一械”行政执法中需要衔接配合的重大问题，做到联合执法定期通报、突发事件联合处置、重大案件联合查办，发挥监管部门合力。与市邮政管理局联合发布《关于进一步规范药品寄递行为严厉打击利用寄递渠道销售假劣药品违法行为的通告》，联合组织邮政、快递企业工作人员专业培训，提高相关人员对假药的辨别能力，截断不法分子利用邮政、快递制售假药的渠道。

强化行刑衔接，重拳打击涉药刑事犯罪案件。与市公安局联合下发《关于做好打击制售假劣药品违法犯罪行政执法与刑事司法衔接工作的通知》，进一步理顺行刑衔接工作职责和程序。与公安机关密切配合，先后联合开展“5.26”打击非法收售药品及整治骗保行为专项行动、“7.20”打击制售假药集群战役北京战区行动、打击非法经营A型肉毒毒素假药集群战役等多个在全国有影响的联合专项行动。2011—2013年一季度，全市稽查系统共办理涉刑案件400余件，抓获犯罪嫌疑人800余人，查获涉案假劣药品、医疗器械案值4 300余万元。

（五）开展药品科普宣传，引导公众安全用药

以药品安全为核心，开展各类药品安全科普宣传工作。一是搭建信息丰富的宣传平台。2011年，在互联网上建立“北京药品安全公众用药服务平台”；2012年，在省级药监部门中率先开设官方微博，目前“北京药事”粉丝量近90万；2013年，与央视网联合推出“北京药监宣传”专题栏目，发布药监动态，为公众提供专业和及时的药品、医疗器械、保健食品、化妆品等相关常识，并在线互动，就相关问题为广大网友解疑释惑。二是发行通俗易懂的宣传材料。制作、发行《安全用药健康人生》50集系列情景短剧，在互联网上长期播放，扩大传播效应；制作《保健食品选择及食用要点》、《化妆品甄选使用宝典》，在全市范围发放近3万份，为公众提供便捷、可得的安全用药知识服务。三是组织系列有影响力的品牌宣传活动。每年9月，在全市范围内开展形式多样的“安全用药月活动”，集中力量、集中时间，形成声势，加强安全用药科普宣传；区（县）分局、药品检验所、医疗器械检验所打开大门，举办“药监开放日”活动，欢迎媒体、公众走进药监，实地了解药监工作现状，面对面与公众进行沟通和交流。四是发布及时、准确的药监信息。在电视台、广播、报纸、网络等媒体及时、主动发布监管动态，2011年至今，累计发布安全用药相关信息约2 000条，警醒社会公众，提高安全用药水平。五是营造全社会关注药品安全的大环境。2011年至今，每年在北京电视台黄金时段播放安全用药公益宣传广告近300次；在北京交通台、新闻台的高峰时段，播放安全用药公益广告近300次；在公交、地铁等户外平台张贴、发布安全用药公益广告近300条；通过群发短信向公众提示安全用药信息共1 200万条。

四、规划实施存在的问题

从两年多的监管实践看，纳入《北京市“十二五”时期社会建设规划纲要》涉及药品监管方面的工作，均按标准、按要求、按时限顺利实施，推进过程中尚未遇到突出矛盾和问题。

五、政策建议及规划调整

当前，我局正面临食品药品监管体制改革。根据市委、市政府决策部署以及即将出台的新机构“三定”方案，一些职能任务将会进行调整。新机构建成后，我局将依据新确定的工作任务，继续履行好规划相关工作的职责。

（执笔人：北京市食品药品监管局办公室　王春鹤）

北京市"十二五"时期工会发展中期评估报告

北京市总工会

市总工会高度重视《北京市"十二五"时期社会建设规划纲要》的落实工作。按照市社会建设工作领导小组办公室开展"十二五"时期社会建设规划中期评估的工作要求，市总工会对《北京市"十二五"时期社会建设规划纲要》中涉及市总工会方面的内容进行了自我检查和评估。截至2013年6月，各项工作按照计划有序推进，进展顺利。

一、规划发展目标实现和重点任务推进情况

（一）营造企业发展社会环境，完善平等协商机制

1. 大力开展工资集体协商，努力健全平等协商机制

一是把开展工资集体协商工作作为工会协调劳动关系机制建设的核心内容。争取党委、政府的重视和支持，推动工资协商纳入党政工作大局，被摆上重要位置，初步搭建起"党委重视、政府支持、三方指导、工会运作、各方配合"的工资集体协商工作格局。二是认真实施《北京市工会深入推进工资集体协商三年行动计划（2011—2013年）》。2011年按照"全面建立机制、重点解决问题"的要求，在符合条件的1 243家"五类"企业全部建立了工资集体协商机制；2012年重点推动百人以上企业独立开展协商，加大区域、行业工资协商力度；2013年集中力量巩固规模以上企

业、世界500强在京企业独立开展工资集体协商的成果，重点在经济开发区、科技园区工资集体协商工作中取得新突破。三是从企业、区域、行业三个层面，集中培养了一批不同规模、类型的工资集体协商典型，充分发挥示范带动作用。四是加强市、区工资集体协商指导员队伍建设，组建了一支近百人的市级工资协商指导员队伍，有效解决了基层工会与企业进行工资协商中“不会谈”的问题。五是积极开展调研，推动工资集体协商政府立法。截至2012年底，全市已签订综合性集体合同14 182份，覆盖建会企业69 226家，建制率82.7%；已签订工资专项集体合同12 872份，覆盖企业67 342家，建制率80.5%。目前，工资集体协商工作已全面铺开并向纵深发展，工作内容趋于精细，方式方法日益丰富，职工对工资集体协商的认识有所深化，外部环境逐步优化，呈现出整体推进、稳步有序的良好态势。

2. 认真推进厂务公开民主管理，搭建企业职工沟通交流平台

一是大力开展厂务公开、职工代表大会建制专项行动，努力提高建制率。制定了《北京市大力开展厂务公开、职工代表大会建制专项行动计划》，以非公有制企业为重点，依托区域、行业性职代会建设，不断扩大厂务公开民主管理覆盖面。截至2012年底，全市已建工会的公有制企业职代会、厂务公开建制率分别为95%、96%；已建工会非公企业职代会、厂务公开建制率分别为88%、90%，分别覆盖企业67 835、69 466家。二是认真开展厂务公开民主管理示范单位创建活动，推动厂务公开民主管理的制度化、规范化建设。2012年，共推选市级厂务公开民主管理工作先进单位31家、厂务公开民主管理先进单位126家，在此基础上按照“组织健全、制度完善、内容丰富、程序规范、形式多样、运行良好、成效显著”7个方面的要求，分级分类审核确定市级厂务公开民主管理示范单位54家。以创建示范单位活动为重要载体，带动了全市厂务公开民主管理的制度化和规范化。加强企业民主管理，促进了职工与企业共谋发展、共建和谐。

3. 积极参与和谐劳动关系企业创建，着力构建和谐劳动关系

一是2011年市委、市政府下发《关于促进劳动关系和谐稳定的意见》，组织召开北京市构建和谐劳动关系工作推进大会。二是积极参与北京市协调劳动关系三方工作，共同研究解决劳动关系重大问题，及时反映职工群众呼声，依法维护职工合法权益。三是认真组织建会企业参与劳动关系和

谐企业创建活动。2012 年，在全市开展了构建和谐劳动关系先进单位和先进个人表彰工作，从各区（县）近三年以来命名的和谐劳动关系单位、各街道（乡镇）命名的“双百双规范”单位以及达到北京市和谐劳动关系单位和工业园区创建标准的其他单位中，评选出 200 家先进单位和 100 名先进个人。目前，全市劳动关系整体保持和谐稳定。

（二）依靠社会力量化解矛盾纠纷，深入开展和谐企业创建活动

1. 深化各方联动，构建“大调解”工作格局

2011 年 6 月，北京市召开“首都推进劳动争议调解联动机制建设大会”。由市总工会、人力社保局、司法局、信访办、法院和企联六方联合制定下发《关于进一步推进我市劳动争议调解联动机制建设的意见》，进一步明确了六方职责，推进各方真联真动。2012 年，市总工会牵头，进一步拓展联动范围，邀请首都综治办、市公安局内保局企业维稳指挥部参加市劳动争议调处工作领导小组办公室会议，六方联动逐步向六方多家联动发展。

2. 加强调解组织建设，形成网络化全覆盖

为使工会法律服务工作面向基层，依托工会三级服务体系和 12351 职工服务平台，建立覆盖市、区（县）、街道（乡镇）的三级法律服务体系。目前，市和各区（县）都已建立劳动争议调解中心，344 个街道（乡镇）建立了劳动争议调解室；职工 5 000 人以上的局总公司和企业集团已建劳动争议调解委员会 106 家（其中建立调解中心 29 家）；职工 100 人以上的企业建立调解委员会 1.2 万个；职工人数不足 100 人的企业设立劳动关系协调员；已成立覆盖服务、交通运输、建筑、工业（国防）四大产业的劳动争议调解中心。横向到边、纵向到底的法律服务网络基本形成，方便广大职工就近就地申请法律维权服务。

3. 完善制度建设，确保联动机制长效运转

一是全面细化各项工作制度。坚持业务推进会制度，定期通报工作情况，研究解决联动机制运行中遇到的问题；完善案卷归档制度，明确归档标准和文书格式；严格执行案卷审查和回访制度，与律协专业委员会合作每季度对调解成功案卷进行审核，审核合格的案件由 12351 职工服务热线对当事人进行跟踪回访，确保调解案件的真实性；强化律所考核制度，制定律师团队考评办法，加强对律师团队的监督管理。二是开发调解案件管理系统。使调解案件管理系统集案件信息采集、网上审核、统计分析、研

判回访等功能为一体，提高信息化水平和分析研判能力。三是加强经费保障。2012 年出台《劳动争议调解案件补贴办法》，规范集体案件补贴标准，将联动机制调解成功案件的补贴纳入市、区（县）两级财政预算。

（三）实现商务楼宇服务管理全覆盖

1. 构建工作体系

市总工会建立完善由市职工服务中心、区（县）职工服务中心和街道（乡镇）工会服务站构成的覆盖地方的三级服务体系。在三级服务体系的基础上，街道（乡镇）工会服务站进一步向其所辖区域的企业和职工较为集中的商务楼宇延伸。全市已有 520 余家商务楼宇完成“五站合一”工作。商务楼宇服务站既接受地区街道党工委、办事处领导，又接受各级党、政、工、团等各个部门的指导，共同构成了为楼宇企业和员工服务的综合服务平台。

2. 健全运行机制

市总工会积极推进商务楼宇“五站合一”全覆盖，努力推动达到全市统一部署的“四个一”标准。一是一块场地。在商务楼宇中设有专门的服务站综合办公场所，统一标牌和名称，配备相应的办公设备，各部门及其工作人员合署办公。开发区的商务楼宇创新大厦服务站面积 90 平方米，服务企业 100 余家。二是一人一职。由党、政、工、团等各个部门委派或指定专人，为商务楼宇内企业和员工解决问题。这是服务站的运行模式之一。三是一人多职。通过固定工作人员“一岗多责、一人多职”的形式，既做工会工作，又做党建、工会、妇联、共青团等工作，坚持效率优先，提高工作针对性、灵活性。这是服务站的另一种运行模式。四是一步到位。各项工作制度一步到位，形成一套完整的上下联动、优势互补、形成合力的联动工作机制，多渠道、多方式倾听企业和员工呼声，进一步反映诉求、维护利益、解决问题。

3. 夯实工作基础

一是建立各种工作台账。各个工作站及时摸清楼宇中各个企业和员工的基本情况，从党员、会员、团员等身份角度和企业经营状况、经营性质等工作角度建立工作台账与联系制度，加强信息采集，为进一步开展服务工作打下良好基础。

二是抓好服务项目搭载。在建立工作站、扩大覆盖面的同时，抓好服务项目搭载，为企业和员工提供全方位服务。工作站还适时组织各类活动，为团结凝聚楼宇内就业人员营造良好的工作环境和氛围。

三是加强工作站队伍建设。通过社会招聘、街道和楼宇部门选派、社会返聘等形式，采取专兼职相结合的方式，配备工作站工作人员，并加强对工作站工作人员的日常教育与管理。

4. 提升工作成效

一是进一步加强了党对社会建设尤其是工会工作的领导。“五站合一”的推广和建立，进一步促进了“党委领导、政府负责、社会协同、公众参与”的社会管理格局的形成。“五站合一”是党建创新带动社会服务创新，实现了党建带工建；加强了整体领导和统筹协调，各工作站“寓管理于服务之中”，促进了工作的规范化、有序化；理顺了工作站与企业、员工、楼宇物业公司的关系，为推进深化楼宇工作站工作搭建了制度化的平台，实现了非公经济组织党组织和党的工作的全覆盖。

二是推动了工会组织和工作的全覆盖、无缝隙衔接。商务楼宇“五站合一”，使工会组织和工作的触角延伸到了社会各个领域。工会服务站摸清企业和职工底数，依托街道（乡镇）总工会，积极推动建立区域、行业工会联合会和联合工会，推动了工会组织和工作向非公企业延伸，形成了产业和地方相结合、国有和非公相互带动的全覆盖的工作体制与工作格局，在维护企业和职工权益、推动楼宇经济发展、促进地区社会和谐稳定方面具有重要的现实意义。

三是推动了工会工作的社会化发展。“五站合一”和工会三级服务体系的建立，打破了工会封闭运行的状态，使工会能够克服自身资源、能力有限的弱势，推动工会工作融入社会，加强与党政和社会各界工作的联动，积极吸纳利用各类社会资源做好职工群众工作，形成了工会开放式的工作格局。北京市总工会将全市所有基层工会服务站联系电话面向全市公开，让服务站周边的职工群众“看得见、用得上、得实惠”，积极践行“职工有困难找工会”的承诺。

四是推动了工会工作方式的转变。一方面，通过“五站合一”，使工会工作重心下移，人力物力财力等资源向基层倾斜，工会工作直接面向社会、深入企业和职工，基层工会工作更加扎实；另一方面，开展工会工作的项目制运作，将工会重点工作细化为若干项目，推动了工作的落实，避免了半截子工会、半拉子工作的问题，提高了工作的针对性和实效性。

五是整合了各方资源，搭建了综合服务平台。楼宇工作站整合了党建、工会、团建、妇联以及街道各个职能站所等各方面资源，把政府的社会管理职能、公共服务职能与企业和职工的需求有机地结合起来，使经济社会发展有了新的载体和实现形式。

（四）积极发挥“枢纽型”社会组织作用，服务职工群众

1. 完善服务管理体制

一是成立了北京市总工会社会组织党建工作委员会及其办公室，统筹指导工会领域社会组织党建工作。二是成立了北京市总工会社会工作领导小组及其办公室，积极参与加强和创新社会管理工作，切实履行好“枢纽型”社会组织的作用。三是成立了社会工作部，具体承担贯彻加强社会建设的决议、决定，研究拟订本市职工服务类社会组织参与社会建设的规划、计划和政策文件。统筹指导本市职工群众类社会组织培育、建设、服务和管理工作。配合有关部门推进本市职工群众类社会组织党建等工作。

2. 开展购买服务工作

为充分发挥工会作为“枢纽型”社会组织的作用，提升工会服务职工群众的能力，满足职工群众不断增长的个性化、多样化的社会服务需求，北京市总工会 2013 年出资购买 5 个方面 20 大类 50 项职工服务类社会组织购买服务项目。

购买服务工作经过项目招标、专家评审、项目执行、项目考核验收、第三方评估五个阶段。有 169 个社会组织按照公告的要求，结合各自的实际情况，设计了 235 个项目。申报的服务项目基本上涵盖了 5 个方面 20 大类的服务项目。有些服务项目，如职工心理咨询、弱势群体帮扶和女职工帮扶、大学生就业等，弥补了工作的短板，扩大了服务领域与内容。这些项目申报的主体包括了社会团体、民非、社工事务所和工商登记的非营利组织；在层级上既有市级的，又有区（县）级、社区级的，也包括一些草根组织，基本涵盖了目前社会组织的类别。通过购买职工服务类社会组织工作，利用社会组织贴近基层、贴近群众的特点，使工作向基层和一些边缘化群体渗透，延伸了工作手臂，扩大了社会影响，服务了职工群众。

3. 打牢工作基础

一是加强理论研究，开展我市职工服务类社会组织课题研究。与有关研究机构合作开展课题研究工作，进一步理清工作思路、了解国内外的工作经验，为下一步的工作作好理论准备。二是摸清工作底数，建立全市职工服务类社会组织数据库。目前已经初步整理500余家职工服务类社会组织的基础情况。下一步还要对这些社会组织进行分类和分析，找准工作对象的基本情况。三是加强政策制定，拟订全市职工服务类社会组织三年行动计划。通过制定行动计划，把握工作的方向和今后的主要工作，使工作更有针对性和预见性。

4. 加强对职工服务类社会组织的工作指导

建立以工会组织为核心、三级服务体系为平台、职工服务类社会组织为网络、项目化运作方式为牵引、专业化社会服务为手段、志愿服务为载体和动力、覆盖广泛的工会“枢纽型”社会组织体系。通过购买职工服务类社会组织工作、参加和指导社会组织开展活动、召开工作座谈会以及党建等方式，加强和全市职工服务类社会组织的联系，指导其围绕市总工会的重点和中心工作开展工作。延伸工作手臂、加宽加大服务平台，提升工会组织的社会吸引力和服务职工群众的能力与水平。发挥工会政治上的桥梁纽带作用、业务上的引领聚合作用以及日常管理服务上的平台作用。通过引入市场竞争机制，凝聚、联系、培养一批职工服务类社会组织，有效满足广大职工不断增长的个性化、多样化的社会服务需求，进一步提升工会组织活力，促进社会和谐，服务职工群众，巩固党的执政基础。

5. 建立服务保障制度

一是体制保障。探索以职工服务中心和三级服务体系为依托，建立职工服务类社会组织联合会，并以市总工会主管的社会组织为基础，构建“二级‘枢纽型’社会组织”工作体系。二是机制保障。建立健全市总工会和职工服务类社会组织的联系机制、会议机制、信息报送机制、重大事项报告等工作机制。三是政策保障。制定出台《关于促进职工服务类社会组织健康有序发展的意见》，进一步明确职工服务类社会组织发展的原则、目标、工作领域、服务方向、保障措施等工作内容。

6. 打造服务品牌

紧密围绕工会中心工作和职工普遍需求，把工会购买服务项目资金相对集中地投放到政府关注、百姓支持，职工需求迫切、利益相关的领域和方面，逐步建立工会社会服务的工作品牌。在严格依法依规按程序推进工会购买社会组织服务工作过程中，购买项目应适当向知名社会组织和成熟职工服务类项目倾斜，积极培养培育一批社会效益好、职工影响大、示范性强的新服务品牌。围绕提高职工素质、帮扶困难群体、开展娱乐活动，打造社会效益好、在职工中影响大、社会组织认可、上级领导认同的服务品牌。发挥工会组织暖人心、聚人心、稳人心的作用。

7. 加强职工服务类社会组织党建工作

按照党建工作与业务工作一起抓的要求，积极探索推进职工群众服务类社会组织党建工作的新途径、新方法，以党建工作带动、促进业务工作的开展。以市总工会主管的社会组织为基础和骨架，把党的建设工作纳入总体工作部署之中，与工作同规划、同部署、同检查、同考核。

二、规划实施的总体评估及进一步推动规划实施的对策

市总工会高度重视《北京市“十二五”时期社会建设规划纲要》的落实工作，特别是对涉及市总工会的具体工作任务，党组进行了多次研究，确定了主管领导和工作部门，明确了工作标准和时间要求。从总体上看，《北京市“十二五”时期社会建设规划纲要》中涉及市总工会的工作任务做到了“时间过半、任务过半”，特别是重点工作进展良好。

在具体工作中也存在着一些问题和困难，如工资集体协商工作规模以上企业建制覆盖面还需进一步扩大、经济开发区及科技园区协商工作推进亟待提速、部分对协商仍有顾虑的世界500强在京企业需要重点研究解决。部分企业用工不规范，损害职工合法权益；部分职工特别是劳动密集型企业一线职工工资偏低、增长偏慢；全市劳动争议案件居高不下，集体争议增多；劳动关系基层基础薄弱、争议处理能力不足仍然比较突出；一些企业职工流动性大，参与和谐劳动关系企业创建活动的意识不强；等等。

下一步市总工会将按照统一要求和《北京市“十二五”时期社会建设规划纲要》中的安排，进一步做好各项工作的贯彻落实，特别是针对前期工作中出现的问题，一要加强研究、加强分析研判，二要完善工作制度、落实各项工作责任制，三要加强工作检查和督促、不断改进工作。确保《北京市“十二五”时期社会建设规划纲要》中提出的由市总工会作为责任单位的各项工作任务的按时完成。

（执笔人：北京市总工会社会工作部　张家森）

北京市"十二五"时期青少年事业发展中期评估报告

北京团市委

自2011年至2013年6月，从党对共青团做好新时期青少年群众工作的总体要求出发，北京团市委围绕市委、市政府关于社会服务管理创新工作的部署和要求，在市委和团中央的领导下，以建设与中国特色世界城市相适应的共青团复合型组织为目标导向，立足共青团"枢纽型"社会组织建设与作用发挥，贴合首都社会建设实际和青少年社会需要，遵循社会建设发展机理，有序扩大青少年社会组织联系覆盖，不断增强组织服务力和凝聚力，创新工作格局和机制，完善组织体系，提高社会动员和社会工作能力，为推动全团参与社会建设、发挥"枢纽型"社会组织作用进行努力探索与实践，不断提升服务实效。

一、规划发展目标实现情况和重点任务推进情况

（一）充分发挥社会组织作用

1. 深化了"枢纽型"社会组织格局体系建设，增强了共青团对青少年社会组织的联系、覆盖

（1）建设北京青少年社团发展促进中心，探索社团联系机制与备案模式。坚持社会化、实体化运作，加快北京青少年社团发展促进中心建设，打造共青团对青少年社会组织的孵化培育、项目开发、资源整合、宣传展

示、人才培养、规划引导、党团建设等综合功能平台。完成部门设置、岗位招聘、人员培训等基础工作，推进网站及数据库建设，开展社团优秀项目征集并对重点项目进行支持，实施青少年社团调查研究等，实现社团中心初步运转。

（2）分类试点建立青少年社会组织联盟，探索建设二级枢纽的工作体系。在广泛联系各类社会组织的基础上，团市委按照“成熟一个、建立一个”的原则思路，试点建立国学社会组织联盟、户外社会组织联盟、青年社工组织联盟等，在同类型、同领域青少年社会组织中打造二级枢纽，发挥集聚效应，加强对青少年社会组织的有机梳理。初步形成青少年社会组织联盟建设的“八个一”规范标准，即“有一个机构、有一个章程、有一支团队、有一套数据库、有一系列培训、有一类服务项目、有一个实体化青年空间、确保一个正确方向”标准。

（3）实施“伙伴计划”，联系青少年社会组织的机制、规模实现新突破。团市委以“合作、发展、尊重、共享”为工作理念，在各系统、各领域全面实施青少年社团“伙伴计划”。推进“伙伴”调查摸底：依托全市企业、社区、青农、高校、中学等各个系统的共青团组织，广泛开展了青少年社会组织调查统计工作，并建立了网络调查统计平台，在线进行登录和统计工作。组织“伙伴”交流互动：举办各类青少年社团沙龙、座谈会25场，同社工事务类、武术发展类、户外体验类、摄影爱好类、模型爱好类、文化艺术类、体育活动类、公益奉献类、环境保护类、区域活动类等30类青少年社团进行了深入交流，加强了工作联系。推出“伙伴”示范项目：与30类近300家社团建立起“伙伴关系”，围绕社会民生、青年成长、绿色环保、人文建设、科技推广等内容进行了充分的展示交流，并推出100个社团示范项目。深化“伙伴”合作关系：围绕户外运动、武术发展、绿色出行等内容，积极培育骨干社团，带动联络同类社团组织，发起成立北京青少年户外运动协会、北京骑友协会等，调动“伙伴”社团积极参与，进一步深化伙伴关系。通过实施“伙伴计划”，广泛服务、引导青少年社会组织特别是青年自组织参与，实现对8 000多家青少年社会组织的联系。

（4）开展示范社区青年汇综合创建工作，打造服务青少年的终端平台。两年来，全市遴选出50家社区青年汇作为第一批示范社区青年汇综合创建单位，探索青年汇在活动场地、专职人员、服务开展、资金保障、评比管理、联系人群地域化等方面的模式和经验。完成专职青年社工配备、岗前培训和集中督导，围绕婚恋、兴趣爱好、交流等内容推出全市性统一活动等。

2. 积极探索社会化动员方式，引导和动员青少年社会组织贡献首都和谐社会建设

(1) 深入实施北京共青团3510行动，推动绿色出行和健康生活。项目实施两年多以来，团市委积极联系各社会组织，团结动员各类青少年社会组织发挥作用，通过社会组织实现对广大市民的动员与影响，取得了良好的社会成效。

一是创新方式、强化动员了各类青少年社会组织参与实践首都文明交通行动。80余家户外社会组织积极引导驴友开展健康步行活动；30家自行车社会组织联合推出31条示范骑行路线，动员组织自行车车友和广大市民开展示范骑行活动。公交迷、地铁迷、北京公交志愿服务总队等推出了50条公交精品踏青线路和73处地铁沿线踏青景点。首都雷锋车队等出租车行业在营运过程中向广大市民宣传绿色出行理念。北京车友协会及其200多家团体会员通过社会组织网站、车友论坛等平台向全市广大车友发出绿色出行的倡议，并纷纷组织开展各类绿色驾驶活动。

二是加强联动社会各界共同推进首都文明交通行动。团市委与市直机关工委、市交通委合作，在机关事业单位中开展首都公务员3510健康步行大赛；开展"3510北京市民健走推动日——千家社区健走行"、3510绿色骑行赛、健走进社区等活动，与人民日报社、健康时报社、中国体育报业总社等媒体深度合作，共同策划推出全民健走总动员活动；与丰台区人民政府、中国体育报业总社联合举办首届北京自行车文化节。

三是加强宣传、营造氛围，社会影响广泛深入。自3510行动实施以来，共计开展各类活动100余场，组织动员1 000个社会组织参与，直接参与人数达数十万人，发放宣传资料数十万份，影响和带动了1 000万市民参与。

(2) 推出青少年社团"公益星期六"行动，宣传公益理念，推动公益实践。为推动社会组织公益文化建设，团市委、北京青少年社团发展促进中心和全市30多类青少年社团于2012年初联合发起了"公益星期六"行动，并发布《公益项目指南》和12项示范项目。项目涉及便民服务、扶危济困、文明提升、和谐促进、持续发展5个领域，包括扶老助残、扶贫济

困、支教助学、创业帮扶、安全教育、传统文化、心理健康、生态环保、绿色出行等40多个类别。“公益星期六”行动的推出，得到首都各界青少年和市民群众的积极响应，大家纷纷以各种形式参与进来，对青少年社团带动团员青年、市民群众推动社会公益具有导向作用。

(3) 举办青少年社团文化季，吸引青年参与，引领社会风尚。2012年和2013年，团市委相继举办了两届社团文化季，在两届社团文化季中分别举办了第三届和第四届动漫嘉年华活动，每次活动历时3个多月，分期推出动漫嘉年华、户外文化节、军迷文化节、自行车文化节、社工文化月、摩友嘉年华等丰富多彩的文化活动单元。全市20余类500余家社会组织开展各项特色文化活动，组织近千个项目展示交流，影响带动数百万人次的青少年参与实践。

(4) 动员青少年社会组织积极参与首都平原植树造林工程、“7·21”特大暴雨救灾善后等工作。积极探索与城市管理服务相适应的青少年社会化动员体系，使其在应急救灾、常态服务上发挥动员优势。在全市平原植树造林工程中，组织全市户外、自行车、国学、健走等6类20余家社团参加植树活动近1 000人次，满足市民的参与热情和愿望，拓宽市民参与渠道。在“7·21”特大暴雨灾害中，动员青少年社会组织开展捐物、慰问等工作，帮助受灾地区学校重建，组织骨干社团赴房山开展卫生消毒防疫、清淤工作等，以多种方式参与救灾工作。

3. 增强社会服务职能，整合提升社会服务能力，不断拓展服务青少年社会组织发展和青少年成长的工作阵地

(1) 支持社会组织申报政府购买服务项目。团市委举办项目申报培训会、实施督导会、专业评审会和项目总结交流会，不断提升青少年社会组织项目策划、申报、实施工作水平。团市委还建立了政府购买社会组织服务项目工作协调机制，对确立的重点项目、重大事项进行沟通会商，以形成工作合力。团市委社会工作部大力推进政府购买服务，并将其作为联系、动员和引导青少年社会组织参与社会建设的重要途径。两年来，团市委支持社会组织成功申报并获得审批的服务项目共计27个，累计获批政府支持项目资金600余万元，为团市委引导、管理和服务青少年社会组织积累了宝贵经验。作为购买管理岗位首批试点单位，团市委还完成了专业社工岗位购买、使用和管理等相关工作。

(2) 举办北京青年社团领袖训练营。两年来，团市委和北京青少年社

团发展促进中心共同举办了两届北京青年社团领袖训练营，每届训练营为期五天，共吸引户外、国学、骑行、社工、文创等30多类200多名社会组织领袖和骨干人员参加。训练营以增强社会组织青年骨干人才领导力、凝聚力和执行力为主要目标，坚持“贴合学员需求、促进活跃交流、蕴含引领服务”三原则，涵盖了四个板块培训内容，即团队建设、专题报告、社团交流和课题研究，引导学员在团队中融合、在报告中思考、在交流中分享、在课题中汇智，着力打造一支与共青团组织有联系、有合作、有感情的骨干队伍。

（3）加强社会领域的党团建设。两年来，团市委不断推进社会领域的党团建设，成立了青少年社会组织党工委，逐步推动党建工作试点建设，加大评优选树工作力度；成立团工委，坚持“试点先行、稳步推进”的原则，累计选取70家社团作为试点进行团建示范，发挥模范带头作用，增强对青少年社会组织的有效引导。

（4）举办新青年体验营。两年来，团市委积极联系入城新青年，帮助他们有效融入城市社会。依托50家示范青年汇，招募城市新居民、外地来京青年，组织他们参加新青年体验营，研究培训内容和课程，满足培训对象的生活需求和精神需求，帮助他们提高面向城市生活所必需的综合素质，加深他们对首都的认识，加快其在生活上融入城市的过程。

（二）实现商务楼宇服务管理全覆盖

1. 排摸全市商务楼宇情况，掌握基本数据

在北京市加强社会管理和创新工作以来，由市委社会工委牵头，在全市商务楼宇开展“五站合一”建设工作。据市委社会工委有关数据统计和仔细排摸，截至2012年底，全市共有商务楼宇1 249个，已建立楼宇工作站1 162个，在这些楼宇中共有商户6.9万个，有从业人员83.3万人（青年人占绝对多数），其中共有党员4.3万名。

2. 分阶段推进商务楼宇服务管理工作

一是制定工作计划。进一步摸清全市商务楼宇的基本情况，按照一定标准对其进行分类，以区（县）为单位建立商务楼宇工作台账，分三年完成全市楼宇团建工作站的建设工作。

二是积极争取政策支持。积极与市委组织部、市委社会工委进行沟通协调，力争为团建工作站明确专职社工，明确楼宇工作站中的办公场所，为团建工作站开展工作争取资源条件。

三是明确楼宇团建工作站职能。主要是了解掌握楼宇内各单位青年情况、各单位团建情况，搭建楼宇内青年交流平台，联系各单位青年工作负责人积极组织开展文化活动，丰富青年们的文化生活，统计、招募、组织楼宇内志愿者开展志愿服务等。

（三）进一步完善志愿服务长效机制

1. 管理体系

（1）改造提升北京市志愿者联合会。把北京市志愿者联合会建设成为联合各部门、各系统、各领域志愿者组织的“枢纽型”社会组织。在政治上充分发挥党委政府与各类志愿者组织之间的桥梁纽带作用，在业务上充分发挥龙头和联合作用，为各类志愿者组织开展活动和广大志愿者发展提供平台，在管理上按照章程和政府授权，做好各类志愿者组织的日常管理和服务协调工作。

（2）加强北京市志愿者联合会秘书处建设。将共青团北京市志愿服务指导中心改造提升为北京市志愿服务指导中心，进一步增强了市志愿者联合会秘书处的工作力量，强化全市志愿者工作机构建设，为更好地发挥秘书处职能，做好全市志愿者的指导、协调、联系、服务等工作奠定了坚实的基础。

（3）建立“3＋1”“枢纽型”志愿者组织网络体系。依托“志愿北京”信息平台，推动形成市、区（县）、街道（乡镇）三级“枢纽型”志愿者组织建设，实现区（县）、街道（乡镇）“枢纽型”组织基本覆盖。在三级“枢纽型”组织的基础上，继承转化北京奥运会城市志愿服务站点（蓝立方），与网格化社会服务管理模式、“一刻钟社区服务圈”相结合，积极推进基层一级志愿服务终端平台建设，以城市公共空间和社区各类人群为重点，广泛建立“志愿服务（示范）站”，截至 2013 年 6 月，已在农民工子弟学校、医疗卫生、交通枢纽站点等领域建设示范站点 100 个，将“枢纽型”志愿者组织的优势和职能有效深入基层志愿者中间。

2. 运行体系

（1）规范志愿者招募和注册。总结北京奥运会、残奥会志愿者招募工作经验，重点对开展招募的志愿者组织资质、招募信息发布、招募工作流程、审核录用等方面进行规范，制定出台《北京市志愿者管理办法（试行）》、《北京市应急志愿者管理暂定办法》。依托志愿北京综合信息平台，启动全市志愿者实名注册，截至 2013 年 6 月 24 日，在“志愿北京”实名注册的志愿者达到 2 025 499 人，提前达到《北京“十二五”时期社会建设规划纲要》指标。在注册基础上，2013 年 3 月 5 日正式启动全市志愿服务计时工作，打破了以往服务记录碎片化、服务信息资源不共享的局面，实现了可记录志愿者参与的具体服务项目及时间，并可以查询服务时长是否真实。信息平台的使用，极大方便了志愿者组织挑选有经验的志愿者，有效节约了招募成本。

（2）完善志愿服务评价和激励机制。以注册计时为基础，以志愿服务所取得的社会效果为标准，探索推广志愿者星级评定制度。连续两年配合首都文明办，会同市委社会工委、首都综治办、市民政局等单位，按照中央文明委要求开展优秀志愿者的选树工作，累计推荐 10 名优秀志愿者作为全国百名优秀志愿者候选人。结合实践经验，按照《北京市志愿者管理办法（试行）》要求，起草了《北京志愿服务奖章授予制度》，为在星级评定的基础上建立全市统一的优秀志愿者表彰激励机制进行了有益探索。同时，探索适度的物质激励形式，针对志愿服务工作特点，设计制作了“志愿蓝”T 恤、马夹、套袖等服装，制作了徽章、明信片等纪念品，对志愿者产生了良好的激励效果，激发了市民参与志愿服务的热情和积极性。

3. 队伍体系

（1）壮大各类志愿服务队伍。依托各级各类志愿者组织，积极培育来源广泛、数量充足、贴近需求的志愿者队伍建设。截至 2013 年 6 月 24 日，在“志愿北京”信息平台上注册的志愿团体达 7 201 家，基本覆盖了特殊人群和城市公共空间。

（2）着力加强专业志愿者队伍建设。配合市政府“折子工程”要求，会同各领域、各系统、各单位志愿者组织，培育了 22 支专业志愿者队伍，涵盖了应急抢险、文化宣讲、游览服务、普法宣传等城市运行的多个领域，注册志愿者超过 35 万人。

（3）着力加强应急志愿者工作。特别是应急志愿者在汶川、舟曲、盈江、玉树、北京、雅安等地发生的自然灾害中，充分发挥了应急救援和灾后重建的作用。落实市委、市政府关于应急志愿者工作要求，建设“北京应急志愿者之家”，加强应急志愿者指挥调度平台建设，开展应急志愿者培训和宣传教育，做好应急演练工作，推进应急志愿者保险的政策研究工作。

4. 项目体系

（1）志愿服务项目体系初步建立。按照政府主导、覆盖城乡、可持续的基本公共服务体系建设要求，初步形成以大型赛会为特色，市级示范项目为引领，覆盖全市、符合需求的志愿服务项目体系。

（2）志愿服务项目管理逐渐深入。总结提炼国庆60周年等大型庆典服务，武搏会、中网赛等国际赛事服务，世博会、京交会、园博会等展会服务以及上合组织峰会等高端会议服务的基本模式，形成《大型赛会志愿服务模式研究》。全力打造的“志愿北京”市级示范项目成效显著。推出了博物馆行动、春风行动、蓝天行动、西部计划等18个示范项目，进一步总结提炼了志愿服务项目管理经验，制定了志愿服务项目管理办法和全流程管理体系。全方位整合志愿服务资源，编制了志愿服务项目指导目录。

5. 保障体系

（1）加强志愿服务全媒体平台建设。充分发挥报刊、广播、电视、互联网、户外广告、手机短信等大众媒体作用，搭建新媒体技术整合平台，广泛塑造志愿者的媒体形象，大力宣传志愿服务事迹。2012年，有关志愿服务的媒体独立报道达309次。

（2）巩固志愿服务理论研究平台。依托北京志愿服务发展研究会，开展志愿服务培训及理论研究，为志愿服务发展提供智力支持。截至2013年6月，已编辑出版了29部31本志愿服务图书，其中出版了国内首部志愿服务学术研究译著《志愿者》，正在推进《中国志愿服务辞典》、《北京志愿服务发展报告》、《志愿服务学术研究文库》等重点课题研究，将填补国内志愿服务理论空白。

（四）依靠社会力量化解矛盾纠纷

1. 完善未成年人司法保护制度

全市保障新《刑事诉讼法》未成年人刑事案件特别程序的准备工作有序开展，案件办理配套工作体系及社会化帮教预防体系逐步形成。出台《北京市关于进一步建立和完善办理未成年人刑事案件配套工作体系的若干意见》、《关于在办理未成年人刑事案件中推行合适成年人到场制度的实施办法（试行）》和《关于对未成年犯罪嫌疑人、被告人进行社会调查工作的实施办法（试行）》。研究制定的《关于进一步建立和完善未成年人法律援助制度的实施办法》和《关于未成年犯罪嫌疑人逮捕必要性证明和审查的意见》两份文件正在会签阶段。检察院系统16个区（县）全部成立未成年人案件检察专门机构，全市未成年人案件检察专门机构组织体系基本建立，全市从事未成年人案件办理的检察人员有117人。法院系统10个区（县）建立了未成年人案件综合审判庭，全市建立未成年人案件综合审判庭的申请获批准，北京市高院建立独立建制的未成年人案件综合审判庭，这是全国首创，并在全市16个区（县）选聘合适成年人460人。引导社会组织参与开展未成年人案件社会调查工作，探索社会调查与公、检、法三家司法机关衔接机制。委托北京超越青少年社工事务所开展百例社会调查试点工作，分别向公安、检察和审判机关提交相关社会调查报告，并为涉嫌犯罪未成年人开展帮教服务，出版了《社会调查工作专业标准与实务指南》，使北京超越青少年社工事务所成为全国首家以少年司法、青少年犯罪和社会工作专业相契合的社会工作专业机构。支持发展服务青少年和未成年人保护工作的社会组织，认定27家市级、173家区级“枢纽型”社会组织，有效支持、促进了社会组织参与政府公共事务的工作进程。

2. 强化闲散青少年群体教育帮扶和预防犯罪试点工作

与公安、综治、司法、教育、人力社保等部门和基层街道（乡镇）密切配合，两条线对人员数据进行摸排并动态更新。建立“红黄蓝绿”四级分级体系，重点人群一人一策帮扶。开展了闲散青少年状况调研，开发建设重点青少年信息管理系统。形成了针对每名闲散青少年的“五个一”的工作模式，即1名社工、1名志愿者、1名司法监督员（社区民警、公益律师等）、1名成长导师、1名团干部，以及彩虹之家帮扶项目体系。将闲散青少年工作与流浪儿童救助、流动人口服务管理、刑满释放人员“阳光中途之家”等工作有机结合，共同推动，形成家庭、学校、社区、社会“四位一体”的管理体系。

发挥监狱刑罚及教育的警示作用，开展“星光法制教育基地”普法教育活动。促进专门学校的建设，积极探索建立了符合保护、帮助、教育未成年人的管理方式、教育模式，不断提高教育矫治的水平。开展普法教育，为3万余名学生开展法制教育；在青少年教育中心军训基地开展军事训练活动，增强青少年国防意识、磨炼其意志品质，共有42所学校15万学生参加活动；普及救护培训知识，为6万余名未成年人开展避险逃生演练培训。

3. 完善星光青春自护品牌项目

完善星光青春自护教育的制度设计，组织开展星光自护夏令营活动，为青少年健康成长搭建社会平台。利用好社区星光自护学校载体，通过师资、项目经费等方面的支持，发动基层积极参与和自主开展自护活动。着力推进《青少年星光安全自护教育丛书》研发工作，按照小学 1～3 年级、小学 4～6 年级、初中、高中四个不同阶段进一步深化和完善星光自护课程体系，划分社会与校园安全、公共卫生安全、意外伤害防范、紧急避险、法律心理、网络信息安全六个模块。积极开展预防青少年艾滋病宣传教育工作。将防艾宣教与星光自护教育工作有机结合，利用星光自护学校、星光自护夏令营和冬令营等载体，系统地组织开展预防艾滋病"青春红丝带"行动，招募"青春红丝带志愿者"，对志愿者进行培训，有效遏制艾滋病在青少年中的传播，促进青少年健康成长。深入大中学校成立"青春红丝带"社团，发展艾滋病防治志愿者队伍，通过"青春红丝带"社团进行艾滋病防治宣传教育工作，在全市 70 余所高校建立了"青春红丝带"社团组织，招募会员 16 000 余人。

4. 积极开展残疾未成年人关爱和儿童福利工作

两年来，团市委协调卫生局、教委、民政局、司法局、妇联等单位，积极开展青少年健康教育与监测工作。出台《北京市残疾儿童学前教育"康教结合"试点暨落实中国残联专项彩票公益金助学项目（学前教育）实施方案》，落实本市 180 名残疾儿童的助学任务。举办心智障碍者家长培训、聋儿家长培训和脑瘫残疾儿童家长培训，讲授最新康复理念，传授康复技术，为 301 名残疾儿童提供了 142 930 多人次的康复训练服务，为 379 名残疾儿童亲属提供康复咨询与转介服务，为 1 300 名残疾儿童进行康复训练。2012 年，与北京光彩明天儿童眼科医院联合发起公益活动，计划三年完成对 1 000 名贫困家庭患儿的免费治疗，2012 年完成了 400 名患儿的治疗。开展"家教 120"项目、"新蕊计划——家庭教育大讲堂"项目和"社区亲子俱乐部"项目，一定程度上提高了家长教育水平，促进了家庭和谐。全市区域儿童早期综合发展服务中心根据不同年龄儿童生理和心理发育特点，提供儿童生长发育监测、五官保健、喂养与营养指导、心理行为发育评估与指导、常见疾病防治、健康安全保护、健康教育与健康促进等服务。全市已有 11 家儿童早期综合发展服务中心通过评估验收。全年完成 137 651 名新生儿的耳聋基因检测，检测出常见耳聋基因携带者 6 219

人。开展孤儿重大疾病公益保险，新增参保孤儿 1 083 名。

加大对全市儿童福利机构的服务与管理，加强床位建设，提升儿童福利服务质量，重点加强儿童福利服务从业人员素质，加大培训，2012 年实现了儿童护理员持证上岗。完成儿童福利机构远程专家会诊网络服务体系建设工作。向福利机构病残儿童提供及时、便捷的医疗服务，提高急、重症患儿的快速诊断率。北京市 8 家市、区儿童福利机构及 SOS 儿童村配备了相关设备，并组织人员参加培训。进一步推进成年孤儿安置工作。经与市民政局、市财政局和市住建委协商调整了成年孤儿安置经费标准，解决了成年孤儿安置保障性住房问题等，为继续推进成年孤儿安置工作奠定了良好基础。继续做好特困孤残儿童手术康复工作。继续安排福利机构及困难家庭残疾儿童手术适应症儿童进行康复手术，帮助他们恢复健康、顺利成长。

5. 构建青少年维权网络体系，营造青少年维权和谐环境

青少年维权岗创建工作扎实开展。拓展“青少年维权岗”创建领域和范围，加强对优秀“青少年维权岗”的监督、检查和考核，督促其扎实开展青少年维权工作。深化公、检、法、司等系统的优秀“青少年维权岗”的创建工作。目前，北京市共有全国级优秀“青少年维权岗”73 个，市级优秀“青少年维权岗”295 个。

6. 强化流浪未成年人救助工作

两年来，共救助流浪未成年人 2 403 人，其中 95%以上已返回原籍。为特殊青少年群体、家庭经济暂时困难的青少年提供资助和帮扶。在全市 567 名未成年聋儿的家庭免费安装可视门铃，方便聋儿基本生活；建立全市第一所孤残儿童特殊教育学校，为因身体原因不能就读于社会学校的孤残儿童实现上学的愿望。加强对打工子弟的帮助和服务，为广大在京农民工子女成长成才提供学业辅导、心理辅导、自护教育等志愿服务。依托北京致诚农民工法律援助与研究中心和农民工普法学校，指定 18 名青年专职律师负责与 18 个驻京团工委进行一对一的无缝衔接。组建律师法律援助维权志愿队伍，进企业、进社区、进农村、进学校，举办 50 场法律公益讲座，发放 10 000 本实用普法手册。发放《农民工普法手册》和《维权联络卡》，为来京务工青年提供免费的法律咨询和维权指导，帮助务工过程中权益受到侵害的农民工依法维权。举办“关爱农民工子女志愿服务活动”，组织学校 1 200 余名学生观看科普展览。开展“学雷锋、手拉手——社科

普及学校”活动，向79所打工子弟学校赠送了800套《青少年学习中共党史丛书》（共20册）。

7. 全面深化北京市青少年服务中心、北京青少年法律与心理咨询服务中心、12355北京青少年法律与心理咨询热线等阵地的建设

大力推进54所社区星光自护学校的发展建设，进一步深化和完善星光自护课程体系；进一步加强了法制宣传阵地建设，充分利用各博物馆资源优势，策划推出了一批有特色的青少年自我保护、预防犯罪的展览和活动；在青少年教育中心军训基地开展军事训练活动，增强青少年国防意识、磨炼其意志品质，共有42所学校的15万名学生参加了训练；大力促进专门学校的建设，积极探索建立了符合保护帮助教育未成年人的管理方式、教育模式，不断提高教育矫治的水平。强化12355热线人员法律与心理知识培训，扩大12355的服务范围，加大对12355的宣传力度，力争为广大青少年提供专业、及时的心理辅导与法律救助。

8. 青少年利益诉求表达途径进一步拓展

不断完善“共青团与人大代表、政协委员面对面”活动的制度性安排，坚持广泛“听”、深入“研”、集中“说”几个重点环节的有机衔接，注重提炼、积极反映青少年的普遍性利益诉求。继续开展丰富新生代农民工精神文化生活的各类活动，开展全市、各区（县）及部分街道（乡镇）的调研活动，在掌握新生代农民工精神文化生活现状的基础上，在市级和区（县）级层面分别开展“共青团与人大代表、政协委员面对面”活动，协助人大代表、政协委员深入了解青少年需求，并形成有针对性、建设性的建议（议案）和提案。

9. 积极开展法制宣传活动

在全市启动“青春船长、法治启航”青少年法制宣传活动。组织1 000多名“青春船长”进入590余所中小学，开展268场法制宣传活动。深化法制校长队伍建设，全市备案法制校长共1 650名，全市中小学配备率达100%，全年组织法制校长与学校会商11 740次，讲授法制课7 239次。首综委预青组、未保委办公室协调各成员单位深入开展法制宣传教育工作，加强学校及周边治安问题的摸排整治和学校周边的巡逻防控。推进中小学校法制教育“课时、教材、师资、经费”的四落实，健全完善学校、家庭、社会“三位一体”的青少年法制教育格局。加大文化娱乐市场监管力度，规范文化娱乐市场经营秩序。加大对互联网及其营业场所的监管力

度，取缔非法网站；依法查处从事违法违规经营活动的网络游戏、网络音乐等互联网文化单位；大力整治侵权盗版行为，实施“文化环保工程”，推动青少年优秀文化产品出版。加大对网站、论坛、博客、聊天室等各类网络环境的监控力度，及时发现、处置违法有害信息，特别是对未成年人危害极大的淫秽色情、赌博、暴力等违法有害信息，预防和减少因网络不良影响、药物滥用和生活困难引发的青少年犯罪。引入专业的社工组织，建立志愿者服务站、社工站、“阳光中途之家”，对涉罪及存有不良行为的青少年开展教育、帮扶、感化工作。

10. 加强北京市未成年人保护公益律师团建设工作，扩充未成年人法律援助律师团队

扩充未成年人法律援助律师团队，为未成年人提供及时、有效的法律援助，目前全市共有171名公益律师，顺利完成了全年法律援助工作。加强北京市未成年人保护公益律师团建设工作。北京市未成年人保护公益律师团由热心公益、熟悉青少年法律法规的律师组成，为涉案青少年提供法律援助，做好青少年维权个案办理；开展与青少年违法犯罪预防相关的法律实务研究，促进相关制度政策的完善；为青少年提供法律咨询，参与典型维权案（事）件的分析研究和调查调解，积极参与各种法制宣传和帮教活动；针对预防青少年违法犯罪领域的热点难点问题开展调查研究，分析和把握预防青少年违法犯罪工作的特点、规律和趋势，提出对策建议，推动制定和落实有益于青少年的法律法规与公共政策。

二、规划实施中存在的主要问题

经前期调查摸底，当前各区（县）依托“五站合一”推进楼宇团建工作还有待进一步加强。其中，海淀团区委在明确商务楼宇“五站合一”工作站服务项目时，对团建工作站的具体职责和内容进行了明确规定，并在部分楼宇进行了推进，取得了一些经验和成效。今后重点将统筹考虑楼宇团建与社区青年汇工作。

规划实施中存在缺乏统一工作指导和支持、楼宇团建工作站人力配备不足的问题，需要加强与市、区、街道社会建设管理部门的沟通协调，争取相关资源支持。

三、进一步推动规划实施的对策措施

各区（县）依托“五站合一”推进楼宇团建工作，对团建工作站的具体职责和内容进行明确规定，并在部分楼宇进行推进，需要增加楼宇团建工作站的人力配备，通过广泛宣传努力营造楼宇团建工作氛围，并加强与市、区、街道社会建设管理部门的沟通协调，争取相关政策的支持和楼宇各单位、个人的支持。

未来两年半的时间中，团市委将以建设与中国特色世界城市相适应的共青团复合型组织体系为目标导向，拓展社会化服务职能，切实推动对全市青少年社会组织的有效覆盖、文化引领和服务凝聚，探索构建符合首善标准、体现首都特色的青少年社会组织动员模式，完善具有强大公信力、动员力、贡献力的“枢纽型”社会组织工作体系，探索形成政社分开、权责明确、依法自治的现代社会组织体制。

1. 有序扩大社会组织联系覆盖

重点培育和规范发展市级示范社会组织100家，辐射带动关系紧密及在社区青年汇孵化培育的各类青少年社会组织1 000家，发现联系更广泛的青少年社会组织力争达10 000家，形成共青团“枢纽型”组织网络。

具体措施如下：一是加强青少年社会组织规范化建设，推动由松散到紧密的工作联系，拓展共青团对社会组织的渐进式覆盖。依托北京青少年社团发展促进中心平台，探索社会组织联系方式，用“六好”规范建设标准，培育示范青少年社会组织。二是分类、分系统建立社会组织联盟。探索社会组织联盟建设“八个一”规范标准，按兴趣点与组织规律，在社会领域逐步培育社工、国学、户外、骑行、徒步、文创、环保等20类联盟。三是筹建市青少年社会组织联合会。

2. 凝练形成社会组织独特文化

重点打造社会公益、时尚潮流、身心健康3类全市性社会动员项目和载体，提升社会组织服务青年、服务社会的实效性和贡献度，形成青少年社会组织独特的公益文化、时尚文化和健康文化。

具体措施如下：以公益、时尚、健康为核心内容，培育青少年社会组织文化，探索社会动员机制，增强其服务青年和服务社会的实效。一是以“公益星期六”项目为统领，培育公益文化，支持青少年社会组织推动社会公益实践。二是以“时尚嘉年华”青少年社会组织时尚品牌活动为抓手，重点推出“青少年户外文化节”、“自行车文化节”、“青年动漫嘉年华”等十个全市性时尚类嘉年华活动。三是以“健康现在时”青少年社会组织健康促进项目为牵引，培育健康文化，倡导健康管理从现在开始，调动社会组织力量，共促青少年健康成长。重点包括开发办公室工位操、乘车途中操、手指练习操等微锻炼方式和相关健康服务产品，在工作节奏快、工作压力较大的青年群体中开展心理减压营、幸福力课堂等活动。

3. 不断增强组织服务力和凝聚力

探索共青团加强社会组织建设的有效工作方法和手段，推出社团领袖培训、支持购买服务、扩大社会宣传、加强党团引领等十项举措，切实增强共青团枢纽对其他青少年社会组织的服务力和凝聚力。

具体措施如下：切实服务青少年社会组织发展需求，以十项具体措施为抓手，促进共青团对青少年社会组织的服务力和凝聚力。

(1) 继续支持社会组织申报和开展政府购买服务项目。

(2) 继续举办北京青年社会组织领袖训练营。

(3) 召开青少年社会组织工作例会。

(4) 继续举办“团·聚”沙龙。

(5) 全面建设北京青年国际营地。

(6) 建设北京青少年社会组织网络平台。

(7) 合作开办社会组织类电视栏目。

(8) 开展北京青少年社会组织年度人物评选。

(9) 开展青少年社会组织党、团建工作示范活动。

(10) 开展青少年社会组织结构、机制等课题研究。

（执笔人：北京团市委社会工作部　孙夏男）

北京市“十二五”时期妇女儿童工作中期评估报告

北京市妇联

为完成《北京市“十二五”时期社会建设规划纲要》（简称《规划》）的实施工作，作为市社会建设工作领导小组成员单位，北京市妇联立足妇女儿童和家庭实际需求，发挥“枢纽型”社会组织功能，采取有力措施，积极推进各项规划任务的落实。

一、规划任务完成情况

按照北京市“十二五”时期社会建设规划中期评估任务分解表，由市妇联牵头或参与的工作任务包括：第 44 项，充分发挥社会组织作用；第 47 项，实现商务楼宇服务管理全覆盖；第 72 项，依靠社会力量化解矛盾纠纷；第 76 项，深入开展和谐家庭创建活动。围绕规划实施工作，北京市妇联积极发挥“枢纽型”社会组织作用，联系、引导和服务妇女工作领域社会组织为妇女儿童和家庭提供公益服务；实现了商务楼宇中“姐妹驿站”的全覆盖；成立基层妇女维权组织，开展宣传服务工作，有效加强了基层维稳工作；开展和谐家庭行动计划，有力地促进了家庭和谐与社会和谐。

二、主要做法

市妇联党组高度重视《北京市“十二五”时期社会建设规划纲要》的落实工作，将规划的落实工作纳入妇联工作的整体去思考、去规划、去推进，加强领导，创新方法，强力推动，务求实效。

领导重视，完善机制。市妇联党组将《规划》的实施工作作为各项工作的重中之重，成立“十二五”时期社会建设规划实施领导小组，由市妇联主要领导担任领导小组组长，社会工作部、权益部、宣传部部长为领导小组成员，负责规划的具体实施工作。出台《北京市妇联组织参与社会管理创新及其推进社会建设的工作意见》、《关于发挥“枢纽型”社会组织作用参与社会管理和创新的实施意见》、《关于培育和服务社会组织的管理办法》、《关于加强社会组织党建工作的实施意见》、《北京市和谐家庭行动计划（2010—2012年）》等文件，完善工作机制，促进规划实施。

抓基础，搭平台，促进社会组织发展。重视社会组织基础工作，依托北京妇女网，开发北京市妇女工作领域社会组织频道和信息管理系统，以其作为对社会组织进行动态监测和跟踪服务的平台，并通过社会组织频道和信息管理系统联系、引导和服务了近千家妇女工作领域社会组织。在调研的基础上，完成注册类和社区备案类示范性妇女社会组织建设标准，完成妇女社会组织工作服务手册的编写工作。积极争取社会建设专项资金，完成购买“枢纽型”社会组织管理岗位工作，充实了社会组织工作力量。对各社会组织负责人开展社会工作理论、宏观政策精神解读、社会组织能力建设、社会工作实务等方面培训，提高社会组织服务社会的能力。搭建社会组织展示和服务的平台，举办历时三个多月的“汇聚爱　为希望绽放”——北京市妇女工作领域社会组织公益文化季活动，激发社会组织进一步弘扬雷锋精神、践行“北京精神”，整合资源、凝聚力量来服务社会、服务妇女，期间各级各类妇女工作领域社会组织共举办公益服务和文化活动千余场，发放宣传材料近十万册，受惠妇女儿童达十余万人次。以妇女儿童产业博览会为平台，举办历时四天的“公益成就梦想”——2013北京妇女儿童公益服务博览会，市、区两级50多家妇女社会组织的近400名工作人员参加了博览会的公益服务，提供现场体验和咨询服务200余场次，发放宣传资料近250 000册，受惠人群达180 000人次。

强力推动，实现“姐妹驿站”全覆盖。关注女性发展，维护妇女权益，立足解决商务楼宇中白领女性的现实问题，与市委社会工委联合召开商务楼宇“姐妹驿站”建设工作推进会，在全市1 249座商务楼宇的“五站合一”建设中全面推进“姐妹驿站”建设，已实现“姐妹驿站”全覆盖。

扎根基层，依靠社会力量化解矛盾纠纷。扶持、培育基层熟悉社区（村）的情况、容易被群众接受、工作热情高的妇女群众成立巾帼亲情服务队（顺义）、家长里短服务团（大兴）、姐妹调解队（延庆）等基层妇女维权组织，充分发挥她们生活在社区、容易被群众接受的优势，激发她们联系、带动、代表和服务妇女的工作热情，建立起一支体察妇女民情、反映妇女民意、理顺妇女情绪、化解妇女矛盾的强有力的民间队伍。针对城市化建设过程中出现的拆迁纠纷、钉子户、一夜暴富等影响社会稳定的现象，各级妇联组织积极发挥优势，面向妇女开展拆迁政策宣讲、情绪疏导化解、科学理财指导、健康生活方式等宣传服务工作，不仅满足了广大妇女群众的需要，也促进了一方的平安，为维稳大局作出了贡献。

积极行动，以家庭和谐促社会和谐。实施三个“百、千、万、百万”工程，即完善百支女性文化艺术团，命名百个女性健身站，规范聚合百个女性社会组织；建设千个“姐妹驿站”，打造千个大众读书会阅读点，开展千场“女性·家庭·社会大讲堂”；树立万户和谐家庭、万名“三八”红旗手、万名好家长；继续推进百万家庭学礼仪、百万父母进学堂、百万家庭数字化工程。创造性地设计并发起“低碳生活——绿色家庭创建行动”、“家有书香——学习型家庭创建行动”、“维权服务——平安家庭创建行动”、“以文化人——家庭文化倡扬行动”、“心手相牵——家庭互助帮扶行动”、“立足社区——家庭服务推进行动”。从各个层面和方面加强和谐家庭建设，有力促进了社会和谐。

下一步，北京市妇联将在市委社会工委的指导下，坚持以务实创新的工作精神，完善工作机制，探索新的工作载体和方法，推进规划实施。

（执笔人：北京市妇联社会工作部　闫理真）

北京市"十二五"时期残疾人事业中期评估报告

北京市残联

"十二五"以来，北京市残联根据《北京市"十二五"时期残疾人事业发展规划》和《北京市"十二五"时期社会建设规划纲要》的目标和任务，紧紧围绕"人文北京、科技北京、绿色北京"的战略和建设中国特色世界城市的目标，按照建设残疾人工作首善之区的要求，加大政策制度建设力度，顺利推进一批基本建设项目和残疾人服务工程，初步形成了更加完备、覆盖城乡的残疾人社会保障和服务体系，实现了残疾人基本生活保障、基本养老保障、基本医疗保障和基本康复服务的全覆盖，残健、城乡两大差距实现了从不断扩大向逐步缩小的历史性转变，残疾人平等参与社会的环境进一步优化，在保障制度建设、服务体系建设、社会建设以及发展理念等方面取得了重大突破，走在了全国前列。

一、规划发展目标实现情况和重点任务推进情况

（一）率先形成了残疾人社会保障的基本制度框架

1. 制度政策体系进一步完善

围绕残疾人权益保障需求，高水平、高质量地完成了《北京市实施〈中华人民共和国残疾人保障法〉办法》的修订工作。在基本生活、康复、教育、就业等方面建立健全了45项制度，配套制定了12项服务规范与标

准，实现了5大创新、10大突破，使我市残疾人事业发展进入依法管理、依法服务的新阶段。围绕保障改善残疾人民生，以制度建设为重点，在用足、用好、用实政府部门的大保障政策基础上，加大专项保障力度，出台了40项与法律法规相配套的政策措施，全市与残疾人有关的政策达到149项，保障金的政策性资金投入从2010年的不足8亿元增长到2012年的12.6亿元。

2. 社会保障水平明显提升

城乡居民养老保险参保率、城镇居民医疗保险参保率和新型农村合作医疗参合率分别达到95.4%、97.4%和98.3%，提前完成“十二五”规划目标。以最低生活保障为核心的残疾人社会救助体系更加完善，农村低收入残疾人家庭危旧房改造做到“发现一户、改造一户”。入住机构的生活不能自理的1 200余名残疾人全部享受了护理补贴。残疾人生活补助政策进一步完善，形成与最低生活保障、福利养老金、城乡居民养老保险相互衔接、联动保障的专项福利制度，实现了残疾人基本养老保障、基本医疗保障和基本生活保障的制度全覆盖。

3. 公共生活优待范围进一步扩大

制定、实施残疾人免费乘车、残疾人专用车免费停车、残疾人机动轮椅车燃油补贴等政策；公园、旅游景点和公共文化机构免费向残疾人开放；建立残疾人参加公共活动和接受公共服务的意外伤害保险制度，惠及全市43万名持证残疾人。

（二）残疾人服务体系建设取得新进展

1. 残疾人基本公共服务均等化水平不断提高

13项残疾人服务内容列入本市社区基本公共服务目录，精神疾病防治等康复服务确定为基本公共卫生服务项目，残疾人文化服务进入政府购买服务范围，初步拟定了8大类的残疾人社会保障和基本服务项目，推动残疾人基本公共服务进一步纳入全市基本公共服务体系。

2. 努力开拓残疾人特色服务

“横到边、纵到底”的组织体系更加扎实稳固，在全市基层创建了一大批温馨家园，搭建了持续发展的服务平台，残疾人服务面貌焕然一新。建立职业康复站493家，发展农村扶贫助残基地123个、盲人保健按摩机构480家，涌现了一批示范服务窗口。

3. 创新残疾人社会组织服务管理

与首都社会建设大局紧密结合，将残疾人社会组织建设纳入全市整体规划。在全市率先成立了社会组织党建工作委员会，形成了三级残疾人社会组织党建工作体系，残疾人社会组织工作联系服务率达100%。创新残疾人服务供给方式，率先出台《政府购买社会组织公益服务项目管理办法》。实现对六类残疾人社会组织的规范评估和管理，构建了一个充满活力、运行规范的残疾人社会组织体系。

(三) 残疾人发展水平迈上了新台阶

1. 残疾人康复有了新成果

积极推动残疾人康复纳入基本医疗保障和基层卫生服务体系，社区康复示范区创建和家庭康复培训成效明显，“人人享有康复服务”的目标初步实现。残疾儿童少年康复补助制度率先建立。有需求的残疾人享有辅助器具适配服务比例达到100%。

2. 残疾人教育有了新突破

471名残疾儿童在140所学前教育机构里接受学前教育。出台《北京市中小学融合教育行动计划》和《关于进一步加强随班就读工作的意见》，65.5%的义务教育阶段残疾学生实现随班就读。扶残助学政策实现全覆盖。采取升学考试外语听力免试、盲文卷和大字卷等便利措施，残疾人平等受教育权利进一步得到保障。

3. 残疾人就业取得新进展

进一步健全就业政策法规体系，多渠道、多形式促进残疾人就业，新安置1.1万名残疾人就业。加大残疾人就业服务力度，初步建立起政府主导、部门配合、社会参与、服务专业的残疾人就业服务体系，对失业登记人员实行全员职业技能培训，加大定向和定岗培训力度，共2.6万人次残疾人参加职业技能培训。

4. 残疾人文化有了新发展

出台《关于加强残疾人文化建设的意见》，城乡残疾人享受更多文化服务和产品，积极扶持特殊艺术、体育的开展，残疾人群众文化体育活动丰富活跃，城乡残疾人享有更多文化服务和产品，残疾人参加基层文化艺术和健身活动总数的比例基本达到中期目标。

5. 残疾人托养照料有了新成果

实施居家养老助残“九养”办法，9.9万名重度残疾人按月领取助残券，发展养老助残服务单位 1.5 万家，建立养老助残餐桌 3 837 张，为每个街道（乡镇）配备养老助残无障碍服务车。

（四）残疾人平等参与的社会环境更加优化

1. 融合发展理念得到广泛传播

北京残奥会的成功举办和“北京精神”的宣传普及，极大地弘扬了人道主义精神和融合发展的现代文明社会残疾人观。志愿助残、科技助残、文化助残等公益活动踊跃开展。全市残疾人工作以“平等、融合、共享、阳光”为工作思路，以融合教育、融合就业、融合文化和社区康复为具体抓手，使残疾人平等参与社会、共享发展成果有了很大进展，做到了残疾人事业与首都经济社会发展进程的共融共进。

2. 城市无障碍水平显著提升

坚持无障碍建设改造工作联席会议制度，健全无障碍地方标准，加强无障碍监督管理，新建公共设施普遍配套建设无障碍设施。将家庭无障碍改造纳入常态化保障，为 6.8 万户残疾人家庭实施免费无障碍改造，为 2.7 万户聋人家庭配装闪光门铃，为 5 000 户盲人家庭免费安装电脑读屏软件。对 573 个老旧小区进行无障碍综合改造。开通无障碍资源中心网站，推广使用手语、盲文和字幕提示，在社区建立 400 家残疾人免费上网服务点，使残疾人生活更加方便、城市更加温馨宜居。

二、规划实施中存在的主要问题

（一）残疾人家庭后续增收潜力小、增收压力大

“十二五”中后期，一方面，随着经济增速的放缓，就业压力激增，对于集中在低水平低层次就业的残疾人群体来说，其影响会更加明显；另一方面，随着残疾人社会保障制度框架基本建成，残疾人社会保障政策出台力度减弱，再分配环节对残疾人家庭收入的调节力度下降，残疾人家庭增收潜力变小、增收压力加大的问题会更加凸显。

（二）残疾人多样化、个性化的服务需求仍然难以得到有效满足

残疾人发展状况全面滞后于社会平均水平的情况依然十分严峻。以教育、就业为例，学龄残疾儿童接受义务教育、学前教育的比例与全市适龄儿童相比，均属较低水平。2011 年残疾人登记失业率为 13.6%，在业率为 41.8%，虽然扭转了前三年在业率逐步下降的趋势，但与全市城镇登记失

业率相比，差距依然明显。“十二五”中后期，随着残疾人自主意识、权益意识的不断觉醒，残疾人教育、就业、文化的融合发展需求和康复、托养、辅具、无障碍等专项服务需求的提升，残疾人服务的供求矛盾将更加突出。

（三）政府部门各负其责、联动推进的工作机制急需健全

在某些具体工作领域，还存在着政府部门主体责任落实不够到位、部门协作的机制不够健全的现象，以致北京在某些方面落后于东部发达省份，与全面建设残疾人工作首善之区的目标不相适应。如残疾人托养和护理补贴制度建设滞后于浙江、江苏、上海等东部省市的发展；重性精神疾病患者门诊免费服药，精神疾病患者治疗、康复、养老等相关保障和服务与首都功能定位和残疾人事业发展要求有较大差距；残疾人政策与老年人、儿童以及其他人群的政策缺乏整合和衔接，存在政策盲点和政策断层。

三、进一步推进规划实施面临的形势和对策措施

当前，首都发展已经进入一个新阶段。深入学习贯彻党的十八大精神，加快推动科学发展，努力实现中华民族伟大复兴的“中国梦”，对首都残疾人事业发展提出了新的更高要求。在新形势下，市委、市政府高度重视残疾人事业，召开了市委常委会进行专题研讨，对进一步推动残疾人事业发展明确提出要求。在北京市残联第六次代表大会上，市委书记郭金龙同志发表了重要讲话，为做好下一步残疾人工作指明了方向。“十二五”中后期的北京市残疾人工作，要全面贯彻市委、市政府的意见要求和郭金龙书记的指示精神，积极落实市残联六代会的各项工作部署，紧紧围绕国家全面建成小康社会的总体目标和首都现代化建设加快推进的发展大局，推动首都残疾人事业实现全面发展、加快发展。

（一）千方百计促进残疾人及其家庭增加收入

1. 实施就业优先战略

全面实施残疾人按比例就业工程、残疾人自主创业工程、贫困和低收入农村残疾人扶贫增收工程、重残人居家就业工程、职业康复劳动工程、无业轻残人就业工程“融合就业六大工程”，加大就业援助力度，健全残疾人就业服务机制，完善能力评估、职业培训、就业推荐和跟踪指导一体

化服务，促进残疾人实现稳定就业、质量就业。

2. 提高社会保障水平

进一步将残疾人纳入全市社会保障体系建设，抓好政策衔接和落实，实现人群全覆盖。支持残疾人参加城乡居民基本养老、基本医疗保险。完善城乡一体的医疗、教育、康复、住房、法律援助等专项救助制度，健全应急救援预案和重大疾病保障措施。完善残疾人生活补助政策，制定护理补贴制度，建立残疾人机构托养、社区日间照料和居家养护相互衔接的保障机制，实现基本福利制度定型。建立0～6岁免费康复制度，完善辅助器具适配办法，实施重性精神疾病患者门诊免费服药，统筹研究解决精神疾病患者治疗、康复、养老等问题。

（二）努力向残疾人提供满意的公共服务

1. 促进残疾人身心康复

完善康复医疗服务体系建设，提高社区卫生服务中心康复服务能力。大力推进居家康复。构建全程康复服务管理系统，建立儿童残疾报告制度，制定成年残疾人康复训练服务办法，推动老年残疾人安养康复一体化服务。推进辅助器具服务机构规范化建设，实现人人享有辅助器具适配服务。实施一批重点预防工程，提高全社会预防残疾的意识。

2. 发展残疾人融合教育

实施《北京市中小学融合教育行动计划》和《关于进一步加强随班就读工作的意见》，各区（县）至少建立1所特殊支持教育中心，引领区域内融合教育发展。建立60个特殊儿童随园入托康复资源中心，基本普及残疾儿童1～3年学前康复教育。完善送教上门保障机制。义务教育阶段有能力的残疾儿童少年实现就近入学。扩大残疾少年高中阶段随班就读规模。加强特殊教育队伍建设，全面提升残疾人教育质量。

3. 丰富残疾人精神文化生活

公共文化体育机构提供更多更好的公共文化服务。推进残疾人文化进社区、进家庭，引导残疾人就近就便参加文化体育活动。开展“残疾人文化周”活动，扶持残疾人文化产业发展，打造一批残疾人文化艺术精品。实施残疾人自强健身工程，发展残奥、特奥和聋奥项目。

4. 拓展残疾人养护照料服务

实施好“九养”政策，整合养老助残服务设施资源，支持发展居家养老助残服务业。利用温馨家园、职业康复站、社区托老（托残）所等资源，加快发展残疾人日间照料服务。落实《北京市养老设施专项规划》，支持社会福利机构开展残疾人托养服务，探索开展精神残疾人长期康复护理服务，确保生活不能自理的残疾人都能享受到生活照料服务。

（三）全面深化残疾人服务体系建设

1. 加强顶层制度设计

制定本市残疾人服务体系建设实施方案，为构建残疾人服务体系提供指导。将残疾人社会保障、医疗卫生、教育培训、劳动就业、文化体育、法律维权等一般性公共服务全面纳入基本公共服务目录范围。根据残疾人需求特性，对残疾预防与康复、辅助器具、养护照料、无障碍等专项公共服务，予以优先发展。

2. 创新服务管理模式

整合现有服务资源，以需求管理为中心，搭建四级一体的综合性服务平台，形成以"一个平台、一套系统、一卡通行、一个品牌"为主要内容的"四个一"残疾人服务管理新模式。以公益性、社会化、产业化为导向，培育、发展面向残疾人服务的社会组织和中介机构，加大政府购买服务力度，创新服务提供方式，促进残疾人服务事业和服务产业发展。

3. 强化配套政策支持

加快制定残疾人服务体系建设配套政策，注重提高农村残疾人公共服务水平。逐步建立残疾人社区康复、特殊教育、就业服务、辅助器具、无障碍、托养照料等领域的服务标准，引入第三方评估进行服务质量监督评估。统筹培养残疾人服务领域专业人员，试点向残疾人服务机构派出社工，壮大残疾人社会工作者队伍。

（四）进一步完善残疾人事业发展的工作机制

1. 加强各级残联自身建设

规范和完善各级残疾人组织建设，进一步优化组织结构，明晰职责定位，充分发挥各级残联"代表、服务、管理"职能。加强领导班子和干部队伍建设，做好残疾人干部培养使用，加快培养高素质残疾人工作专业技术人才，提高残疾人工作者职业化、专业化水平。加强残疾人工作者思想作风建设，密切与残疾人的血肉联系，全心全意为残疾人解难题、办实事、谋福祉。

2. 形成残疾人事业发展的强大合力

各级党委、政府要牢固树立群众观点，把解决残疾人的实际困难和问题作为走群众路线的实际行动。政府各有关部门要积极履行主体保障职责，各级政府残疾人工作委员会要认真履行议事职能和监督职责，在研究解决重大问题、协调出台政策、督促检查工作等方面发挥更大的作用。积极培育和扶持社会组织发展，充分调动社会力量、市场主体的积极性，让一切有利于服务残疾人、有利于推动首都社会建设的资源和要素都迸发活力、发挥作用。

（执笔人：北京市残联研究室　申竞然）

北京市文联"十二五"中期工作情况报告

北京市文联

北京市文联作为主管北京文艺类社会组织的"枢纽型"社会组织，在市委、市政府的领导下，以促进文艺繁荣、维护和谐稳定为目标，以服务大局、服务基层、服务群众为立足点，对文联主管的文艺社会组织开展了积极有效的联络协调服务与管理工作。随着社会建设形势的发展，社会组织群体规模不断扩大，组织机制建设日趋成熟，北京市文联在工作中不断积累总结经验与教训，积极探索更加适应形势发展、切合社会组织实际的工作模式与方法，积极探索、迎难而进推进社会组织党建工作。

一、取得的主要工作成就

（一）做好服务、促进和谐、维护稳定

接待社会组织汇报工作、反映问题，请求协调关系解决内部矛盾，咨询有关业务、政策，商谈申请成立新社团、基金会等是社会组织工作最基本的内容，市文联热情接待每次来访的每一位客人，耐心细致地为他们讲解、介绍，为解决单位和工作中的问题进行商讨，出主意、想办法，与市委社会工委、市社团办沟通调和矛盾，比如，北京油画学会内部闹矛盾，致使学会完全不能正常开展工作，一度出现不稳定苗头，北京市文联做了大量接待来访、调和矛盾、指导解决问题的工作，虽然目

前问题尚未彻底解决，但是严重的矛盾对立得到明显缓解。社会组织换届是每年重要的长线工作。市文联对此项工作给予足够重视，对人事安排、财务审计、工作报告、修改章程等重要事项与环节认真审查把关，在各方面的共同努力下保证了各社会组织顺利完成换届和健康发展。近几年在市文联的具体支持指导与监督下先后有 14 个社会组织完成换届，成立 5 个社会组织，并保证了新组织的质量和社会组织整体结构合理。

与市民政局社团办配合对社会组织进行年检。检查过程中发现有的社团、基金会在完成公益活动项目与资金预算方面存在问题，财务管理上有多方面的问题，基金使用存在不同程度的违规操作等，对这些问题有针对性地指出并责其改正。通过年检发现问题、解决问题，督促社会组织改进工作，逐步加强了其自身建设。

根据市委及其宣传部领导的指示，为探讨加强对北京宋庄画家村和 798 文化园区的管理，在市文联主要领导和北京美协主要领导的带领下对这两个文艺园区进行了数次调研考察，协商更有效的管理方法与建立适宜的管理组织，梳理出园区实现规范有效管理的思想脉络。

制定了《文联社会组织工作规范化建设实施方案》并逐步落实。对市文联关于对主管社会团体和基金会管理的两个规定进行了修订。

几年中，组织社会组织人员三次在国内进行考察交流和一次赴国外考察交流活动，这起到了开阔视野、拓展思路以及扩大工作空间的作用。

另外，积极为社会组织之间创造交流的机会，搭建合作平台。为便于横向工作联络，市文联编印了社会组织通讯录。

(二) 加强社会组织政治学习与推进党的建设

配合维稳工作，召开社会组织紧急会议，传达上级指示精神，通报安全稳定形势并提出相关要求。在每年维稳安全敏感期，根据中央和市委的指示精神以及安全形势，积极做好了解信息和向社会组织重点提出警示与预防的工作。

组织社会组织传达学习 2011 年初胡锦涛总书记等中央领导同志在省部级主要领导干部社会管理及其创新专题研讨班开班式上的重要讲话和中共北京市委十届九次全会通过的《中共北京市委关于加强和创新社会管理全面推进社会建设的意见》。结合工作实际进行学习座谈，提高大家的思想认识，强化大家的责任意识和自觉性。

召开社会组织庆祝建党 90 周年座谈暨工作交流会。社会组织负责人与文艺家汇聚一堂，畅谈中国共产党90年辉煌历史与丰功伟绩，回顾祖国与首都文艺事业发展和文艺工作者成长的历史，大家充满感动与感恩之情，增添了奋发努力干事业的精神动力。

组织社会组织负责人与文艺家们认真学习座谈党的十七届六中全会通过的《中共中央关于深化文化体制改革推动社会主义文化大发展大繁荣若干重大问题的决定》和胡锦涛同志在第九次全国文代会第八次全国作代会上所作的重要讲话。大家备受鼓舞，对社会组织与祖国的文化共同繁荣发展充满信心。

党的十八大胜利召开后，市文联及时组织社会组织开展各种形式的学习宣传活动，一是召开社会组织负责人学习党的十八大精神座谈会，畅谈学习党的十八大精神的体会，并结合工作实际，围绕如何积极发挥自身优势，开展社区文化公益活动、文艺志愿服务、文化共建、举办展览等问题进行了热烈的讨论。二是利用社团优势，动员社会组织在学习宣传党的十八大精神上发挥作用。市文联事业发展部与东城区文联共同主办，东城区美协和九洲书画艺术研究会承办了“庆祝十八大胜利召开精品书画作品展”，展出歌颂党的丰功伟绩、反映社会主义现代化建设成就的精品画作。协调动员北京楹联学会承办了由市文联与市委宣传部和市精神文明办共同主办的宣传党的十八大精神“圆梦中国·文明北京”楹联征集活动。在全市范围内征集反映党的十八大精神的优秀楹联作品。

对社会组织党组织和党员情况及党建工作的现状、存在的问题进行深入调研。通过听汇报、座谈交流、实地走访等方式，基本摸清了社会组织党组织和党员队伍以及党建工作的现状与存在的问题，基本掌握了文艺类社会组织的组织结构与业务活动状况。同时，向兄弟单位学习交流党建工作，为社会组织设立党建机构及其党建工作打下基础。2012年6月成立了文联社会组织党建工作委员会和联合党总支。先后成立了三个社会组织临时党支部，各社会组织分别设立了党建联络员和党建工作组，其中有的临时党支部已经开始做入党积极分子培养工作。建立了文联社会组织党建例会制度。建立了社会组织党建信息台账。积极参与市委社会工委组织的先进党组织和优秀共产党员评选表彰活动，推荐一名社会组织的共产党员参加优秀共产党员评选。

（三）认真监管与积极引导支持业务活动

服务、指导、支持与监管社会组织开展丰富多彩的业务活动，这是文联业务主管职能的主要内容和工作目标。对于社会组织开展业务活动，市文联在坚持自主、自力、自我管理的原则下，认真履行监督管理职责，尤其对大型活动、涉外活动、政治主题性活动、敏感时期敏感场所举办的活动，以及其他相对容易出现问题的活动进行更加严格的审查督导与现场检查。同时，为了更好地发挥社会组织的社会功能，市文联积极引导社会组织把业务活动与党和政府的需要、群众的需要结合起来，积极承担政府购买服务项目和参与公益性活动。配合政治形势积极宣传党的方针政策、先进文化，弘扬真善美，促进社会和谐与稳定。

（1）每年春节期间，北京楹联学会或单独组织或在市文联的带领下开展“送文化下基层”活动，到部队、农村、学校为部队官兵、公安干警、农民朋友、学校师生、离退休老同志、社区居民等书写春联，送去幸福平安与文明，送去党和政府的亲切关怀与温暖。在喜迎党的 90 岁生日的日子里组织楹联征集展览活动。2011 年底，市文联动员组织北京楹联学会与北京民协共同承担了由市委宣传部、首都精神文明办和市文联共同举办的“北京精神”春联征集活动的组织、参赛作品收集整理和评选工作。2013 年春节前夕北京市文联组织所属的北京楹联学会、北京九州书画研究会、北京中韩书画家联谊会 10 余名楹联和书法艺术家前往海淀区东升镇马坊村，为群众现场编写宣传党的十八大精神、“北京精神”以及反映新农村发展建设、农民美好生活的春联，受到了村民的热情欢迎。活动当天，楹联家、书法家们共为群众编创和书写春联 150 余幅。

（2）为庆祝建党 90 周年和纪念辛亥革命 100 周年，北京龙虎书画会、北京九洲书画研究会组织了系列书画笔会、联谊会和展览活动。

（3）2011 年春节前夕首都艺术家协会组织艺术家与演职人员，赴房山慰问驻地国防单位和村民，全国“两会”和三八妇女节期间为公安干警组织慰问演出。组织北京楹联学会的 10 余名楹联和书法艺术家前往延庆县八达岭村，为村民编写体现“北京精神”喜庆祥和的春联，受到村民的欢迎。

（4）做好“圆梦中国・文明北京”2013 年春节楹联征集活动。为深入学习贯彻党的十八大精神，市文联与市委宣传部、首都文明办共同在全市范围内征集反映党的十八大精神的优秀楹联作品。征集到全国各地 1.5 万余人的31 180件作品，从中评选出 10 副金榜春联、20 副银榜春联、70 副铜榜春联。其中，10副金榜春联由书法家书写，并印制10万副，免费送给北京市民。北京文联积极协调和组织所主管的北京楹联学会全程参与了此项活动并承担了重要工作任务。

（5）为弘扬国粹艺术，传承中华传统文化，抓好京剧艺术的启蒙与普及，2012年开展了“弘扬北京精神，京剧启蒙进社区”公益活动。该活动由市文联主办、北京少儿京昆艺术教育学会承办、北京社区文化促进会协办。通过举办丰富多彩的京剧启蒙公益活动，使广大人民群众特别是广大少年儿童热爱京剧，更加热爱和积极传承中华民族优秀传统文化。活动启动后，为京剧启蒙进社区实验基地的10个社区颁发牌匾并赠送了京剧启蒙教学书籍，赴丰台东高地社区进行座谈商讨开展京剧启蒙普及的形式与方法，举办了京剧艺术大讲堂、“国粹生香、京剧启蒙”本真训练营教学成果汇报义演等活动。为贯彻市委、市政府关于践行“北京精神”、开展学雷锋志愿服务活动的工作部署和要求，策划组织了在部分社区开展群众健身舞蹈活动，活动采取了首先培训小教员打基础、在部分社区搞试点示范性活动的方式。

（6）在取得经验的基础上，2013年市文联组织京剧启蒙、摄影、书画、舞蹈、楹联、合唱、社区文化等社会组织在全市范围内11个区（县）社区开展了“‘幸福梦’乐在社区”系列公益文化活动，活动取得了明显效果。

（7）举办了中韩日书画展、北京书画家精品展、女美术家节水护水主题作品展，举办每年一度的世界体育国标舞蹈大赛、文艺推新人大赛等多项专业活动。

（8）监督、支持、指导社会组织承担了政府购买社会组织服务的三个项目，包括“唱响北京，繁荣首都文化”群众合唱、京剧启蒙教育和社区公益文化活动。这三个项目均按活动方案如期保质保量完成。

近几年来，文联所主管的文艺类社会组织整体逐步呈现出和谐、稳定、有为的局面，为繁荣发展首都先进文化作出了积极的贡献。

社会组织举办的各项活动，市文联或是直接参与主办、指导，或是进行监督检查，同时在条件允许的情况下尽可能给予一定的资金支持。在活动主题思想上坚持了主旋律和正确的政治方向，保证了活动的政治安全和管理安全，使活动取得圆满成功。

二、目前工作中存在的主要问题

一是社会组织党建工作仍处于探索和逐步推进阶段，社会组织的党组织机构还不健全，党员活动还不多。

二是服务基层的广度、力度有待加强，深入社区、群众中开展文艺惠民服务活动尚处于探索和初步展开阶段，利用社会组织的资源并更大程度调动其积极性发挥作用有待于进一步加强。

三是社会组织整体规模逐渐加大，业务内容繁杂，工作人员力量相对薄弱，往往呈现力不能及的状况。

四是社会组织与市文联体制内的工作模式存在一定差异，往往不便于或不利于工作开展。

三、下一步的工作构想

一是引导与控制相结合，努力使社会组织在组织类型、性质、分布等方面相对合理均衡地发展，以适应首都文艺事业和社会的需要。

二是进一步加强社会组织与服务管理工作的规范化建设。

三是继续探讨与加强社会组织党建工作。

四是引导、调动和培养社会组织的积极性与能力，发挥社会组织更多承担政府购买社会组织服务项目的功能，使其积极参与公益文化活动。

五是在工作实践中积累和总结社会组织和社会组织工作的规律，继续尝试和探讨服务与管理社会组织更切合实际且有效的途径和方法。

（执笔人：北京市文联事业发展部　陈润华）

北京市社科联"十二五"中期工作情况报告

北京市社科联

"十二五"期间，市社科联在市委、市政府领导下，按照"枢纽型"社会组织的要求，坚持"学者为本、学术为根、学会为基、繁荣社科、服务首都"的宗旨，认真履行"桥梁纽带、组织协调、咨询服务、宣传普及"职能，充分发挥首都优势和市社科联特色，紧密团结和依靠首都哲学社会科学工作者，努力创新工作思路、夯实工作基础、完善工作格局、健全工作机制，各项工作全面开展、稳步推进，各项事业取得快速发展。

一、主要工作成绩

（一）重大理论研究与宣传成果丰硕

以北京市中国特色社会主义理论体系研究中心为依托，集纳高端、博采大家，突出特色、厚积薄发，紧密结合改革开放的实践探索，不断推进马克思主义中国化、时代化、大众化和中国特色社会主义理论的研究与宣传，取得丰硕成果。坚持以重大项目带动基础研究。完成了中央马克思主义理论研究和建设工程重大课题并出版核心专著《马克思主义中国化研究——历史进程和基本经验》，该书荣获市十二届社科优秀成果特等奖。坚持以重大课题引领理论创新。积极推进中国特色社会主义理论体系建设，完成中宣部等部门委托和自主策划的重大理论研究课题累计47项；连续多年举办马克思主义中国化论坛，成为交流和宣传中国特色社会主义理论最新研究成果的重要平台。坚持以重大选题推动理论宣传。抓住各种宣传契机，围绕重大理论和实际问题，在《人民日报》等中央媒体发表120余篇紧扣发展主题、体现时代特色的理论文章，一些文章发表后在理论界影响较大，不仅引起媒体的广泛关注和评介，而且得到中央领导的批示；策划出版了《纪念中国共产党成立90周年文库》、《学界回眸》等28部有影响、有分量的优秀理论著作，出版《中国共产党建设90年》英文版并在2012年伦敦国际书展首发，拍摄了理论文献片《中国道路》，努力将《中国特色社会主义研究》杂志打造成为全国社科理论界的名刊。

（二）重要决策咨询研究成效显著

以首都科学发展中的重大理论与实践问题为主攻方向，服务首都、对接实践、着眼应用、健全机制，强化精品意识，发挥好“思想库”、“智囊团”作用。“十二五”期间，承接市领导及市委、市政府职能部门委托课题113项，研究内容涵盖了北京市经济、政治、文化、社会、生态文明和党的建设等各个领域。很多研究成果得到市领导的批示，并被相关部门采纳，成为各级党委政府科学决策的依据或重要参考。坚持服务基层工作创新，主动了解基层实际和发展需求，通过举办决策咨询座谈会、组织社科专家实地调研考察、建立决策咨询调研基地、发送决策咨询成果报告等多种方式，搭建起专家学者和实际工作部门沟通联系的平台。

（三）重点学术活动品牌效应凸显

以统筹发挥学界、学者、学会的作用为学术工作的着力点，搭建平台、整合资源，繁荣学术、鼓励创新，不断提升学术活动品质。坚持打造系列品牌论坛。根据学术活动的不同服务对象，分别主办或承办了马克思主义中国化论坛、学术前沿论坛、区（县）创新论坛、自然科学界和社会科学界联合高峰论坛、“百人工程”学者论坛、京津冀晋蒙区域协作论坛等系列品牌活动，突出服务首都科学发展，有力地推动了首都学术研究与交流的繁荣发展。积极服务学术创新体系建设。进一步拓展延伸社会科学界和自然科学界协同创新合作交流项目，服务首都“双轮驱动”战略。积极推动社科理论“走转改”，开展“首都社科专家进基层”系列活动，受到广泛好评；连续多年开展首都社科专家“边疆行”活动，为北京对口支援的边疆地区发展提供了力所能及的智力支持。

(四) 社科普及活动利民惠民

以推动建立点面结合、覆盖城乡、形式多样、内容丰富的社科普及网络为抓手，普及人文知识、传播人文思想、弘扬人文精神、提升人文素质，在首都市民群众中大力推广普及社科知识。创新社科普及品牌。"北京科普周"、"北京周末社区大讲堂"和系列科普讲座，每年举办上千场，直接受众累计百万人次；组织专家学者走进社区、村镇、学校、工地、机关、军营、公园，在基层唱响人文之歌，丰富了百姓精神文化生活。推出多样化的社科普及产品。精心制作的科普电视专题片《长河》，在央视播出，并荣获第26届中国电视金鹰奖最佳纪录片提名奖；翻译出版《长河》英文版并参加伦敦、开普敦国际书展；编辑出版《中国文化亮点通俗读本》、《北京社会科学普及讲座集粹》等一批科普系列丛书，推出了《北京精神50问》等科普画册，向首都市民群众发放了50余万份以"十八大"、"中国梦"、"北京精神"等十几个理论热点重点为主题的社科普及宣传折页。此外，建立了首都图书馆等15个北京社科普及试验基地，依托这些基地开展了讲座、咨询、展览等形式多样的社科普及活动。

(五) 社会组织管理与服务迈上新台阶

以"思想主导、学术引导，激发活力、创新服务"为工作理念，坚持在服务中提升管理水平。积极探索新形势下科学、民主、依法管理社科类社会组织的新思路、新举措，切实提高服务管理的科学化、制度化、规范化水平，不断推动社科类社会组织"五种能力"建设，激发社会组织的活力，促进社会组织健康有序发展，在繁荣学术、服务首都方面发挥积极作用。

实行分类评估、促进规范达标，采取有针对性的政策扶持措施。对建设规范、活动经常、效益良好的社会组织予以重点支持，促使其上规模、上水平；对虽有活动但由于经费困难、效益发挥不够的学会，有针对性地给予帮扶，促使其规范达标；对部分有名无实的学会，则要通过整顿与整改的方法，实现竞争发展、优胜劣汰。根据社会组织不同的性质特点和社会化程度实行分类指导，既发挥现有优势，又探索社会化、市场化的新路子。根据社科类社会组织分类评价指标体系，逐步建立起培育发展与监督管理并重的社科类社会组织管理体制、工作机制和保障体系。加强党对社科类社会组织的领导，通过党建带动社建。建立健全"枢纽型"社会组织党建"3+1"工作机制，建立例会制度，围绕社会组织业务和党建工作，通报情况、交流经验、研究问题、推动工作，促进社科类社会组织党的建设和业务工作相互促进、共同发展。整合社科联内部机构职能，形成合力，加强和改善对社会组织的服务与管理。协调、整合内部资源，统筹学术、学者、学会，加大重点学术活动、科普讲座支持资助力度，积极做好社科类社会组织项目的征集、遴选和申报支持工作。通过政府购买管理岗位，制定社会组织从业人员培训计划，开展多层次、多类别的培训活动，培养社科类社会组织管理人才的领军人物。通过政府购买服务项目，积极引导社会组织参与社会管理和社会建设，参与“公益行”活动。加强社科类社会组织信息化系统建设，建立健全数据库，建立信息联络员制度，全面掌握社会组织的布局结构、组织类型、人员构成、会员分布、工作状态等基本信息。积极研究社科类社会组织发展中的重点难点问题，主动反映社科类社会组织的利益诉求，帮助社科类社会组织解决发展中遇到的困难和问题，积极配合政府部门进一步完善政策法规，优化发展环境。

据不完全统计，三年来，北京市社科联所属社会组织开展各种学术活动 2 541 场、社科普及活动 11 946 场，课题调研 3 181 项，举办培训活动 2 105场次，发表文章 2 587 篇，出版专著和论文集 528 部，开展对外学术交流活动 421 次，在繁荣学术、创新理论、交流成果、凝聚人才、咨政服务等方面发挥了重要作用。

（六）促进学术繁荣，激励多出成果、多出人才

以不断健全工作机制为重点，坚持政治标准与学术标准相统一的原则，严把政治导向关、学术质量关，体现导向性、权威性。圆满完成了三届北京市哲学社会科学优秀成果奖的评鉴工作，共计评选出 627 项优秀成果，涵盖经济、政治、文化、社会建设、党的建设等方面，基本体现了近年来首都哲学社会科学研究的特色和国家水准，具有鲜明的理论创新和实践品格。不断创新资助管理理念与方式，对一些带有战略性、前瞻性，具有重大文化传承意义和学科建设意义的项目给予重点支持。常规资助、重点资助著作累计达 500 余部。《北京社科名家文库》等一批重要学术著作在社会上取得了良好反响。完成了《当代中国城市发展》丛书北京卷的出版，郭金龙同志为该书作序。《北京社会科学年鉴》获全国第四届年鉴评比地方专业年鉴综合一等奖，已成为反映首都哲学社会科学事业发展的重要平台和社科信息资料库。策划启动了重大文化项目《北京文化大词典》的研究和编撰工作。不断完善人才服务链，与市委宣传部、市社科规划办公室共同实施培养中青年社科理论人才"百人工程",培养了大批政治过硬、业务精湛、作风正派的中青年社科理论骨干和学科带头人。开展青年社科人才资助项目,现已资助青年社科人才项目165项,受到广大青年社科工作者的高度关注和热烈欢迎。

二、存在的不足

在充分肯定成绩的同时,我们也清醒地认识到,北京市社科联工作还有许多需要加强和改进的地方,主要是:在优化学术生态,促进首都学术繁荣、学术创新方面还有待进一步推进;在推动社科普及立法、建立科普联席工作机制、实现社会科学普及和自然科学普及"同等重要"的目标等方面还有待进一步加强;在提升对社会组织的管理与服务能力,推动社会组织制度创新、管理创新、工作创新,营造有利于社会组织健康发展的良好环境方面还有待进一步探索;在培养造就社科理论人才特别是优秀中青年学者方面还有待进一步加强。

三、下一步工作思路

(一)围绕党的十八大精神的研究阐释,推进重大理论研究与宣传

坚持"集纳高端、博采大家,突出特色、厚积薄发,强化纽带、健全机制,打造精品、扩大影响"的工作理念,深入推进重大理论研究与宣传,努力建设理论研究和宣传高地。一是继续深入研究阐释重大理论问题。策划中国特色社会主义研究的重大课题;举办第八届马克思主义中国化论坛;推出若干高水平的理论研究成果。二是积极策划推出理论宣传精品。组织研究力量撰写重点理论文章,在《人民日报》、《求是》杂志、《光明日报》、《经济日报》发表;举办系列理论研讨会、座谈会、选题策划会;公开征集中国特色社会主义研究文库书稿和理论文章。三是打造理论研究和宣传阵地。以入选国家社科基金重点资助学术期刊为契机,按照"名编、名栏、名刊"的要求,进一步提升《中国特色社会主义研究》杂志质量;继续办好《中国特色社会主义研究》英文刊,拓展该杂志在海外的影响力,为理论"走出去"服务;加强重大选题策划,加大优秀论文奖励力度,培养编辑骨干。

（二）打造决策咨询公共研究平台，推进首都社科智库建设

坚持“服务大局、对接实践、着眼应用、健全机制”的工作理念，以首都科学发展中的重大理论与实践问题为主攻方向，创新运行机制、加强过程管理、强化精品意识，服务党和政府决策。一是不断提高决策咨询课题策划水平和研究质量。围绕落实党的十八大精神，策划一批决策咨询课题；跟踪和迅速应对市委、市政府的重大决策，提高课题研究针对性，高质量完成市领导重大决策咨询研究课题。二是加强课题管理和成果转化应用。紧密跟踪首都经济社会发展热点难点和理论研究前沿动态，搭建平台、全程服务，推动决策咨询研究出实招、见实效。三是加强决策咨询基础建设。加强调查研究基地和决策咨询人才队伍建设；完善决策咨询人才库，实施动态化、分级化管理；以科普信息资源数字化工程、社科类社会组织网站群为依托，完善社科联信息化平台，努力建设网络形态的社科智库。

（三）着眼学术之都建设，打造学术活动精品

坚持“立足前沿、精心策划，搭建平台、整合资源，精化内容、创新形式，繁荣学术、提升品牌”的工作理念，倡导学术民主，鼓励学术创新，推动学术繁荣。一是强化北京社科学术论坛品牌效应。围绕党的十八大提出的重大理论和现实问题确定主题，举办学术前沿论坛、北京中青年社科理论人才“百人工程”学者论坛、城市国际化论坛、三生共赢论坛、中国经济学前沿论坛等品牌学术活动；加大对论坛成果的宣传推广，提升论坛的学术影响力和社会影响力。二是促进社会科学界与自然科学界融合发展。积极推动2012年设立的北京市社会科学与自然科学协同创新研究基地认真开展研究工作；在市国土资源局、市档案局、中国人民大学等单位新设六个北京市社会科学与自然科学协同创新研究基地；组织开展第三届两重生命的互动论坛等两界学会联合学术活动；协助市科协举办第十一届北京两界联席会议高峰论坛，组织首都社科专家学者参加在内蒙古举办的第二届京津冀晋蒙区域协作论坛。

（四）构建社科普及立体化工作格局，服务市民人文素质提升

坚持“紧扣人文、强化导向，贴近需求、服务市民，创新载体、延伸覆盖，整合资源、塑造品牌”的工作理念，进一步提升品牌、创新机制、增强实效，把社科知识普及活动最大限度地扩展到更多的人群、使社科知识深入人们的内心。一是塑造品牌活动，提升品质内涵。以学习宣传党的十八大精神为主线，举办北京社会科学普及周，进一步丰富科普园展览、社科咨询、知识问答、专家义诊、图书赠送、广场文化活动等活动的内容和形式，扩大活动的影响范围；北京周末社区大讲堂、系列科普讲座、社科普及"七进"等活动场次有增长，内容更丰富，形式更新颖。二是创作与传播并重，打造科普精品。摄制完成社科普及专题片《京韵》，制作"北京市社会科学普及系列折页"，编辑出版社科普及系列丛书，开发社科普及系列画册；利用电视、网络等媒体，加大对科普作品的宣传推广力度。

（五）坚持管理与服务并重，激发社科类社会组织活力

坚持"思想主导、学术引导，激发活力、形成合力，依法监管、培育发展，创新服务、守土尽责"的工作理念，在服务中提升管理水平，促进社科类社会组织健康有序发展。一是在社会组织中深入开展学习宣传党的十八大精神活动。以报告会、座谈会、研讨交流会等形式，组织开展学习党的十八大精神系列活动；策划组织一批学习宣传党的十八大精神、有文化传承价值、有重大政治理论和现实意义、能够突出主旋律、反映时代特点的重大选题，动员所属社会组织在市民中广泛开展党的十八大精神宣传活动。二是加强社会组织"五种能力"建设。推进"重点项目"和"服务民生项目"资助，培育示范效应好、影响力大、带动作用强的品牌项目，推动社科类社会组织服务首都发展。通过分类培训等方式提高社会组织管理人员的政治素质和工作水平。三是创新管理机制，提高服务质量。依照《北京市社科类社会组织管理评价指标体系》，开展达标创优活动、达标测评活动，培育、树立优秀典型，逐渐实现对社会组织服务管理的精细化、专业化。

（六）优化学术生态，完善社科服务链

坚持"学者为本、学术为根、学会为基"，尊重学者、引导学者、服务学者、成就学者，营造有利于社科人才辈出、社科成果涌现的氛围。一是扶持培养青年社科理论人才。继续实施北京市社科联青年社科人才资助项目，做好青年社科人才资助项目的申报、管理、结项等工作，组织获资助项目申报市哲学社会科学规划项目；配合市委宣传部开展北京中青年社科理论人才"百人工程"学者的申报与遴选。二是进一步完善市社科优秀成果奖评奖组织工作。加大对获奖成果的宣传推广力度；开展评奖改革可行性调研，完成对评奖条例和实施细则的修改；加大信息化建设力度，完善"哲学社科评奖专家管理系统"。

（执笔人：北京市社科联学会管理部　何永锋）

北京市红十字会“十二五”中期工作情况报告

北京市红十字会

根据中央和市委、市政府关于加强和创新社会管理、全面推进社会建设的总体要求，2009 年，北京市红十字会被定位为首批“枢纽型”社会组织，目前共主管 8 个社会组织、培育 12 个社会组织、联系 7 个社会组织。2012 年，我会的社会建设工作在市委、市政府的正确领导下，在市委社会工委、市社会办的直接指导下，认真贯彻市委十届九次全会精神，开拓思路、狠抓落实，在加强和创新社会管理、全面推进社会建设方面取得了应有的工作成效，现将全年工作情况和今后的工作计划汇报如下。

一、工作总结

（一）做好政府购买服务和政府购买社工岗位工作

红十字会是政府在人道公益领域的助手。作为“枢纽型”社会组织，北京市红十字会又是“服务型政府”的一个有力助手。我会通过对社会组织的管理、服务、培育，发挥社会组织的正能量，引导其更多地参与民生服务，尽力完成那些政府无暇顾及、社会又特别需要的工作。

我会对社会组织进行管理服务的一个重要方面就是做好政府购买服务工作，这项工作得到了市委社会工委的大力支持和指导。2011 年，我会主管的社会组织承担的“社区居民应急救护知识和技能培训”和“红十字应急救援体系建设"两个政府购买服务项目顺利通过验收。2012 年上半年，"999 社区综合服务站"（红立方）和"北京周边山野应急救援及突发灾难应急救援服务"两个政府购买服务项目通过验收。其中，蓝天救援队通过"北京周边山野应急救援及突发灾难应急救援服务"购买的潜水装备在"7・21"特大暴雨救援中发挥了重要作用。

2012 年上半年，市红十字会作为政府购买社会组织管理岗位工作试点单位，按照市委社会工委的统一部署，完成了"政府购买社会组织管理岗位"公招、培训、分配等工作，制定了《北京市红十字会社工岗位管理办法》，并完成对这些社工进行规范管理、定期培训、综合考评等工作。这些社工岗位很好地发挥了作用，壮大了社会组织的力量。

（二）以"红立方"为基地，积极参与公共服务

大兴区清源街道彩虹新城小区"红立方"作为"北京市社会组织共产党员实践教育基地"，形成了人道公益资源的聚合效应、志愿服务的孵化效应和公共服务的品牌效应。各社会组织以"红立方"为平台，发挥各自的特长，经常为社区居民提供各种服务。2012 年 3 月 17 日是北京市第二个"学雷锋志愿活动日"，我会主管的北京中医疑难病研究会、北京抗癌乐园、北京市红十字蓝天救援队、北京市"999"紧急救援中心等社会组织，来到彩虹新城小区"红立方"，为社区居民进行疑难杂症的义诊、防癌抗癌知识的咨询以及应急救护、地震逃生、山野救援、消防知识的宣传，受到广大社区居民的普遍欢迎。"七一"前夕，彩虹新城小区"红立方"被评为"北京市社会领域优秀基层党建工作创新项目"。

（三）各社会组织开展各具特色的公益活动，产生广泛社会影响

北京市红十字蓝天救援队是一个专门从事户外遇险救援的社会组织，曾多次在北京周边地区实施紧急救援，并通过普及防灾避险安全急救知识、提供大型活动安全急救通信保障等方式，提高群众的安全意识，降低意外事故发生率。2013 年，红十字蓝天救援队完成山野救援 6 起、水上救援 6 起，西藏远距离搜救 1 次、自然灾害救援 2 次，共搜救失踪及被困人员 25 人，发放物资帮助超过 2 万人。

其中在房山"7・21"特大暴雨救援中，红十字蓝天救援队第一时间赶到现场，先后在东大桥、房山城关、养殖场、南韩继村、京港澳高速等地展开救援，转移救援群众 288 人，派潜水员摸排车辆 80 多辆，后期物资转运帮助群众 18 000 多人，受到了北京市委、市政府和房山区政府的高度赞扬。抗癌乐园致力于癌症患者群体抗癌活动，通过在公园、医院和社区习练抗癌健身法、开展咨询和心理辅导、举办文艺演出、出版抗癌杂志等方式，帮助他们找回健康和欢乐，改善生活质量、提高生存率。抗癌乐园现有党员 500 余名、22 个党小组，党的活动开展得有声有色。2011 年，北京市红十字蓝天救援队和北京抗癌乐园被评为“社会组织十大公益品牌”。颐年护老院把工作重心放在那些家庭困难、生活不能自理的老人身上，在经济上、精神上、生活上都给他们以无私帮助，在促进社会和谐方面作出了重要贡献。北京中医疑难病研究会着眼于中医疑难病的研究。他们经常组织专家，深入社区开办社区身心健康知识讲座、进行义诊和咨询，并弘扬传统中医文化。北京市红十字造血干细胞捐献志愿者之家致力于造血干细胞捐献动员和为造血干细胞捐献志愿者服务，目前已实现造血干细胞成功捐献 144 例。北京保护健康协会关注人的身心健康，通过举办论坛、讲座等方式，普及健康常识，提高公众意识。

（四）关键时刻冲锋在前，充分彰显了社会组织的活力和战斗力

在“7·21”特大暴雨救援中，北京市红十字蓝天救援队第一时间赶赴水灾现场，排查严重路段、村落 7 处，通过潜水排查、水面搜索和救生艇疏散等方式，解救受困群众 288 人次，为 150 余名受轻伤的受困群众做了外伤处理，发现遇难者 4 人。此次救援前方出动 157 人次，后方救援平台协调人员 55 人次，携带冲锋舟 3 艘，潜水设备 4 套，还有 AED 除颤仪、压缩机、卷式担架、救生圈等救援设备。“999”紧急救援中心出动救援车辆 631 台，救援队员 600 余人，对受暴雨惊吓的 57 名老年心脏病患者进行了救助，对灾害中死亡的 77 名亡者中的 54 名进行了转运。“999”饮食供应车为 1 400 余人次的受灾群众和救援人员提供餐饮服务。北京抗癌乐园的党员和群众则积极参与救灾募捐，共募集善款 19 020 元，充分体现了“一方有难、八方支援”的优良传统和博爱互助的精神。其他社会组织也通过积极宣传动员，发动捐款等方式发挥作用。

（五）以创先争优活动为抓手，加强社会组织党建工作

2012 年以来，我会按照“工作结合、职能融合、力量整合”的要求，将领航工程、聚力工程和先锋工程真正落到实处。按照市红十字会党组的统一安排，各社会组织党支部开展了“传承雷锋精神，服务民生、志愿服务”活动，党员干部立足岗位学雷锋、创先争优，力争做到“四服务、四满意”，有效增强了社会组织党员干部的创先争优意识和能力。在市委社会工委创先争优表彰工作中，北京抗癌乐园党支部被评为先进基层党组织，北京市红十字蓝天救援队党支部书记张勇、北京市红十字造血干细胞捐献志愿者之家秘书长吕建华被评为优秀共产党员。这些先进典型为更好地开展社会组织党建工作、增强党的凝聚力和向心力，起到了很好的示范作用。我会以学习市十一次党代会精神、学习党的十八大精神等活动为契机，引导社会组织党支部和广大党员充分发挥作用，切实把党的政治优势、组织优势和密切联系群众的优势，转化为引领推动社会组织科学发展、和谐发展的强大力量，形成以党建促业务、以党建促发展的良好格局。

二、工作计划

在市委社会工委的指导下，我会主管的社会组织工作开展顺利。当然，我们的工作还有待于进一步创新发展，工作思路还需要进一步转变，工作能力还需要进一步加强，工作方式还需要进一步创新，规章制度还需要进一步健全，党员队伍还需要进一步扩大。

在今后的工作中，我会将进一步发挥把关定向、统筹协调、服务管理作用，按照有关规定，指导主管的社会组织更好地开展工作。

一是做好摸底调研，制定科学规划。我会将深入各社会组织做深层调研，深度了解各社会组织工作开展情况及党员群众的思想动态。及时整理更新社会组织工作台账，建立数据库，并在调查研究和总结经验的基础上，因地制宜、分类指导，理清思路、制定规划。

二是抓思想教育，加大社会组织党员的教育管理工作。我会将以学习贯彻党的十八大精神为契机，集中组织学习活动，组织党员认真学习党的基本路线与时事政治，不断提高思想政治素质；按照“参与、服务、渗透、结合”的指导思想，定期开展党组织活动。在社会组织中发展党员，新建党支部，扩大党组织的覆盖面。2012 年 10 月 17 日，蓝天救援队的两名入党积极分子通过了市委组织部和市委社会工委的考察，成为正式党员，这在党建工作领域是一个创举，也是一个良好的开端。我们将进一步做好指导、沟通和服务工作，指导各社会组织在做好思想政治工作的基础上发展党员，鼓励更多的有识之士向党组织靠拢。

三是进一步完善信息化平台，加强沟通与联系。我们在北京红十字会网站上有“应急培训”、“志愿者”等内容，供各社会组织浏览、交流、学习。各社会组织可以通过这个信息化平台上报材料、接收文件，与市红十字会及其他社会组织进行及时有效的沟通。我会将在年内组织培训、召开信息化会议，把这个平台更好地利用起来，发挥好其上传下达、沟通联系的作用。

总之，我会将继续发挥“枢纽”的作用，进一步抓好社会组织工作，建立长效机制，健全完善社会组织工作体系，不断推进社会组织工作的可持续发展。

（执笔人：北京市红十字会社会工作部　方向明）

北京市法学会"十二五"中期工作情况报告

北京市法学会

2009年3月，北京市社会建设工作领导小组认定北京市法学会为第一批市级"枢纽型"社会组织，主要负责法学法律社会组织的联系、服务和管理，组织引领法学法律组织和广大会员参与首都建设，提供法律服务。四年来，在市委社会工委、市社会办的领导下，学会积极发挥政治上的桥梁纽带作用、业务上的引领聚合作用、日常服务管理上的平台作用，组织、引领法学法律社会组织积极探索和参与社会建设与社会管理创新，在规范化建设、服务管理创新、社会公益服务等方面取得了一定的工作成效。

一、加强组织领导，成立工作机构

北京市法学会会长吉林同志和北京市法学会党组历来重视社会建设工作。2012年9月，吉林同志到北京市法学会调研时强调要加强对社会服务管理法治保障水平和社会服务管理创新的研究与实践，学会党组多次在办公会议上对社会建设工作事项作专题研究部署。

为加强组织领导、增强工作力量，2011年我会积极协调市编办，成立了新的内设机构社会工作部，社会工作部作为负责社会工作的职能部门配备了必要的工作人员。社会工作部的职责主要是负责贯彻落实中央和市委市政府关于加强社会建设的决议、决定，研究提出北京市法学类研究组织和涉法类社会组织参与社会建设的规划、计划和政策文件。统筹指导全市法学类研究组织和涉法类社会组织参与社会管理，推进全市法学类研究组织和涉法类社会组织的党建工作。

社会工作部自成立以来，努力加强自身建设、提高队伍素质、建立部门工作规范，制定了11项工作制度并坚持落实，有效地保障了工作水平和效率。同时注重培育和弘扬团结协作、谋事干事的风气，分工协作、协调沟通、相互补台、想方设法做好工作，建设“团结、学习、规范、服务”型部门，为工作开展提供人才保障。

二、以项目为抓手，广泛开展公益行活动，积极参与和促进社会服务管理创新

四年来，我会坚持以项目为抓手，组织引领法学法律社会组织承接政府购买社会组织服务项目共计50项，获得支持资金483万元，获得支持资金以70%的年均增长率大幅提升，项目服务内容涉及基层干部法律培训、特殊群体咨询援助、犯罪少年帮教、消费纠纷拆迁纠纷调处等方面，项目实施方式有热线咨询、现场咨询、专题讲座、集中培训、集中的法律宣传等，为弘扬法治理念、提高全社会法治观念、推进依法行政、化解社会矛盾、促进首都和谐、维护团结和稳定作出了积极的贡献。

在市委社会工委、市社会办的支持和引导下，通过反复探索和实践，我们创新形成了“法律专家基层公益行”的品牌服务项目，自2010年至今参与服务的法学和法律专家、学者，党政机关领导及工作人员达850多人，中国法学会机关、市委社会工委和区（县）、街道等43个党政机关、7个司法机关和1 200多名大学生志愿者参与了服务，累计服务场次达51场，共向82家企业33万余名群众提供电话、网上、当面咨询服务或法律帮助，向1.2万名群众进行法律知识宣传，对“流动妇女平安之家”和“姐妹驿站”的157名负责人进行了培训，对1 652名村“两委”班子成员、乡镇机关及其所属企事业单位负责人进行了基层干部化解涉农纠纷能力培训。活动共计发放各类资料、普法书籍、联系卡等6万余份，制作展板200余块。《人民日报》、《法制日报》、《劳动午报》、北京电视台、人民网、首都政法网等9家媒体对活动进行了报道。

活动中，我们针对首都经济社会发展的特点和要求，针对当前社会成员价值观多元多样、社会矛盾高发多发的新情况、新问题，突出年度工作重点，注重解决实际问题，使项目活动成为各类社会组织服务基层的重要途径和平台。

针对我们所联系的法学法律社会组织的特点和需求，我们按照“五四五”的工作思路开展工作：在整体工作推动上，采取五种举措，即“广泛动员、积极参与”、“突出主题、创新策划”、“组织引领、确保效果”、“促进建设、探索机制”、“加强宣传、创造条件”；在组织策划上，做到“四个坚持”，即注重坚持服务一般群体与特殊群体相结合，注重坚持常年服务与典型服务相结合，注重坚持到基层去、到人民群众之中去，注重坚持服务创新；在项目实施中，做到“五有”要求，即有计划、有落实、有效果、有宣传、有评比。通过反复抓、长期抓、重点抓，确保了活动开展的实效，在为社会、基层群众积极提供服务的同时，促进了法学法律社会组织自身的健康发展，进一步增强了市法学会的凝聚力、影响力、号召力。

法学法律社会组织积极响应、广泛参与、精心筹划、严密组织，取得了丰硕的成果，在历次的评比考核中都获得了市社会办的充分肯定。2011年，“劳动普法宣传进社区”和“基层干部涉农纠纷能力建设培训”两个项目被评为“政府购买社会组织服务优秀项目”。2012年，“涉农纠纷应急能力建设培训”和“市民劝导队法律服务与培训”两个项目被评为“政府购买社会组织服务优秀项目”，北京市法学会项目绩效考核被市社会办评定为“优秀”，北京市法学会荣获“北京市社会组织公益行”活动“组织奖”，北京市法学会的“法律服务基层”活动和公益法学研究会的“《法治进行时》免费法律咨询热线”两项活动被评为“北京社会组织公益行”优秀公益行活动。

三、结合系统特点，积极推进社会组织党建工作，开展党的活动

（一）学习调研，明确工作思路

在开展调研摸清法学研究组织党建工作基本情况，学习上级文件吃透精神实质，到市级“枢纽型”社会组织考察学习，与市委社会工委、市直机关工委反复协调沟通的基础上，形成了《北京市法学会法学研究组织党

建工作情况及推进党建工作的建议报告》，提出了“三先”，即“先抓研究组织党建工作、先推进党的工作全覆盖、先试点再全面推进”的工作思路，明确了工作安排，明确了工作要求，在得到会领导批准后抓紧实施。

（二）在试点的基础上推进党的工作全覆盖

2012 年 6 月 16 日，召开研究组织党建试点工作座谈会，决定在四个研究组织中进行党建试点工作。7 月 19 日，在华风宾馆召开了党建试点工作推进会，进一步推动试点工作向前发展。截至 2012 年 9 月底，四个试点组织均成立了党建工作小组，其中两个已成立党小组并开展了活动，两个正在筹备成立党支部。11 月，调整学会党建工作委员会人员名单，对全系统党的工作机构全覆盖进行安排部署，2012 年底所有研究组织均已成立党建工作小组并开展工作。

（三）培育典型，创新地开展活动

工作中，注意培育系统的典型。“七一”前夕，我系统党建工作喜获北京市委社会工委的四项表彰。我会“枢纽型”社会组织联合党总支被评为“北京市社会领域创先争优先进基层党组织”；北京市刑事侦查学研究会顾问、原副会长兼秘书长李庆祥，北京市劳动和社会保障法学会秘书长张恒顺被评为“北京市社会领域创先争优优秀共产党员”；北京市法学会致诚联合党支部（农村法治研究会党小组）的“创新党建促发展，服务农村促和谐”项目被评为“北京市社会领域创先争优优秀基层党建工作创新项目”。

（四）创新党建活动品牌，组织开展党建活动

自 2012 年以来我们积极创新党建活动品牌——“社会组织联合党日活动”，活动既有瞻仰爱国主义教育基地，也有革命歌曲演唱会，还安排有座谈交流等内容。2012 年 6 月 28 日、2013 年 6 月 27 日，我会分别在平谷区鱼子山抗战纪念馆、顺义区焦庄户地道战遗址纪念馆举办两次联合党日活动，中国法学会会员部领导和市委社会工委党建工作处领导对活动给予了充分的肯定。

四、以政府购买社会组织管理岗位为契机，培育专业人才队伍，助力社会组织规范建设

2012 年 3 月，市社会建设工作领导小组办公室将我会列为首批政府购

买社会组织管理岗位试点单位，开展购买管理岗位试点工作，经我会申报，2012 年 6 月批复我会管理岗位 10 个，支持资金 50 万元。获得批复后，我会积极对主管研究组织的工作情况进一步摸底、调研，按照本系统党建工作试点组织优先、本系统“优秀研究组织”优先、设立秘书处并有专职工作人员的组织优先的“三优先”原则确定试点组织 8 家，购买岗位包括副秘书长、办公室主任、秘书长助理、秘书、党务工作者等共 11 人。经过一年多的摸索、努力，形成了良好的工作机制，取得了较好的工作成效：一是切实解决了社会组织的实际困难，起到了培育、支持、引导研究组织健康发展的作用；二是为聘用人员提供了宝贵的学习锻炼平台，为社会组织的发展培养了专业化社工人才；三是为社会服务管理创新积累了宝贵的工作经验，为进一步开展好此项工作奠定了基础。

开展此项工作，我们主要抓了三个环节：一是制定工作方案，加强规范管理。2012 年 6 月，我会根据市社会办《关于购买市级“枢纽型”社会组织管理岗位试点工作的通知》及《使用北京市社会建设专项资金购买“枢纽型”社会组织管理岗位暂行办法（试行）》的要求，结合本系统工作实际，及时制定了《北京市法学会购买社会组织管理岗位试点工作方案》，明确和落实各项工作要求。二是认真组织动员培训，促进能力建设。我会于 2012 年 7 月 19 日、2012 年 11 月 7 日、2013 年 2 月 28 日分别组织了三次针对聘用人员的培训会，并邀请市委社会工委、市社会办的领导授课。2012 年 9 月 24 日至 26 日，北京市委社会工委、市社会办举办了 2012 年购买“枢纽型”社会组织管理岗位试点工作培训班，我会参加首批购买管理岗位试点工作的 8 家研究组织的 9 位同志参加了本次培训。三是组织经验交流，总结工作成效。2013 年 2 月 28 日，我会组织政府购买社会组织管理岗位聘用人员进行工作汇报交流和培训，并邀请市委社会工委社会组织处处长卢建同志等参加了座谈。来自 7 家法学组织的 8 位聘用人员分别汇报了半年多来承担的主要工作任务、履行职责的情况和个人的收获体会，并就政府购买社会组织管理岗位工作提出自己的建议。这既实现了工作人员之间的充分交流，又向社会工委及时全面地反馈了工作情况，用实实在在的工作成效论证了政府购买社会组织管理岗位工作开展的必要性与可行性，聘用人员的工作热情得到了极大的鼓舞。

五、发挥“枢纽”作用，以服务促建设，引导促进法学法律组织健康发展

（一）加强指导和培训

在广泛征求意见、反复修改的基础上，我会于2012年2月起草印发了《北京市法学会关于法学法律社会组织各级参与和促进社会服务管理创新的指导意见》，进一步统一认识、确立方向、明确任务、提出要求。此项工作在全国地方法学会系统和市级“枢纽型”社会组织中实属首创，中国法学会进行了转发，市社会办陈建领、刘轩副主任给予了高度评价。针对系统特点，采取会议和培训相结合的办法，召开全系统社会建设工作，举办社会组织参与和促进社会服务管理创新培训，汇编印发了《社会建设工作资料汇编》，提高了法学法律社会组织对社会建设重要性的认识，明确了政策，增强了工作能力。

（二）发挥“枢纽”和“平台”的作用，积极为法学法律组织想干事、干成事、干好事创造条件

2012年11月，我会对2011年2个“政府购买社会组织服务优秀项目”各奖励支持6万元，对6个“公益行”项目各支持3.5万元，首次对33个研究组织各支持1万元服务管理经费，对4家党建试点组织各支持0.5万元，首次对4家积极开展调研和培训、积极进行项目申报的涉法组织各支持1万元，对积极开展公益行活动的1个涉法组织支持0.5万元，共计支持72.5万元。极大地鼓舞和调动了法学法律社会组织参与社会建设工作的积极性。

（三）更新服务理念，创新工作方式

服务是我们的职责，为社会组织和机关、事业单位提供优质、高效的服务是我们的义务，是我们的工作。从会议的组织到日常的接待，从政策的解释到问题的沟通，从活动的组织到事后一次次的督促落实，我们都能做到热情依旧、不厌其烦、精益求精。为了更全面、及时地与社会组织进行沟通，搭建更高效的联络平台，我会社会工作部于2013年1月设立了社会工作QQ群，截至目前已有超过30家法学法律社会组织的50位成员加入该QQ群，通过该平台，我会社工部先后发布了《北京市2013年政府购买社会组织服务项目指南》、政府购买社会组织服务项目设计培训会讲义

等多个重要文件，就工作开展的诸多问题进行了网上交流，很好地实现了资源、信息的及时共享，大家普遍反映该群的建立很及时、必要，并且很有意义。

北京市法学会在参与社会建设和社会管理创新的工作中作出了积极的探索和努力，取得了一定的工作成效，但我们也清楚地认识到自身工作的一些不足之处，如对在新形势下，法学法律社会组织如何更好地参与和促进社会服务管理创新研究不多、规律认识不够；组织、引领、服务社会组织的方法和手段还不多，凝聚力、号召力、影响力还不强；研究组织自身的发展还很不平衡，影响整体工作的推进和水平的提高等。在今后的工作中，我们将进一步把工作做实、做强，履行职责、践行使命，为北京市社会建设工作作出更大的贡献。

（执笔人：北京市法学会社会工作部　李琦）

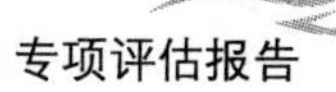

北京市工商联“十二五”中期工作情况报告

北京市工商联

市工商联作为市级“枢纽型”社会组织，自2012年7月换届以来，在市委、市政府的领导和市委统战部的指导下，坚持“实、新、联”工作方针，主动作为、创新发展，以贯彻落实党的十八大、《国务院机构改革和职能转变方案》中关于社会组织制度改革的有关精神为契机，积极推进商会组织建设，引领商会组织发展业务、开展活动、服务民生。积极推动商会组织参与社会管理、提供公共服务、反映行业诉求、促进社会和谐。目前，按照“十二五”社会建设规划有关要求，相关任务已基本完成，为促进“两个健康”、推动首都经济社会和谐发展作出了积极的贡献。

一、商会组织网络初步形成

商会组织是工商联工作的组织基础，也是市工商联作为“枢纽型”社会组织发挥作用的主要依托。近年来，市工商联坚持培育发展与规范管理并重的指导思想，按照方向正确、管理民主、行为规范、服务高效、充满活力的中国特色商会组织发展目标，不断加强商会组织建设，扩大工作覆盖面。截至2013年9月底，全市工商联系统已成立和建立工作联系的各级各类商会共501个，其中市直属商会51个、区（县）行业商会41个，街道（乡镇）、开发区、市场和楼宇商会174个，特殊群体类商会35个，外埠在京省级商会25个、地市级商会85个。商会发展势头强劲，探索出了一条与非公有制企业需求相适应、以“自愿组建、自筹经费、自主管理”为特征的企业自主办会之路，充分体现了“依靠企业家办会、以服务立会、以活动兴会”的工商联商会组织特色，商会建设呈现出数量持续增加、形态多样化发展、行业地域广覆盖的崭新格局。

二、商会作用日益显现

各商会秉承“服务、沟通、协调、自律”的基本宗旨，认真履行商会的职能作用，在参政议政、抱团发展、行业自律、融资服务、法律维权、考察培训、公益事业等方面作出了积极探索和努力，取得了显著成效。

一是积极建言献策。商会通过组织本行业发展专题调研并形成提案建议，参加工商联组织的政企对接会、专题研讨会、工作座谈会等方式，积极反映行业发展诉求，为政府制定相关政策提供重要参考。市工商联肉类食品商会提出的《关于修订食品添加剂使用卫生标准的报告》、《关于食品添加剂尽快界定的建议》两份建议报告，受到了当时国家卫生部的高度重视，国家标准委、卫生部以第1号修改单的形式给予了批复，并采纳商会建议取消了熟食中复合磷酸盐的检测。近三年来市工商联提交市政协的提案中，有1/3以上的提案线索是由商会提供的。

二是促进行业发展。商会充分发挥行业专业优势，积极参与行业技术标准、安全标准、质量标准等行业标准，以及工具书、合同示范文本的制定工作，引领和规范行业发展，推动行业发展环境的改善。市工商联直属商会近年来参与制定的《红木制品等级》、《中国无糖食品国家标准》等10余个国家、地方标准和行业经营示范文本，在规范行业发展、提升行业整体发展水平等方面发挥了重要作用。

三是规范市场行为。商会积极发挥行业自律功能，通过宣传法律法规，制定行规行约，开展质量诚信建设，增强经营者依法纳税、诚信经营意识，维护市场竞争秩序，避免行业企业的恶性竞争，创造公平公正的市场环境。为践行“诚信为本”的经营理念和服务准则，商会发起成立了“行业诚信联盟”、“商业信誉联盟”，并推出“315诚信活动”，较好地推动了行业诚信建设，维护了行业健康形象。

四是服务企业发展。商会作为市场中介组织，充分发挥引领聚合作用，为会员企业提供多元化服务。第一，帮助企业破解融资难题。商会结合行业特点，采取与银行合作量身定做融资产品、成立经济合作社、商会出面实施担保、组织会员企业抱团向商业银行公开招标等方式，积极探索商会与金融机构合作新模式，帮助企业解决燃眉之急。第二，维护企业合法权益。多家商会通过成立法律维权中心、建立法律咨询机构或聘请法律顾问等方式，开展法律咨询和调解服务，为会员企业化解内外矛盾纠纷，促进社会和谐稳定。市工商联交通运输业商会成立了国内首家依法登记注册的行业调解中心，近三年来共协调解决业内各类纠纷 280 余起，其中重大纠纷 42 起，案件涉及金额逾亿元。商会作为民间社团，在国际贸易中消除市场壁垒、保护企业利益等方面有着独特的优势。市工商联木业商会针对以美国为首的西方国家对我国木制家具企业提出的反倾销诉讼，积极动员企业参与应诉，并全力配合国家有关部门参与举证、取证工作，经过多方共同努力最终赢得了诉讼，保障了我国木业家具企业的合法权益，为企业挽回了大量的经济损失。第三，助推企业发展。商会积极组织各类国内外经贸考察和项目推介活动，为企业获取信息、寻觅商机、展示实力、拓展市场搭建平台。此外，商会积极开展创业辅导、政策咨询、技能培训等服务，帮助企业降低成本、提高竞争力。

五是参与社会管理。商会通过参加政府购买社会组织服务项目，充分利用自身资源和优势，参与到社会公共管理、公益服务、便民服务等多个项目中来，通过扶老助残、促进就业、法律援助等多种方式，为社会提供多元化、专业化的服务，满足了群众日益多样化、精细化的需求。市工商联交通运输业商会在项目资金的支持下，依托拥有大型工程机械和专业工程人员的优势，自发组建成立了一支民间应急救援抢险大队。市工商联住宅房地产商会组织业内物业专家和律师，成立了物业纠纷调解委员会，建立社区物业纠纷调解第三方社会机制，协助小区业主委员会调解物业纠纷、化解社会矛盾。商会还在引导广大非公经济人士参与光彩事业和社会公益事业、回报社会、奉献爱心、促进和谐社会建设等公益活动中受到社会的广泛关注并获得好评。

三、加强服务与指导，推动商会健康有序发展

（一）积极培育发展，拓展工作领域

坚持“积极引导、稳妥发展、优化结构、确保质量”的方针，注重在

现代服务业、文化产业等北京主导产业领域，在开发区、产业园区、市场、楼宇等企业聚集的区域组建商会，不断优化商会布局。2012 年换届后，市工商联先后组建成立了医疗产业、礼品业、锁业、静态交通业、物流与采购业、肉类食品业、创业投资服务业、皮革业、文化产业、优谷企业 10 家行业商会。各区（县）工商联新成立街道（乡镇）、楼宇商会 27 个。

（二）加强调查研究，优化商会发展环境

为摸清我市商会基本情况、找准存在的主要问题、汇集众智共谋商会发展之策，市工商联积极参与市委统战部牵头组织的商会组织建设的调研工作。2013 年 2—6 月课题组先后组织召开商会工作座谈会 6 场，与 16 个区（县）工商联分管商会领导、46 家商会负责人座谈，实地走访代表性商会 26 家，发放调查问卷 330 份，还先后到市委社会工委、市民政局走访调研，了解掌握相关政策和管理措施，赴浙江宁波、温州等商会建设较为成熟的地区学习考察，启发思路、开阔眼界，并在广泛征求意见的基础上形成《关于加强新形势下商会建设的意见建议》调研报告。报告形成后，市工商联主动与市民政局协商、征求意见，力争在加快政府职能转变，推动社会管理创新的背景下，为商会建设营造良好的发展环境。经双方多次洽谈沟通，反复修改，形成了《关于加强北京市工商联系统商会建设的指导意见》。目前，该文件正在征求有关委办局意见，定稿后拟提交市政府专题会议研究并下发执行。

（三）加强工作指导，丰富服务手段

注重制度建设，强化规范管理。通过制定下发《工商联商会章程示范文本》、《工商联商会筹备与成立工作指南》、《北京市工商联直属商会组织管理办法》等规章制度，从而使对直属商会建设的指导逐步走向制度化和规范化。

创新工作机制，发挥引领作用。注重发挥工商联"联"字独特优势，强化"枢纽型"社会组织在日常管理上的联系平台作用，建立在京外埠省级商会联席会议制度，加强与兄弟省市在京商会的联系和沟通。2011 年，在我们的倡议和组织下，首次提出了"新京商"概念，建立了以"携手推动发展、合作促进共赢"为主题的在京省级商会秘书长联席会和会长联席会会议制度，规定秘书长联席会议按照春、夏、秋、冬四季各举办一次，会长联席会议每年举办 1～2 次，由各省级商会轮流承办。在北京市工商联的指导下，高举“天下京商”的旗帜，共同为首都经济社会发展贡献力量。

加强业务培训，提升办会能力。以指导新成立商会筹备召开会员代表大会和承接政府购买社会组织服务项目为契机，有针对性地对商会秘书处进行业务培训，提高其办会和服务会员的能力。

发挥专业优势，开展特色服务。大力倡导商会以服务求发展、以服务促团结、以服务增活力。充分发挥各商会在人才、技术、信息等方面的资源优势，指导商会围绕行业特点、会员需求开展专业化服务，培育特色化的服务品牌。有的行业商会已经成为在社会上有知名度、在行业内有影响力、在会员中有号召力的社会组织。

（四）开展公共服务，以活动促活力

以市社会建设专项资金购买社会组织服务项目为抓手，建立工商联对商会组织的引导、资助和奖励机制，为商会组织参与公共服务创造条件，引导商会在参与首都社会建设中提升影响力，这极大地激发了商会组织参与社会建设的热情，并收到了良好的社会效果。自 2011 年以来，共有 27 家商会的 31 个服务项目获批实施，获得市社会建设专项资金支持 437 万元，获批项目参与人数累计达 17 530 人次，举办活动 193 场次，累计提供社会服务 2 296 小时，发放宣传海报、手册等宣传资料 76 900 份。交通运输业商会在项目资金的支持下，依托拥有大型工程机械和专业工程人员的优势，自发组建成立了一支由 120 名队员和 50 余部大型工程机械组成的民间应急抢险大队，并将其纳入了北京市政府应急抢险序列。住宅房地产商会组织业内物业专家和律师，成立了物业纠纷调解委员会，建立社区物业纠纷调解第三方社会机制，协助小区业主委员会调解物业纠纷、化解社会矛盾。各商会还鼓励引导广大非公经济人士参与光彩事业和社会公益事业，回报社会、奉献爱心、促进和谐社会建设。在抗击“7·21”特大暴雨灾害和雅安地震救灾中，各商会动员企业慷慨解囊、奉献大爱，累计捐款、捐物达 533.2 万元。在首都社会“公益行”活动中，“木业商会光彩林”、“幸福留言——中华遗嘱库”、“白金十分钟”居民自救互救能力提升行动、“儿童斜弱视手术医疗及术后康复项目”等公益活动受到社会的广泛关注，并得到好评。

四、以党建促会建，非公党建工作凸显亮点

近年来，我会按照非公党建工作要求，坚持把加强商会党建工作摆在突出位置来抓，充分发挥工商联和商会职能优势，创新工作方法，创新工作机制，有力提升了商会党建工作水平。

一是创建“3+1”工作机制。成立了党建工作委员会、社会组织联合党总支、党建工作委员会办公室，建立了党建工作例会制度，统筹协调商会党建工作，注重从商会党建工作领导体制和工作机制入手，推动商会党建工作的科学化、规范化。

二是积极推进党组织和党的工作双覆盖。按照逐步实现商会党组织和党的工作全覆盖的目标，积极创造条件，在商会中建立党组织，稳步推进商会党组织开展工作。通过发放调查表、走访座谈等方式，对市工商联50个直属行业商会党组织及其党员分布状况进行全面调查，在准确把握不同地区、不同行业、不同规模商会的基础上，加强分类指导、因会施策，先后在家具行业商会、水产业商会、石材业商会、不锈钢有色金属商会、清洗保洁业商会、木业商会、医疗产业商会七个条件比较成熟的商会建立了党支部或党建工作小组，启动了商会党建工作试点。与此同时，还积极推动直属会员企业建立党组织工作，加大与会员企业所属地党组织的沟通协调力度，为会员企业建立党组织创造条件，先后指导地雅集团、科瑞集团等企业成立了党组织。经过试点，下一步拟在商会中有计划地分批推进党组织的建立，扩大党组织的覆盖面和党建工作的覆盖面。

三是创新工作载体，以党建促会建。我们把促进首都非公有制经济健康发展和非公有制经济人士健康成长，作为商会党建工作的出发点和落脚点，围绕贯彻党的方针政策、团结凝聚职工群众、维护各方合法权益、促进科学发展等，注重创新活动载体，按照务实、简便、易行、有效的原则，找准党建工作与会员企业发展的结合点，努力把党的组织活力转化为企业发展的动力，把党组织的政治优势转化为企业发展优势，如有的商会党组织结合创先争优主题教育实践活动，组织企业员工开展业务技能比赛；有的商会党组织注重党员管理教育，开展设立党员先锋岗、党员承诺活动；有的商会党组织围绕如何在新势下更好地发挥党员在非公企业经营管理中的作用，组织党员员工进行深入座谈，引导党员找准定位、明确责

任；有的商会积极建立维权组织，如交通运输业商会成立了“北京安邦物流调解中心”，清洗保洁业商会成立了“劳动争议调解中心”，民俗旅游业商会、建筑行业商会成立了“法律维权中心”，洗染业商会成立了“投诉中心”，加大了为会员企业和企业员工维权的力度，发挥了商会协调关系、化解矛盾的作用。通过这些活动，促进了企业和谐，同时也扩大了党建工作的影响力，使广大党员找到归属，使企业出资人找到凝聚员工的途径。

四是寓党建工作于非公有制经济组织各项工作中。在市工商联着力打造的“文明创建”工程中，我们把非公有制企业是否建立党团工会组织作为一条重要的评选条件和标准，引导非公有制经济组织强化党建工作观念，引导非公有制经济人士支持所在企业建立党组织，为党组织开展活动、发挥作用提供必要条件。在开展首都非公有制经济领域“文明企业，共铸诚信”主题教育活动中，我们把各直属行业商会、在京异地商会党组织纳入其中，各商会组织所属会员企业签订《诚信承诺书》，发布《诚信宣言》，既树立了首都非公有制企业和人士的良好社会形象，又彰显了商会党组织的地位和作用。在推动商会组织参与社会服务工作中，注重发挥商会党组织的引领作用，组织动员商会的各种优势资源参与社会管理与服务，推动商会及广大非公有制企业增强社会责任意识、树立责任文化理念。

五、下一步工作打算

以党的十八大精神为指导，认真贯彻落实社会组织制度改革的有关精神，在巩固已有成果、总结已有经验的基础上，坚持三性统一，坚持积极引导发展的原则，促进商会组织健康有序发展。

（一）加强引导

以协助市委统战部、市民政局出台《关于加强北京市工商联系统商会建设的指导意见》（简称《意见》）为契机，深入调查研究并总结商会建设实践经验，掌握商会发展的脉络和趋势，找准制约商会发展的问题症结。通过《意见》的颁发实施，努力解决制约商会建设的突出问题，引导商会按照章程完善内部治理结构，按照市社团办要求进行注册登记，实现自我管理、自我发展。

（二）加强指导

强化“枢纽型”社会组织职能，建立以“三库”为支撑的信息枢纽，形成业务指导与日常联系的平台，运用现代信息手段提高服务管理的科学化水平，加强工商联系统商会、外埠驻京商会以及相关工商经济领域社会团体的联系，重点履行好组织动员、引导联系、服务支持等职能，充分发挥政治上桥梁纽带、业务上龙头骨干、管理上联系指导的作用。

（三）加强服务

制定培训计划，有计划地对商会会长、秘书处成员进行培训，通过组织不同形式的培训，增强综合素质，提高其管理商会的能力。以政府购买社会组织服务项目为服务载体，完善立项指导、实施监管、绩效评估的制度体系和工作机制，鼓励和支持商会组织参与社会建设和改善民生的各项服务，加强对项目的申报、立项、实施、评审、结算、结项、评估全过程的指导与服务，充分发挥商会组织在社会服务管理中的作用。

（四）加强商会党建工作

进一步完善社会组织党建“3＋1”工作机制，开展商会组织党建工程，提升符合建立党组织条件、开展活动比较稳定的商会党组织的组建率，指导商会通过购买社会党建管理服务岗位，解决专人办事、经费不足的问题。充分发挥商会党组织推动发展、服务企业、凝聚人心、促进和谐的作用，引导商会从思想、组织、制度、服务、形象、班子建设等各个方面入手，全面提升商会规范化建设水平。

（执笔人：北京市工商联会员处　李民）

附　录

北京市“十二五”时期社会建设规划纲要

序　言

“十一五”时期，北京社会建设取得明显成效，站在了新的历史起点上。“十二五”时期，北京社会建设既面临许多重大战略机遇，又面临许多新的挑战。在巩固和发展已有成果的基础上，按照党中央、国务院的要求，结合首都工作实际，系统设计、科学规划，由点到面、整体推进北京社会建设，意义重大而深远。

本规划纲要依据《中共中央国务院关于加强和创新社会管理的意见》、《中华人民共和国国民经济和社会发展第十二个五年规划纲要》和《中共北京市委关于加强和创新社会管理全面推进社会建设的意见》、《北京市国民经济和社会发展第十二个五年规划纲要》及有关专项规划制订，主要围绕完善社会服务、创新社会管理、动员社会参与、创建社会文明、构建社会和谐五个方面进行全面规划，是今后五年全市加强和创新社会管理、全面推进社会建设的行动指南。

第一篇　抓住机遇　全面推进社会建设

“十二五”时期是全面建设小康社会的关键时期，也是深化社会领域改革攻坚期和社会矛盾凸显期。必须深刻认识并准确把握今后五年首都发展面临的新形势新特点，紧紧抓住重要战略机遇期，巩固和发展已有工作成果，加强和创新社会管理，全面推进社会建设。

第一章　过去五年建设成就

“十一五”时期，在市委、市政府领导下，全市上下深入学习实践科学发展观，以贯彻党的十七大精神，成功举办北京奥运会、残奥会和圆满完成新中国成立60周年庆典活动为契机，不断推动社会服务管理创新，不断取得新成效，使北京社会建设走在全国前列、站在了新的历史起点上。

一、社会保障制度率先实现城乡一体化

人民生活水平显著提高，城镇居民人均可支配收入年均实际增长9.2%，农村居民人均纯收入年均实际增长9%。实施“五无”目标动态管理，民生得到切实保障。率先实现养老、医疗保险制度城乡全覆盖，职工基本养老保险制度和居民养老保险制度实现城乡一体化，建立城镇居民基本医疗保险、新型农村合作医疗、“一老一小”大病统筹等医疗保障制度，城乡低保标准分别增长43%和152%，城镇登记失业率控制在2.2%以内。实施社保卡制度，累计发放社保卡825万张，1 779家定点医疗机构实现持卡实时结算。实施“大民政”工作思路，社会福利由补缺型向适度普惠型发展，以最低生活保障制度为基础、专项救助制度相应配套、临时救助和社会互助为补充的城乡救助体系基本形成，以居家为基础、社区为依托、服务机构为支撑的新型养老助残服务格局基本形成。普惠加特惠的残疾人社会保障和服务体系制度框架初步建立，全市完成4万多户残疾人家庭无障碍设施改造，基本实现残疾人在家无障碍。城乡老人同等享受老年优待、高龄津贴、居家养老（助残）券、老年医疗补助、无保障老年居民福利养老金等待遇，养老床位由“十五”期末的3万张增加到7万张。SOS儿童村建成使用，儿童福利床位由757张增加到1 715张。重点优抚对象抚恤补助和义务兵优待金实现城乡同标准、全覆盖。大力实施保障性安居工程，解决了40多万户中低收入家庭的住房困难。

二、社会公共服务体系建设取得显著进展

公共服务体系日趋完善，基础教育、医疗卫生、文化体育、公共安全

等服务资源人均拥有量和保障水平全国领先，有的指标接近或达到发达国家水平。教育投入持续增长，基本公共教育服务均等化水平进一步提高，城乡教育差距显著缩小，基础教育入学率保持较高水平，高等教育毛入学率已达到60%，全市常住人口平均受教育年限达到11.5年，主要劳动年龄人口受过高等教育的比例达到35%，来京务工人员随迁子女接受义务教育得到切实保障，教育普及程度基本达到发达国家水平。卫生事业取得新突破，广泛开展全民健康促进行动，全面提升居民健康素质，居民平均期望寿命达到80.81岁。着力完善公共卫生体系，公共卫生突发事件处置、应急救治和大型活动保障能力显著提高。全市卫生资源总量显著增加，医疗机构实有床位92 871张，较2005年增长了17.5%。医药卫生体制改革全面展开，医疗服务能力快速提高，药品供应保障体系进一步完善，中医药事业扶持力度继续加大，居民主要健康指标达到发达国家水平。文化设施建设成效显著，文化服务功能明显增强，市、区（县）、街道（乡镇）、社区（村）四级公共文化设施服务网络基本形成。全民健身活动蓬勃开展，体育生活化社区建设初见成效，城乡居民经常参加体育锻炼的人数比例达49.1%，达到国际化城市水平。基层基本公共服务设施建设加快推进，70%以上的城市社区办公和服务用房面积达到350平方米以上，城市社区党组织、社区居委会、社区服务站实现全覆盖。96156社区服务热线和社区公共服务信息平台建设取得新突破，形成了市、区、街、居四级社区公共服务平台网络。完成3 363个社区卫生服务中心（站）标准化建设和配置，街道文化服务中心、行政村文化活动室、全民健身工程实现全覆盖，全市社区（村）公共服务网络基本形成。

三、社会管理体制改革走在全国前列

市、区（县）成立社会建设工作领导小组、设立社会建设工作机构，141个街道、120个乡镇建立社会工作党委，初步形成党委领导、政府负责、社会协同、公众参与的社会管理格局。70%的城市社区达到规范化建设标准，初步形成社区党建、社区自治、社区服务“三位一体”的工作格局。先后认定两批共22家“枢纽型”社会组织，并开展社会组织党建“3＋1”机制建设试点工作，基本形成社会组织“枢纽型”工作体系。规模以上非公有制企业全部建立党组织，全市 1 249 座商务楼宇全部建立党建工作站（社会工作站），基本实现非公有制经济组织党建工作全覆盖。网格化社会服务管理、村庄社区化管理等试点工作全面启动，各类人群社会服务管理创新不断取得新突破。先后出台《北京市加强社会建设实施纲要》、《北京市社会服务管理创新行动方案》、《中共北京市委关于加强和创新社会管理全面推进社会建设的意见》等一系列文件，实施居家养老（助残）服务“九养政策”等 20 多项惠民政策，建立社会建设专项资金，加快推进政府购买社会组织服务，初步形成社会建设政策体系框架。

四、社会广泛参与赢得世人瞩目

在成功举办北京奥运会、残奥会和圆满完成新中国成立 60 周年庆典、支援汶川抗震救灾等重大活动中，全市上下积极行动，社会各界广泛参与，社会动员机制不断完善，志愿服务世人称赞，群防群治成果显著。成功举办北京奥运会、残奥会后，及时把“绿色奥运、科技奥运、人文奥运”理念转化为“人文北京、科技北京、绿色北京”重大发展战略。新中国成立 60 周年庆典后，不失时机地提出建设中国特色世界城市的长远发展战略，加快推动首都科学发展，不断促进社会和谐。与此同时，加快推进社区工作者专业化、职业化，加快推进志愿服务经常化、科学化，大力培育发展社会组织，加强和创新非公有制经济组织服务管理，社会协同、公众参与的局面初步形成。

五、和谐社会建设取得明显成效

大力开展和谐社区、和谐村镇创建活动，和谐社区示范单位建设成效明显。不断扩大各类人群服务管理覆盖面，着力加强流动人口和特定人群服务管理，加快推进“温馨家园”、“新居民互助服务站”、“阳光中途之家”建设步伐，完善和推广劳动纠纷调解“六方联动”机制、“人民调解进派出所”、“信访代理制”等，不断完善群众利益协调机制、群众权益保障机制、社会矛盾调处机制和社会稳定风险评估机制。不断完善社会治安防控体系，切实加强食品药品安全监管工作，进一步健全应急管理体制机制，公共安全保障能力显著提升，首都社会保持和谐稳定。

第二章　今后五年发展环境

“十二五”时期，是北京社会建设大有作为的战略机遇期，同时也面临许多新挑战。紧抓机遇，迎接挑战，积极探索，大胆实践，加强和创新社会管理、全面推进社会建设意义重大而深远。

一、今后五年是北京社会建设大有作为的战略机遇期

党的十七届五中全会对加强社会建设提出了新要求。2011 年 2 月，胡锦涛总书记在省部级主要领导干部专题研讨班上的重要讲话，为加强和创新社会管理指明了前进方向。《中共中央国务院关于加强和创新社会管理的意见》、《中共北京市委关于加强和创新社会管理全面推进社会建设的意见》、国家和北京市国民经济和社会发展第十二个五年规划纲要，为制订和实施全市“十二五”时期社会建设规划提供了科学依据。首都经济社会平稳较快发展和创新驱动转型，为全市社会建设提供了可靠保障和强大动力。近年来全市社会建设所取得的成绩、积累的经验，为今后五年工作奠定了坚实基础。实施建设中国特色世界城市发展战略，进一步建设“人文北京、科技北京、绿色北京”，为加快构建具有时代特征、中国特色、首都特点的社会建设新格局创造了有利契机。“十二五”时期，加快推进首都社会建设机遇难得、大有可为。

二、今后五年北京社会建设面临许多新挑战

当前和今后一个时期，北京社会建设面临许多可以预见和难以预见的风险和挑战，特别是人口与资源环境之间矛盾凸显，社会矛盾纠纷多样多发，流动人口、各类人群和社会组织、非公有制经济组织服务管理的任务日益繁重，社会公共安全管理艰巨复杂，信息网络管理面临严峻挑战。这些问题，既是我国经济社会发展水平和阶段性特征的集中反映，也是发展

过程中迫切需要解决的重点难点问题。

随着经济体制的深刻变革、社会结构的深刻变动、利益格局的深刻调整、思想观念的深刻变化，加强和创新社会服务管理的任务越来越迫切、难度越来越大、要求越来越高，全面推进社会建设任重而道远。

三、今后五年加强北京社会建设意义重大

加强和创新社会管理、全面推进社会建设，是继续抓住和用好我国发展重要战略机遇期、推进党和国家事业发展的必然要求，是构建社会主义和谐社会的必然要求，是维护最广大人民群众根本利益的必然要求，是提高党的执政能力和巩固党的执政地位的必然要求，对于实现全面建设小康社会宏伟目标、实现党和国家长治久安具有重大战略意义和深远影响。

加强和创新社会管理、全面推进社会建设，是推动首都科学发展、促进社会和谐的重大战略任务，是适应建设中国特色世界城市新形势、加快推进“人文北京、科技北京、绿色北京”建设的重大战略行动。科学谋划、系统设计，由点到面、整体推进社会建设，是“十二五”时期首都科学发展的重大而紧迫任务。

第三章　今后五年发展目标

一、指导思想

高举中国特色社会主义伟大旗帜，以邓小平理论和“三个代表”重要思想为指导，深入贯彻落实科学发展观，认真贯彻落实党中央、国务院关于加强社会建设工作的一系列重要指示精神，紧紧围绕全面建设小康社会总目标，牢牢把握最大限度激发社会活力、最大限度增加和谐因素、最大限度减少不和谐因素的总要求，适应建设中国特色世界城市的新形势，顺应广大人民群众过上更好生活的新期待，以解决关乎人民群众切身利益与影响社会和谐的突出问题为突破口，以完善社会服务为重点，以创新社会管理为动力，以动员社会参与为基础，以优化社会环境为保障，以促进社

会和谐为目标，努力构建具有时代特征、中国特色、首都特点的社会建设科学体系，为加快建设“人文北京、科技北京、绿色北京”做出新的更大贡献。

二、基本原则

——坚持以人为本、服务为先。把完善服务、让群众满意作为社会建设的根本出发点和落脚点。适应首都人口结构新变化、群众需求多样化实际，寓管理于服务之中，在完善服务中加强社会管理。不断提升社会保障和公共服务水平，促进普惠公平，让社会建设成果惠及广大人民群众。

——坚持依法办事、发扬民主。把严格依法办事、充分发扬民主作为社会建设的基本要求。加快推进社会建设立法工作，依法调整社会关系、规范社会行为，使社会服务管理有法可依、有法必依。充分运用民主方式、群众工作方式、说服教育方式研究解决问题，努力通过平等沟通、协商、协调、引导等办法化解社会矛盾。

——坚持改革创新、完善制度。把体制创新、制度建设作为推动社会建设的根本动力和基本保障。积极适应社会建设面临的新形势，着力解决基础性、普遍性、根本性问题，不断创新理念、健全体制、完善机制，不断推动社会建设规范化、法制化、制度化建设。

——坚持统筹协调、整体推进。把综合协调、全面推进作为社会建设的基本工作原则。坚持统筹协调，科学规划、系统设计，由点到面、整体推进社会建设。坚持统筹兼顾，正确反映和协调各个方面、各个层次、各个阶段的利益诉求。坚持综合施策，综合运用法律法规、经济调节、行政管理、道德约束、心理疏导、舆论引导等手段，加强和创新社会服务管理。

——坚持广泛动员、共建共享。把社会协同、公众参与作为社会建设的基本着力点。进一步激发社会创造活力，鼓励和支持社会各界广泛参与社会服务管理，动员和引导公众有序参与社会建设，努力形成共建共享的良好局面。

三、发展目标

按照“建首善、创一流”的要求，健全党委领导、政府负责、社会协同、公众参与的社会管理格局，完善与社会主义市场经济、民主政治和先进文化相适应的社会建设体制，构建具有时代特征、中国特色、首都特点的社会建设体系，使北京社会建设始终走在全国前列。

今后五年要努力实现以下主要目标：

——社会服务更加完善。基本公共服务居全国前列并基本达到中等发达国家水平。人人享有社会保障，城乡基本公共服务均等化程度明显提高，积极促进充分就业，五年提供100万套政策性保障住房，城乡居民年均收入与经济发展同步增长，居民平均期望寿命接近82岁，文化教育保持全国领先地位，使人民群众幸福感不断增强。

——社会管理更加科学。突出人文关怀，创新方式方法，进一步健全社会管理体制。坚持依法办事，充分发扬民主，注重运用科技创新成果，注重管理项目绩效评估和持续改进。基本实现社会服务管理网格化、社区建设规范化、村庄管理社区化，基本形成社会组织“枢纽型”工作体系，基本实现各类人群服务管理全覆盖。

——社会动员更加广泛。积极推动社会协同，广泛动员公众参与，最大限度激发社会活力。完善基层民主自治，培育社会组织发展，强化各类经济组织社会责任，加快推进社会工作专业化职业化，完善志愿服务长效机制，使社会创造活力竞相迸发。

——社会环境更加文明。不断提高市民文明素质和城市文明程度。加强社会主义核心价值体系建设，加强社会主义道德建设，深入开展法制宣传教育，大力弘扬“北京精神”，形成文明有礼、守法诚信、崇尚科学、积极向上的社会风尚，营造服务优质、环境优美、秩序优良的社会氛围，创建生产安全、生活安宁、社会安定的社会环境。

——社会关系更加和谐。不断加强社会主义和谐社会首善之区建设。完善群众利益协调机制、群众权益保障机制、社会矛盾调处机制、社会稳定风险评估机制，努力做好新形势下群众工作，不断促进人际关系、群体关系、劳动关系、邻里关系、家庭关系更加和谐，切实维护社会稳定。

专栏1　北京市“十二五”时期社会建设主要指标				
类别	序号	指标	目标	属性
社会服务	1	城镇居民人均可支配收入年均增长（%）	8	预期性
	2	农村居民人均纯收入年均增长（%）	8	预期性
	3	城镇登记失业率（%）	≤3.5	预期性
	4	城镇职工五项保险参保率（%）	98	约束性
	5	城乡居民养老、医疗保险参保率（%）	95	约束性
	6	提供各类政策性保障住房（万套）	100	约束性
	7	全市从业人员平均受教育年限（年）	12	预期性
	8	城乡居民平均期望寿命增加（岁）	1	预期性
	9	全市养老床位达到（万张）	12	预期性
	10	每千名常住人口执业（助理）医师（人）	4	预期性
	11	人均体育场地面积（平方米）	2.1	预期性
	12	基层公共文化设施建设覆盖率（%）	≥97	预期性
社会管理	13	城市社区规范化建设达标率（%）	100	约束性
	14	城市网格化社会服务管理覆盖率（%）	>90	约束性
	15	社区服务管理信息化网络覆盖率（%）	>90	约束性
社会参与	16	每万人拥有社会组织（个）	20	预期性
	17	社会工作从业人员/专业人才（万人）	36/2	预期性
	18	注册志愿者（万人）	200	预期性
	19	基层自治组织选举居（村）民参与率（%）	90	预期性
社会环境	20	市民公共行为文明指数	≥83	预期性
	21	亿元地区生产总值生产安全事故死亡率降低（%）	>38	约束性
	22	重点食品安全检测抽查合格率（%）	>98	约束性
	23	药品抽验合格率（%）	≥98	约束性
	24	群众安全感指数（%）	≥90	预期性
社会关系	25	和谐社区（村镇）创建率（%）	90	预期性
	26	建立工会企业集体合同签订率（%）	>80	预期性
	27	基层社会矛盾纠纷调处率（%）	≥95	预期性
	28	信访事项按期办结率（%）	≥95	预期性
备注	城镇居民人均可支配收入、农村居民人均纯收入的年均增速，均为扣除价格因素后的实际增长速度。			

第二篇　关注民生　完善社会服务

坚持以保障和改善民生为重点加强社会建设，不断完善社会服务，努力实现好、维护好、发展好最广大人民群众的根本利益，使经济社会发展成果更好惠及百姓，让人民群众生活更加美好。

专栏2　基本公共服务体系
基本公共服务体系，是指为了人民群众的生存权、发展权等基本人权得到保障而建立的，由一系列基本公共服务组成的完整服务体系。主要包括三层含义：第一，基本公共服务是公共服务中最基础、最核心的部分，与人民群众最关心、最直接、最现实的切身利益密切相关；第二，基本公共服务是政府公共服务基本职能，由政府负最终责任；第三，基本公共服务的范围和标准是动态的，随着经济发展水平和政府保障能力的不断提高，其范围逐步扩大，标准不断调整。 基本公共服务主要包括四个方面内容： ◆ 基本生存服务，包括公共就业服务、社会保障、社会福利、社会救助等 ◆ 基本发展服务，包括义务教育、公共卫生和基本医疗、公共文化体育等 ◆ 基本环境服务，包括公共交通、公共通信、公用设施和环境保护、居住服务等 ◆ 基本安全服务，包括公共安全、消费安全和国防安全等

第四章　提高基本公共服务水平

坚持民生优先，健全覆盖各类人群的社会服务体系，创新社会服务提供方式，满足城乡居民多层次、多样化的服务需求。

一、让基本公共服务覆盖各类人群

进一步完善城乡一体化的基本公共服务制度，进一步健全覆盖各类人群的基本公共服务体系，切实提高政府公共服务保障能力，切实解决城乡居民劳动就业、收入分配、社会保障、医疗卫生、住房保障等重大民生问题。优化资源配置，重点投向基础薄弱地区，缩小城乡和区域间差距，推进老旧小区、新建小区、城乡结合部和郊区农村公共服务体系建设，努力实现基本公共服务均等化。

专栏3　北京市社区基本公共服务指导目录（试行）（“1060”工程）

服务类型（10类）	服务项目（60项）
社区就业服务	社区劳动就业咨询服务、社区职业介绍服务、社区就业困难人员再就业服务、社区“零就业家庭”就业帮扶服务、社区自主创业就业服务。
社区社会保障服务	社区老年人（残疾人）居家养老服务、就餐送餐服务、出行服务、精神关怀服务、电子辅助服务、优待服务，社区残疾人温馨家园服务、残疾人无障碍设施建设服务，社区老年人信息档案服务、社区企业退休人员服务、社区托老（残）服务。

社区卫生计划生育服务	社区公共卫生和基本医疗服务、社区居民健康档案服务、社区居民转诊服务、社区计划生育服务、社区独生子女家庭服务、社区急救和保健服务。
社区文化教育体育服务	社区群众文化服务、社区教育培训服务、社区早教服务、社区中小学生社会实践服务、社区科普服务、社区居民阅览服务、社区体育设施建设服务、社区群众性体育组织建设服务、社区群众体育健身服务、社区居民体质测试服务、社区健身宣传培训服务。
社区流动人口和出租房屋服务	社区流动人口服务、社区出租房屋相关服务。
社区安全服务	社区治安状况告知服务、社区治安服务、社区矫正服务、社区帮教安置服务、社区禁毒宣传服务、社区青少年保护和不良青少年帮教服务、社区法律服务、社区消防安全服务、社区安全稳定服务、社区应急服务、社区警务设施和警力配备服务、社区物技防设施建设服务。
社区环境美化服务	社区环境综合治理服务、社区绿化美化服务、社区环境保护服务（绿色社区创建）、社区节能服务、社区市政公共设施建设服务。
社区便利服务	社区便民商业服务、社区家政服务、社区代收代缴服务。
其他服务	社区心理咨询服务、社区网络信息服务。

二、让居民生活更便利

创建干净社区、安全社区、服务社区、规范社区、健康社区、文化社区，让社区居民生活更美好。完善96156社区信息服务平台，落实《北京市社区基本公共服务指导目录（试行）》，逐步实现城乡社区基本公共服务全覆盖。推进"一刻钟社区服务圈"建设，"十二五"时期努力使城市社区覆盖率达到60%以上。整合利用公共服务资源，加快推进公共图书馆、文化馆（站）、美术馆等公共活动设施免费向社会公众开放。充分利用人防工程等资源设施，鼓励和支持党政机关、企事业单位业余时间面向社区居民开放内部服务设施，让更多的公共服务场所和内部服务设施更好地服务居民。优先发展公共交通，方便广大居民出行。

专栏 4 “一刻钟社区服务圈”
“一刻钟社区服务圈”，是指社区居民步行 15 分钟之内，能够享受到社区就业、社会保障、社会救助、社区医疗卫生、社区养老助残、社区安全、社区文化体育教育、社区环境美化以及社区便利购物、餐饮、缴费、理发、日常修理、家政服务等方面的服务提供，使社区居民日常生活更加便利。

三、完善公共服务提供机制

按照政府保障基本公共服务、市场提供多样化选择的原则，创新社会服务提供方式，推进非基本公共服务市场化改革，形成政府主导、企事业单位和社会组织广泛参与的公共服务提供机制。完善政府购买公共服务政策，健全和规范项目化运行管理机制。探索多种有效措施，鼓励社会资本以多种方式参与公共服务，推动公共服务社会化、多元化。完善社会建设专项资金制度，加大政府购买社会组织服务力度。

四、大力发展社会服务业

完善社会服务业发展政策，支持社会力量和民间资本参与社会服务。积极扶持社会企业发展，鼓励社会企业和社会组织发展社会服务业。拓展社会服务业发展领域，加大政府扶持和支持力度，不断提高服务质量。围绕居民服务需求，整合社区服务项目，规范服务标准，提高供给能力和服务质量。鼓励和扶持发展家政等社会服务业，促进生活性服务业加快发展。

专栏 5 北京市鼓励发展家政服务业政策（“家七条”）
◆ 鼓励家政服务企业实行员工制管理 ◆ 建立家政服务员输入基地 ◆ 加强家政服务员职业技能培训 ◆ 鼓励各类人员在家政服务业创业就业 ◆ 加大对家政服务业的扶持力度 ◆ 维护家政服务从业人员的合法权益 ◆ 规范家政服务业的管理和服务

第五章 完善社会保障体系

按照广覆盖、保基本、多层次、可持续的原则，健全城乡一体、全面覆盖、服务均等、管理精细的社会保障体系。

一、让人人享有社会保障

逐步打破户籍、地域、身份界限，完善职工和居民社会保险体系，实现社会保障人群全面覆盖、待遇水平不断提高。进一步完善多层次的养老保险体系，推进城乡一体化的医疗保险制度，健全功能完备的失业保险制度，健全预防、补偿、康复相结合的工伤保险体系，实现生育保险全覆盖，城镇职工五项保险参保率达到98%以上，城乡居民养老保险、医疗保险参保率达到95%以上。稳步提高社会保障待遇水平，建立社会保障标准与经济发展和物价上涨挂钩联动机制，逐步提高参保人员待遇、福利养老金、优抚对象生活水平、最低生活保障水平。逐步将各项社会保障业务纳入社保卡统一管理，加快建设覆盖全市、联通城乡的社会保障信息网络。加强街道（乡镇）社会保障所建设，将社区（村）社保工作纳入社区（村）服务站服务范围，加快实现社会保障管理服务社会化、社会化管理服务网络全覆盖。

二、让城乡劳动者充分就业

坚持积极的就业政策导向，实施就业优先战略，不断完善就业公共服务，建立完善城乡统一的就业管理制度，构建城乡一体化充分就业新格局。以高校毕业生就业、困难群体就业、农村劳动力转移就业为重点，实施更加积极的就业政策，新增城乡就业 200 万人左右。推动城乡公共就业服务均等化，形成统一规范灵活的人力资源市场。加强劳动力技能培训，提高劳动者就业能力。实施精细化就业援助，帮助 140 万城镇登记失业人员和农村劳动力实现就业或转移就业，城镇登记失业率控制在 3.5%以内。

三、实现居民收入增长与经济发展同步

完善最低工资和工资指导线制度，促进低收入职工收入增加。完善企业退休人员基本养老金、城乡最低生活保障等社会保障待遇标准正常增长机制。提高居民收入在国民收入分配中的比重，提高劳动报酬在初次分配

中的比重，努力实现居民收入增长和经济发展同步、劳动报酬增长和劳动生产率提高同步，实现城镇居民人均可支配收入、农村居民人均纯收入年均增长与经济发展同步。合理调整收入分配制度，缩小城乡、区域、行业收入差别，使城乡居民生活水平不断提升。

四、加大保障性安居工程建设力度

“十二五”时期，加快推进保障性安居工程建设，全市建设、收购各类政策性保障住房 100 万套，基本实现符合条件的家庭应保尽保。多渠道筹集廉租房房源，完善租赁补贴制度，建立符合首都实际的多元化住房租赁体系。重点发展公共租赁住房，逐步使其成为保障性住房的主体。加强投入和监管力度，实施保障性住房阳光工程。

第六章　发展社会事业

以服务民生为导向，大力发展社会事业，让社会事业发展成果更多更好地惠及广大人民群众。

一、让孩子们获得更加优质的教育

坚持优先发展教育，在更高水平上提高教育质量，维护教育公平。推进义务教育优质均衡发展，加大对薄弱地区、薄弱学校投入力度，推进学区化管理、学校联盟、名校办分校、学校托管等多种办学形式创新，建立教师、校长合理流动机制，扩大优质教育资源的覆盖范围。多种形式扩大学前教育资源供给能力，“十二五”期间新建改扩建 769 所幼儿园，努力满足适龄儿童入园需求。着力推进高等教育内涵式发展，大力发展现代职业教育，鼓励院校面向社会开展多层次、多形式的职业培训和社会服务。进一步完善家庭经济困难学生资助政策，做好进京务工人员随迁子女接受义务教育和学前教育工作，进一步加强特殊教育，切实保障弱势群体接受教育的权利。

二、让文化发展更好服务群众

完善公共文化服务体系，不断满足城乡居民多样化、多层次精神文化需求。推进文化惠民工程、精品工程建设，为公众提供更多更好的文化产品。加强社区文化建设，深化文化“三下乡”活动，广泛开展公益性群众文化活动，不断丰富基层群众文化生活。大力发展、规划和建设街道（乡镇）、社区（村）公共文化设施，切实加强社区文化中心建设，着力加强老旧小区、城乡结合部、新建社区和农村地区公共文化设施建设，全面提高基层公共文化设施达标水平，促进基本公共文化服务均等化。总结朝阳区创建“国家公共文化服务体系示范区”经验，并逐步在全市推广。

专栏6　公共文化服务十大工程

名称	主要内容
设施提升工程	重点推进设施服务覆盖不到的超大型社区、新建小区和老旧小区，形成设施网点化并提高设施达标率。
服务达标工程	2012年启动公共文化服务设施达标、服务达标、活动达标、经费达标和管理达标五项评审，每3年评审一次。
示范先行工程	支持朝阳区完成国家公共文化服务体系示范区创建工作，扶持东城和大兴区示范项目建设，命名北京民间文化艺术之乡，扶持10个北京民间文化艺术之乡，争创文化部中国民间艺术之乡。
群众文化组织员工程	为全市社区和行政村文化室配齐7 000名群众文化组织员。
“万人培训”工程	用5年时间，对市、区（县）两级文化馆、图书馆专职文化队伍、街道（乡镇）文化站和社区（行政村）文化室兼职文化队伍共33 000人进行系统化培训。
来京务工人员文化权益均等化工程	来京务工人员与首都市民平等地享受政府提供的各项基本公共文化服务，扩大“社区一家亲”活动、来京务工人员才艺大赛和“首都是我快乐的家”卡拉OK大赛等来京务工人员主题活动范围。
文化志愿服务工程	力争3年后，本市注册文化志愿者总数不少于2万人，文化志愿者每人每年提供志愿时间不少于30小时。针对大型活动、公益性文化设施提供专业性较强的文化志愿者服务。
社区数字化工程	率先在全国建设数字化文化社区。创建多媒体、跨平台、多终端的文化信息资源共享平台——“文化北京”频道，打造融信息查询、艺术欣赏、文化传播、交流互动于一体的数字化“北京数字文化社区网”。
24小时自助图书馆工程	用3年时间，在本市主要街区、城区社区部署24小时街区自助图书馆。
文化活动品牌化工程	从2012年开始，推出北京市群众文化艺术节，作为市级统领性、代表性的重要群众文化活动形式。

三、努力使居民平均期望寿命增长 1 岁

大力宣传《北京人健康指引》，引导居民养成健康生活方式。加强慢性非传染性疾病和重大传染病预防控制，完善突发公共卫生事件应急机制，健全覆盖城乡的急救网络。优化医疗资源布局和结构，解决重点功能区、大型居住区、边远山区医疗资源不足问题。引导和鼓励社会资本办医疗机构，增加医疗服务资源。加快远郊区（县）区域医疗中心项目建设，完善社区卫生服务体系，提升基层医疗卫生机构服务能力，形成分级就诊、双向转诊的有序就医格局。开展优质护理服务，实行双休日及节假日门诊，推行家庭医生服务模式，建立居民电子健康档案和电子病历，改善医疗服务，方便市民就医。整合公共卫生、医疗、医疗保险等资源，建立健全早发现、早诊断、早治疗的疾病预防干预机制。“十二五”期末，努力使城乡居民平均期望寿命比“十一五”末增长 1 岁，接近 82 岁。

四、倡导市民做“健康北京人”

倡导“体育生活化”理念，增强城乡居民健身意识，使经常参加体育锻炼的人数比例长期保持不低于 49%。健全公共体育服务体系，完善基层体育设施，实现每个区（县）拥有一个多功能全民健身体育中心，50%具备条件的城市公园、郊野公园建有健身场地设施，具备开放条件的学校体育场地设施向社会开放率达到 70%。开展“一区一品”群众体育品牌创建活动，街道（乡镇）、社区（村）建立健全体育组织和健身辅导站，基本实现体育生活化社区达标，初步形成覆盖城乡的全民健身公共服务体系。

专栏 7　北京市体育生活化社区建设标准	
组织体系社会化	建立社区全民健身协会，把所有能参加健身活动的人纳入其中开展活动，达到群众体育社会化、组织体系社会化。
健身器材家庭化	建设公共体育场地设施，挖掘适合家庭、门院使用的健身器材，实现体育走进千家万户，倡导器材进入家庭。
健身活动多元化	天天有锻炼，周周有活动，月月有比赛，季季有交流，年年有展示，实现人人在组织中、组织有活动、活动有特色。
健身服务科学化	开展体质测定，举办健身大讲堂，培训体育骨干，让居民掌握科学健身方法，有针对性地安全有效开展体育活动。

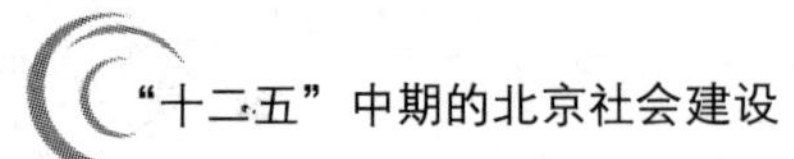

第七章　健全社会福利体系

树立"大民政"理念，按照覆盖全民、保障重点、层次有别、水平适中的原则，构建和完善适度普惠型社会福利体系。

一、让社会福利适度普惠

整合社会福利政策和资源，推动社会福利由补缺型向适度普惠型转变。以养老、助残、救孤、济困为重点，逐步拓展社会福利保障范围，在丰富传统福利项目的同时，综合考虑经济社会发展情况和财力状况，逐步提高市民福利水平。加强孤儿特别是残疾孤儿福利服务。坚持家庭、社区和福利机构相结合，逐步健全社会福利服务体系。采取有效措施，培育和扶持社会福利领域专业中介机构和组织发展。建立社会福利统筹机制，建立财政投入、社会投资和慈善捐赠等社会福利多元保障机制。

二、让老年人安享晚年

围绕构建"9064"养老服务格局，完善以居家养老为基础、社区服务为依托、服务机构养老为支撑的社会养老服务体系。进一步落实"九养政策"，扩大高龄老人医疗补助享受范围。进一步完善政策，使低保等特殊困难家庭不能完全自理老年人入住养老机构得到补助。依托各级社区服务中心，建立市、区（县）、街道（乡镇）和社区（村）四级养老服务中心，建设6 000个社区（村）托老（残）所，发展1万个养老（助残）餐桌。调整和完善机构养老服务结构，重点加强护理型养老机构建设和规范化、标准化管理。加强养老服务队伍建设，实现每万名老年人拥有专业护理员50人。资助和扶持社会力量兴办养老服务机构。平均每年新增养老床位1万张，"十二五"期末全市养老床位达到12万张，护养型养老床位占50%，每百名老年人拥有养老床位3.8张。

专栏 8　“9064”养老服务格局
2008 年底，市民政局、市发展改革委、市规划委、市财政局和市国土资源局联合印发《关于加快养老服务机构发展的意见》，提出养老服务“全面关怀、重点照顾”的理念，努力实现“9064”养老服务新模式，到 2020 年逐步建立起集中照料服务与社区居家服务互为补充的养老服务体系，推动老年福利服务由补缺型向适度普惠型转变。“9064”即： ◆ 90％的老年人在社会化服务协助下通过家庭照顾养老 ◆ 6％的老年人通过政府购买社区照顾服务养老 ◆ 4％的老年人入住养老服务机构集中养老

三、让残疾人平等参与社会

健全覆盖城乡全体残疾人的社会保障和服务体系，完善残疾人社会福利政策，建立残疾人生活津贴制度和护理补贴制度，落实医疗、康复、就学、住房等专项救助措施。加大就业扶持和服务力度，大力扶持发展福利企业，促进有劳动能力的残疾人就业。健全三级康复服务网络，夯实社区康复基础，着力做好职业康复、辅助器具适配等特色服务。拓展机构托养服务、社区温馨家园综合服务和居家助残服务，使生活不能自理的残疾人得到妥善照料。通过公办民营、民办公助和政府购买服务等方式，积极培育为残疾人服务的社会组织，大力发展残疾人服务业。全面推进城市“无障碍”化建设，为残疾人平等参与社会创造良好条件。

专栏 9　居家养老（助残）服务“九养政策”
北京市出台《市民居家养老（助残）服务“九养”办法》。主要内容包括： ◆ 建立万名“孝星”和千家为老服务先进单位评选表彰制度 ◆ 建立居家养老（助残）券服务制度和老人补助医疗制度 ◆ 建立城乡社区（村）养老（助残）餐桌 ◆ 建立城乡社区（村）托老（残）所 ◆ 招聘居家服务养老（助残）员 ◆ 配备养老（助残）无障碍服务车 ◆ 开展养老（助残）精神关怀服务 ◆ 实施家庭无障碍设施改造 ◆ 为老年人（残疾人）配备“小帮手”电子服务器

四、让每个特困家庭和人员都能得到救助

健全以最低生活保障制度为基础、专项救助相配套、临时应急救助和社会互助为补充的城乡社会救助体系。健全与经济发展和物价水平相适应的低保标准动态调整机制，完善低保分类救助政策，实施城乡低收入家庭救助制度，推进城乡一体的医疗、教育、住房、采暖等专项救助制度建设，做好自然灾害和临时救助工作，切实保障低收入群体的基本生活。落实征地超转人员社会保障，完善流浪乞讨人员救助服务。完善优抚安置保障政策，做好优抚服务工作。

五、让慈善成为社会风尚

加大慈善宣传力度，打造“善行天下”系列慈善公益品牌，增强全民慈善意识与参与自觉。加快慈善组织培育发展，推进慈善组织从业人员职业化、专业化建设，创新慈善项目运作机制，加强慈善捐助全程监管，增强社会公信度。出台促进慈善事业发展法规，发挥政府资金引导和扶持作用，建立政府向慈善组织购买公共服务机制，完善慈善捐赠优惠政策。拓展慈善募捐渠道，建立覆盖全市的经常性捐助站点和慈善超市，逐步形成遍布城乡、方便快捷、公开透明的慈善捐助体系。

第三篇　以人为本　创新社会管理

坚持以人为本，突出人文关怀，加强和创新社会管理，在服务中实施管理，在管理中体现服务，努力实现各类人群服务管理全覆盖。

第八章　实现各类人群服务管理全覆盖

不断提高各类人群服务管理精细化、信息化和科学化水平，努力实现各类人群社会服务管理全覆盖。

一、科学合理调控人口规模

加强人口调控综合协调工作，健全人口规模调控机制，落实人口总量

调控区（县）属地责任，建立市级统筹、部门分管、属地负责的人口服务管理机制。持续深入推动经济结构调整，促进产业发展方式从主要依靠劳动力数量增加向更多依靠劳动生产率提高转变。统筹区域协调发展，引导人口合理分布。

二、加强实有人口动态管理

健全实有人口动态管理机制，建立全市联网、部门联动、覆盖城乡的全员人口统筹管理信息系统。及时有效地加强流动人口、人户分离基础信息采集，完善实有人口综合管理信息平台建设，切实提高人口管理信息化水平。加强人口和计划生育服务管理工作，促进妇女全面发展，保护儿童优先发展，积极应对人口老龄化。健全人口政策协调制度，坚持人口规划的基础性作用，建立重大政策、重大项目及公共资源配置人口评估机制。

专栏 10　全员人口统筹管理信息系统

全员人口统筹管理信息系统，是以全员人口数据库为基础，围绕城镇化、教育素质、健康保障、收入分配以及老龄化等主题，形成人口统筹管理信息采集、人口统筹管理统计分析、人口统筹管理决策支持、人口计划生育服务管理四大业务应用信息系统，包含人口数量控制类、人口素质提升类、人口结构优化类、人口分布引导类和内部综合管理类等内容。该项目建设单位为国家人口计生委，31 个省（自治区、直辖市）为项目参建单位，国务院相关部委为项目参与协作单位。该系统是《国家“十二五”时期人口发展规划》重要项目，有利于各级政府部门掌握人口数量、素质、结构、分布现状及趋势，科学分析人口与经济社会资源环境内在关系，为科学决策、加强人口规模调控和综合服务管理提供重要的信息支撑。按照国家统一部署，北京市将在“十二五”时期完成市级建设项目。

三、创新流动人口管理和服务

积极探索新的工作思路和有效措施，进一步加强流动人口服务管理工作。实施居住证制度，探索建立流动人口动态信息与服务管理联动机制，建立健全人口流动区域协作机制，完善流动人口综合管理信息平台，提高流动人口服务管理信息化和精细化水平。落实出租房屋管理规定，依法治理出租房屋安全隐患，总结推广出租房屋集中管理经验模式，切实加强出租房屋管理工作。建立健全青年流动人口服务管理机制，为其在京创业和工作生活创造良好环境。加强和改善进京务工人员服务保障工作，努力解决就业服务、社会保障、权益维护、基本公共服务等方面存在的突出问题。探索建立外籍人口服务管理模式，开展国际化社区建设试点工作，完善在京居住外籍人员服务管理。

专栏11　青年流动人口服务项目	
服务项目	**服务内容**
就业促进项目	整合各方资源，引进就业指导师，建立就业信息发布平台，提供就业信息，加强就业指导。
创业帮扶项目	建立创业导师队伍，开展创业青年培训，推进小额贷款工作，举办青年创业大赛，为青年创业提供帮助。
职业规划项目	开展职业规划辅导，帮助青年明确发展目标，加强与青年流动人口流入地团组织的联系合作，引导该群体向二、三线城市发展。
安全教育项目	组织社会安全、公共卫生、健康婚育教育等普及讲座；开展健康使者火炬行动、星光自护教育等，提高青年安全意识和自我保护能力。
法制教育项目	编发法律知识手册，举办法制教育讲座，宣讲劳动协议、房屋租赁、社会治安等政策，引导和帮助青年知法、懂法、守法、用法。
心理辅导项目	采取心理咨询、实践活动、体验教育等方式，开展心理健康教育、心理素质训练，帮助青年化解心理困惑，健康面对生活。
爱心公益项目	联系社会团体和青年组织，发挥社会救助体系作用，深化“100365首善行动”，救助和帮助有特殊困难的青年。
网络服务项目	开展网上思想引导工作，建立网络服务平台，及时发布青年生活服务信息和活动信息。
文体娱乐项目	举办文化讲座、歌咏比赛、桌游竞技、体育比赛等活动，联合社区团组织和青年所在单位团组织共同开展工作，丰富业余文化生活。
志愿服务项目	组织相关专业志愿者队伍，从生活信息服务、专业知识咨询、技能教育培训、综合素质提升等方面开展志愿服务，引导参与社区建设。

四、完善特定人群管理和服务

加强和创新特定人群的教育、引导、服务和管理工作。加强刑释解教和社区服刑人员服务管理，各区（县）全部建立“阳光中途之家”，有效提供释前辅导、法制教育、社会认知教育、职业技能培训、心理辅导和临时救助等服务。完善社区矫正工作机制，加强和改进社会闲散人员、不良青少年服务管理，做好教育、帮扶、矫治等工作。建立健全精神病患者服务管理制度，使之得到及时救助、治疗和康复。加强流浪少年儿童救助工作，使其回归正常社会生活。

专栏 12　阳光中途之家
为加强刑释解教人员和社区服刑人员管理和服务，加大教育引导和帮扶力度，朝阳区借鉴国内外先进经验，在全市率先建立“阳光中途之家”，主要为社区刑满释放“三无”人员（无家可归、无亲可投、无生活来源）提供过渡性食宿、就业培训、心理辅导等服务。

第九章　夯实基层社会管理基础

着力加强和创新社区服务管理，健全基层社会管理和服务体系，切实打牢基层社会服务管理根基，基本实现社区建设规范化、村庄管理社区化，逐步实现城乡社区服务管理一体化。

专栏 13　社区建设“一分三定两目标”	
“一分”	实行社区服务站与社区居委会职能分开。
“三定”	定事（社区工作职能）、定人（社区专职工作者职数）、定钱（社区工作经费）。
“两目标”	努力建设专业化职业化的社区工作者队伍、具有中国特色的社会主义新型社区。

一、完善社区服务管理格局

按照“一分、三定、两目标”的要求，进一步完善社区党组织、社区居委会、社区服务站职能，充分发挥社区党组织的领导核心作用，发挥社区居委会的民主自治功能，发挥社区服务站承接政府公共服务的职能，支持社会组织参与社区服务管理，动员驻区单位支持社区建设，构建社区党建、社区自治、社区服务“三位一体”的工作格局，形成以社区党组织为领导核心、以社区居委会为主体、以社区服务站等为依托、以社区社会组织为补充、以社区信息综合管理服务平台为载体、驻区单位和组织协同配合、社区居民广泛参与的现代社区治理结构和新型社区服务管理体系，不断完善社区服务管理格局。

专栏 14 社区工作主要职责	
社区党组织	1. 宣传和执行党的路线方针政策，宣传和执行党中央、上级党组织和本组织的决议，团结、组织干部群众努力完成社区各项任务。 2. 讨论决定本社区建设、管理和服务中的重要问题和重大事项。 3. 领导社区居民自治组织，支持和保证其依法充分行使职权，完善公开办事制度，推进社区居民自治；领导社区服务站和各类社区服务组织开展社区服务工作，创新社区服务机制，提高社区服务水平；领导社区群众组织，支持和保证其依照各自的章程开展工作。 4. 联系群众、服务群众、宣传群众、教育群众，反映群众的意见和要求，化解社会矛盾，维护社会稳定，把工作重点放到凝聚群众力量参与和谐社区建设、共同创造幸福生活上来。 5. 加强社区党建协调工作，指导社区社会组织党组织、非公有制经济组织党组织开展党建工作；组织协调驻区单位党组织开展区域性党建工作，促进资源共享。 6. 加强社区党组织自身建设，做好社区党员教育管理和发展党员工作；与有关部门共同搞好社区流动党员的教育、管理和服务工作。
社区居委会	1. 依法组织居民开展自治。宣传宪法、法律、法规和国家政策，教育居民遵守社会公德和居民公约，组织开展多种形式的社会主义精神文明建设活动；召集社区居民会议，执行居民会议的决定，办理本社区居民公共事务和公益事业，开展社区便民利民服务活动。组织居民参与群防群治，调解民间纠纷，组织动员居民参与民主自治，实现共驻共建；管理社区居委会经费、印章和财产，推行居务公开；及时向政府及其派出机关反映居民群众的意见、要求和提出建议。 2. 依法协助城市基层政府及其派出机关开展工作。依托社区服务站协助政府及其派出机关做好社会治安、社区矫正、社区卫生、计划生育、社会保障、流动人口服务管理等工作，推动政府社会管理和公共服务覆盖全社区。协助政府及其派出机关应对和处置社区突发公共事件，维护社区安全稳定。 3. 依法依规组织开展民主监督。组织居民参与涉及切身利益的公共政策听证活动，参与对城市基层政府及其派出机关和工作人员的工作、驻社区单位参与社区建设的情况进行民主评议，对市政服务单位的服务情况进行监督。指导、监督业主委员会、业主大会、物业服务企业依法开展工作。
社区服务站	1. 协助政府职能部门办理本社区内各种公共服务事项，把政府公共服务延伸到社区，实现政府职能重心下移。 2. 组织开展社区公益服务，协助社区居委会办理本社区居民的公共事务和公益事业。 3. 充分利用社区资源，动员社会力量，组织开展社区便民服务，方便居民生活。 4. 培育和壮大社区公益性服务组织，支持和引导社区社会组织积极发挥作用。 5. 通过各种渠道及时了解和反映社区居民意见和建议，努力解决存在问题；积极支持和配合社区居委会依法开展社区居民自治、人民调解，提供法律服务，维护社区和谐稳定。 6. 定期向街道办事处、社区党组织汇报工作，向社区居委会通报工作，接受社区居委会和居民群众的监督和评议。

二、搭建社区综合服务管理平台

完善社区服务管理体系，推动社会管理重心下移，延伸公共服务职能。以社区服务中心、社区服务站为依托，规范基层专业服务机构，有效承接政府委托事项，形成政府行政管理与社区居民自治工作有效衔接和良性互动。以居民需求为导向，整合人口、就业、社保、民政、文化以及综治、维稳、信访、城管等管理职能和服务资源，健全社区综合服务管理平台。建立健全政府投入与社会投入相结合的经费保障机制。改造和提升96156社区信息服务平台，加强社区服务管理综合信息系统建设，实现社区管理信息化、服务智能化。

专栏15 96156社区信息服务平台

服务类型	服务项目
社区建设与管理	社区信息管理、社区人口管理、社区智能服务管理、社区信息终端发布管理、社区志愿者管理与服务、社区服务中心设施服务。
信息查询	办事办证、养老机构、民政工作指南、单位基本信息、便利服务信息、生活信息指南。
公益服务	法律咨询热线、心理咨询热线、姐妹驿站热线、婚姻家庭咨询热线、慈善公益服务热线、殡葬公益服务热线、社区大课堂，其他社会组织合作项目。
便利服务	家政服务、家电维修、居室维修、酒后代驾、送水、送粮油、送餐，水电、燃气、电话缴费。
公共服务	社区文化、社区体育、社区旅游，其他委办局委托合作项目。
养老（助残）服务	生活照料、居家维护、养老（助残）精神关怀服务、残疾人信息无障碍交流、老人生活辅助用品租售、小帮手电子服务器服务。

三、全面实现城市社区建设规范化

继续围绕社区服务站建设、社区工作职能、社区运行机制、社区志愿服务、社区工作者管理、社区基础设施配置、社区经费投入等七个方面，加快推进社区规范化建设，“十二五”期间，城市社区基本达到规范化建设标准。以社区基础设施建设和服务管理职能完善为突破口，加快推进社区规范化建设向老旧小区、新建住宅小区、城乡结合部社区延伸，探索切合不同社区实际特点的社区服务模式和管理机制，逐步实现城市社区规范化建设全覆盖。

专栏 16　社区规范化建设主要任务目标	
规范化内容	任务目标
社区服务站建设	1. 政府在社区层面设立综合性服务平台，统一命名为社区服务站。 2. 规范社区服务站的工作关系。 3. 明确社区服务站各个岗位与街道相关部门的对应关系和各自职责。 4. 整合社区各类服务资源。 5. 建立健全社区服务站业务管理制度。
社区工作职能	6. 合理划分社区党组织、社区居委会和社区服务站的职责任务。 7. 细化社区党组织的主要职责。 8. 细化社区居委会的主要职责。 9. 细化社区服务站的主要职责。
社区运行机制	10. 明确和理顺社区党组织、社区居委会和社区服务站之间的关系。 11. 建立在社区党组织领导下，社区居委会和社区服务站紧密对接、协调联动工作机制。 12. 充分发挥社区居民会议的作用。 13. 规范完善社区党组织、社区居委会、社区服务站等组织的工作制度。
社区志愿服务	14. 以社区老年人、下岗失业人员、残疾人和低收入家庭等为重点服务对象，开发社区志愿服务项目。 15. 整合社区志愿服务资源。 16. 完善社区志愿者招募管理制度。
社区工作者管理	17. 充实社区工作力量。 18. 对社区服务站工作人员实行公开招录。 19. 通过政府购买服务的方式，为每个社区至少配备 1 名社会工作专业人员，开展社会工作专业服务。 20. 逐步将符合条件的各类社区协管员、社区事务助理纳入社区工作者规范化管理。
社区基础设施配置	21. 采取新建、改扩建、购买等多种方式，使社区办公和服务用房达到 350 平方米以上标准。 22. 社区办公和服务用房内外部环境整洁、形象良好。 23. 完善社区公共服务设施。
社区经费投入	24. 将社区服务设施配套纳入城市基础设施建设规划，区（县）政府承担社区办公和服务用房项目建设主体责任。 25. 落实社区公益事业专项补助，加大对社区公益事业的支持力度。 26. 社区办公经费按照不少于每户 50 元的标准核定。 27. 社区工作者工资、福利待遇，社区信息网络建设及管理、运营、维护等经费全部纳入区（县）政府年度财政预算管理，并足额拨付。

四、加快推进农村社区建设和村庄社区化管理

以基础设施建设为突破口，推进社区规范化建设向农村社区延伸。加强乡镇社区服务中心和农村社区服务站建设，完善“一站式”服务，强化农村社区信息化建设，推进96156社区信息服务平台向农村社区延伸，不断推进城乡社区建设一体化。加快推进村庄社区化试点工作，研究出台《北京市村庄社区化服务管理办法（试行）》，规范服务管理职能，完善工作运行机制，加强专职工作者队伍建设，逐步健全村庄社区化服务管理体系，不断推进村庄社区化服务管理创新。2011年底，全市13个区（县）城乡结合部地区的668个村庄普遍开展村庄社区化服务管理试点。“十二五”期间，随着城乡一体化进程逐步扩大试点范围，逐步扩大村庄社区化覆盖面，逐步实现村庄社区化服务管理规范化，让具备社区化条件的村庄更多更好地共享城市化发展成果。

专栏17　村庄社区化试点
把城市社区服务管理理念推广到城乡结合部和流动人口较多的村庄，通过加强和创新村庄社会服务管理，进一步提升村庄城市化程度和社区化服务管理水平。其主要内容包括： ◆ 加强党的领导，推进村民自治　◆ 加强基础建设，完善配套设施 ◆ 整合资源力量，提升服务管理　◆ 实施综合治理，实现动态防控

第十章　加强和完善公共安全管理

围绕提高预知、预警、预防和应急处置能力，推动建立主动防控和应急处置相结合、传统方式和现代手段相结合的公共安全体系，努力营造生产安全、社会安定、生活安宁的社会环境。

一、健全食品药品监管机制

完善食品药品安全标准，严格市场准入。建立健全食品药品质量追溯制度，形成来源可追溯、去向可查证、责任可追究的安全责任链。完善动态监测和处置机制，健全食品药品安全应急体系，强化快速通报和迅速反应机制，及时处置食品药品突发公共安全事件，坚决打击违法犯罪行为。

健全食品安全管理综合协调机制，完善食品安全监管体系，落实食品安全管理责任制，提高公众食品安全意识，形成政府、企业、行业组织、消费者和媒体共同参与的监管工作格局。

二、健全安全生产监管机制

完善安全生产法律法规政策标准、技术服务、预警预测、应急处置和救援、社会监督、宣传教育和培训体系建设。改善安全生产设施和装备，深化安全生产专项治理，落实企业安全生产主体责任，严格安全生产目标考核与责任追究。健全以预防为主的安全生产长效机制，完善安全生产综合监管、行业监管、属地监管责任体系，严厉打击非法违法生产经营建设行为。充分发挥工会、行业协会等社会组织的作用，加强对安全生产的监督。推进安全社区建设，加强居家安全宣传、教育、服务和管理，努力防止居家安全事故发生，为安全生产和日常生活创造有利条件。

三、完善社会治安防控体系

以社会化、网络化、信息化为重点，进一步健全专群结合、点线面结合、网上网下结合、人防物防技防结合、打防管控结合的立体化治安防控体系。加强重点地区、重点场所社会治安综合治理，严密防范和依法打击各种违法犯罪活动。坚持专群结合、群防群治，夯实基层基础工作，加强基层综治维稳力量建设，发挥街道（乡镇）综治维稳中心平台作用。深入推进“平安北京”建设，维护良好的社会治安环境。

四、完善应急防灾管理机制

健全各级应急管理和防灾减灾机构，形成科学完善的公共突发事件处置和灾害应急管理体制机制。以各级应急管理和防灾减灾主管部门为主导，健全各级政府及有关部门、基层组织、企事业单位、社会团体和志愿者应急联动机制。统筹全市资源，提高公共突发事件和灾害预警能力。普及应急管理、防灾减灾、预防避险等知识，切实加强各级干部处置公共突发事件和应急救灾培训，经常组织开展群众性应急演练，不断加大城市防灾技术研发力度，努力提高全社会处置公共突发事件能力、防灾减灾能力、应急管理能力、危机管理能力。

第十一章 加强和完善互联网等新媒体管理

坚持积极利用、科学发展、依法管理、确保安全的方针，在加强和完善传统媒体管理的同时，加强和完善互联网等新媒体服务管理，形成法律规范、行政监管、行业自律、技术保障、公众监督、社会教育相结合的互联网服务管理体系，提高信息网络服务管理水平。

一、促进互联网新媒体发展

进一步整合资源，积极推动互联网等新媒体发展和“三网融合”。加强市属媒体网站建设，积极为中央媒体网站做好服务工作，在新闻发布、信息采集、产业政策等方面给予必要的扶持。加强首都之窗等政府网站建设，鼓励街道、社区开辟服务型网站，发挥地区商业网站积极作用，提高服务管理水平。加强互联网登记备案管理，严格落实域名注册管理规定，确保域名注册信息真实、准确、完整。培育健康向上的网络文化和网络环境，促进互联网健康发展、服务社会、弘扬主旋律。

二、完善网上公共文化服务

统筹网上网下两个阵地，运用互联网等新媒体搭建公共文化服务平台。加强对网民心理和需求研究，利用博客、微博、论坛等开办功能实用、服务便捷的专业频道，丰富网上文化内容，提供优质信息服务。加大投入力度，推进公益性上网向社区和农村延伸，采取政府购买、项目资助等方式，鼓励和引导网络文化单位开展网上公共服务。提高运用网络开展社会服务管理能力，推进社区工作者上网服务工程，充分运用网络开展社区工作。

三、加强网上宣传引导工作

按照及时准确、公开透明、有序开放、动态管理、正确引导的要求，建立健全主管部门统筹协调、相关部门主动应对、重点网站发挥主渠道作用、商业网站积极配合的宣传、引导、管理相结合的网上舆论引导机制。加强网上正面宣传，积极开展网上舆论引导，为推动科学发展、促进社会和谐营造良好的网络氛围。以建立全市网络发言工作制度为契机，完善网上舆论引导机制。进一步提高各级党委、政府和领导干部运用新媒体与公众沟通的能力，准确掌握网上舆情，及时发布权威信息，正确引导网上舆论，有效掌握主动权，努力营造良好的网上舆论环境。

四、依法加强互联网新媒体管理

健全党委政府加强领导、专业部门担当主力、职能部门分工负责、社会力量共同参与的互联网管理体制。进一步完善政策法规，坚持依法管网，落实谁经营谁负责、谁接入谁负责、谁主管谁负责、谁审批谁监管责任制。研究制订试行办法，逐步推进网站主办者和手机用户真实身份信息登记，维护网络信息安全流动。加强网络诚信体系建设，落实电信运营企业和用户法律责任，促进互联网业界行业自律，引导网民诚信守法。加强举报热线、"妈妈评审团"和网站自律专员等机制建设，构建文明办网、文明上网长效机制。规范网络信息传播秩序，依法治理网络虚假、色情、诈骗等不良信息，依法打击网络违法犯罪活动，净化网络环境。

第十二章　构建网格化社会服务管理体系

按照"城市管理网格化、社会服务精细化"的要求，在加快推进社会服务管理创新试点的基础上，全面推广网格化社会服务管理模式。

一、加快推进社会服务管理综合试点工作

根据党中央、国务院和市委、市政府的统一部署，认真落实中央综治委《社会管理创新项目建设指南》，加快推进东城、朝阳、顺义三区社会服务管理创新综合试点工作和各区（县）专项试点工作，及时总结推广基层社会服务管理创新经验，不断加强社会服务管理基础建设，切实提高全市社会服务管理科学化水平。

二、基本实现社会服务管理网格化

充分运用网络地图技术和现代信息技术，科学划分网格单元，优化网格资源配置，把人、地、物、事、组织全部纳入网格，实施精细化、信息化、动态化社会服务管理。制定并落实《北京市网格化社会服务管理指导意见》，建设社会服务管理综合信息系统，健全监督检查考评体系，构建区（县）、街道（乡镇）、社区（村）网格化社会服务管理体系，基本实现网格化社会服务管理全覆盖，实现社会服务管理精细化、信息化和科学化。

专栏 18　网格化社会服务管理体系

网格化社会服务管理体系，是城市管理网格化的继承和发展，是充分运用网络地图技术和现代信息技术进行社会服务管理的新探索。一般把 1 个社区划分为 1 个或若干个网格，把人、地、物、事、组织等内容全部纳入其中，实施精细化、信息化、动态化服务管理，从而推动政府公共服务和社会管理方式创新，使社会服务管理力量下沉、职责明确、资源整合、运转高效，以便更清晰地掌握情况、更及时地发现问题、更迅速地处置问题、更有效地解决问题，实现社会服务“零距离”、社会管理全覆盖。

三、全面提升社会服务管理信息化水平

围绕社会服务集约化、社会管理精细化、社会动员快速化、社会生活智能化的要求，以“四网六库”为重点，加快推进社会建设信息化体系构建，着力加强社区信息化建设，构建全面覆盖、动态跟踪、联通共享、功能齐全的社会服务管理信息系统，全面提升社会服务管理科学化水平。进一步整合资源、形成合力，逐步实现各级各类社会服务管理网络互联互通、资源共享。

第四篇　激发活力　动员社会参与

积极推进社会协同，广泛动员公众参与，不断推动社会各界和公众有序参与社会事务，不断激发社会创造活力。

第十三章　动员公众广泛参与

坚持党的领导、人民当家作主和依法治国的有机统一，不断扩大基层民主，保证群众充分行使民主权利，不断提高基层民主自治能力，推动公众有序参与、依法管理和监督公共事务。

一、全面推进居民自治

制定和实施《关于加强城乡社区居民委员会建设工作的意见》，进一步完善基层民主自治制度。完善社区党组织领导的社区居民自治机制，开展以民主选举、民主决策、民主管理、民主监督为主要内容的民主自治，全面推进社区居民自治。加大社区事务公开力度，提升社区居委会民主自治功能，完善社区居民会议、议事协商会议、民主听证、居务公开制度，推进居民会议常态化。总结推广东城区社区居民会议常务会经验，推进社区民主自治创新发展。加快推进小区业主大会建设，探索社区居委会对业主大会指导监督的工作机制，引导业主大会依法规范运行。

二、不断推进村民自治

进一步加强村民民主自治，完善村民委员会直接选举制度，深化村务公开、民主管理，规范村级重大事务民主议事规则，健全村民（代表）和村民小组会议制度，切实保障村民知情权、参与权、表达权和监督权。健全村务监督机制，完善新型农村基层自治组织体系，将现有村务公开监督小组和民主理财小组整合提升为村务监督委员会，更好地发挥村民群众在村级民主监督中的主体作用。探索和完善村务监督委员会职责和工作机制，研究出台政策法规，确保村务监督委员会有序运行。全面启动“创新村务公开民主监督实践活动”，推动农村民主自治创新发展。

三、积极推动公众参与

引导群众依法有序参与社会公共事务，完善公共政策听证制度，建立领导干部、人大代表和政协委员社区接待日、居民代表定期入户等制度，运用居民会议、网上论坛、民情恳谈、社区对话等形式，为居民提供顺畅便捷的诉求表达渠道。逐步扩大基层自治组织换届直接选举比例，支持社会组织参与社区服务管理，引导驻区单位支持和参与社区建设，探索流动人口参与社区选举、社区服务和社区管理，充分发挥离退休老党员、老干部在社区建设和服务管理中的作用，形成有序参与、共建共享的良好局面。

四、切实加强社会监督

推进政务公开，重点推进财政预算、公共资源配置、重大建设项目、社会公益事业等信息公开。坚持社会监督与组织监督、群众监督、舆论监督相结合，建立健全特邀监督员队伍和工作机制，充分发挥人大代表、政协委员的监督职能，发挥人民团体、民主党派的监督作用，广泛听取无党派人士监督意见和建议，确保政府公共决策、社会公共事务置于公众民主监督之中。强化社区民主监督功能，健全社区民主监督制度，加强对社区日常工作的监督，强化社区居民对街道（乡镇）、政府部门派驻社区工作人员和市政服务单位评议和监督。

第十四章　激发社会组织创造活力

按照“一口审批、分类管理、政府监督、扶持发展”的原则，推动社会组织管理创新，加大培育扶持力度，建立健全现代社会组织制度，引导社会组织加强自身建设，增强服务社会能力，激发创造活力，发挥应有作用。

一、积极推进社会组织管理改革

加强和改进社会组织管理，建立健全统一登记、各司其职、协调配合、分级负责、依法监管的社会组织管理体制。总结完善中关村社会组织管理改革试点经验，按照有关法律法规要求，积极稳妥地推进工商经济类、公益慈善类、社会福利类、社会服务类社会组织直接登记。完善社会组织备案管理制度，不断扩大备案管理范围。建立分级管理制度，对社会组织实施分类管理、分级负责。健全政府引导、社会参与、第三方独立运作的社会组织考核评估机制，加强依法监管，完善退出机制。

专栏 19　“枢纽型”社会组织
“枢纽型”社会组织，是由北京市社会建设工作领导小组认定的，对同类别、同性质、同领域的社会组织进行联系、管理和服务的大型联合性社会组织。其主要职能包括： ◆ 政治上发挥桥梁纽带作用，成为党和政府与社会各界相互联系的桥梁和纽带 ◆ 业务上发挥龙头引领作用，团结带领同类别、同性质、同领域社会组织共同发展业务 ◆ 日常管理服务上发挥平台作用，授权承担相关社会组织的业务主管单位职责，负责对同类别、同性质、同领域社会组织进行日常联系、管理和服务工作

二、基本形成社会组织“枢纽型”工作体系

加快构建以人民团体为骨干的社会组织“枢纽型”工作体系，使市级“枢纽型”社会组织达到30家左右，并健全市、区（县）、街道（乡镇）三级“枢纽型”社会组织工作网络，基本实现社会组织“枢纽型”服务管理全覆盖。按照“六有”（有领导责任制、有职能部门、有工作制度、有党组织和党的工作广泛覆盖、有管理和服务体系广泛覆盖、有业务和活动品牌项目）要求，健全“枢纽型”社会组织工作运行机制。按照政社分开、管办分离的原则，加快推进社会组织与行政主管部门在机构、人员、资产、财务等方面彻底分开，逐步实现自我管理、自主发展，并分类纳入社会组织“枢纽型”工作体系。按照“新增严控、存量渐减”的原则，逐步推进党政机关公务员不在社会组织兼职，确因工作需要兼职的严格按有关规定报批。加强社会组织规范化建设，完善法人治理结构和内部管理制度，建立健全现代社会组织制度。

专栏 20　已经认定的市级“枢纽型”社会组织	
批次	组织名称
第一批（10家）	北京市总工会、中国共产主义青年团北京市委员会、北京市妇女联合会、北京市科学技术协会、北京市残疾人联合会、北京市归国华侨联合会、北京市文学艺术界联合会、北京市社会科学界联合会、北京市红十字会、北京市法学会。
第二批（12家）	北京市工商业联合会、中国国际贸易促进委员会北京市分会（北京市贸促会）、北京市志愿者联合会、北京市私营个体经济协会、北京市体育总会、首都慈善公益组织联合会、北京注册会计师协会、北京市律师协会、北京工业经济联合会、北京市商业联合会、北京市建筑业联合会、北京民办教育协会。

三、加快推进社会组织健康有序发展

加大公共财政对社会组织支持力度，围绕社会基本公共服务、社会公益服务、社区便民服务、社会管理服务、社会建设决策研究与信息咨询服务，每年向社会组织购买 300 个以上公共服务项目。贯彻落实非营利组织税收优惠政策，大力培育和发展服务民生的公益性社会组织、符合产业导向的行业性社会组织、参与基层社会建设的社区社会组织、促进社会和谐的新型社会组织。加强社会组织培育孵化基地建设，完善服务内容和手段，努力培育一批有影响力的社会组织、打造一批示范性强的公益服务项目和便民服务品牌。逐步建立健全社会组织人才引进、社会保障、职称评定、职业规范等制度，开展多层次、多类别的业务培训，加快推进从业人员专业化职业化进程。

专栏 21　政府购买社会组织服务项目指南（试行）

服务类型（5 类）	服务项目（40 项）
社会基本公共服务	社区基本公共服务推进项目、扶老助残服务项目、支教助学服务项目、扶贫助困服务项目、公众卫生健康知识普及服务项目、就业创业帮扶服务项目、公共安全教育训练推广项目。
社会公益服务	社会志愿公益服务项目、高校社团公益服务项目、“人文北京、科技北京、绿色北京”行动计划推广项目、绿色生活方式引导项目、“做文明有礼北京人”宣传教育推进项目、法律咨询与援助服务项目、人文关怀与社会心理服务项目、特殊人群服务项目、网络组织文明自律引导服务项目 、应急救援综合服务项目。
社区便民服务	“一刻钟社区服务圈”便民服务拓展项目、家政服务提升推广项目、社区居民出行便民服务项目、社区“一老一少”照护服务项目、社区智能化便利服务项目。
社会管理服务	社会组织“枢纽型”管理服务项目、社会组织孵化项目、社会组织服务品牌提升推广项目、与在京国际组织和国家行业组织交流项目、社区管理及村庄社区化管理服务试点项目、国际化社区服务管理试点项目、社会矛盾调解服务项目、社区矫正帮教服务项目、新居民互助服务管理项目、专业社工管理岗位项目、专业社工人才培养评价使用激励试点项目。
社会建设决策研究和信息咨询服务	网格化社会管理标准体系研究项目、社会建设指标体系研究项目、社会舆情监测与分析研究项目、虚拟社会信息交流及引导机制研究项目、社会心理服务研究项目、社会动员机制研究项目、社会稳定风险评估研究项目。

四、充分发挥社会组织作用

加快政府职能转变，为社会组织参与社会管理和公共服务提供更大空间。充分发挥“枢纽型”社会组织作用，广泛联系、动员、引领本领域社会组织发展业务、开展活动、服务民生，推动社会组织参与社会管理、提供公共服务、反映利益诉求、促进社会和谐。加强“枢纽型”社会组织与驻京国际社会组织和全国性社会组织、高校学生社团的联系、交流与合作。依法加强境外非政府组织在京活动的管理。

专栏 22　社会组织服务民生行动	
服务领域	服务内容
扶贫助残	为低收入家庭、贫困人群及灾区群众提供生活救助，改善其生存状况。提供各类助残服务，实现残疾人生活有保障、康复有条件、在家有照料、出行无障碍。
医疗卫生	资助低收入家庭、大病重病患者就医，开展公众卫生健康知识普及、送医送药活动，帮助困难群众解决看病难问题。
文体科普	为居民提供文化休闲、科学教育、体育健身等服务，推动公益文化、科学知识普及和体育事业发展。
妇幼保护	维护妇女儿童合法权益，开展帮扶活动，救助困难儿童生活、学习，帮助少年儿童安全、健康成长。
服务三农	支持新农村建设，开展帮扶、资助活动，提高农业产业化、专业化水平，提高农民生活质量。
法律援助	为低收入家庭居民、外来务工人员等提供免费法律咨询和诉讼代理等法律援助服务。
支教助学	对低收入家庭学生、外来务工人员子女在京就读所需费用提供支持，资助因病、因困等原因辍学的学生重返校园。
生态环保	开展动植物保护、植树造林、美化环境、污染治理、低碳排放、环保宣传等活动。
促进就业	针对大学生、外来务工人员、失业人员等开展劳动技能培训、创业知识培训及其他培训。
拥军优属	为部队官兵、军烈家属提供法律咨询、技能培训、心理咨询等服务，加强军民团结。
服务社区	为社区提供心理减压、居家养老、社区矫正、应急减灾、矛盾化解、知识讲授、垃圾分类等服务，提高居民生活品质。

第十五章 推动企业更好履行社会责任

完善政策法规，进一步强化各类经济组织的社会责任，推动各类经济组织在社会建设中发挥更大更好作用。

一、推动企业履行社会责任

明确各类经济组织管理服务员工、参与支持社会建设的社会责任，充分发挥各类企业在社会服务管理中的作用。推动各类企业履行社会责任，构建和谐劳动关系，关注和服务民生，维护消费者权益，支持公益慈善事业，维护企业内部稳定。建立健全企业参与驻区社会建设长效机制，完善企业动员员工、离退休人员参与社会公益服务机制，鼓励和引导企业向所在社区开放内部服务设施和文体活动场地。探索运用多种手段，激励企业积极履行社会责任。推动各类企业诚信建设，适时公布企业履行社会责任情况。

二、营造企业发展社会环境

积极营造各类经济组织健康发展的社会环境，引导各类经济组织依法实行劳动合同和集体合同制度，建立健全工资集体协商、正常增长、支付保障机制。推动非公有制经济组织建立健全党组织和群团组织，指导和帮助其完善内部治理结构，依法规范企业管理和经营行为，加强人文关怀和企业文化建设，改善员工工作生活条件。注重发挥行业协会（商会）作用，建立非公有制经济组织与员工利益共享机制，健全劳动关系预警、劳动争议协商解决机制，维护员工合法权益，构建和谐劳动关系，推动非公有制经济又好又快发展。

三、实现商务楼宇服务管理全覆盖

进一步加强和完善商务楼宇服务管理，推进商务楼宇社会工作站、党建工作站、工会工作站、共青团工作站、妇联工作站“五站合一”全覆盖，把社会公共服务延伸到商务楼宇，把党组织和群团组织建在商务楼宇，把党的工作和群团工作落实到商务楼宇，推动楼宇经济充满发展生机和创造活力。搭建商务楼宇社会服务管理综合平台，逐步将党务、政务、社务工作整合并搭载其中，推进社会服务管理在商圈、园区等延伸并与街道、社区有效衔接。

专栏 23　商务楼宇社会服务管理工作职责	
名称	主要职责
党建工作站	1. 指导商务楼宇内经济组织、社会组织建立党组织工作。 2. 做好商务楼宇基层党组织和党员基础数据统计工作，及时向上级党组织反馈。 3. 负责接转党员组织关系，接收入党申请书、收缴党费等，提供党务信息咨询服务。 4. 协助商务楼宇内党组织做好党务工作者选拔培养、党员教育管理、党员发展等工作。 5. 组织开展党群共建活动，为商务楼宇内组织和党员服务社会搭建平台。
社会工作站	1. 依托政府职能部门办理商务楼宇内公共服务，将政府公共服务延伸到商务楼宇。 2. 协助商务楼宇内经济组织和社会组织办理所属员工的公共事务和公益事业。 3. 建立商务楼宇组织和员工需求台账，整合区域资源，开展便利服务活动。 4. 通过各种渠道及时了解和反映商务楼宇组织和员工意见和建议。协调治安、消防等相关部门按照各自职能加强对商务楼宇内组织管理，维护商务楼宇安全稳定。 5. 培育和壮大商务楼宇内公益性服务组织，支持和引导志愿组织积极发挥作用。
工会工作站	1. 依法开展商务楼宇建立工会工作，发展工会会员，指导工会组织会员开展活动。 2. 指导商务楼宇工会组织宣传党的路线方针政策和法律法规，营造良好工作氛围。 3. 掌握商务楼宇从业人员和用人单位基本状况，调查、收集并反馈相关信息。 4. 为商务楼宇内工会会员和职工提供信访接待、政策咨询、法律援助、生活求助等服务。 5. 依法协调辖区劳动关系，开展劳动争议调解工作，促进劳动关系和谐稳定。

续前表

名称	主要职责
共青团工作站	1. 负责商务楼宇团建工作，推荐优秀团员入党，做好团的统计工作。 2. 负责商务楼宇青年人才工作，推荐优秀青年代表参与各级评优表彰活动。 3. 组织商务楼宇从业青年开展文化学习、联谊交友等文明、健康、有益的活动。 4. 服务商务楼宇青年创业就业，提供创业培训、小额贷款、中小企业开户等服务。 5. 负责商务楼宇志愿者工作，组织成立志愿者队伍，定期开展各类志愿服务活动。 6. 负责商务楼宇青年权益保护工作，为青年提供法律援助、心理咨询等服务。 7. 负责商务楼宇青年组织的联系和培育，指导青年组织开展活动并提供一定支持。
妇联工作站	1. 宣传贯彻男女平等，团结引导妇女自尊、自信、自立、自强，全面提高素质。 2. 面向女员工开展法制宣传教育，提供保护妇女儿童合法权益的政策法规等咨询。 3. 了解商务楼宇女员工基本情况、服务需求和意见建议，并及时向有关部门反映。 4. 为商务楼宇女员工提供心理疏导、家教指导等服务，解决其身心等方面遇到的困难。 5. 开展“巾帼建功”活动，表彰优秀典型，引导岗位成才建功，发挥应有作用。 6. 增进妇女及妇女团体间交流合作，协调和推动社会各界为妇女办实事办好事。

第十六章　推进社会积极协同

在党和政府领导下，不断加强社会工作者和志愿者队伍建设，不断完善社会工作者与志愿者互动、社区与社会组织互联、政府社会市场互补的协同机制，推动共建共享社会建设成果。

一、基本实现社会工作者队伍专业化职业化

继续通过民主选举、公开招聘、业务培训等方式，建立健全社区工作者管理使用长效机制，在实现城市社区工作者专业化职业化基础上，着力加强新建社区和农村社区工作者队伍建设，全面推进城乡社区工作者专业

化职业化。到"十二五"期末，力争使社区工作者具有大专以上学历的达到90%左右、平均年龄保持在40岁左右。探索以政府购买服务方式，向医院及社区卫生服务机构、学校、养老院、"枢纽型"社会组织和社区等派驻专业社工。鼓励和支持社会工作者参加社会工作职业水平考试。成立市、区（县）社会工作者联合会，构建社会工作队伍"枢纽型"社会组织管理体系。制定并试行北京市社会工作者培养、管理、评价、使用、激励系列政策，完善社会工作者服务管理机制。推动高等教育社会工作专业等学科建设。加强社会工作者专业培训和继续教育。逐步把社会工作人才纳入全市专业技术职务制度统一管理。建立科学的用人机制，健全社会工作者薪酬保障制度。大力表彰优秀社会工作者，增强社会工作的认同感和归属感。

二、进一步完善志愿服务长效机制

加强市、区（县）志愿者联合会建设，完善街道志愿服务指导中心职能，积极组织开展志愿服务活动。健全志愿者招募机制、招募渠道和招募方式，建立参与广泛、贴近需求、专业志愿者与通用志愿者相结合的服务队伍。巩固发展青年志愿者成果，着力建设各级各类中老年志愿者队伍。完善志愿服务保障体系，推行志愿者注册制度，建立健全注册志愿者档案管理、服务时间储蓄、返还服务、分级表彰等制度，建立志愿者星级认证制度和志愿者奖章授予制度。推进志愿服务项目体系建设，制定服务指导目录，开发急需特色项目。建立全市志愿服务信息发布平台，实现服务项目与社会需求有效对接。扶持和发展城乡志愿服务示范点，打造志愿服务平台和项目品牌。广泛宣传优秀志愿者、先进志愿者组织典型事迹。"十二五"期间，市民志愿服务参与率达到20%以上，全市注册志愿者200万人以上，每人每年服务50小时以上。

三、完善社会工作运行机制

建立健全社会工作者与志愿者互动机制，充分发挥社会工作者的专业优势，更好发挥志愿者的协同作用，共同引导、带动服务受益者和公众参与支持社会公益服务，形成社会工作者带领志愿者共同开展服务、服务受益者和公众支持参与服务的良性互动机制。建立健全社区与社会组织互联机制，搭建党和政府引领下的社区、社会组织和社区居民互联互动平台，形成以社区为纽带、社会组织为载体、社会工作者为骨干、志愿者积极协同、社区居民广泛参与的社会服务管理联动局面。建立健全政府、社会、市场互补机制，充分发挥政府、社会、市场各自优势，政府搭建企业履行社会责任、社会组织提供公益服务与社会需求对接平台，引导社会力量和社会资金投入社会建设，鼓励机关、企事业单位支持和参与基层社会服务管理，形成政府主导、社会协同、市场参与的共建共享良好局面。

第五篇　优化环境　创建社会文明

加强社会主义核心价值体系教育实践活动，营造文明有礼的社会风尚，形成学法尊法守法用法的社会氛围，倡导科学的方式方法，培育健康向上的社会心态，努力创建文明的社会环境。

第十七章　做文明有礼的北京人

深入开展理想信念教育，大力加强公民道德建设，建立健全社会诚信体系和行为规范，广泛开展群众性精神文明创建活动，大力弘扬爱国主义、集体主义、社会主义思想，自觉抵御各种消极思想侵蚀，营造社会文明风尚。

一、深入开展理想信念教育

深入开展社会主义核心价值体系宣传、教育和实践活动，坚持用马克思主义中国化最新理论成果武装党员、教育干部群众，用中国特色社会主义共同理想凝聚力量，用以爱国主义为核心的民族精神和以改革创新为核心的时代精神鼓舞斗志，用社会主义荣辱观引领社会风尚，引导广大干部群众树立正确的世界观、人生观、价值观，坚定理想信念，巩固党和广大群众团结奋斗的共同思想基础。大力弘扬以“爱国、创新、包容、厚德”为内容的“北京精神”，为建设“人文北京、科技北京、绿色北京”和推动首都科学发展、促进社会和谐凝聚更大力量。

二、大力加强公民道德建设

坚持把社会主义道德观教育实践融入国民教育和精神文明建设全过程，全面加强社会公德、职业道德、家庭美德、个人品德建设，深入开展见义勇为、孝星等道德模范评选表彰活动，引导人们自觉履行法定义务、岗位职责、社会责任、家庭责任。加强未成年人思想道德建设，培养中国特色社会主义事业合格建设者和可靠接班人。坚持正确舆论导向，加强公共传媒在思想道德建设中的正面引导作用。

三、完善社会诚信体系和行为规范

加快建立社会诚信制度，健全社会诚信体系，完善社会诚信规范，建立机关事业单位、社会组织、经济组织和公民个人信用管理体系，形成统一的信用记录平台。强化社会信用管理体制机制，明确有关部门的管理责任，营造诚实守信的社会舆论氛围。加强对社会规范建设的指导，推进行业规范、社团章程、村规民约、社区公约完善，发挥社会规范在社会管理中的作用。监督和引导经济组织、社会组织及个人诚信守法，加大守信激励、失信惩戒力度，坚决打击制假贩假、造谣诈骗等危害群众生命健康和财产安全、扰乱市场秩序、损害社会诚信的违法行为。

四、广泛开展群众性精神文明创建活动

以“爱首都、讲文明、树新风——做文明有礼的北京人”为行动主题，围绕培育文明风尚、维护公共秩序、提高观赏水平、改善城乡环境等目标任务，深入持久地推进礼仪、环境、秩序、服务、观赏、网络等“六大文明”引导行动，形成讲秩序、强责任、守诚信、重包容的社会文明风尚。广泛深入开展文明区县、文明村镇、文明社区、文明单位创建活动，创建一批全国和首都文明示范点。

专栏 24　“做文明有礼的北京人”主题活动	
礼仪文明引导行动	主要在公共卫生、公共秩序、公共交往、公共观赏、公共参与等领域加大文明行为引导力度，狠抓文明行为习惯养成。
环境文明引导行动	主要以垃圾减量分类为重要突破口，开展垃圾减量、垃圾分类从我做起主题宣传实践活动。倡导珍惜物力、勤俭节约，增强广大市民节能节水环保意识。
秩序文明引导行动	开展绿色出行、文明交通从我做起主题宣传实践活动。提高全民绿色出行意识，倡导绿色生活新风尚。以行车文明、乘车文明、停车文明、行路文明、服务文明、管理文明为重点，全面推进文明交通行动计划。
服务文明引导行动	以诚信服务和优质服务为主题，围绕职业道德、服务规范、岗位技能、志愿精神等方面提升服务水平。
观赏文明引导行动	开展文明观赛宣传引导活动，营造浓厚的文明观赛氛围。引导观众言行优雅、衣着得体，遵守场馆秩序，提高审美情趣和文化观赏水平。
网络文明引导行动	引导广大网民明辨是非、分清美丑，自觉抵制网络低俗之风。增强社会责任感和网络道德意识，引导网络从业人员创建文明网站、文明频道。开展网络监督志愿服务活动，构建专群结合的网络文明社会监督机制。

第十八章　营造学法尊法守法用法的社会氛围

深入开展法制宣传教育，推进政府部门依法行政，引导广大群众自觉学法用法，努力形成学法尊法守法用法的社会氛围。

一、深入开展法制宣传教育

大力加强中国特色社会主义法律体系学习宣传活动，深入开展“六五”法制宣传教育，不断强化社会主义法治理念，不断提升全社会法律意识，形成全社会尊重法治、崇尚法治、厉行法治的良好氛围。丰富活动载体和实践途径，推进社会主义法治文化建设。继续开展“法律进机关、进乡村、进社区、进学校、进企业、进单位”主题实践活动，切实提高全社会法治化管理水平。全面推进“法治区县”创建工作，不断促进民主法治建设。

二、全面推进依法行政

坚持开展依法行政考核和群众满意度测评。以建设法治政府为目标，以增强领导干部依法行政意识和能力、提高制度建设质量、规范行政权力运行、严格执行法律法规为着力点，推进依法行政，加强行政监督和问责，完善行政复议制度，依法化解社会矛盾纠纷。各级党委带头维护法制、依法办事，各级政府认真履行宪法和法律赋予职责，领导干部带头遵守和执行宪法、法律和法规。

三、增强群众法律意识

大力弘扬法治精神，增强人民群众法律意识，弘扬遵纪守法文明风尚，不断增强广大群众知法、懂法、守法、用法的自觉性，努力做到平时学法、遇事用法、办事循法。引导人民群众自觉遵守法规制度，自觉维护公共秩序，自觉维护和谐稳定，主动通过法定程序、合法渠道、合法方式反映诉求和解决纠纷。

第十九章　倡导科学的方式方法

大力建设学习型城市，不断提高广大市民的科学文化素质，积极倡导科学的思想方法、工作方法和生活方式。

一、大力推进学习型城市建设

广泛创建学习型组织和学习型家庭。促进各级各类教育衔接沟通，建立不同类型学习成果互认衔接制度，促进终身学习。支持企事业单位和各类社会组织举办多层次、多类型的继续教育和岗位技能培训。鼓励企事业单位为社区提供教育教学资源，拓展社区教育和农村成人教育。大力发展数字化远程教育，构建终身学习网络和平台，为学习者提供方便、灵活、个性化的学习服务。

二、持续开展科学普及活动

完善区（县）、街道（乡镇）、社区（村）三级科普工作网络，推进科普示范基地建设，开展科普进基层系列活动，全市社区科普活动室、科普书架覆盖分别达到50％和60％。推广网上科普资源超市，搭建新型传播平台，探索科普资源开发、整合、集散新形式。以经常性系列讲座、周末社区大讲堂为载体，打造科普品牌和精品服务项目，开展健康知识、安全知识、卫生救护知识等讲座和培训，引导公众改进思想方法、工作方法和生活方式。

三、坚持反对迷信和邪教

加强宣传教育主阵地建设，形成崇尚科学、反对迷信、抵制黄赌毒的良好风气。坚持不懈开展正确人生观世界观价值观教育，深入持久开展科普宣传教育，不断提高人民群众分辨是非能力和科学文化素质，培养科学、文明、健康的生活方式。

第二十章　培育健康向上的社会心态

加强舆论引导，加强心理服务和人文关怀，培育健康向上的社会心态，引导市民快乐工作、健康生活，促进市民身心和谐。

一、注重社会舆论引导

坚持正确舆论引导，健全社会心态引导机制。坚持实事求是，及时全面公开党务、政务和公共事务信息，提高舆论引导力度。对广大群众普遍关心的热点问题或重大公共突发事件，及时召开新闻发布会，通过广播电视、互联网等媒体公布真实信息，运用多种手段报道事实、疏导情绪，增强舆论引导的主动性、针对性、实效性。

二、加强社会心理关怀

建立社会心态监测、预警、疏导机制，及时发现、疏导社会不良心态，防范和降低社会风险。推广“爱心传递服务热线”等做法，开展社会关爱行动。发挥基层组织作用，关心帮助困难家庭和个人。发展专业社会服务机构，加强公众人文关怀，及时安抚心态失衡、生活失意等人员。积极培育奋发进取、理性平和、开放包容的社会心态，形成积极向上、健康和谐的社会氛围。

三、完善心理援助服务

成立北京市社会心理工作者联合会，搭建社会心理研究、咨询、服务、管理平台，切实形成工作合力。通过政府购买社会服务等方式，鼓励和引导高校、医院、科研机构等参与社会心理服务工作。加强重点人群心理问题干预，完善心理危机干预服务，加强精神抑郁患者、问题青少年等群体的干预和治疗。建立重大灾害及突发事件后心理危机干预机制，及时开展心理援助。加强精神卫生体系建设，提高精神卫生专业机构防治能力，完善精神健康促进和精神疾病预防、诊治、康复机制，积极开展精神疾病社区康复和心理健康咨询服务。

第六篇　共建共享　构建社会和谐

进一步加强和完善党和政府主导的维护群众权益机制，大力做好新形势下群众工作，妥善处理人民内部矛盾，最大限度增加和谐因素，最大限度减少不和谐因素。

第二十一章　健全群众利益协调机制

坚持以群众利益为重、以群众期盼为念，认真做好新形势下群众工作，建立健全党和政府主导的维护群众权益机制，切实维护和保障群众利益。

一、注重倾听群众呼声

准确把握新形势下群众工作的新情况新特点，积极探索加强和改进群众工作的新途径新办法，把群众工作贯穿到社会管理的各个方面、各个环节。广泛听取群众意见和呼声，准确把握各类社会群体利益需求，及时掌握广大群众利益诉求，着力维护人民群众最关心最直接最现实的利益问题。通过调研、信访等工作，全面了解和掌握城乡困难群体、城市拆迁户、征地农民等利益反映，健全群众利益诉求反馈机制，及时回应答复群众诉求。

二、完善平等协商机制

正确把握最广大人民根本利益、现阶段群众共同利益、不同群体特殊利益的关系，建立健全科学有效的协调机制。健全利益协商机制，保障利益各方知情权、参与权和平等对话权。依托政府部门、工会、行业协会等，建立健全员工工资集体协商机制，推进区域性、行业性调解协商平台全覆盖。在拆迁征地、劳动用工等矛盾多发领域，建立平等协商机制。推广工会、人力社保、司法行政、信访、法院、企业家联合会调解劳动争议“六方联动”机制，开展中关村高新企业商事纠纷调解试点工作。

三、切实保障合法权益

完善利益保障政策，健全相关制度和问责机制，通过实施政府办实事工程等举措，依法维护广大群众特别是进城务工人员及随迁子女、拆迁失地农民、下岗失业人员等合法权益，妥善解决征地拆迁、食品药品安全等事关群众切身利益的突出问题。引导和督促企业认真落实劳动法律法规，维护劳动者合法权益，保障企业正常生产经营秩序。加强法律援助，依法保护困难群众合法权益。深化政务公开，完善司法公开、企事业单位办事公开等制度，依法保障群众知情权、参与权、表达权和监督权。

第二十二章　健全群众诉求表达机制

适应新形势下群众诉求多元化的特点和规律，转变作风、强化服务，创新方式方法，拓宽诉求表达渠道，健全诉求表达机制，为群众依法表达诉求创造条件。

一、畅通诉求表达渠道

把知民情、解民忧、化民怨、暖民心作为各级党委和政府的经常性工作，充分发挥人大、政协的职能作用，充分发挥各民主党派、无党派人士、人民团体以及行业协会、大众传媒等的重要作用，拓宽诉求表达渠道。健全公共政策社会公示制度、公众听证制度，不断扩大公众参与。完善群众来信、来访、来电、市（区、县）长信箱等诉求表达方式，完善诉讼、仲裁、行政复议等法定诉求表达机制，健全群众诉求表达和合法权益保障机制。整合服务资源，完善联合接访机制，实行“一站式受理、一条龙服务、一揽子解决”。发展网上信访，推进网上受理、网上办理、网上答复。加强人民建议征集工作网络建设，拓展建议征集内容和范围。健全网络连线、群众接待日、连民心恳谈室等工作渠道，为群众表达诉求、反映意见和建议提供方便条件。

专栏 25　连民心恳谈室
在社区（村）设立连民心恳谈室，建立连民心恳谈制度，通过及时发现和解决居民日常工作生活中的矛盾纠纷和困难问题，架起党、政府与人民群众之间的“连心桥”。该工作模式 2006 年由门头沟区试点创建，目前已在全市推广。

二、加强改进信访工作

坚持用群众工作统揽信访工作。严格落实“属地管理、分级负责，谁主管、谁负责”的原则，严格落实信访责任制，全面推进领导干部接访、走访和包案督导，认真落实在岗接访、重点约访、带案下访、结案回访、联合会访要求，积极化解突出信访问题。健全信访工作制度，完善信访工作体系，建立健全综合协调机制和专项保障机制，推进信访工作改革创新。建立健全基层信访工作机构和信访信息员队伍，配备社区信访工作者入户开展服务，及时发现和反映问题。充分发挥基层党组织作用，使信访工作融入社会各领域、各行业和各类群体，构建全覆盖的基层信访工作网络。推广“信访代理制”、“一单式”工作法等经验，切实保障群众合法权益。建立健全群众诉求表达反馈机制，及时反馈群众诉求办理情况。

专栏 26 信访代理制

信访代理制，是基层党政机关、职能部门在群众信访问题上变“群众上访”为“代理员上访”的一种工作机制。它在降低信访成本、化解基层矛盾，解决群众不会访、无序访和走弯路等问题上发挥了积极作用，也被称为“群众张嘴、干部跑腿”的新型信访方式。该制度先后在河北省唐山市、承德市和青海省西宁市成功试点后在全国推广。2009 年，北京市原崇文区试行信访代理制并取得初步工作成效，目前已在全市推广。

三、引导理性表达诉求

加强法制宣传教育，积极引导群众以理性合法方式表达诉求，依法行使民主权利、维护自身合法权益。充分发挥基层组织和相关社会组织在引导群众、疏导情绪、开展思想工作等方面的作用，建立方便快捷、规范有序的群众诉求处置机制，及时化解矛盾纠纷。树立正确的诉求表达导向，依法处理破坏公共秩序、妨害执行公务等违法行为，促进社会和谐稳定。

第二十三章 健全社会矛盾调处机制

坚持工作联动、重心下移、源头防范，健全社会矛盾多元调解体系，注重依靠社会力量，妥善处理人民内部矛盾，维护首都社会和谐稳定。

一、健全社会矛盾多元调解体系

坚持法定程序优先原则，健全人民调解、行政调解、司法调解相结合的“大调解”工作机制，健全完善社会矛盾多元调解体系，形成社会矛盾调解工作合力。建立健全各级社会矛盾调处中心，健全覆盖全面的人民调解工作网络，加强调解员和调解志愿者队伍建设。拓展行政调解工作领域，在纠纷较多的领域、部门建立行政调解机制。司法审判坚持调解优先、调判结合，依法对人民调解、行政调解等达成的协议进行司法确认。总结推广人民调解进派出所、人民调解进立案庭等经验做法，及时有效化解矛盾纠纷。

二、强化源头治理社会矛盾纠纷

推进科学民主依法决策，加强社会矛盾源头治理。充分发挥基层社会矛盾调处中心作用，加强社会舆情汇集分析和矛盾纠纷预警。建立健全社区和商务楼宇矛盾调解委员会以及信息员队伍，充分发挥基层党员干部、社区工作者、志愿者的作用，着力构建覆盖全面的矛盾纠纷排查网络，把绝大多数矛盾纠纷化解在基层。坚持定期排查、不定期排查和专项排查相结合，逐级做好排查化解工作，及时发现和消除苗头隐患，防范矛盾激化和纠纷扩大。

三、依靠社会力量化解矛盾纠纷

健全劳动争议纠纷调解机制，有效调解、仲裁劳动争议纠纷，积极构建和谐劳动关系。鼓励和支持社会组织参与矛盾纠纷化解，引导人民团体、行业协会成立调解组织或咨询机构，妥善处理矛盾纠纷。充分发挥工青妇及残联等群众组织作用，维护员工、青少年、妇女儿童及残疾人合法权益。支持和引导律师等专业法律服务力量参与调解工作，邀请专家参与专业性纠纷调解和疑难复杂纠纷处理。

第二十四章　健全社会稳定风险评估机制

健全和完善社会稳定风险评估机制，变事后被动处置为事前主动防范，强化信息预警，搞好调查研究，完善风险评估，做到依法科学民主决策。

一、深入开展社情民意调研

充分运用现代高新技术手段，加强调查研究，实时掌握舆情动态，及时了解社情民意，为政府决策提供依据。注重发挥舆情搜集研判对防范风险、促进和谐的积极作用，在重大政策出台前后、突发事件处置期间，及时跟踪调查社会舆情，系统研究信息动态变化，科学研判形势，积极有效应对，维护社会稳定。

二、加强社会稳定风险评估

凡涉及群众切身利益、影响面广、可能引发社会不稳定的重大事项，特别是在城市建设、企事业改革改制、公共服务与管理、社会保障、涉农等领域涉及群众切身利益的重大问题，严格落实社会稳定风险评估责任。按照属地管理、谁决策谁负责的原则，在重大事项及相关政策出台前，从合法性、合理性、可控性等方面进行科学、系统的社会稳定风险评估，并根据评估结果采取有针对性的应对措施，有效化解和控制风险，最大限度地维护群众根本利益，最大限度地从源头上预防和减少各种不稳定因素，确保重大事项顺利实施。因未进行社会稳定风险评估或评估工作中搞形式主义和弄虚作假，以及风险预防化解工作不落实、不到位而引发影响社会稳定事件的，依法严肃追究主管部门、单位负责人和相关人员责任。

三、实施依法科学民主决策

完善科学决策、民主决策、依法决策程序，建立重大行政决策合法性审查、集体决定、实施后评价等制度，健全公共决策社会公示制度、公众听证制度、专家咨询论证制度。对涉及经济社会发展全局的重大事项，广泛征询意见，充分协商协调，扩大决策的公众参与程度。对专业性、技术性较强的重大事项，认真组织专家论证、专业咨询和决策评估，确保重大决策民主公开、程序透明，符合群众切身利益。

第二十五章　健全社会和谐创建机制

坚持和谐发展，通过开展基层和谐创建活动促进社会和谐，让和谐理念融入市民的工作生活，成为全民自觉践行的社会风尚。

一、深入开展和谐家庭创建活动

围绕“建和谐家庭、促和谐社会”的主题，以创建绿色家庭、学习型家庭、平安家庭等为载体，组织实施“和谐家庭行动计划”。研究制订和谐家庭建设评价指标体系，引导城乡家庭弘扬男女平等、夫妻和睦、尊老爱幼、邻里互助等美德，培育家庭成员明礼诚信、高尚文明、积极上进等品格，动员城乡家庭广泛参与和谐家庭创建行动，树立和表彰万户和谐示范家庭，以家庭和谐推动社区和谐、社会和谐。

专栏 27　和谐家庭行动计划		
行动目标		建和谐家庭、促和谐社会，推进三个“百、千、万、百万”工程。
主要内容	低碳生活	绿色家庭创建行动，树立万户绿色家庭。
	家有书香	学习型家庭创建行动，形成讲科学、爱科学、用科学的良好风尚。
	维权服务	平安家庭创建行动，每年评选百户首都平安示范家庭。
	以文化人	家庭文化倡扬行动，身心更加健康、邻里更加和睦、社区更加文明。
	心手相牵	家庭互助帮扶行动，推进扶贫济困活动机制化、长效化和规范化。
	立足社区	家庭服务推动行动，促进家庭服务规模化、网络化和品牌化。

二、深入开展和谐社区（村镇）创建活动

加快推进和谐社区（村镇）建设，完善基层社会管理和服务体系。广泛开展以增强社区认同感、归属感和凝聚力为主旨的群众性文化活动，引导居民积极参与，营造和睦融洽、互帮互助的邻里关系。深入开展和谐社区（村镇）示范点创建工作，打造特色社区（村镇）及其精品服务品牌，实现和谐社区（村镇）创建活动全面覆盖。支持驻区单位参与和谐社区建设，推进共建共享。

专栏 28　北京市和谐社区建设指导标准	
目标	标准
文明祥和	1. 社区居民思想道德素质较高；2. 家庭成员和睦相处；3. 邻里之间团结互助，人际关系和谐；4. 社区精神文明创建活动普遍开展；5. 社区教育普及深入，学习型社区建设初见成效；6. 社区文体活动丰富健康；7. 居民法律意识较高。
安全稳定	8. 社区公共安全制度健全；9. 社区治安防控措施有效；10. 社区综合治理措施落实；11. 矛盾纠纷调处及时有效；12. 居民自救互救能力强。
服务完善	13. 便民利民服务项目齐全；14. 便民利民服务形式多样；15. 便民利民服务队伍健全；16. 社区特殊群体基本生活保障及时到位；17. 社区居民个性化服务有效开展。
环境整洁	18. 市容环境整洁；19. 环境治理有效；20. 绿化美化程度高；21. 居民环保意识强。

续前表

目标	标准
管理规范	22. 社区发展目标任务明确；23. 社区居委会运行规范；24. 群众性组织健康发展；25. 居民自治制度完善；26. 各项工作制度健全；27. 民主选举依法规范；28. 民主决策公开透明；29. 民主管理科学有序；30. 民主监督渠道畅通；31. 民意收集表达机制制度化；32. 社区共建共享；33. 物业管理健康发展；34. 流动人员管理规范。
健康幸福	35. 居民在社区身体健康需求得到基本满足；36. 居民心理问题得到及时疏导。
保障机制	37. 社区党组织领导核心作用；38. 政府职责；39. 公共服务体系；40. 资金保障；41. 社区工作队伍建设；42. 社区公共服务设施建设；43. 社区居委会职责；44. 驻区单位职责；45. 社区社会组织职责；46. 居民群众主体作用。

三、深入开展和谐企业创建活动

围绕构建和谐劳动关系，深入开展和谐企业创建活动，鼓励和引导企业诚信经营、依法用工、规范管理。发挥企业工会组织作用，督促用工单位依法签订和履行劳动合同，尊重和保护劳动者合法权益。加强企业监督管理，健全企业内部管理制度，完善工资集体协商机制，形成和谐劳动关系。大力倡导企业和谐文化建设，营造和谐内部关系，提升企业形象和社会影响力。

四、深入开展民族团结宗教和睦创建活动

全面贯彻执行党的民族政策，加强民族团结宣传教育，深化民族团结进步创建和表彰活动，巩固和发展平等、团结、互助、和谐的民族关系。加快推进少数民族乡村经济、清真食品企业等发展，完善和推广牛街民族特色服务保障体系，不断满足少数民族群众生活需求。全面贯彻落实党的宗教工作方针，深入开展和谐寺观教堂创建活动，提高宗教活动场所规范化管理水平，引导宗教与社会主义社会相适应，促进不同宗教信仰群众和谐相处。

第七篇　完善措施　实现奋斗目标

进一步加强组织领导，推进社会领域党的建设，健全统筹协调机制，完善政策法规体系，加大财政投入力度，实施重点项目支撑，强化规划评

估与监督，全面推进规划实施。

第二十六章　健全组织保障体系

加强组织领导，加强社会领域党的建设，加强能力建设，不断健全社会建设组织保障体系。

一、不断加强组织领导工作体制建设

加强党的领导，强化政府职责，推动社会协同，动员公众参与，进一步完善党委领导、政府负责、社会协同、公众参与的工作格局。坚持把社会建设作为各级党委和政府的第一责任，在经常研究经济形势和经济建设工作的同时，经常研究社会发展形势和社会建设工作。进一步完善社会建设工作统筹协调机制，充分发挥市、区（县）社会建设工作领导小组及其办公室的职能作用，加强对全市社会建设总体规划、重大方案、重要决策的研究，加强对全市社会建设工作的宏观指导、统筹协调和督促检查。社会建设重大事项由领导小组统筹研究、统一部署，日常工作由领导小组办公室综合协调、督促检查，各项任务由各部门分工负责、各尽其职。充分发挥人大、政协的职能作用，发挥各民主党派、无党派人士和人民团体的重要作用，发挥中央国家机关、驻京部队和高校、科研单位的优势，充分调动街道（乡镇）、社区（村）基层组织的积极性，不断激发社会组织和经济组织的自觉性，广泛动员社会各界有序参与，切实增强社会建设整体合力。

二、不断加强社会领域党的建设

进一步完善街道（乡镇）社会工作党委工作机制，全面落实社区党建“三有一化”，构建区域化党建格局。加快推动社会组织党的建设，推进“枢纽型”社会组织党建“3＋1”工作机制建设，形成社会组织分类管理、分级负责和党建与业务一起抓的工作局面。实施非公有制企业党建推进工程，进一步加强商务楼宇党建工作，深入开展“五个好”创建活动。进一步总结社会领域统战工作经验，推动社会建设工作与党的各项工作有机结合、相互促进。进一步健全流动党员服务管理机制。充分发挥党建引领作用，深化创先争优活动，全面推行基层党员承诺制，扎实推进领航、聚力、先锋“三大工程”，以党组织和党的工作全覆盖推进社会服务管理全覆盖，以社会领域党建工作创新推动社会服务管理创新。

专栏 29　社会领域党建工作创新机制		
社区党建 “三有一化”目标	三有	有人管事　有经费办事　有场所议事
	一化	基层党建工作区域化
“枢纽型”社会组织党建“3 + 1”工作机制	3	建立社会组织党建工作委员会 建立社会组织联合党组织 设立或明确相关工作职能部门
	1	建立“枢纽型”社会组织党建工作例会制度
非公有制经济组织党建 “五个好”创建标准	领导班子好　党员队伍好　工作机制好　发挥作用好 各方反映好	

三、不断加强社会工作者能力建设

加强学习和教育引导，不断提高社会建设工作队伍政策理论水平，切实增强干部队伍的全局意识、责任意识、创新意识、服务意识和奉献精神。注重培训和实践锻炼，切实加强社会建设工作队伍能力建设，不断提高社会建设工作队伍综合素质，不断加强制度建设，不断完善工作规范，坚持依法办事和科学办事，养成良好作风和团队意识，确保各项工作任务圆满完成。

第二十七章　健全工作保障制度

着力健全法制保障体系，加大财政保障力度，优化资金管理使用，不断提高社会建设科学化、规范化、法制化水平。

一、健全法制保障体系

紧密结合社会服务管理实际，在不断推进政策和制度创新、完善社会建设政策体系的基础上，加快推进社会服务管理地方立法工作，加快推进社会建设法制化进程，逐步形成比较完善的法规、规章体系，规范、引导和推动各项工作依法运行，为加强和创新社会管理、全面推进社会建设提供法制保障。

二、加大财政保障力度

优化整合存量资金，不断加大财政投入力度，将社会建设资金纳入各级财政预算予以保障，为实施规划和完成目标任务提供有力的财政资金保障。综合考虑经济社会发展和财力状况，逐步加大社会建设专项资金投入。发挥财政资金引导和推动作用，不断挖掘社会资源，不断拓宽参与渠道，积极引导和支持民间资金和力量参与社会建设。

三、优化资金管理使用

健全社会建设资金管理使用机制，完善政府购买服务项目化运作模式，建立相应的资金管理、社会招标、契约管理、监管评估等制度。优化资金使用，明确重点投向，确保资金优先投向社会民生急需的基本公共服务项目、用于基层和基础薄弱地区的社会建设项目。强化对资金使用的审计监督，完善相关工作机制，坚持厉行勤俭节约，严格控制行政成本，提高资金使用效益。

第二十八章　健全实施保障机制

不断加强项目体系、指标体系和评估机制建设，确保社会建设各项任务落到实处、取得实效。

一、完善重点项目支撑体系

坚持以规划带动项目、以项目落实规划，围绕今后五年社会建设重点任务，认真组织实施一批关系全局和长远发展的重点项目，通过项目实施促进规划落实。健全项目管理和实施机制，加强前期调研论证、立项审批、中期动态监管、后期检查验收，严格落实项目审计、监察和后期评估，确保项目建设的标准和质量。

二、建立社会建设指标体系

按照本规划纲要的总体要求和目标任务，围绕完善社会服务、创新社会管理、动员社会参与、优化社会环境、构建社会和谐等任务，研究制定社会建设指标体系，建立健全科学考评机制，把社会建设考评纳入各级领导班子和领导干部绩效考核，推动规划目标任务和年度工作全面落实。

三、健全督促检查评估制度

研究制订年度实施方案和“折子工程”，逐年逐项细化分解规划目标和重点任务，明确责任分工，抓好督查落实，确保规划目标任务全面完成。完善监测评估机制，跟踪分析和掌握规划实施进展情况，适时对重点领域和重点任务开展专题评估，每年形成工作督查报告。开展中期评估，并根据评估情况和形势任务变化调整规划目标和任务。

（编者注：此件2011年10月11日由北京市人民政府第105次常务会议审议通过，京政发［2011］63号）

中共北京市委关于加强和创新社会管理全面推进社会建设的意见

为深入贯彻落实科学发展观，全面贯彻落实党的十七大和十七届三中、四中、五中全会精神，按照党中央要求，结合本市实际，现就加强和创新社会管理，全面推进社会建设提出如下意见。

一、加强和创新社会管理，全面推进社会建设的总体要求

社会管理是中国特色社会主义事业总体布局中社会建设的重要组成部分。加强和创新社会管理是推动中国特色社会主义社会管理体系自我完善和发展的重要任务。面对新形势新要求，必须进一步提高思想认识，明确目标任务，在新的更高起点上，进一步加强和创新社会管理，全面推进首都社会建设。

（一）提高思想认识。加强和创新社会管理，全面推进社会建设，是继续抓住和用好我国发展重要战略机遇期、推进党和国家事业发展的必然要求，是构建社会主义和谐社会的必然要求，是维护最广大人民群众根本利益的必然要求，是提高党的执政能力和巩固党的执政地位的必然要求。加强和创新社会管理，全面推进社会建设，是推动首都科学发展、促进社会和谐的重大战略任务，是加快实施"人文北京、科技北京、绿色北京"战略、建设中国特色世界城市的重大战略举措。

多年来，特别是党的十七大以来，全市社会建设取得明显成效。社会

管理体制改革走在全国前列，初步形成比较完善的工作网络和政策体系框架；社会保障制度率先实现城乡一体化，民生得到切实保障和改善；社会公共服务体系建设取得显著进展，人民群众生活水平不断提高；社会广泛参与赢得世人瞩目，奥运志愿服务积累成功经验，群防群治取得显著效果；和谐社会建设取得明显成效，共建共享局面初步形成；社会领域党建工作体系初步形成，党组织和党的工作覆盖面不断扩大。经过多年的努力，本市社会建设站在了新的历史起点上。与此同时，也要清醒地认识到，全市社会建设工作距离中央的要求和人民群众的期待还有不小差距。随着经济体制的深刻变革、社会结构的深刻变动、利益格局的深刻调整、思想观念的深刻变化，加强和创新社会管理，全面推进社会建设，任务繁重、意义深远。

（二）把握指导思想。高举中国特色社会主义伟大旗帜，以邓小平理论和“三个代表”重要思想为指导，深入贯彻落实科学发展观，认真贯彻落实党中央关于加强社会建设的一系列指示精神，紧紧围绕全面建设小康社会总目标，牢牢把握最大限度激发社会活力、最大限度增加和谐因素、最大限度减少不和谐因素的总要求，适应建设中国特色世界城市的新形势，顺应广大人民群众过上更好生活的新期待，以解决关乎人民群众切身利益与影响社会和谐的突出问题为突破口，以完善社会服务为重点，以创新社会管理为动力，以动员社会参与为基础，以优化社会环境为保障，以构建社会和谐为目标，建设中国特色社会主义社会管理体系，开创具有时代特征、中国特色、首都特点的社会建设新局面，为加快建设“人文北京、科技北京、绿色北京”作出新的更大贡献。

（三）遵循基本原则。第一，坚持以人为本、服务为先。把完善服务、让群众满意作为出发点和落脚点，寓管理于服务之中，在改进服务中加强社会管理，促进普惠公平，让社会建设成果惠及广大人民群众。第二，坚持依法办事、发扬民主。把严格依法办事、充分发扬民主作为基本要求，加快推进社会建设立法工作，依法调整社会关系、规范社会行为，使社会服务管理有法可依、有法必依。充分运用民主方式、群众工作方式、说服教育方式研究解决问题，努力通过平等沟通、协商、协调、引导等办法化解社会矛盾。第三，坚持改革创新、完善制度。把体制创新、制度建设作为根本动力和基本保障，着力解决基础性、普遍性、根本性问题，不断创新体制机制、方式方法，不断推动规范化、法制化、制度化建设。第四，坚持统筹协调、整体推进。把综合协调、全面推进作为基本工作方法，坚持统筹协调，科学规划、系统设计、由点到面、整体推进社会建设；坚持统筹兼顾，正确反映和协调各个方面、各个层次、各个阶段的利益诉求；坚持综合施策，综合运用法律法规、经济调节、行政管理、道德约束、心理疏导、舆论引导等手段，加强和创新社会服务管理。第五，坚持广泛动员、共建共享。把社会协同、公众参与作为基本着力点，进一步激发全社会创造活力，鼓励和支持社会各界参与社会服务管理，动员和引导社会成员积极参与社会建设，努力形成共建共享的良好局面。

（四）明确发展目标。按照建首善、创一流的要求，加强和创新社会管理，使北京社会建设始终走在全国前列。今后五年要努力实现以下主要目标：

——社会服务更加完善。基本公共服务水平居全国前列并达到中等发达国家水平。人人享有社会保障、享受基本公共服务，城乡基本公共服务均等化程度明显提高，积极促进充分就业，五年提供100万套保障性住房，城乡居民年均收入增长8%，居民平均预期寿命接近82岁，文化教育继续保持全国领先地位，不断增强人民群众幸福感。

——社会管理更加科学。突出人文关怀，创新方式方法，进一步健全社会管理体制。坚持依法办事，充分发扬民主，充分运用科技创新成果，基本实现社会服务管理网格化、社区建设规范化、村庄管理社区化，基本形成社会组织“枢纽型”工作体系，基本实现各类人群服务管理全覆盖。

——社会动员更加广泛。完善基层民主自治，激发社会组织活力，强化各类经济组织的社会责任，加快推进社会工作专业化职业化，完善志愿服务长效机制，健全社会协同机制，拓宽公众参与渠道，使社会创造活力竞相迸发。

——社会环境更加文明。加强社会主义核心价值体系建设，加强社会主义道德建设，深入开展法制宣传教育，积极倡导“做文明有礼的北京人”，形成文明有礼、守法诚信、崇尚科学、积极向上的社会风尚，营造服务优质、秩序优良、环境优美的社会氛围，创建生产安全、生活安宁、社会安定的社会环境。

——社会关系更加和谐。完善群众利益协调机制、群众权益保障机制、社会矛盾调处机制、社会稳定风险评估机制，做好新形势下群众工作，不断促进人际关系、群体关系、劳动关系、邻里关系、家庭关系和谐，切实维护社会稳定。

二、着力完善社会管理格局

紧密结合本市实际，不断创新体制机制，进一步完善党委领导、政府负责、社会协同、公众参与的社会管理格局。

（五）加强党的领导。各级党委要把社会建设工作摆在更加突出位置，经常分析社会建设形势，科学制定社会服务管理政策，支持政府履行公共服务和社会管理职能，引导社会各方积极参与社会建设，充分发挥基层党组织和党员服务群众、凝聚人心的作用，全面加强和改进新形势下群众工作，调动一切积极力量参与社会服务管理。进一步发挥社会建设工作领导小组统筹协调作用，全面推进各项工作开展。

（六）强化政府职责。各级政府要按照转变职能、理顺关系、优化结构、提高效能、依法行政的要求，健全职责体系，完善工作职能，加快推进法治政府和服务型政府建设，依法加强社会管理，有效提供基本公共服务。坚持科学决策、民主决策，完善政策法规，依法高效履行职责。充分发挥政府主导作用，动员组织社会力量有序参与社会服务管理。充分发挥各职能部门作用，形成各负其责又相互配合的工作机制，确保工作运转协调、运行高效。不断深化街道（乡镇）管理体制改革，推动街道（乡镇）把工作重心转移到社会管理和公共服务上来。

（七）推动社会协同。在党和政府领导下，注重发挥各类社会组织、各类经济组织、基层自治组织等社会力量的积极协同作用，共同做好社会服务管理工作。进一步发挥工青妇等人民团体的职能，做好组织群众、引导群众、服务群众、维护群众合法权益工作；充分发挥“枢纽型”社会组织桥梁纽带、业务龙头、服务管理平台作用，协助党和政府做好社会服务管理工作；充分发挥行业协会等社会组织的专业优势，有效承接政府转移和委托的社会服务管理项目；充分发挥社区居委会、村民委员会自治功能，实现基层民主自治与政府行政管理的有机结合；充分发挥首都高校和科研单位优势，着力研究社会建设重大理论和现实问题。

（八）动员公众参与。扩大基层民主，扩大公民有序政治参与，依法保障群众知情权、参与权、表达权、监督权，动员组织群众依法理性有序参与社会服务管理，积极探索群众参与社会服务管理的有效途径，支持、推动居（村）民依法实现自我管理、自我服务、自我教育、自我监督。进一步巩固发展北京奥运会和庆祝新中国成立60周年志愿服务、群防群治成果，充分调动社会公众的积极性和主动性，依法有序参与社会事务，努力形成社会服务管理人人参与、社会建设成果人人共享的良好局面。

三、着力在创新服务中加强社会管理

正确认识基本国情、市情和社会主要矛盾，以保障和改善民生为重点加强社会建设，不断实现好、维护好、发展好最广大人民群众的根本利益，切实做到服务到位、管理有力度。

（九）进一步提升社会公共服务水平。按照政府保障基本需求、市场提供多样化选择的原则，大力推进基本公共服务均等化。创新公共服务提供方式，完善政府购买公共服务政策，推进非基本公共服务市场化改革，形成政府主导、社会组织和企事业单位广泛参与的公共服务提供机制。探索多种有效方式，吸引社会资源和社会资金投入公共服务领域。积极扶持社会企业发展，大力发展社会服务业。在试点基础上，不断扩大"一刻钟社区服务圈"覆盖面。进一步整合资源，加大投入和保障力度，"十二五"时期，基本实现社区基本公共服务全覆盖。

（十）努力实现社会保障人群全覆盖。坚持积极的就业政策导向，不断完善公共就业服务网络，建立健全城乡统一的就业管理制度，加大就业培训力度，构建城乡一体化充分就业格局。合理调整收入分配制度，缩小城乡、区域、行业收入差别，使人民生活水平不断提升。按照广覆盖、保基本、多层次、可持续的原则，逐步打破户籍、地域、身份界限，构建"职工＋居民"的社会保障体系，实现社会保障人群全面覆盖、水平不断提高。加大保障性安居工程建设力度，着力解决保障性住房供应不足的问题。

（十一）大力发展社会事业。坚持优先发展教育，在更高水平上促进和维护教育公平，加快推进义务教育均衡发展，努力满足适龄儿童入园需求，注重发展特殊教育，结合产业需求发展现代职业教育，着力推进首都高等教育内涵式发展。完善公共文化服务体系，不断满足广大群众日益增长的多样化、多层次精神文化需求。加强重大传染病预防控制，完善突发公共卫生事件应急机制，健全覆盖城乡的急救网络，完善社区卫生服务体系，推进基本公共卫生服务全覆盖。健全公共体育服务体系，推广“体育生活化”理念，完善基层体育设施，推进学校体育场地设施向社会开放，倡导市民做“健康北京人”。

（十二）完善社会福利体系。树立“大民政”理念，完善政策，整合资源，建立财政投入、社会投资和慈善捐赠等多元保障机制。以养老、助残、救孤、济困为重点，逐步拓展社会福利保障范围，逐步提高市民福利水平，构建适度普惠型社会福利体系。健全以最低生活保障制度为基础、专项救助相配套、临时应急救助和社会互助为补充的城乡社会救助体系。加快培育慈善组织，拓展慈善募捐渠道，逐步形成方便快捷、公开透明的慈善捐助体系。

四、着力实现各类人群服务管理全覆盖

不断提高各类人群服务管理精细化、信息化、科学化水平，努力做到社会服务管理城乡一体、各类人群全面覆盖。

（十三）加强和改进人口管理。坚持以业控人、以房管人、以证管人，努力遏制人口无序过快增长，合理控制人口规模，努力形成与首都可持续发展和城市功能相适应的人口发展和管理格局。持续深入推进经济结构调整，促进产业发展方式从依靠劳动力数量增加向更多依靠劳动生产率提高转变。统筹区域协调发展，有序疏解中心城区人口，引导人口向新城和周边区域合理分布。严格户籍准入政策和指标调控，优先引进符合首都发展需要的高层次人才。建立重大政策、重大项目和公共资源配置人口评估机制，加快建立人口安全预警机制，确保首都人口发展符合调控目标要求。落实人口总量调控区县属地责任，建立市级统筹、部门分管、属地负责的人口服务管理机制。

（十四）创新流动人口服务管理。加强实有人口动态管理，逐步完善居住证、居民身份证制度，建立全市联网、部门联动、覆盖城乡的全员人口统筹管理信息系统。健全人口服务管理区域协作机制，做好流动人口双向服务管理。按照来有登记、走有核销的要求，加强流动人口、人户分离基础信息采集，完善流动人口综合管理信息平台建设，提高流动人口服务管理信息化和精细化水平。加强和改进来京务工人员服务管理工作，努力解决社会保障、子女入学、医疗卫生等方面存在的突出问题。总结推广

“新居民互助服务站”经验，建立健全青年流动人口服务管理机制，完善出租房屋集中管理等模式。通过建设国际化社区等方式，做好长期在京居住的外籍人员服务管理工作。

（十五）完善各类人群服务管理。严格执行党和国家的民族宗教政策，不断加强和完善民族宗教工作，促进各民族大团结、不同宗教信仰群众和谐相处。积极应对人口老龄化，完善居家养老（助残）“九养”政策，构建以居家养老为基础、社区服务为依托、机构养老为支撑的养老服务体系。加快残疾人事业发展，健全覆盖城乡全体残疾人的社会保障和服务体系。加强和创新特定人群服务管理，加强社会闲散人员、有不良行为青少年服务管理，做好教育、帮扶、矫治等工作；充分发挥区县“阳光中途之家”作用，完善社区矫正和安置帮教工作机制，加强对刑释解教和社区服刑人员的服务管理；建立健全精神疾病患者服务管理制度，使之及时得到救助、治疗和康复；加强流浪乞讨人员救助，使其回归正常社会生活。

（十六）构建网格化社会服务管理体系。加快推进社会服务管理创新综合试点和专项试点工作，科学划分网格，合理配备力量，运用互联网、物联网、云计算等现代信息技术，畅通信息发现报告渠道，健全监督考评体系，搭建社会服务管理信息化平台，建设社会服务管理综合信息系统，完善集人、地、物、事、组织于一体的网格化社会服务管理模式。制定并试行网格化社会服务管理工作指导意见，构建区（县）、街道（乡镇）、社区（村）三级网络体系，基本实现网格化社会服务管理全覆盖。

五、着力夯实社区服务管理基础

切实打牢基层社会服务管理的根基，加强和创新社区服务管理，基本实现社区建设规范化、村庄管理社区化，逐步实现城乡社区服务管理一体化。

（十七）完善社区服务管理格局。进一步完善社区党组织、社区居委会、社区服务站职能，充分发挥社区党组织的领导核心作用，发挥社区居委会的民主自治功能，发挥社区服务站承接政府公共服务的职能，构建社区党建、社区自治、社区服务“三位一体”的工作格局，形成以社区党组织为领导核心、以社区居委会为主体、以社区服务站为依托、以社区社会组织为补充、驻社区单位和组织协同配合、社区居民广泛参与的现代社区治理结构和新型社区服务管理体系，推动和谐社区建设。

（十八）深入推进居（村）民自治。认真落实居民委员会组织法、村民委员会组织法，不断完善社区（村）党组织领导下的社区居（村）民委员会组织体系和运行机制，健全和落实以民主选举、民主决策、民主管理、民主监督为主要内容的民主自治制度。深化社区（村）民主自治，规范社区（村）重大事务民主议事规则，健全社区居（村）民会议及居（村）民代表会议、议事协商会议、民主听证、居（村）务公开制度。在试点基础上，逐步推广社区居民会议常务会模式，逐步推进村务监督委员会建设工作。加强业主大会建设，强化社区居委会对业主大会工作的指导和监督，引导业主大会依法规范运行。

（十九）构建社区综合服务管理平台。以居民需求为导向，整合社区管理职能和基本公共服务资源，健全社区综合服务管理平台。以社区服务中心、社区服务站为依托，规范基层专业服务机构，有效承接社区基本公共服务。鼓励和引导驻区机关、企事业单位向社区居民开放其内部服务设施，引导和支持社会组织、经济组织参与社区服务管理。不断加强社区服务管理综合信息系统建设。

（二十）扎实推进社区规范化建设和村庄社区化管理。围绕社区服务站建设、社区工作职能、社区运行机制、社区工作者管理、社区志愿服务、社区基础设施配置和社区经费投入等内容，全面推进社区规范化建设。“十二五”时期，城市社区建设基本实现规范化。以基础设施建设为突破口，推进社区规范化建设向老旧小区、新建小区、城乡结合部社区和农村社区延伸，逐步实现城乡社区建设一体化。总结推广村庄社区化管理经验，加快推进村庄社区化管理步伐，健全村庄社区化服务管理体系。

六、着力创新各类社会组织和经济组织服务管理

不断加强和创新各类社会组织、经济组织服务管理，积极动员各类社会组织、经济组织参与社会建设，不断激发社会创造活力。

（二十一）构建社会组织“枢纽型”工作体系。健全市、区（县）、街道（乡镇）三级社会组织“枢纽型”工作网络，基本实现社会组织服务管理全覆盖，把各类社会组织纳入党和政府主导的社会组织工作体系。按照有领导责任制、有职能部门、有工作制度、有党组织和党的工作广泛覆

盖、有管理和服务体系广泛覆盖、有业务和活动品牌项目的要求，完善以人民团体为骨干的"枢纽型"社会组织工作体系和运行机制。

（二十二）加快推进社会组织健康有序发展。完善社会组织扶持政策，大力培育和发展服务民生的公益组织、符合产业导向的行业组织、参与基层社会建设的社区社会组织、促进社会和谐的新型社会组织。加强社会组织孵化基地建设，努力培育一批有影响力的社会公益组织，打造一批示范性强的公益服务项目和便民服务品牌。建立健全社会组织人才引进、社会保障、职称评定等制度，开展多层次、多类别的业务培训，加快推进从业人员专业化职业化进程。加快推进社会组织规范化建设，加强和完善社会组织自律，完善法人治理结构和内部管理制度，建立健全现代社会组织制度。加强与全国性社会组织、行业协会和国际社会组织的联系、交流与合作。依法加强境外非政府组织在京活动的管理。

（二十三）积极推进社会组织管理改革。按照有关法律法规要求，积极稳妥地推进工商经济类、公益慈善类、社会福利类、社会服务类社会组织直接登记。完善备案管理制度，逐步扩大社会组织备案管理范围。按照政社分开、管办分离的原则，加快推进各类社会组织与行政主管部门在机构、人员、资产、财务等方面彻底分开，逐步实现自我管理、自主发展。健全政府引导、社会参与、第三方独立运作的社会组织考核评估制度，加强对社会组织依法监管，完善社会组织退出机制。

（二十四）推动企业构建和谐劳动关系。充分发挥各类企业在社会服务管理中的积极作用。引导企业依法实行劳动合同和集体合同制度，建立健全工资集体平等协商、正常增长、支付保障机制。积极稳妥解决劳动争议，逐步构建党委领导、政府主导、工会牵头、多方联动、重在调解、促进和谐的劳动争议社会化调解格局。注重发挥行业协会、商会的作用，建立各类经济组织与员工利益共享机制。健全劳动关系预警、劳动争议协商解决机制，维护员工合法权益和企业安全稳定，构建和谐劳动关系。

（二十五）强化企业服务管理员工的社会责任。积极支持各类经济组织加快发展，指导和帮助各类经济组织完善内部治理结构，建立健全规章制度，依法规范企业管理行为。着力强化企业服务管理员工的社会责任，不断改善员工工作环境和生活条件，切实加强人文关怀，注重提高员工素质，维护员工合法权益。推动在非公有制经济组织建立健全党组织、群众组织，探索党组织、群众组织在非公有制经济组织开展工作和发挥作用的有效途径。

七、着力提高信息网络服务管理水平

坚持积极利用、科学发展、依法管理、确保安全的方针，形成法律规范、行政监管、行业自律、技术保障、公众监督、社会教育相结合的互联网服务管理体系，在进一步加强和完善传统媒体管理的同时，加强和完善互联网等新媒体服务管理。

（二十六）促进互联网新媒体发展。进一步整合资源，积极推动互联网新媒体发展和“三网融合”。积极为中央媒体网站做好服务工作。加强市属媒体网站建设，在新闻发布、信息采集、产业政策等方面给予必要扶持；推动千龙网体制机制创新，打造具有全球影响力的新闻网站。加强首都之窗等政府网站建设，鼓励街道、社区开辟服务型网站，提高服务管理水平。发挥地区商业网站积极作用，促进互联网健康发展。

（二十七）完善网上公共文化服务。加强对网民心理和需求研究，利用博客、微博、论坛等开办功能实用、服务便捷的专业频道，丰富网上文化内容，提供优质信息服务。加大投入力度，推进公益性上网向社区和农村延伸，采取政府购买、项目资助等方式，鼓励和引导网络文化单位开展网上公共服务。推进社区工作者上网服务工程，充分运用网络开展社区工作。

（二十八）加强网上正面宣传引导。积极开展网上舆论引导，为推动科学发展、促进社会和谐营造良好的网络氛围。以建立全市网络发言人工作制度为契机，完善网上舆论引导机制。进一步提高各级党委、政府和领导干部运用新媒体与公众沟通的能力，准确掌握网上舆情，及时发布权威信息，正确引导网上舆论，有效掌握主动权，努力营造良好的网上舆论环境。

（二十九）依法加强互联网新媒体管理。健全党委政府加强领导、专业部门担当主力、职能部门分工负责、社会力量共同参与的互联网管理体制。坚持依法管网，落实谁经营谁负责、谁接入谁负责、谁主管谁负责、谁审批谁监管责任制。研究制订试行办法，逐步推进网站实名制、手机实名制，维护网络信息安全流动。加强网络诚信体系建设，落实电信运营企业和用户法律责任，促进互联网业界行业自律，引导网民诚信守法。加强举报热线、网站自律专员等机制建设，构建文明办网、文明上网长效机制。规范网络信息传播秩序，依法治理网络虚假、色情、诈骗等不良信息，打击违法犯罪，净化网络环境。

八、着力加强公共安全服务管理

围绕提高预知、预警、预防、应急处置能力，推动建立主动防控和应急处置相结合、传统方法和现代手段相结合的公共安全体系。

（三十）健全食品药品安全监管机制。完善食品药品安全标准，严格市场准入。建立健全食品药品质量追溯制度，形成来源可追溯、去向可查证、责任可追究的安全责任链。完善动态监测和处置机制，健全食品药品安全应急体系，强化快速通报和迅速反应机制，及时处置食品药品突发公共安全事件，坚决打击违法犯罪行为。健全食品安全管理综合协调机制，完善食品安全监管体系，落实食品安全管理责任制，提高公众食品安全意识，形成政府、企业、行业组织、消费者和媒体共同参与的监管工作格局。

（三十一）健全安全生产监管机制。完善安全生产法律法规政策标准、技术服务、预警预测、应急处置和救援、社会监督、宣传教育和培训体系建设。改善安全生产设施和装备，深化安全生产专项治理，落实企业安全生产主体责任，严格安全生产目标考核与责任追究。健全以预防为主的安全生产长效机制，完善安全生产综合监管、行业监管、属地监管责任体系，严厉打击非法违法生产经营建设行为。充分发挥工会、行业协会等社会组织的作用，加强对安全生产的监督。推进安全社区建设，加强居家安全宣传、教育、服务和管理，努力防止居家安全事故发生。

（三十二）完善社会治安防控体系。以社会化、信息化、网络化为重点，健全点线面结合、网上网下结合、人防物防技防结合、打防管控结合的立体化治安防控体系。加强重点地区、重点场所社会治安综合治理，严密防范和依法打击各种违法犯罪活动。坚持专群结合、群防群治，夯实基层基础工作，加强基层综治维稳力量建设，发挥街道（乡镇）综治维稳中心平台作用。深入推进"平安北京"建设，维护良好的社会治安环境。

（三十三）完善应急防灾管理机制。健全各级应急管理和防灾减灾机构，形成科学完善的公共突发事件和灾害应急管理体制机制。以各级应急管理和防灾减灾主管部门为主导，健全各级政府及有关部门、基层组织、企事业单位、社会团体和志愿者应急联动机制。统筹全市资源，提高公共突发事件和灾害预警能力。普及应急管理、防灾减灾、预防避险等知识，加强各级干部处置公共突发事件、应急救灾培训，组织开展群众性应急演练，加大城市防灾技术研发力度，提高全社会处置公共突发事件能力、防灾减灾能力、应急管理能力、危机管理能力。

九、着力创建社会文明环境

把提高公民文明素质作为加强和创新社会管理，全面推进社会建设的基础性工程来抓，努力创建社会文明环境。

（三十四）加强思想道德建设。广泛开展社会主义核心价值体系教育实践活动，引导广大干部群众树立正确的世界观、人生观、价值观，巩固党和人民群众团结奋斗的思想基础。巩固和发展“北京奥运精神”成果，总结提炼“北京精神”，凝聚社会力量，共同建设“人文北京、科技北京、绿色北京”。深入开展“做文明有礼的北京人”主题宣传实践活动，推进公共文明引导工程，深化群众性精神文明创建活动。加强社会公德、职业道德、家庭美德、个人品德建设，开展道德模范评选表彰活动，引导人们自觉履行法定义务、社会责任、家庭责任。坚持正确舆论导向，加强公共传媒在思想道德建设中的正面引导作用。

（三十五）营造学法尊法守法用法的社会氛围。大力加强中国特色社会主义法律体系学习宣传，深入开展“六五”法制宣传教育，不断强化社会主义法治理念。继续开展“法律进机关、进社区、进乡村、进学校、进企业、进单位”主题实践活动。推进依法行政，加强行政监督和问责，完善行政复议制度，规范行政权力运行。不断提升全社会法律意识，着力提高各级领导干部依法行政水平，切实增强广大群众知法、懂法、守法、用法的自觉性。

（三十六）加快推进社会诚信体系建设。建立健全社会诚信法律法规和行为规范，不断完善符合国情和市情的社会信用管理制度。加强对社会规范建设的指导，推进行业规范、社团章程、村规民约、社区公约的完善，发挥社会规范在社会管理中的作用。加强社会诚信宣传教育，加大守信激励、失信惩戒力度，坚决打击制假贩假、造谣诈骗等危害群众生命健康和财产安全、扰乱市场秩序、损害社会诚信的违法行为。

（三十七）培育健康向上的社会心态。加强学习型社会建设，不断提高公众科学文化素养。加强宣传教育，坚持正确的舆论导向，积极培育奋发进取、理性平和、开放包容的社会心态。建立健全社会心态引导机制，加强社会心态监测、评估、预警和疏导，及时发现、积极疏导社会不良心态，防范和降低社会风险。加强人文关怀，开展社会关爱行动。发展专业心理服务机构，健全心理服务机制，完善心理援助服务。加强精神卫生防治体系建设，建立高危人群心理干预机制，有效预防和减少极端行为。

十、着力健全党和政府主导的维护群众权益机制

坚持以群众利益为重、以群众期盼为念，做好新形势下群众工作，形成党和政府主导的维护群众权益机制，最大限度增加和谐因素，最大限度减少不和谐因素。

（三十八）健全群众利益协调机制。准确把握新形势下群众工作的新情况新特点，积极探索加强和改进新形势下群众工作的新途径新办法，把群众工作贯穿到社会管理的各个方面、各个环节。正确把握最广大人民根本利益、现阶段群众共同利益、不同群体特殊利益的关系，建立健全科学有效的协调机制。注重倾听群众呼声，全面了解各类群体利益需求，通过坚持实施政府办实事工程等举措，着力解决群众最关心最直接最现实的利益问题。认真贯彻落实劳动法律法规，维护劳动者合法权益，保护员工切身利益，保障企业正常生产经营秩序。加大法律援助力度，完善公益法律服务，维护群众合法权益。在征地拆迁、劳动用工等矛盾多发领域，依托政府相关部门、群众组织、行业协会等搭建平等协商平台，建立和完善利益平等协商机制，保障各方的知情权、参与权和平等对话权。

（三十九）健全群众权益保障机制。把知民情、解民忧、化民怨、暖民心作为各级党委和政府的经常性工作，充分发挥人大、政协的职能作用，充分发挥各民主党派、无党派人士、人民团体以及行业协会、大众传媒等的重要作用，拓宽诉求表达渠道。积极引导群众以理性合法方式表达诉求，依法行使民主权利、维护自身合法权益。健全公共政策社会公示制度、公众听证制度、专家论证制度，广泛听取公众意见，不断扩大公众参与。完善群众来信、来访、来电、市（区、县）长信箱等诉求表达方式，

完善诉讼、仲裁、行政复议等法定诉求表达机制，健全全方位、立体式的群众诉求表达和合法权益保障机制。按照属地管理、分级负责，谁主管、谁负责的原则，严格落实信访责任，推进领导干部接访、走访和包案督导，积极化解突出信访问题。推广“连民心恳谈室”、“信访代理制”、“一单式”工作法等经验，健全基层信访工作机制，切实保障群众合法权益。建立健全诉求表达反馈机制，及时反馈群众诉求办理情况。

（四十）健全社会矛盾调处机制。完善社会矛盾多元调解体系，健全人民调解、行政调解、司法调解相结合的“大调解”工作机制。强化源头预防矛盾纠纷，充分发挥基层社会矛盾调处中心作用，构建全面覆盖的矛盾纠纷排查网络，切实把绝大部分矛盾纠纷化解在基层。完善政策，创新思路，做好矛盾积案化解工作。鼓励和支持社会组织、法律服务志愿者等社会力量参与矛盾纠纷化解。完善街道（乡镇）调解、区（县）仲裁、市协调的“三级互动”机制，健全工会、人力社保、司法行政、信访、法院和企业联合组织“六方联动”机制，有效调解、仲裁劳动争议纠纷，积极构建和谐劳动关系。推广人民调解进派出所、人民调解进立案庭、社会组织参与商事纠纷调解等经验，有效化解社会矛盾纠纷。

（四十一）健全社会稳定风险评估机制。在城市建设、企事业改革改制、公共服务与管理、社会保障、涉农等领域，凡涉及群众切身利益、影响面广、可能引发社会不稳定的重大事项，都必须落实社会稳定风险评估责任。按照属地管理、谁决策谁负责的原则，在重大事项及相关政策出台前，从合法性、合理性、可控性等方面进行科学、系统的社会稳定风险评估，并根据评估结果采取有针对性应对措施，有效化解和控制风险，最大限度地维护群众根本利益，最大限度地从源头上预防和减少各种不稳定因素，促进各级党委政府科学决策、民主决策、依法决策，确保重大事项顺利实施。因未进行社会稳定风险评估而引发影响社会稳定事件的，依法严肃追究主管部门、单位负责人和相关人员责任。

十一、着力以党建工作创新引领社会服务管理创新

充分发挥社会领域党组织在社会服务管理创新中的政治核心作用，坚持以社会领域党建工作创新推动社会服务管理创新，以社会领域党组织和党的工作全覆盖引领和推动社会服务管理全覆盖。

（四十二）完善社区党建工作格局。进一步巩固和发展社区党建工作成果，推动社区党组织工作创新，加大新建小区、城乡结合部社区党组织建设力度，加强农村社区党的建设，实现城乡社区党建工作全覆盖，确保社区党组织有专职工作人员、有办公场所、有活动经费，着力构建区域化党建工作格局。规范街道社会工作党委工作职责和运行机制，并不断向乡镇扩大延伸，逐步实现街道、乡镇社会工作党组织全覆盖。

（四十三）健全社会组织党建工作机制。在市级“枢纽型”社会组织全部建立社会组织党建工作委员会、社会组织联合党组织及工作职能部门，逐步建立健全社会组织党建工作联席会议机制。加大在行业协会、社会工作事务所等社会组织建立党组织的工作力度，实现社会组织党组织和党的工作全覆盖。

（四十四）推进非公有制经济组织党建工作。加快推进商务楼宇社会服务站、党建工作站、工会工作站、共青团工作站、妇联工作站“五站合一”建设，实现全市商务楼宇“五站合一”全覆盖。继续推进非公有制经济组织党组织“五个好”创建活动，加大“五个好”示范点创建和宣传力度。实施非公有制经济组织党建推进工程，探索不同类型基层党组织设置形式，加大在产业园区、商业街、综合市场等建立党组织的工作力度，探索商管协会、社区门店联建等模式，实现非公有制经济组织党组织和党的工作全覆盖。

（四十五）推动社会领域党建工作创新。深入开展纪念中国共产党成立90周年活动，深入开展创先争优活动，实施“领航工程”、“聚力工程”、“先锋工程”，总结宣传树立一批社会领域党建工作先进典型。不断创新管理体制，进一步完善社会领域党建工作分类管理、分级负责的工作体系。不断创新工作方式，进一步完善组织健全、全面覆盖的工作网络。不断创新活动方式，进一步形成长效工作机制。不断加强社会领域党风廉政建设、宣传思想工作、统一战线工作，进一步扩大党的各项工作在社会领域的覆盖面。着力加强社会领域党组织自身建设和党建工作队伍建设，进一步落实“党员承诺制”，充分发挥党员的模范带头作用。

十二、加强和创新社会管理，全面推进社会建设的保障措施

进一步加强组织保障、人员保障、经费保障，不断加强法律、体制、

能力建设，努力提高社会建设工作科学化水平。

（四十六）进一步完善组织领导体制。在党委和政府领导下，充分发挥市、区（县）社会建设工作领导小组及其办公室的职能作用，加强对社会建设总体规划、重大方案、重要决策的研究，加强对社会管理工作的宏观指导、统筹协调和督促检查。社会建设重大事项由领导小组统筹研究、统一部署，日常工作调度由领导小组办公室综合协调、督促检查，各项任务由各部门分工负责、各尽其职。充分发挥人大、政协的职能作用，充分发挥民主党派、无党派人士和人民团体的重要作用，充分发挥中央国家机关、驻京部队和高校、科研单位的优势，充分调动街道（乡镇）、社区（村）基层组织的积极性和主动性，不断激发社会组织和经济组织的参与自觉性，切实增强社会建设的整体合力。

（四十七）进一步加强社会工作者队伍建设。研究出台社会工作者培养评价管理使用激励政策，加快推进社会工作者专业化和职业化。加强志愿者管理体系建设，充分发挥志愿者联合会“枢纽型”社会组织作用，加快推进志愿服务常态化和规范化。建立健全社会工作者和志愿者互动机制，切实提高社会工作水平和志愿服务成效。努力培养一批政治强、业务精、作风正的社会建设工作队伍，不断提高社会服务管理科学化水平。

（四十八）进一步健全法制保障体系。紧密结合社会服务管理实际，在不断推进政策创新、完善社会建设政策体系的基础上，加快推进社会服务管理地方立法工作，加快推进社会建设法制化进程，逐步形成比较完善的法规、规章体系，规范、引导和推动各项工作依法运行，为加强和创新社会管理，全面推进社会建设提供法制保障。

（四十九）进一步加大资金保障力度。适应社会服务管理发展形势，不断加大财政投入力度，切实保障社会建设资金需求。整合存量资金，优化增量安排，提高资金使用效益。健全社会建设专项资金投入和管理机制，发挥引导和激励作用，优化资金管理使用。加强资金监管和审计监督，促进资金安全高效使用。发挥财政资金引导和推动作用，吸引社会资金参与社会建设。

（五十）进一步健全实施保障机制。编制《北京市“十二五”时期社会建设规划纲要》，落实今后五年全市社会建设的主要目标任务。制定“折子工程”，分解任务，明确分工，落实工作责任制。完善检查考评机制，每年实施检查考评并形成督查报告，将社会建设考评纳入各级领导班子和领导干部绩效考核。研究制定社会建设指标体系，推动社会建设科学发展。

（编者注：此件2011年6月3日由中共北京市委十届九次全会审议通过，京发［2011］13号）

图书在版编目（CIP）数据

“十二五”中期的北京社会建设/北京市社会建设工作领导小组办公室编．—北京：中国人民大学出版社，2014.1
ISBN 978-7-300-18636-8

Ⅰ.①十… Ⅱ.①北… Ⅲ.①社会规划-五年计划-研究报告-北京市-2011～2015 Ⅳ.①F127.1

中国版本图书馆CIP数据核字（2014）第014919号

“十二五”中期的北京社会建设
北京市社会建设工作领导小组办公室　编
Shi'erwu Zhongqi de Beijing Shehui Jianshe

出版发行	中国人民大学出版社		
社　　址	北京中关村大街31号	**邮政编码**	100080
电　　话	010－62511242（总编室）		010－62511770（质管部）
	010－82501766（邮购部）		010－62514148（门市部）
	010－62515195（发行公司）		010－62515275（盗版举报）
网　　址	http://www.crup.com.cn		
	http://www.ttrnet.com（人大教研网）		
经　　销	新华书店		
印　　刷	北京宏伟双华印刷有限公司		
规　　格	170 mm×240 mm　16开本	**版　　次**	2014年4月第1版
印　　张	26.5 插页1	**印　　次**	2014年4月第1次印刷
字　　数	425 000	**定　　价**	75.00元